MARCOS CHICOT

IL TEOREMA DELLE MENTI

Traduzione di
Gabriella Manna ed Elena Rolla

Romanzo

Salani Editore

Titolo originale: *La Hermandad*

ISBN 978-88-6918-135-1

ADRIANO SALANI EDITORE
Da 150 anni più felici con un libro

Gruppo editoriale Mauri Spagnol
Milano
www.salani.it

Ai miei professori
della scuola Santa María del Pilar,
e a tutti gli educatori di questo mondo:
per il vostro preziosissimo lavoro,
spesso poco riconosciuto,
grazie

MEDITERRANEO, 507 a.C.

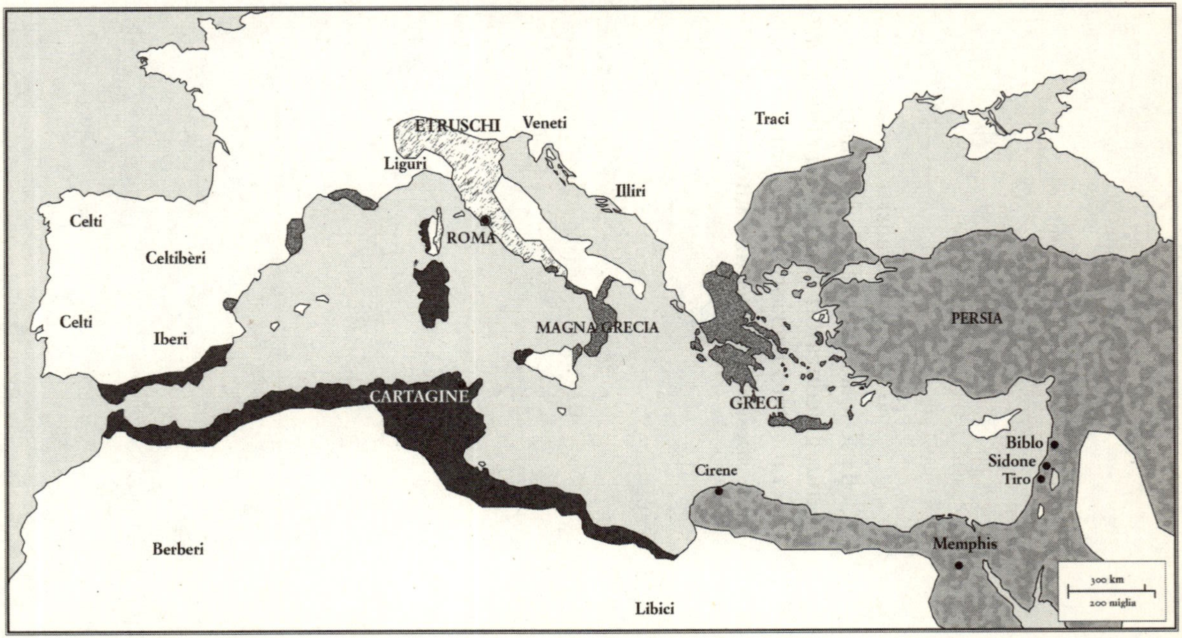

Vidi poi un angelo che scendeva dal cielo con la chiave dell'Abisso e una grande catena in mano. Afferrò il dragone, il serpente antico – cioè il diavolo, Satana – e lo incatenò per mille anni.

Apocalisse 20, 1-2

Quando i mille anni saranno compiuti, Satana verrà liberato dal suo carcere.

Apocalisse 20, 7

Prologo

Sono... vivo!

Trattenne il respiro, paralizzato in uno spasmo da neonato. L'improvvisa percezione del mondo gli inondava la mente.

Vivo...

Il suo corpo inspirò una boccata d'aria quasi agonizzante, come un naufrago strappato alle nere acque della morte. Un'intensa ondata di piacere e dolore gli fece vibrare ogni muscolo.

Aprì gli occhi, si avvicinò le mani alla faccia e le esaminò nella penombra tiepida.

Meraviglioso...

Le girò lentamente e le osservò, affascinato, chiudersi e aprirsi; poi abbassò lo sguardo per contemplare il resto del suo involucro corporeo.

Era seduto, e si alzò con difficoltà. La sua mente si stava ancora dispiegando, abituandosi al ritorno al tempo e allo spazio. Fu gradualmente inondato dall'energia di un rancore eterno e ne assaporò il gusto amaro. Il desiderio di vendetta gli ruggiva dentro come un immenso incendio... Ma non aveva alcun bisogno di affrettarsi.

Era immortale.

Gli uomini lo conoscevano con diversi nomi, ma non aveva importanza come lo chiamassero. Il suo cuore oscuro custodiva un unico anelito vitale: che le nazioni sparse nei quattro angoli della terra cadessero ai suoi piedi e lo riconoscessero come il loro dio.

Il loro unico dio. L'odio gli contrasse le labbra che lasciarono scoperti i denti. *E il mio regno durerà nei secoli dei secoli.*

Inspirò a fondo, chiuse gli occhi e ispezionò mentalmente l'ambiente circostante: muri di pietra, un tavolo, una sedia. Nella stanza era solo.

Espirò lentamente e poi si riempì di nuovo i polmoni. Trattenne l'aria nel petto e si concentrò sulle capacità di cui era dotata quella forma corporea. Dopo qualche istante, scatenò d'improvviso la potenza della sua mente, proiettandola come un lampo che illuminasse simultaneamente tutte le altre stanze.

Intorno a lui la temperatura si abbassò di colpo.

Con un lieve cenno d'assenso e un grugnito soddisfatto si avviò verso l'uscita senza più alcuna traccia della goffaggine iniziale. Dentro di sé, l'antico risentimento si mescolava a un odio nuovo impregnando di gioia maligna ogni fibra del suo essere.

Oltre la soglia c'era un uomo di guardia che gli voltava le spalle.

Un semplice mortale, pensò con un misto di indifferenza e disprezzo.

Abbozzò un sorriso freddo e si avvicinò alla guardia da dietro.

Capitolo 1

Cartagine, 507 a.C.

Arianna di Crotone, figlia di Pitagora e moglie di Akenon, allungò la mano per afferrare la pergamena.

Stava per toccarla, ma le sue dita si ritrassero come se avessero sfiorato un ferro rovente. Rimase paralizzata sulla panchina di pietra, nel cortile interno della sua casa, trattenendo il respiro. Il messaggero non aveva detto chi la mandava, e la pergamena era piegata in modo che non fosse possibile accedere al contenuto senza rompere il sigillo di cera; tuttavia, al suo esterno spiccava un potente simbolo.

Il pentacolo.

Afferrò la missiva con gli occhi fissi sulla stella a cinque punte, il sacro simbolo i cui significati esoterici erano riservati agli eletti. Il cielo nuvoloso ardeva su di lei in un tramonto infuocato e scarlatto, ammantando il mondo di una sfumatura sanguigna. Arianna percorse i contorni della figura con la punta di due dita, come se fosse in trance. L'oscuro presagio che cresceva dentro di lei si contorse come una bestia che cercava di forzare i limiti della sua prigione. Con mani tremanti, girò la pergamena, spezzò il sigillo e cominciò a leggere.

Ogni parola la colpì al cuore, i suoi occhi percorsero le righe ansiosi, timorosi di arrivare in fondo… Alla fine del messaggio, il suo respiro era ormai un rantolo.

Il mondo cominciò a scomparire come se la pergamena emanasse un'oscurità pronta a divorarla.

Solo qualche ora prima, Arianna si stava preparando in camera da letto per andare a fare una passeggiata con Akenon e il piccolo Sinuhe – il figlio di due anni e mezzo – nel quartiere aristocratico di Cartagine. Si era seduta su una panca ricoperta di lana e davanti a lei c'era un prezioso baule di legno di cedro. Posò il pettine di avorio sul baule e sistemò il diadema che le raccoglieva la chioma ondulata color miele. Prese lo specchio e contemplò la propria immagine sulla superficie di bronzo levigato. Benché di solito non prestasse molta attenzione al suo aspetto, sorrise soddisfatta.

Niente lasciava sospettare che, al calar del sole, un orrore inconcepibile avrebbe devastato le loro vite.

Tese il braccio per allontanare lo specchio e lo inclinò in modo da riflettere la maggior parte del proprio corpo.

Si nota di più che con Sinuhe, pensò, accarezzandosi l'evidente rotondità della gravidanza di quasi cinque mesi.

Alle sue spalle si udì una voce profonda: «Sei irresistibile».

Arianna si voltò di soprassalto. Akenon era appoggiato allo stipite di pietra e la osservava con un sorriso malizioso. Le si avvicinò fino a piazzarsi dietro di lei, le spostò delicatamente i capelli per darle un misto di bacio e tenero morso sulla nuca. Arianna rabbrividì. Akenon la avvolse nelle sue forti braccia e le accarezzò il ventre attraverso la tunica.

«Adoro le tue curve quando sei incinta» sussurrò.

Le sue mani cominciarono a risalire lungo il ventre di Arianna e lei si scostò ridendo.

«Kush ci sta aspettando con Sinuhe» disse brandendo lo specchio di bronzo e puntandolo contro di lui. «Dovrai aspettare qualche ora».

Kush era il servo che si occupava del piccolo Sinuhe. L'esercito egiziano l'aveva fatto schiavo due decenni prima, durante una delle molte scaramucce che avvenivano con i popoli del Sud, che gli egizi chiamavano *kush*. Avevano battezzato lo schiavo con lo stesso nome per prendersi gioco del suo popolo, come a dire che tutti quanti erano schiavi dell'Egitto. Nonostante questo, poco dopo averlo venduto, l'Egitto era caduto sotto il giogo dell'impero persiano, mentre il regno di Kush era rimasto libero. Forse per questo, lo schiavo portava quel nome con orgoglio e non aveva mai detto a nessuno di averne un altro.

«Va bene». Akenon alzò le mani simulando una smorfia di dolorosa rassegnazione. «Vado a vedere se...»

«Mamma!»

Sinuhe attraversò di corsa la stanza andando a sbattere contro la gamba di Arianna e aggrappandovisi. Poi alzò la testa e tese le braccia verso di lei, con uno sguardo supplicante negli occhi verdi.

«Vieni qui...» Arianna lo sollevò con sforzo. «Uh, come pesa quest'ometto! Tra poco dovrai prendermi tu in braccio» gli disse facendogli il solletico e Sinuhe scoppiò a ridere nascondendo la faccia nel collo della madre.

Akenon osservò la scena in silenzio. D'improvviso fu consapevole del sorriso imbambolato con cui li guardava e cercò di darsi un contegno. Era stupito di come fosse cambiata la sua vita in così poco tempo. Fino a quarantacinque anni la sua esistenza era stata piuttosto solitaria, non aveva mai avuto una relazione che durasse più di qualche mese. Aveva passato tutta la vita a investigare, prima come agente della polizia in Egitto e poi lavorando per conto suo a Cartagine, guadagnando a sufficienza per vivere senza ristrettezze ma senza riuscire a risparmiare per potersi permettere di stare più di un paio di mesi senza lavorare.

Tutto è cambiato tre anni fa, si disse, pensieroso.

Dopo un'indagine svolta in Magna Grecia per il filosofo Pitagora, era tornato a Cartagine insieme alla figlia maggiore di questi, Arianna. Pochi mesi dopo, si erano sposati e avevano avuto un figlio. La nave che li aveva portati a Cartagine trasportava l'oro che aveva guadagnato grazie a quel caso: più di quanto avrebbero potuto spendere in diverse vite.

Anche se ho rischiato di non tornare. Senza rendersene conto, Akenon si accarezzò con un dito la linea irregolare del naso. Nel corso di quell'indagine in Magna Grecia era stato imprigionato e picchiato quasi a morte. Per fortuna, le conseguenze sul suo corpo si limitavano al naso un po' deviato e a qualche cicatrice non troppo visibile sulla faccia e sul collo.

Arianna posò Sinuhe sul tappeto che copriva il pavimento di pietra.

«Lasciati guardare bene» disse, facendo un passo indietro per allontanarsi un po' dal figlio. «Girati».

Con una risatina imbarazzata, Sinuhe girò su se stesso. Indossava una tunica nuova simile a quella di Akenon, di lino bianco pieghettato alla maniera dei nobili cartaginesi, anche se la sua arrivava solo fin sopra le ginocchia.

Non si può negare che siano padre e figlio, pensò Arianna. Con quella tunica, Sinuhe era una copia in miniatura di Akenon. La stessa carnagione abbronzata, i capelli ricci e neri e persino molti suoi gesti erano un'eco infantile di quelli di Akenon. L'unica differenza evidente erano gli occhi, dello stesso verde intenso di quelli di Arianna.

«Ma sei scalzo!» esclamò lei d'improvviso.

«Come *Kuch*» rispose Sinuhe con la sua vocetta, annuendo con aria molto determinata.

«Ma Kush ha i piedi molto duri» disse Arianna chinandosi verso Sinuhe con le mani sui fianchi. «Sai che per uscire di casa devi metterti i sandali».

Sinuhe corrugò le sopracciglia in una graziosa smorfia di concentrazione. Non voleva mettersi le scarpe, ma nemmeno rischiare di non poter andare con i suoi genitori a fare una passeggiata.

Si decise rapidamente.

«*Kuch*» gridò mentre usciva di corsa, «devo mettermi i sandali».

Qualche minuto dopo, si allontanavano a piedi dalla proprietà.

Arianna, camminando accanto ad Akenon, voltò la testa senza fermarsi. Il piccolo Sinuhe li seguiva qualche metro più indietro, guardando per terra nella speranza di trovare qualcosa di interessante da raccogliere, e vicino a lui c'era Kush. Il kushita era alto quasi due metri, sulla quarantina e aveva la pelle nera come il carbone, in contrasto con i grandi occhi azzurri. Era scalzo e indossava un perizoma, com'era usanza tra gli schiavi e la classe bassa di Cartagine. Osservava Sinuhe con la sua solita espressione rilassata a labbra socchiuse, da cui si poteva intuire che non era molto intelligente, ma buono e propenso al sorriso. Capiva la lingua di Cartagine ma quasi non parlava; nonostante questo, il precedente proprietario l'aveva raccomandato per occuparsi dei bambini piccoli. Aveva detto che credeva che Kush fosse stato separato da un figlio di pochi mesi quando era stato fatto schiavo, una ventina d'anni prima. *Forse per questo si è sempre preso cura dei miei figli come se fossero suoi*, aveva aggiunto. *Ma ormai i miei figli se ne sono andati di casa, e da allora Kush è avvizzito come una pianta senz'acqua.*

Arianna guardò di nuovo davanti a sé, per poi voltarsi ancora una volta subito dopo. Una strana inquietudine le serrava la gola e si fermò ansimando. Suo figlio continuava a camminare accanto a Kush. Lei guardò oltre, verso la casa a due piani in cui abitavano da un paio d'anni. Le fondamenta e i pilastri erano di pietra calcarea proveniente dalle cave di Cartagine. Le pareti di mattoni erano imbiancate a calce e una bella balaustra rifiniva l'edificio. Nell'insieme, aveva un aspetto solido che in genere Arianna apprezzava; tuttavia, in quel momento, mentre contemplava la casa e i dintorni, era in preda all'ansia.

«Cosa succede?» borbottò.

Da tempo non provava una sensazione simile. Era la figlia di Pitagora e aveva raggiunto il grado di maestro nell'ordine pitagorico. Le sue doti naturali, unite agli avanzati insegnamenti matematici e spirituali ricevuti dal padre, le avevano fatto sviluppare una percezione molto acuta che le permetteva di andare al di là dell'apparenza delle persone comuni e intuire la loro vera natura, o sapere se mentivano. Inoltre aveva ereditato da Pitagora la capacità di presagire alcuni avvenimenti. Durante la precedente gravidanza si era resa conto che quella facoltà si intensificava, e adesso si sentiva ancora più intuitiva, come se la realtà e il presente fossero le pagine di un libro e le fosse permesso sollevare leggermente l'angolo per sbirciare il contenuto della pagina successiva.

Dopo un attimo di esitazione, si rimise in cammino.

«È successo qualcosa?» chiese Akenon.

Temo di sì, pensò Arianna, ma scosse la testa in silenzio e continuò a camminare con aria cupa.

Capitolo 2

Madrid, Spagna, oggi

La spada di Akenon riposava su un telo di velluto porpora. Nonostante la reliquia fosse stata conservata con molta cura nel corso dei secoli, la superficie della lama di bronzo era ormai corrosa e ossidata.

L'assassino contemplava l'arma annerita e dal suo volto non trapelava alcuna emozione. I suoi lineamenti erano sfocati nella penombra, illuminati solo dai bagliori che emanava la teca protettiva che conteneva la spada. Nascoste nelle giunture dei pannelli di policarbonato, minuscole luci a led davano l'impressione che l'arma fluttuasse sul velluto.

Quante persone avrà ucciso Akenon con questa spada?

Gli sembrò strano non essersi fatto prima quella domanda, ma non indugiò a cercare una risposta. I suoi occhi continuarono a esaminare il bordo irregolare dell'arma. L'interno della teca era sottovuoto per preservare il prezioso oggetto dal deterioramento.

La tua spada è rimasta ai margini del tempo, Akenon, come il tuo ricordo.

Inspirò a fondo e lasciò uscire l'aria lentamente, senza distogliere lo sguardo.

Akenon, ormai non puoi più proteggere nessuno.

Sulle sue labbra affiorò un leggero sorriso. Si voltò e si allontanò con passo fermo dal chiarore della teca.

Era arrivata l'ora di tornare a uccidere.

Davanti a Elena, lo studente si alzò in modo così brusco da rovesciare la sedia con grande strepito. Elena sussultò e si irrigidì. Li separava solo la stretta scrivania del suo studio, un ostacolo che quell'animale avrebbe potuto saltare in qualunque momento.

«Non può mettermi un quattro, cazzo!» Il suo allievo serrò le mani con forza. Le vene delle braccia si gonfiarono al punto da far venire in mente a Elena le copertine delle riviste di culturismo.

«Pedro, calmati». Elena alzò le mani con i palmi rivolti in avanti e si appoggiò allo schienale della sedia.

Lo studente si sporse verso di lei con le narici dilatate come le froge di un toro.

«Non può mettermi un... quattro!» esclamò battendo i pugni sulla scrivania e facendo di nuovo sussultare Elena.

«Pedro» insisté lei con le mani alzate, «hai risposto soltanto a tre delle quattro domande e tu stesso hai ammesso di non essere molto preparato nemmeno su quelle a cui hai risposto».

«Cazzo, perché gli esami sono troppo vicini». Pedro sollevò le mani dalla scrivania e se le passò tra i capelli castani arruffati. I bicipiti gli si gonfiarono come palloncini. Poi si strofinò la faccia e le lanciò di nuovo uno sguardo aggressivo.

Elena abbassò gli occhi e riguardò l'esame. Sul foglio con l'intestazione dell'università spiccava in rosso un numero quattro circondato da un cerchio. Strinse le mascelle. Aveva ventisei anni, solo tre più del suo allievo. *Non si comporterebbe così se il suo professore fosse un uomo di cinquant'anni.*

Alzò la testa e sostenne lo sguardo di Pedro con crescente irritazione. Per tutto il corso si era sforzata di essere una brava docente: aveva preparato presentazioni al computer, dedicato agli orari di ricevimento più tempo di quello previsto dal contratto, si fermava a parlare con gli studenti alla fine delle lezioni...

«Pedro» disse con un tono di voce più freddo, «innanzitutto, calmati e non dire parolacce». Fece una pausa. Lui aggrottò le sopracciglia e poi distolse lo sguardo. «In secondo luogo, non passerai Psicopatologia se non capisci i processi cognitivi di una crisi di panico o di un disturbo ossessivo-compulsivo». Erano due delle tre domande a cui aveva risposto Pedro. «Ti sei limitato a descrivere i disturbi in modo sommario».

Lo studente schioccò la lingua e negò con un cenno della testa. Si raddrizzò e incrociò le braccia fissandola in silenzio. Era evidente che si comprava le magliette di una taglia più piccola per mettere in risalto la muscolatura.

Osservando la sua posa da buttafuori di discoteca, Elena ricordò le voci secondo cui Pedro aveva preso a botte altri due studenti mandandoli all'ospedale. Era successo fuori dal campus, pertanto le autorità accademiche non avevano indagato. Si diceva anche che facesse uso di cocaina, altra voce di corridoio non confermata. Tuttavia, adesso Elena non aveva dubbi che entrambe le voci fossero vere.

Continuò a parlare, mostrando più serenità di quanta non ne provasse.

«Ti ricordo che uno psicologo clinico ha a che fare con la salute mentale dei suoi pazienti. Quando vai dal medico, vuoi che sia in grado di diagnosticare e di curare adeguatamente il tuo problema. È la stessa legittima esigenza di chiunque va...»

Pedro aprì le braccia con un movimento rapido. La guardava incredulo e sbuffò rumorosamente prima di parlare.

«Mi stai dicendo che non mi promuovi?»

Elena strinse le labbra. La sedia rovesciata alle spalle di Pedro le faceva temere che la situazione fosse ormai fuori controllo. Era come cercare di calmare un rottweiler che ringhiava mostrando i denti.

Si protese in avanti.

«No, *non ti promuovo*. Devi essere tu a passare l'esame. Mi dispiace che tu debba studiare durante l'estate, ma sono convinta che non dovrai sforzarti troppo per superarlo al prossimo appello».

«Piantala con le cazzate!» Pedro batté di nuovo i pugni sulla scrivania.

«Bene, ora basta, il colloquio è finito».

Elena sollevò la cornetta del telefono e digitò quattro cifre. Si appoggiò allo schienale della sedia, controllando con la coda dell'occhio Pedro, che guardava il telefono con aria indecisa.

Il telefono squillava a vuoto nell'orecchio di Elena. D'improvviso, un'antica paura le attanagliò il cuore come i tentacoli di un incubo che si insinua nel mondo reale. Scosse leggermente la testa, in quel momento non poteva permettere che quel ricordo si impadronisse della sua mente.

Il quinto squillo a vuoto. Lo studente continuava a fissare il telefono con il corpo teso. Elena sapeva che purtroppo erano soli sul piano, era l'ultimo giorno di ricevimento e gli altri professori dovevano essersene andati già da un po'. Continuò ad aspettare. Era alta un metro e settantaquattro ed era in forma, e si ricordava anche qualche mossa di karate che aveva praticato fino a diciassette anni, ma Pedro era più alto di quindici centimetri e pesava oltre trenta chili più di lei.

Il suo allievo allungò una mano verso il telefono.

«Esteban, sono Elena». Pedro si fermò. Esteban Herrero era il professore che incuteva più timore agli studenti, oltre a essere l'unico che poteva confrontarsi con la stazza di Pedro. «Puoi venire nel mio studio?... Sì...» Elena sperava di sembrare convincente. Dall'altra parte il telefono continuava a suonare a vuoto. «Va bene... Ti aspetto. A tra poco».

Pedro si voltò, passò accanto alla sedia rovesciata e uscì dallo studio. Sbatté la porta con tanta violenza da staccare un quadro dalla parete, una riproduzione di dimensioni reali dell'*Urlo* di Munch. Il quadro piombò sul pavimento di linoleum e cadde a faccia in giù.

Elena rimase immobile con la cornetta a pochi centimetri dall'orecchio. Dopo qualche secondo si accorse che stava trattenendo il respiro. Appoggiò le mani alla scrivania, chiuse gli occhi e fece due respiri lenti e profondi. La tensione dello stomaco si rilassò rapidamente.

Che energumeno! Aprì gli occhi e osservò la sedia e il quadro caduti a terra. *Be', immagino che siano gli incerti del mestiere.*

Si appoggiò allo schienale della sedia, guardò le luci al neon sul soffitto e un attimo dopo sulle sue labbra affiorò un sorriso.

Uff... È finita. Non le restava che consegnare i registri con i voti definitivi prima di iniziare le vacanze.

Scrisse un paio di appunti sui fogli che aveva sulla scrivania e li raccolse senza smettere di sorridere. Si meritava di godersi quella sensazione. Era una delle professoresse più giovani di tutta l'università Complutense di Madrid. Era arrivata a insegnare a ventisei anni grazie a diverse circostanze: si era laureata in Psicologia in quattro anni invece che in cinque; aveva finito il dottorato e la tesi in soli tre anni; e, infine, aveva impressionato con il suo lavoro le persone responsabili di scegliere chi avrebbe occupato il posto vacante al dipartimento di Psicologia clinica. Dopo un anno come assistente di Carmen Aroza, la direttrice del dipartimento, la fortuna si era volta a suo favore durante quell'anno accademico, quando la stessa Carmen Aroza era andata in maternità perché aspettava il primo figlio a quarantaquattro anni.

«Comincia ad abituarti» aveva detto Carmen a Elena in privato, dopo averla informata che sarebbe andata in maternità al quinto mese di gravidanza, «perché è molto probabile che chieda un'estensione del congedo».

Elena si era sentita un po' insicura a essere la professoressa più giovane, ma ben presto aveva scoperto che si divertiva molto a fare lezione e che gli studenti la apprezzavano. A guardarsi indietro, e nonostante avesse avuto tra i suoi alunni quell'anormale di Pedro Vergara, era molto soddisfatta del suo primo anno come docente.

La dottoressa Elena Pastor, pensò in tono altisonante, come se la stessero annunciando per farla salire sul palco durante un grande evento, *professoressa di Psicopatologia alla facoltà di Psicologia dell'università Complutense di Madrid.*

Si immaginò suo padre tra il pubblico, in prima fila, e una smorfia dolorosa le contrasse il volto per la nota sensazione di perdita. Era morto tre anni prima, vittima di un cancro ai polmoni che se l'era portato via in soli sei mesi. All'inizio Elena si arrabbiava ogni volta che pensava a lui, perché lei e sua madre avevano passato la vita a chiedergli di smettere di fumare. Ma ormai l'aveva perdonato. Adesso sentiva solo la sua mancanza.

Prese la bottiglia d'acqua che teneva sulla scrivania, la finì con un lungo sorso e la gettò nel cestino dei rifiuti. Poi aprì il primo cassetto e tirò fuori la borsa – uno zainetto di tela nera a bandoliera. Quando chiuse la cassettiera metallica le vennero i brividi all'idea che non l'avrebbe aperta per qualche settimana.

Vacanze… Assaporò il gusto di una parola a cui non era abituata. *E stasera vedrò Daniel.* Sentì una sorta di formicolio allo stomaco pensando a lui, pur sapendo di conoscerlo appena.

Tornò al presente e infilò i fogli in una cartellina di cartoncino verde. Poi rialzò la sedia rovesciata e controllò che il vetro della riproduzione dell'*Urlo* non si fosse rotto. Quel quadro la stupiva per la semplicità e al contempo l'efficacia con cui trasmetteva una sensazione d'angoscia. Sapeva che Edvard Munch aveva ritratto se stesso, in un momento d'angoscia esistenziale che l'aveva assalito mentre passeggiava su un ponte con alcuni amici ed era rimasto indietro a contemplare il cielo infuocato al tramonto. Se c'era un'immagine che si poteva usare come icona della materia che lei insegnava – Psicopatologia – era quel quadro affascinante.

Lo tenne tra le mani, godendosi le sensazioni che le suscitava ogni volta che lo guardava da vicino. Poi lo riappese al suo posto, prese la borsa e la cartellina dalla scrivania e si avviò verso la porta.

Stava per aprirla, ma rimase paralizzata con la mano a un centimetro dalla maniglia. Il suo studio era luminoso, ma sapeva che dietro la porta c'era un lungo corridoio male illuminato che doveva percorrere per arrivare all'ascensore o alle scale.

Sapeva anche che l'edificio era praticamente vuoto.

Allontanò la mano dalla maniglia, si chinò cercando di non fare rumore e appoggiò l'orecchio alla porta.

Daniel Martín alzò le mani senza staccare gli occhi dal coltello puntato al suo stomaco.

«Ehi, stai calmo».

«Sono calmissimo». All'aggressore tremava la mano che impugnava il coltello. Una linea di buchi gonfi gli risaliva lungo il braccio come una fila di formiche rosse. «Sei tu che non mi sembri calmo, stronzetto».

L'aggressore minacciò di bucarlo e Daniel fece un balzo all'indietro. Il suo avversario si voltò ridendo verso i suoi due amici.

«Avete visto come salta questo frocio?»

Venti minuti prima, Daniel era uscito di casa per ritirare dei soldi al bancomat. Aveva scoperto che quello accanto al portone di casa era fuori servizio e per raggiungerne un altro che non gli chiedesse una commissione doveva attraversare un piccolo parco.

Indossava un paio di scarpe da ginnastica marroni, bermuda color cachi e una maglietta azzurro chiaro con il nome di una birra svedese – non era mai stato in Svezia, l'aveva comprata per cinque euro in un mercatino. Camminava in fretta, sentendo sulla pelle e negli occhi l'aria secca a quaranta gradi di temperatura; aveva pochissimo tempo per andare a comprarsi i pantaloni che gli servivano per quella sera. Avrebbe visto Elena per la seconda volta e non voleva andarci con i soliti vecchi jeans.

Non devo dimenticare che non è un appuntamento.

Decise di non pensare più a Elena. La situazione si sarebbe chiarita quella sera stessa.

Mentre attraversava il parco vide un vagabondo dai capelli bianchi che trascinava un carrello del supermercato riparato con del nastro da imballaggio. Erano ormai due anni che vedeva quell'uomo nel quartiere, sempre indaffarato a trascinare il carrello in cui teneva i suoi averi e a rovistare nei bidoni della spazzatura.

Proseguì per la sua strada e quando arrivò al bancomat infilò la carta, digitò il codice e consultò il saldo.

Quattrocentosettantanove euro.

Appoggiò la fronte alla parete e chiuse gli occhi. Non aveva nessuna fonte di guadagno e quel giorno doveva pagare i quattrocento euro dell'affitto della stanza in cui viveva. E poi, doveva comprarsi da mangiare, dei pantaloni...

Posò di nuovo lo sguardo sull'importo del suo conto. Pensò di ritardare il versamento dell'affitto, ma gli avevano detto molto chiaramente che doveva pagarlo il primo giorno di ogni mese.

E oggi è già il primo.

Premette il tasto per il prelievo ed esitò per l'ultima volta prima di digitare l'importo. Un attimo dopo, dalla fessura del bancomat spuntarono tre banconote da venti euro.

Non posso restare a zero. Infilò le tre banconote nel portafoglio. *Ma non posso nemmeno farmi sbattere fuori di casa.*

Per un attimo gli venne l'idea di tornare a casa dei genitori.

«Non ci tornerò» sussurrò. Scosse piano la testa, valutando per la seconda volta quell'opzione. I suoi genitori l'avrebbero accolto entusiasti, e inoltre sarebbe stata la cosa più sicura per il progetto a cui stava lavorando.

No, non posso, si disse scuotendo la testa con maggior decisione.

Si voltò, contemplò il parco e sospirò. Stava sviluppando un progetto che avrebbe potuto valere miliardi di euro. *Un progetto che può cambiare il mondo.* E nonostante questo era povero in canna.

Che idiozia che poche centinaia di euro minaccino il mio lavoro ormai a uno stadio così avanzato.

Si inoltrò di nuovo nel parco lungo un sentiero di pietre rossastre. Udì qualcosa alla sua sinistra e lanciò un'occhiata distratta in quella direzione. Fece altri due passi e si fermò di botto. Si voltò immediatamente verso il sentiero che partiva sulla sua sinistra sentendo il cuore battergli con forza. Poco più in là c'era il vecchio vagabondo che aveva visto prima. Stava subendo un'aggressione.

Non essere stupido, continua per la tua strada.

Non diede retta a quell'impulso e rimase fermo. Il vecchio si aggrappava disperatamente al carrello della spesa. Due aggressori stavano lanciando in aria il contenuto del carrello mentre un terzo teneva il vagabondo per le braccia.

«Mollalo, vecchio bastardo». L'aggressore riuscì a staccare il vecchio dal suo carrello e gli diede uno spintone facendolo cadere.

«Ehi!» gridò Daniel.

Si precipitò verso di loro. Gli voltavano le spalle e non l'avevano sentito. Quello che aveva buttato a terra il vagabondo spinse via uno dei suoi amici, afferrò il carrello e lo rovesciò.

«Deve avere qualche soldo» biascicò, scuotendo il carrello. Si chinò e cominciò a frugare tra il contenuto rovesciato a terra.

Daniel aveva ventidue anni e gli aggressori dovevano avere all'incirca la sua età, anche se le facce scarne e la pelle scura e sporca li facevano sembrare più vecchi. Quello che aveva l'aria di essere il capo era alto e muscoloso. Gli altri due, meno corpulenti, sembravano in preda a una crisi d'astinenza, vista la disperazione con cui frugavano tra gli oggetti del vecchio.

Il vagabondo era riuscito a sedersi per terra. Aveva un lato della faccia sporco di terra e un graffio insanguinato sullo zigomo. Allungò un braccio verso i suoi averi, singhiozzò qualcosa di incomprensibile e cercò di rialzarsi. Daniel aveva sempre pensato che sembrava un vecchio professore universitario di un qualche paese dell'Est europeo, con quella barba bianca, i capelli pettinati all'indietro e un paio di occhiali neri dalla montatura spessa, come quelli che si usavano negli anni Settanta.

Si chinò accanto al vecchio e lo aiutò a rialzarsi. Poi si voltò verso gli aggressori. Avevano appena individuato un sacchetto di plastica con qualche moneta e non si erano ancora accorti della sua presenza.

«Mettete giù quella roba» disse con tutta la convinzione che riuscì a simulare.

Si voltarono verso di lui spaventati. Il capo si guardò intorno rapidamente e, vedendo che non c'era nessun altro, si alzò senza fretta. I suoi amici lo imitarono.

Daniel fece un passo indietro andando a sbattere contro il vecchio.

«Sparite e lasciate in pace quest'uomo».

Sulla faccia del più alto affiorò una smorfia sarcastica. Daniel strinse i denti e si raddrizzò sperando di intimidirli con il suo metro e novantadue. Il capo si infilò una mano in tasca. *Adesso tira fuori un'arma*, si disse Daniel. Pensò che avrebbe dovuto dargli un pugno, ma non aveva mai picchiato nessuno e rimase immobile.

L'aggressore esibì un coltello a serramanico con una lama di dieci centimetri.

«Da qui non se ne va nessuno».

Si avvicinò a Daniel puntandogli il coltello allo stomaco.

Capitolo 3

Madrid, Spagna, oggi

Daniel distolse lo sguardo dall'arma e si guardò intorno. Il parco era deserto. Tenne le mani alzate e aspettò che quello che aveva tirato fuori il coltello continuasse a parlare.

«È facilissimo. Dammi tutto quel che hai» l'aggressore indicò con l'arma il rigonfiamento del portafoglio nei bermuda di Daniel, «o ti squarto come un maiale».

Daniel sentì il proprio corpo irrigidirsi, ma si sforzò di pensare con chiarezza. I segni sulle braccia del suo aggressore lasciavano supporre che facesse uso di eroina, ma a giudicare dalle pupille dilatate e dall'aggressività era più probabile che fosse fatto di cocaina o di un altro stimolante. Il modo in cui lo guardava, poi, faceva venire i brividi. *Anche se gli do quello che vuole, non ci lascerà andare via senza farci del male.*

Con la coda dell'occhio vide il sentiero deserto. Se si fosse messo a correre non l'avrebbero raggiunto. Ma il vagabondo non era in grado di correre.

Fece un respiro profondo e cominciò ad abbassare le mani.

«Va bene. Prendo il portafoglio».

Infilò la mano in tasca e lo tirò fuori lentamente.

«Tieni».

Lo lanciò verso l'aggressore senza smettere di guardarlo negli occhi. L'altro seguì con lo sguardo il volo del portafoglio e tese la mano libera per afferrarlo. Daniel fece un passo avanti e con tutte le sue forze gli sferrò un pugno sulla mandibola.

Attraverso le nocche sentì qualche osso rompersi. L'uomo crollò a terra come un sacco. Daniel fece un balzo all'indietro mentre gli altri due aggressori arretravano. Guardarono il compagno caduto e poi Daniel, che aveva sollevato i pugni in atteggiamento difensivo. Li abbassò leggermente. L'uomo a terra non si muoveva. Aveva la testa girata di lato e dalla bocca socchiusa colava un filo di sangue.

A Daniel venne in mente una frase che gli aveva detto un amico anni prima. *Con quelle braccia, il giorno che prendi a pugni qualcuno gli spezzi il collo. L'ammazzi di sicuro.* Il suo amico rideva sempre quando lo diceva, ma Daniel non lo trovava affatto divertente. Ammazzare qualcuno implicava andare in galera e avere un morto sulla coscienza.

Gli assalitori erano ancora dietro il loro compare, senza sapere cosa fare. Tra Daniel e l'uomo a terra c'erano il coltello e il portafoglio, ma nessuno sembrava farci caso.

«Svegliatelo e portatelo via!» gridò Daniel.

Il più piccolo si chinò vicino alla testa del suo compagno.

«Toni». Gli toccò leggermente una spalla. Poi lo afferrò per la mandibola, muovendogli la testa. «Ehi, Toni, sveglia».

Il suo amico emise un gemito di dolore.

«Qui c'è qualcosa di rotto, amico». Il suo compare lasciò la mandibola.

Daniel raccolse il coltello senza perdere di vista gli aggressori. Cercò di chiuderlo, ma qualche dispositivo interno glielo impediva, perciò lo lanciò aperto dietro di sé. Poi raccolse il portafoglio e se lo rimise in tasca.

«Se si lamenta, vuol dire che è vivo. Tiratelo su e portatevelo via».

I due afferrarono il loro compare per le ascelle e cercarono di sollevarlo. Al secondo tentativo riuscirono a mettersi un braccio sulle spalle ciascuno.

«Cazzo» sbuffò il più basso. Lanciò un'occhiataccia a Daniel e si allontanarono faticosamente.

Daniel si voltò verso il vecchio. Guardava con aria corrucciata il coltello ai suoi piedi. Daniel lo raccolse, ne esaminò il meccanismo e lo chiuse.

«Questo meglio farlo sparire».

Buttò l'arma dentro un tombino. Quando si girò, il vagabondo si era seduto accanto al carrello della spesa. Aveva in mano una delle ruote. Daniel si avvicinò e si rese conto che si era rotta una parte metallica. Si assicurò che gli aggressori si stessero allontanando sotto il sole torrido e poi ispezionò gli averi del vecchio.

Questo mi servirà. Prese un pezzo di fil di ferro arrotolato. *Non per niente sono ingegnere, anche se informatico.*

«Mi permetta» disse tendendo la mano.

Il vecchio lo guardò in silenzio dietro gli spessi occhiali prima di dargli la ruota. Daniel la esaminò, diede un'occhiata all'asse del carrello e si mise a trafficare con il fil di ferro.

Qualche minuto dopo, la ruota era di nuovo al suo posto.

«Ecco fatto».

Il vecchio era tutto concentrato nel ripulire dalla sabbia una mezza pagnotta secca. Sollevò la testa verso di lui e, vedendo che aveva aggiustato il carrello, sorrise per la prima volta. Fu un sorriso intelligente e sereno, insolito in un vagabondo. Si avvicinò a Daniel annuendo ripetutamente e gli diede due pacche sulle spalle. Poi si chinò e cominciò a rimettere le cose nel carrello. In quel momento, Daniel si accorse che il vagabondo indossava lo stesso abito consunto di panno spesso con cui lo vedeva sempre.

Non voglio nemmeno immaginare il caldo che deve avere. Lui stava sudando, nonostante avesse addosso solo i bermuda e una maglietta e fossero all'ombra di un platano frondoso.

Mentre il vagabondo rimetteva a posto i sacchetti con i resti di cibo, tirò fuori il portafoglio. Lo aprì e guardò le sue tre banconote da venti euro.

Ormai non faccio più in tempo ad arrivare al negozio, e non ho poi così bisogno di un paio di pantaloni... Al supermercato c'è un'offerta di un chilo di salsicce a due euro e cinquanta, posso comprare anche riso e patate... E stasera posso andare a piedi invece di prendere la metro.

Porse al vecchio due banconote da venti. Lui gli lanciò un'occhiata perplessa e scosse vigorosamente la testa e le mani. Daniel insisté e il vecchio rimase a fissare le banconote come un naufrago una bottiglia d'acqua, ma continuò a non prenderle. Quando Daniel insisté per la terza volta, il vecchio sollevò l'indice della mano destra con aria interrogativa.

«No, no! Le prenda tutt'e due». Daniel batté sul portafoglio che aveva in tasca con espressione soddisfatta. «Io sono pieno di soldi». Con le dita mimò il gesto dei soldi e ripeté ad alta voce, lentamente: «Io ho un sacco di soldi. Tanti».

L'uomo corrugò la fronte, poi allungò timidamente una mano. Con un sorriso, Daniel gli consegnò le banconote.

«Posso fare qualcos'altro per lei?»

Il vagabondo distolse lo sguardo, imbarazzato, con un cenno di diniego quasi impercettibile.

«D'accordo». Daniel si chinò in modo che i loro occhi fossero alla stessa altezza. «Credo sia meglio per noi non attraversare più questo parco per un po'».

Lo ripeté un'altra volta, gesticolando per farsi capire. L'anziano annuì, poi prese il carrello e si allontanò in silenzio.

«Buona fortuna».

Il vagabondo continuò per la sua strada. Daniel lo osservò spingere il carrello sotto il sole. Poi si avviò verso casa, ormai non sarebbe più andato in centro a comprare i pantaloni, perciò aveva tempo di lavorare un po' al suo progetto.

E poi vedrò Elena.

Pensare a Elena Pastor lo fece sorridere, ma un attimo dopo sospirò aggrottando le sopracciglia.

Elena aprì la porta dello studio e si affacciò con cautela nel corridoio.

Non vedendo nessuno, uscì e chiuse la porta a chiave.

Pensò che avrebbe dovuto denunciare il comportamento di Pedro Vergara, ma non voleva che quell'episodio le rovinasse l'inizio delle vacanze. E poi, ormai se ne erano andati tutti. Ci avrebbe pensato in un altro momento.

Si avviò lungo il corridoio fino alla segreteria, dove lasciò la cartellina. Poi proseguì verso l'ascensore. Passando davanti alla porta di Carmen Aroza si sentì in colpa. Era più di una settimana che non andava a trovarli, lei e il piccolo Fernando, il suo bimbo di tre mesi.

Domani passo senz'altro a trovarli, si disse con convinzione. *E dopodomani*, aggiunse con tenerezza, *vado una settimana a Logroño, da mia madre*.

Quando arrivò alle scale ebbe una sensazione sgradevole. Di solito scendeva a piedi, ma adesso rimase ferma al primo scalino, esitante. Non voleva addentrarsi da sola in quel silenzio.

Si allontanò dalle scale e premette il pulsante dell'ascensore. Udì un lieve scricchiolio alle sue spalle e si voltò di scatto.

Non c'è nessuno. Tranquilla.

Si rese conto che il cuore le batteva forte nel petto e si concentrò sulla respirazione addominale, quella che si insegnava nelle terapie per l'ansia. Come psicologa sapeva che, respirando in quel modo, si preme il nervo vago all'altezza del diaframma, attivando così il sistema parasimpatico, che riduce i sintomi dell'ansia. Il battito cardiaco rallentò, ma nella sua testa si affacciò d'improvviso un ricordo della sua adolescenza, lo stesso che aveva cercato di allontanare durante l'incontro con Pedro Vergara.

Lei aveva quindici anni e stava tornando a casa a piedi insieme a un'amica. Erano andate a una festa di compleanno a casa di un compagno di scuola. Quel ragazzo le piaceva, perciò si era truccata un po' e si era messa il suo completo preferito: camicetta senza maniche, minigonna e calze nere velatissime. Alla fine, il ragazzo non aveva fatto altro che bere birra con i suoi amici per poi ritrovarsi a vomitare in bagno. Come stava dicendo Elena all'amica, non le piaceva più così tanto.

Si erano salutate davanti al portone dell'altra ragazza e lei aveva proseguito. La sua casa era solo a due isolati di distanza da quella dell'amica. Arrivata a metà strada, era passata accanto a un'auto abbandonata, parcheggiata nella sua via ormai da diverse settimane. Aveva i vetri così sporchi che non si riusciva a vedere dentro, ma a Elena era sembrato di scorgere una luce come quella di un accendino. Aveva accelerato il passo, ma in quel momento la porta del passeggero si era aperta ed era sbucato fuori un uomo che le aveva tagliato la strada.

«Ciao, piccola, dove vai?» Elena era rimasta paralizzata. L'uomo era enorme, e aveva l'aria di non essersi lavato e cambiato d'abito da settimane. La fissava con un'intensità tale da farla sentire nuda. «Ehi, lo sai che sei proprio carina?»

Aveva sorriso mostrando i denti anneriti e la sua espressione aveva fatto venire la pelle d'oca a Elena.

Trattenendo un'esclamazione, lei era indietreggiata senza riuscire a distogliere lo sguardo da quell'animale. Aveva fatto un passo alla cieca, poi un altro, infine aveva reagito e si era girata per correre via. Mentre si voltava aveva visto con la coda dell'occhio un altro uomo che le si avvicinava. Era spuntato in mezzo alle macchine, senza far rumore. Le si era avventato addosso ed Elena aveva strillato con tutte le sue forze, cercando di difendersi dalla mano che voleva acchiapparla.

Il primo uomo aveva urlato alle sue spalle.

«Prendila, prendila!»

La ferocia di quel grido aveva gelato il sangue di Elena. In quel momento, delle dita d'acciaio le avevano graffiato la pelle del collo e afferrato il colletto della camicia.

Il rumore metallico dell'ascensore che si avvicinava riportò Elena alla realtà. Premette di nuovo il pulsante di chiamata e lo tenne premuto.

«Su, dannato ascensore».

Cercò di allontanare il ricordo, mentre si guardava intorno ansiosa, ma quel grido angosciante, più animalesco che umano, non voleva abbandonarla.

Prendila, prendila!

Mentre Elena aspettava l'ascensore, qualcuno stava osservando una sua fotografia sullo schermo di un computer portatile.

Lei non sapeva che le avessero scattato quella foto.

L'uomo allungò un braccio verso lo schermo e accarezzò il viso di Elena. Nella foto era seria, assorta in chissà quali pensieri. Guardava a destra dell'obiettivo e qualche ciocca castana svolazzava come se ci fosse vento. L'uomo passò un dito sulla linea retta che formavano le labbra di lei e percepì una scossa elettrica nel punto di contatto.

«Elena...» Il sussurro della sua voce turbata fluttuò per qualche istante nell'atmosfera pesante che lo circondava.

Allontanò la mano dallo schermo, ma gli occhi non si staccarono dall'immagine. Pensò a quant'era capriccioso a volte il destino e abbozzò un sorriso freddo.

Akenon e Arianna sono morti duemilacinquecento anni fa. Eppure sono stati due delle persone più importanti della mia vita. Annuì lievemente mentre osservava l'espressione seria di Elena. *È arrivato il momento che tu sappia chi erano.* Guardò l'orologio e si accorse che mancava un'ora e mezzo a quando lui ed Elena si sarebbero visti di persona. Il suo sguardo tornò alla fotografia e indugiò sulla bocca seria di Elena.

Sarà un incontro molto doloroso.

Capitolo 4

Cartagine, 507 a.C.

Il cavallo attraversò l'accampamento a trotto leggero. Gli zoccoli sollevavano piccole nubi di polvere battendo contro il terreno caldo e secco. I soldati di Cartagine alzavano la testa quando sentivano avvicinarsi il pesante destriero, ma si affrettavano a distogliere lo sguardo appena riconoscevano l'uomo che lo montava.

Questi si fermò davanti a una tenda che spiccava tra le altre perché era la più grande e perché davanti all'ingresso c'erano quattro uomini di guardia armati fino ai denti. Quando smontò, uno dei soldati sollevò la pelle che chiudeva l'ingresso.

Il nuovo arrivato, forte e massiccio come una roccia, varcò la soglia della tenda senza degnare di un'occhiata i soldati e si fermò. Le sue narici si dilatarono percependo la puzza di sudore e di paura.

«Ha confessato?»

Nel caldo soffocante della tenda c'erano altri due soldati. Quello alla sua destra si affrettò a rispondere.

«No, comandante Drogo. Continua a dire che stava con una donna».

Drogo emise un breve grugnito di soddisfazione. La

novità di essere chiamato *comandante* era molto piacevole.

Davanti a lui c'era un prigioniero legato a una sedia con le mani dietro la schiena. I lineamenti si distinguevano appena sotto lo spesso strato di sangue che gli copriva la faccia, ma dai brandelli dei suoi abiti si capiva che era un soldato di Cartagine. L'avevano sorpreso mentre rientrava all'accampamento all'alba. Sosteneva di aver passato la notte nel letto di un'amante indigena, ma era possibile che mentisse e che avesse passato informazioni militari a uno dei capi libici che non accettavano di buon grado di sottomettersi a Cartagine. Fino a dieci anni prima, la città pagava ancora un tributo ai libici, nel cui territorio i primi coloni provenienti da Tirso tre secoli prima avevano fondato Cartagine. Tuttavia, il crescente potere economico e militare della città aveva invertito i ruoli. Adesso erano i libici a dover pagare un'imposta se volevano sfruttare i terreni vicini.

La vista del sangue eccitò Drogo, ma il fatto che il prigioniero fosse un soldato e che il suo crimine non fosse provato lo obbligavano a trattenersi. Almeno davanti ad altri soldati. *E non ho molto tempo, devo incontrare Eshdek.*

«La tua lancia». Allungò la mano verso uno degli uomini di guardia all'entrata. Il soldato si affrettò a consegnargli l'arma, una lancia da combattimento con la punta di ferro.

Drogo si avvicinò al prigioniero.

«Guardami». Gli diede un colpetto sotto il mento con la punta della lancia. Il prigioniero sollevò la testa, dondolandola da una parte all'altra come se non fosse in grado di sostenerla.

Drogo gli appoggiò la punta della lancia proprio sotto il capezzolo sinistro.

«Guardami!»

La punta di ferro penetrò tra le costole del soldato fino a sfiorargli il cuore. L'uomo spalancò gli occhi e socchiuse le labbra senza emettere alcun suono. Drogo trattenne l'impulso di squarciargli il petto in quell'istante, godendosi il terrore della vittima, immaginando che quegli occhi atterriti appartenessero all'uomo che più odiava.

Akenon…

«È la tua ultima occasione». La voce di Drogo era bassa e minacciosa. «Dimmi il nome delle persone che hai incontrato».

Il soldato biascicò qualcosa che sembrava il nome di una donna. Drogo strinse più forte l'impugnatura della lancia sostenendo lo sguardo del prigioniero. La cosa più sensata sarebbe stata crocifiggerlo in presenza degli altri soldati perché servisse da monito, ma Drogo era in preda a un'urgenza troppo forte. Gli salì in gola un grugnito che si prolungò sordo e grave per qualche istante, finché d'improvviso si trasformò in un ruggito spaventoso mentre affondava l'arma nel petto dell'uomo. L'impeto fece cadere la sedia all'indietro. La parte della lancia che usciva dalla schiena del prigioniero si spezzò contro il pavimento.

Drogo ansimò rumorosamente contemplando il cadavere infilzato. Un minuto dopo, uscì dalla tenda, risalì a cavallo e si allontanò pensieroso. Anche se lo desiderava da anni, faticava ancora ad abituarsi all'idea di essere stato nominato comandante della guardia urbana di Cartagine.

Oggi è un giorno di festa. Piantò con forza i talloni nella sua cavalcatura. *Un giorno di vendetta.*

Akenon circondò con un braccio le spalle di Arianna mentre passeggiavano. La strinse a sé e le baciò dolcemente i capelli. Lei abbozzò un sorriso rapido e distratto. Era chiaro che era preoccupata, ma Akenon non voleva farle pressioni e non le disse nulla. Continuò a osservare di sottecchi l'espressione assente della moglie e poi si guardò intorno con attenzione.

Stavano scendendo lungo la collina di Byrsa, da cui si dominava la popolosa città di Cartagine. Sulla cima si trovava il tempio dedicato a Eshmun, divinità dai poteri taumaturgici, e sulle pendici orientali si estendeva il quartiere aristocratico, una grande distesa di case dai tetti piatti, con cortili interni e circondate da mura. La villa in cui vivevano loro era situata ai confini del quartiere nobile, a metà del pendio della collina. Occupava uno degli isolati delimitati dal tracciato delle strade ed era affacciata su uno dei viali principali che dall'alto della collina scendevano verso il mare.

Akenon osservò i due edifici in costruzione a cui si stavano avvicinando. Lo stupiva la rapidità con cui procedevano i lavori. Uno era una villa a due piani simile alla loro, ma un po' più piccola, e l'altro un edificio di tre piani dove avrebbero vissuto diverse famiglie.

A Cartagine si costruisce sempre.

Per i lavori si servivano delle pietre calcaree estratte dalle cave vicine alla città, una fornitura praticamente inesauribile. Era un materiale che si lavorava facilmente e permetteva di costruire con la velocità che richiedeva il continuo aumento della popolazione. Akenon era stato nelle cave e sapeva che tagliavano i blocchi con lo stesso metodo che aveva visto in Egitto: conficcavano cunei di legno nelle fenditure, li bagnavano e il legno si dilatava fino a rompere la pietra. I blocchi erano destinati anche ad ampliare di parecchi chilometri il perimetro della muraglia che circondava Cartagine, per proteggere il crescente numero di artigiani al suo interno e la popolazione rurale che viveva alla periferia della città.

«Guarda, papà».

Sinuhe indicava con occhi spalancati l'edificio più alto, dal cui tetto usciva del fumo. Dietro la bassa balaustra che circondava la terrazza sul tetto Akenon scorse due uomini chini sull'origine del fumo, che si trovava fuori dal suo campo visivo.

«Sai cosa stanno facendo, Sinuhe? Stanno scaldando della pece. È una sostanza che si mette sui tetti per impedire all'acqua di entrare in casa quando piove».

Sinuhe annuì senza dire niente, osservando la cima dell'edificio con la testa rovesciata all'indietro. Un attimo dopo perse interesse e riprese a camminare saltellando accanto a Kush.

Continuarono la passeggiata lungo la via lastricata che portava all'agorà, la grande piazza pubblica in cui quasi sempre ferveva l'attività commerciale. D'improvviso, Arianna percepì alla sua destra uno sguardo malevolo. Diede una rapida occhiata di traverso, senza girare la testa, e vide una matura aristocratica circondata di schiave. Aveva un aspetto molto diverso da quello di Arianna, che continuava a indossare le semplici tuniche di lino tipiche dell'ordine pitagorico. Gli abiti della cartaginese arrivavano fino ai piedi ed erano adorni di elaborati ricami a palmette. Vistose greche rosse guarnivano le maniche e il collo, e sulle spalle portava uno scialle a colori vivaci. In testa, al di sopra dello sguardo torvo, un'acconciatura di piume di pavone copriva i capelli neri, che ormai avevano bisogno di tinture per nascondere le ciocche grigie.

Sempre gli stessi sguardi.

Arianna era stanca di essere trattata così. I suoi insoliti capelli chiari erano uno dei motivi d'invidia per le mogli dei ricchi commercianti e dei dignitari di Cartagine. Era forse l'elemento più evidente, ma non l'unico ad attirarle l'ostilità delle altre donne, per le quali era inaccettabile il suo modo di vestire e di acconciarsi, come se avesse intenzione di offenderle con la sua semplicità.

L'aristocratica si voltò per seguire con lo sguardo Arianna. Con lo sfoggio di piume dell'acconciatura sembrava un pavone che difendeva il suo territorio. Arianna cercò istintivamente Sinuhe e lo prese per mano. Il piccolo la guardò sorridendo, ma si divincolò quasi subito per tirare calci ai sassi.

Le nobili cartaginesi non tolleravano nemmeno il modo di comportarsi di Arianna con i servi e con il marito. Non capivano che lei era stata allevata in una comunità pitagorica, dove la regola stabilita da suo padre era l'uguaglianza tra gli esseri umani. La schiavitù non era ammissibile per gli iniziati pitagorici, per questo lei aveva offerto a Kush le stesse condizioni e lo stesso trattamento di un servo libero – anche se lui aveva preferito continuare a considerarsi uno schiavo, perché, per la sua mente limitata, la libertà a cui ormai non era più abituato sembrava minacciosa. Inoltre, a Cartagine si praticava la poligamia e le donne se ne stavano quasi sempre confinate tra le pareti di casa, mentre era evidente che lei e Akenon si trattavano alla pari.

Si allontanò dall'aristocratica, cercando di ignorarla. Arianna non si era mai integrata pienamente in nessun ambiente, nemmeno nella comunità pitagorica di Crotone, né viaggiando per le città della Magna Grecia e tanto meno nei tre anni passati a Cartagine. I drammatici avvenimenti della sua adolescenza e il suo carattere indipendente le avevano segnato la vita. Si sentiva compresa e libera di essere se stessa soltanto quando si trovava da sola con suo padre e poi con Akenon. E da quando si era trasferita a Cartagine, suo marito e Sinuhe formavano la ristretta cerchia in cui si sentiva accettata e felice.

La mia famiglia, pensò, sentendo aumentare l'inquietudine.

Era pomeriggio inoltrato e il cielo nuvoloso aveva assunto un'irreale sfumatura dorata. Arianna osservò l'espressione del marito. Akenon era serio ma sembrava tranquillo, e lei si chiese se l'inquietudine che sentiva fosse dovuta ai repentini sbalzi d'umore tipici della gravidanza o a un'intuizione fondata.

«Lasciatemi!» Arianna, allarmata, cercò di capire da dove proveniva il grido. «Lasciatemi, per Baal e Tanit, state commettendo un errore!»

A una ventina di passi da lei, due soldati lottavano con un uomo che indossava una semplice tunica lunga e un turbante bianco. La gente che lo circondava si affrettò a spostarsi, ma solo per formare un capannello intorno allo spettacolo. L'uomo cercò di scappare di corsa, ma un soldato lo afferrò per la tunica facendolo cadere all'indietro. Il turbante si sciolse e cadde a terra. Prima che l'uomo si rialzasse, l'altro soldato sguainò la spada e gliela puntò al petto, minacciandolo.

L'uomo gemette.

«Abbiate pietà di me, per Moloch, vi prego, per Eshmun e Baal Hammon».

Lo sollevarono con uno strattone e gli legarono le mani dietro la schiena. Poi lo portarono via lungo una strada laterale, seguiti a qualche passo di distanza da una giovane donna con la bocca coperta da un velo bagnato di lacrime. Il gruppetto di curiosi cominciò a disperdersi, ma passando loro accanto Arianna udì diversi commenti che le permisero di capire cos'era successo. L'arrestato era il proprietario di un banco del mercato, e un magistrato incaricato dei pesi e delle misure dei commercianti aveva scoperto che l'uomo usava pesi truccati. Arianna pensò alla donna che seguiva i soldati, probabilmente la moglie o una figlia che lo aiutava al mercato, e si dispiacque per quella famiglia. Il potere di Cartagine era basato sul commercio e quel tipo di infrazioni veniva duramente punito.

Il selciato diventava più irregolare a mano a mano che si allontanavano dal quartiere nobile. Nelle case adesso predominavano i mattoni crudi rispetto ai blocchi di pietra. Arianna udì alcuni uomini menzionare Baal e ricordò il lungo elenco di divinità sulle quali aveva giurato il commerciante arrestato.

La religione è sempre presente a Cartagine.

I suoi abitanti compivano spesso sacrifici, che fosse per gratitudine o per chiedere un favore a qualche divinità. Ne portavano le effigi nelle imprese commerciali o belliche, e il primo edificio che costruivano in ogni nuova colonia era un tempio.

È curiosa la somiglianza con alcuni dei greci, si disse. Baal aveva caratteristiche simili a Cronos, il padre di Zeus. Eshmun poteva paragonarsi ad Asclepio, dio delle guarigioni. Invece, altri come Tanit, la patrona di Cartagine e consorte di Baal, erano diversi da qualunque dio greco.

A Cartagine c'era un misto di credenze proporzionale alla diversa origine dei suoi abitanti. Molti continuavano a adorare gli antichi dei di Tiro – la metropoli da cui Cartagine si era resa indipendente – ma al contempo cresceva il culto di divinità più propriamente cartaginesi. Erano anche molto venerate le principali divinità egizie, mentre le credenze libiche avevano successo negli strati più bassi della popolazione. Quel guazzabuglio di dei era completato dall'apporto di altri gruppi di immigrati che mantenevano le credenze dei luoghi d'origine: assiri, etruschi, fenici di tutto il Mediterraneo, greci di diverse città e colonie…

Prima di arrivare all'agorà comparvero le prime bancarelle. Arianna, con una smorfia disgustata, cercò di non guardare la più vicina, specializzata in carni, che esibiva diversi cani morti appesi per le zampe posteriori. Non riusciva ad abituarsi all'uso cartaginese di mangiare i cani come se fossero conigli.

Akenon indicò un'altra bancarella.

«Quel rasoio mi sembra buono».

Si avvicinò al banco, seguito da Arianna, e prese in mano un rasoio di bronzo con il manico di osso lavorato. Osservò ammirato la forma del manico, un lungo pesce che permetteva una buona impugnatura, e poi controllò se era affilato.

Arianna lanciò un'occhiata a Kush e Sinuhe che parlavano a voce bassa indicando i cani morti; poi lasciò vagare lo sguardo sulle altre bancarelle, cercando di distrarsi. Una attirò la sua attenzione e Arianna si avvicinò per esaminare la mercanzia. Erano esposti diversi portamuleti di legno e osso che si appendevano al collo con un cordino di cuoio. C'era anche un vasto campionario di orecchini e anelli d'argento e di bronzo, collane di perle di vetro colorato e braccialetti a più giri. Osservò i vari oggetti e si soffermò su un diadema formato da lamine metalliche articolate. Lo prese e ne studiò l'ingegnosa struttura senza rendersi conto che Akenon era dietro di lei.

«Guarda chi sta arrivando».

Si voltò verso la strada, preoccupata per il tono del marito. A un centinaio di passi di distanza si avvicinavano lentamente alcuni nobili seguiti da un nutrito gruppo di soldati. Arianna aguzzò la vista e sorrise quando riconobbe Eshdek in testa al gruppo. Era il principale amico che avevano a Cartagine, protettore di Akenon da quando era arrivato in città, nonché suo socio in affari; Akenon gli aveva affidato la maggior parte del suo oro per partecipare ad alcune imprese commerciali, fino a quel momento con un rendimento eccellente.

Ma il sorriso svanì improvvisamente dal suo volto: Arianna aveva appena riconosciuto la persona con cui stava parlando Eshdek.

Capitolo 5

Cartagine, 507 a.C.

«Pensavo che fosse a Siracusa» mormorò.

Akenon annuì lentamente. Le sue labbra carnose erano tese in una smorfia infastidita. L'accompagnatore di Eshdek era l'uomo più imprevedibile che avesse mai conosciuto, e sia lui che Arianna l'avevano incontrato diverse volte in passato.

Glauco di Sibari, pensò socchiudendo gli occhi.

Arianna si voltò verso il marito.

«Andiamocene prima che ci vedano».

In quel momento, Eshdek alzò la mano verso di loro, salutandoli e facendogli cenno di avvicinarsi. Arianna serrò le mascelle.

«Kush, prendi in braccio Sinuhe».

Lo schiavo obbedì e si piazzò dietro ai suoi padroni. Si avviarono lentamente verso Glauco, Eshdek e il numeroso seguito. Arianna, restando sempre vicino al figlio, non staccava gli occhi da Glauco. Il sibarita era ancora ingrassato e superava di gran lunga gli abituali centocinquanta chili. La carne gli pendeva flaccida dalla faccia, dal doppio mento e dalle braccia. Aveva adattato il suo modo di vestire ai costumi di Cartagine: sopra la tunica portava un lungo caftano, aperto davanti e fermato sul ventre voluminoso con un pesante gioiello d'oro su cui brillavano diverse pietre preziose.

In passato, a volte, l'obeso sibarita si era dimostrato un obbediente pitagorico interessato alle conoscenze dell'ordine e alle sue regole di condotta, ma in altre occasioni aveva agito come un uomo estremamente sensuale la cui unica preoccupazione era soddisfare i propri bisogni carnali. Allo stesso modo, aveva mostrato sia un lato gentile fino alla nausea sia un lato disturbato, selvaggio e pericoloso. In un momento d'ossessione per gli insegnamenti segreti, e contravvenendo a varie regole fondamentali dell'ordine pitagorico, aveva pagato millecinquecento chili d'oro in cambio di conoscenze inedite sul cerchio. Arianna non avrebbe mai dimenticato un incontro che lei e Akenon avevano avuto con Glauco a quell'epoca. Il sibarita era impazzito non ottenendo da loro le informazioni che anelava.

Stava per ordinare di farci uccidere, ricordò rabbrividendo.

Arianna aveva dovuto fare un grosso sforzo per riuscire a dominarlo e uscire vivi dal suo palazzo; tuttavia, qualche giorno dopo Glauco si era dimostrato ossequioso con loro, collaborando pienamente.

In un'altra occasione, Akenon l'aveva visto impazzire di rabbia quando aveva scoperto che il suo amante, uno schiavo adolescente dall'aspetto angelico, di nome Yaco, lo tradiva con il suo coppiere. Akenon aveva raccontato ad Arianna che quella volta, davanti a centinaia di persone, Glauco aveva ordinato di stritolare il coppiere e sfigurare il suo giovane amante con un ferro incandescente.

Quale Glauco ci ritroveremo di fronte oggi?, si chiese Arianna cercando di decifrare l'espressione del sibarita.

Eshdek si fermò per dire qualcosa a Glauco. Arianna osservò disgustata che tutti i nobili prestavano un'attenzione ossequiosa alle parole del loro amico. Solo qualche giorno prima Eshdek era stato nominato sufeta, la più alta carica di governo di Cartagine. La nomina era conseguenza del prestigio acquisito raggiungendo un accordo con Roma un paio d'anni prima. Quell'accordo garantiva a Cartagine il dominio di metà del Mediterraneo.

Tiro, la metropoli fenicia fondatrice di Cartagine, aveva dovuto soccombere all'impero persiano tre decenni prima. A quell'epoca, Cartagine aveva ormai ottenuto importanza e autonomia e controllava buona parte delle colonie fenice del Mediterraneo centrale e occidentale. La caduta della città-madre aveva aumentato la sua influenza e le sue velleità espansionistiche. A quel punto, i greci erano diventati i principali rivali per il controllo delle rotte di commercio marittime. Poco dopo la caduta di Tiro, sulle coste di Alalia – nell'isola montuosa della Corsica – si era combattuta una grande battaglia navale tra i greci di Focea e le forze di Cartagine, in quell'occasione alleate con gli etruschi. L'esito era stato favorevole a Cartagine e da quel momento i greci avevano dovuto limitarsi al Mediterraneo orientale e alle acque della Magna Grecia.

Negli anni successivi, l'impero persiano aveva continuato a espandersi, costringendo i greci a concentrarsi sulla difesa delle frontiere orientali. Cartagine aveva approfittato del declino dell'influenza greca per aumentare il controllo sulle coste e sulle rotte marittime, e l'accordo che Eshdek aveva firmato due anni prima con la fiorente Roma rafforzava la sicurezza dei loro commerci. Cartagine non aveva mai avuto un dominio di tale entità sulle terre da cui otteneva l'oro e l'argento, di cui i popoli mediterranei erano così avidi, e lo stagno e il rame necessari alla fabbricazione di resistenti armi di bronzo.

Né i romani né i loro alleati navigheranno nel golfo di Cartagine. Arianna ricordava parte del trattato con Roma; Eshdek gliel'aveva illustrato durante una cena, qualche settimana dopo, nella residenza di un amico. *I cartaginesi non costruiranno fortezze nel paese dei latini.* L'accordo prevedeva condizioni per entrambe le parti, ma soprattutto assicurava che romani e cartaginesi avevano il comune interesse a rispettare le aree di influenza ottenute per potersi concentrare sui rispettivi nemici.

Il gruppo continuò ad avanzare verso Arianna e la sua famiglia. Benché loro non partecipassero alla vita politica di Cartagine, Arianna riconobbe tra gli accompagnatori di Eshdek diversi senatori. Il senato era composto da cento membri, rappresentanti delle principali famiglie e dei più importanti gruppi di potere della città. Quasi tutti i membri erano fenici i cui antenati erano emigrati a Cartagine ormai da diverse generazioni, ma c'era un considerevole gruppo di originari di Tiro che non erano nati lì, ma provenivano dall'emigrazione di massa cui si era assistito quando la metropoli era caduta sotto il controllo del re persiano Ciro il Grande.

Arianna si rese conto che i senatori formavano due gruppi, ai due lati di Eshdek. Da un lato c'era il partito dei commercianti più facoltosi e dall'altro quello dei grandi proprietari terrieri. I senatori avevano l'incarico di eleggere i sufeti che avrebbero preso le principali decisioni. Una volta eletti, i sufeti godevano di una quasi totale autonomia di governo, ma se volevano essere rieletti dovevano soddisfare gli interessi di un sufficiente numero di senatori. Un abile sufeta poteva perfino eleggere il suo successore, il che a volte rendeva la carica ereditaria.

La coppia formata da Eshdek e Glauco rappresentava la peculiare simbiosi che aveva luogo a Cartagine tra l'iniziativa pubblica e quella privata in favore del commercio. Il governo manteneva agenti pubblici in diverse nazioni, dirigeva gli sforzi militari volti ad aprire nuove rotte e a mantenere quelle esistenti, fissava la parità tra i prodotti di prima necessità e incaricava le società di commercianti dell'acquisto di merci strategiche. Si occupava anche di costruire porti e magazzini e di firmare accordi vantaggiosi per il commercio, come quello raggiunto da Eshdek con Roma. I commercianti, da parte loro, acquistavano determinate merci su richiesta del governo, pagavano le tasse e sostenevano le spese di trasporto e stoccaggio. Il risultato di tale cooperazione era l'accumulo di enormi ricchezze da parte dei commercianti, e il fatto che Cartagine fosse diventata un impero commerciale.

Arianna si sentì invadere dalla preoccupazione quando il gruppo li raggiunse. L'aria le sembrava così densa che le costava fatica respirarla. Si guardò intorno senza trovare alcun indizio che giustificasse la sua inquietudine.

«Arianna, Akenon, che gioia rivedervi».

La voce di Glauco li avvolse con un tono mieloso. Era la prima volta che si incontravano dopo il violento scontro avvenuto tra loro l'ultima volta che si erano visti. L'obeso sibarita, però, non sembrava condividere la tensione di Arianna. Sfoggiava un sorriso rilassato e teneva per mano un bell'adolescente dalla pelle nera. Il ragazzo guardava a terra come se fosse molto timido o avesse paura.

«Salute, Glauco di Sibari» rispose Arianna. Si era accorta che Glauco non aveva usato il saluto pitagorico. Non si stupì, perché dopo i drammatici avvenimenti di tre anni prima il sibarita non aveva più contattato nessuna comunità pitagorica.

Eshdek indicò Glauco con la sua solita espressione affabile.

«Glauco si è trasferito qui da noi» disse con aria soddisfatta. «Ha comprato una villa vicino alla mia ed è venuto a viverci questa settimana».

«Credevamo che avessi stabilito la tua residenza a Siracusa». Arianna non si sforzò di sembrare cordiale.

Glauco stava per rispondere, ma fu interrotto da un grido acuto.

«Zio *Esek*!»

Sinuhe si divincolò dalle braccia di Kush e corse verso Eshdek, che lo sollevò in aria girando su se stesso. Il piccolo rideva estasiato. Eshdek non aveva avuto figli e giocava sempre un po' con Sinuhe quando si vedevano, cosa che ormai succedeva sempre meno spesso. La crescente influenza del ricco cartaginese gli concedeva pochissimo tempo libero.

Glauco rispose ignorando l'interruzione di Sinuhe, come se il bimbo non esistesse:

«Siracusa mi è servita per riorganizzare i miei affari. Ma adesso la maggior parte delle mie operazioni ha come base Cartagine, e il mio socio principale è Eshdek». Il sorriso si allargò. «Senza dimenticare te, Akenon» aggiunse, inclinando leggermente la testa.

Akenon represse una smorfia disgustata. Era stato Eshdek a decidere in quali spedizioni commerciali investire l'oro che gli aveva affidato Akenon e, di conseguenza, in determinate operazioni Akenon e Glauco erano soci.

«Per Apollo, Arianna, sei di nuovo incinta!» esclamò all'improvviso Glauco, strabuzzando gli occhi.

Arianna sentì la pancia che le si induriva e trattenne l'impulso di incrociare le braccia sul ventre. Come unica risposta abbozzò un sorriso teso mentre il sibarita la squadrava da capo a piedi con uno sguardo affascinato, dalla rotondità della gravidanza ai seni pieni.

Dietro Glauco, una ventina di aristocratici cominciarono a fissarli. Quel pomeriggio, Eshdek era andato con Glauco in visita al tempio di Baal per offrire un sacrificio in segno di gratitudine per la sua nomina. Si erano uniti a loro gli altri nobili, come mosche sul miele, formando una comitiva diretta verso l'edificio in cui si riuniva il senato, situato nello stesso quartiere dell'agorà.

Devo andarmene da qui. Ogni sguardo che si posava su di lei per Arianna era pesante come un macigno. Il tenebroso presagio continuava a crescerle dentro, sommandosi all'atmosfera opprimente di quella situazione. L'aria calda e umida sembrava compressa dallo spesso strato di nuvole, di uno strano colore dorato e arancione, che era sceso su di loro fin quasi a sfiorare i turbanti che indossavano alcuni nobili. Le loro facce scure con le lunghe barbe erano rivolte verso Arianna. Uno di loro si passò la lingua sulle labbra che si aprirono in un sorriso guarnito di diversi denti legati insieme da un filo d'oro. La maggior parte degli uomini fissava Arianna sfacciatamente. La sua abituale sensualità era esaltata dalla gravidanza e i suoi capelli chiari attiravano prepotentemente l'attenzione. La conoscevano di nome o per averla vista passare in lontananza, e adesso volevano approfittare dell'opportunità di osservarla da vicino. Arianna era solo una donna, straniera e di classe inferiore. Non c'era motivo di nascondere la loro libidinosa curiosità.

Akenon notò il modo in cui i nobili guardavano Arianna ed ebbe l'impulso di schiacciargli quei nasi aristocratici. Dovette trattenersi, non era prudente inimicarsi apertamente tanti uomini influenti, oltre al fatto che avevano una scorta di una cinquantina di soldati. Allora la sua irritazione si spostò verso Eshdek, che continuava a far ridere Sinuhe, ignaro dell'imbarazzante situazione che si era creata intorno a lui.

Gli avevo detto chiaramente che non volevo più rivedere Glauco. Non si capacitava che il suo amico li avesse fatti fermare con quel gruppo di gente solo per il capriccio di giocare un po' con Sinuhe. Entrambi sapevano che la nobiltà di Cartagine aveva sempre considerato Akenon una minaccia, per il suo lavoro di investigatore privato e per il suo rifiuto di dimostrarsi più sottomesso e riverente. I nobili lo consideravano molto inferiore a loro, addirittura al di sotto della classe dei piccoli mercanti e artigiani. Il fatto che d'improvviso fosse diventato ricco, probabilmente molto più di loro, non faceva che aggiungere all'ostilità un'invidia malsana.

L'attenzione degli aristocratici passava da Arianna ai giochi di Sinuhe ed Eshdek, colui che doveva dare l'ordine di proseguire. Akenon osservò irritato il gruppo di nobili, tronfi e sudati sotto le tuniche e i caftani decorati con frange colorate di influenza persiana. Portavano appariscenti ornamenti d'oro e pietre preziose: anelli, ciondoli, orecchini e perfino anelli al naso. Da quella masnada di gente altezzosa emanava un odore viscoso che ti prendeva alla gola, un misto di unguenti profumati, polveri aromatiche e sudore.

Glauco, dopo essersi sollazzato alla vista della gravidanza di Arianna, non faceva più caso a loro e accarezzava delicatamente la pelle liscia e nera del braccio del suo schiavo, a cui tremavano leggermente le labbra. Non parlava più nessuno, si udivano solo le risate di Sinuhe e, in lontananza, un orafo che decantava a gran voce i pregi delle sue figure di grifi, uccelli e leoni.

Akenon si schiarì la voce e parlò in tono affabile ma deciso.

«Eshdek...»

Il suo amico si voltò verso di lui con un sorriso radioso.

«Sì?... Oh, scusa! Con questo diavoletto non mi accorgo del tempo che passa, come un nonno rimbecillito». Fece un passo verso Arianna, che si affrettò a prendere dalle sue braccia Sinuhe.

«È evidente che sei molto impegnato...» proseguì Akenon.

Eshdek alzò una mano.

«Prima che tu te ne vada» disse a voce alta, «mi piacerebbe condividere con te una bella novità accaduta proprio oggi».

Passò il braccio intorno alle spalle di Akenon girandosi verso il suo seguito.

«La nostra guardia urbana da oggi ha un nuovo e meritato comandante». Alzò la mano verso il gruppo di nobili e soldati. «Comandante Drogo, avvicinati, per favore».

Il corpo di Akenon si irrigidì sotto il braccio di Eshdek. Gli aristocratici si affrettarono ad aprire un passaggio e uno dei soldati si staccò dal gruppo avviandosi verso di loro. Akenon lanciò una rapida occhiata ad Arianna, che si era messa dietro di lui.

Capitolo 6

Madrid, Spagna, oggi

Sullo schermo del portatile continuava a brillare l'immagine di Elena.

Allontanandosene, il proprietario del computer si appoggiò allo schienale del divano. Represse l'impulso di guardare di nuovo l'ora e chiuse gli occhi.

Pensare ad Akenon e Arianna in quel momento lo aveva agitato, cosa rara in lui. Ripensò per un attimo alla fine che avevano fatto l'egizio e la greca, così lontani e al contempo così presenti, e poi svuotò la coscienza da qualunque pensiero.

Pochi minuti dopo, l'imminente incontro con Elena interferì con il suo stato di calma. Aprì gli occhi e la vide di fronte a sé, immobile sullo schermo.

Prese il portatile con entrambe le mani e se lo posò sulle gambe.

Tra poco avrò risolto questa faccenda. Il suo sguardo si indurì. *Poi dovrò occuparmi di Daniel.*

Elena si voltò di scatto notando che le porte dell'ascensore si aprivano. Era vuoto. Si affrettò a entrare e premette il pulsante del pianterreno. Quando l'ascensore si mise in marcia, espirò, lasciando uscire l'aria che aveva trattenuto fino a quel momento.

Si passò una mano sul collo, accarezzando la zona che le unghie del suo aggressore avevano fatto sanguinare ormai undici anni prima. Sentì un'improvvisa fitta di rabbia al pensiero che Pedro Vergara avrebbe potuto aggredirla nel suo studio approfittando della superiorità fisica.

Devo riprendere il karate.

Sospirò. Chi voleva prendere in giro? Aveva un lungo elenco di impegni e di propositi che rimandava da tempo, ed era molto probabile che le cose sarebbero andate avanti così. Le tornò in mente la decisione di passare a trovare Carmen; questo sì che non l'avrebbe rimandato oltre.

La prima cosa che faccio domattina è andare da lei.

Carmen Aroza, oltre a dirigere il dipartimento di Psicologia clinica – in cui era inserito il corso di Psicopatologia –, era stata la tutor del dottorato di Elena in Neuroscienze. Entrambe si erano trovate molto bene a lavorare insieme, anche se gli inizi erano stati un po' accidentati.

Elena sorrise al ricordo.

Di comune accordo, Elena doveva occuparsi di analizzare e comparare tutti gli studi sui tipi di demenza che rispondessero a determinati requisiti. Era quella che si definiva una metanalisi, cioè un'analisi di diversi studi al fine di pervenire a conclusioni generali. La sua ricerca avrebbe fatto parte di un programma internazionale volto a elaborare terapie più efficaci per l'Alzheimer e altre forme di demenza. Il problema tra Elena e Carmen era sorto al momento di precisare su cosa doveva incentrarsi lo studio.

Carmen fu inflessibile sull'ipnosi, ricordò Elena mentre le porte dell'ascensore si aprivano al pianterreno. Si diresse verso il grande pannello di sughero situato dall'altra parte dell'atrio.

Carmen Aroza aveva svolto un riconosciuto lavoro di ricerca e di insegnamento in ambiti tradizionali della psicologia, ma oltre a questo aveva dedicato metà della sua vita all'ipnosi. Non ai trucchi da palcoscenico, ma agli studi seri sull'ipnosi e le sue applicazioni pratiche.

«L'ipnosi non consiste in poteri magici di cui sono dotate alcune persone» le aveva sentito dire Elena, in classe, quando ancora era studente e Carmen la sua professoressa. «Nell'ipnosi si accede in modo più efficace al subconscio, dopo aver precedentemente indotto uno stato di rilassamento. Non dimentichiamo che ipnosi viene da Hypnos, che nella mitologia greca è il dio del sonno».

«Il dio del sonno non era Morfeo?» aveva chiesto uno studente con una folta barba nera.

«Morfeo è il dio dei sogni» aveva risposto Carmen, «responsabile dei sogni dei dormienti. Hypnos è il dio del sonno, dell'atto di dormire. In effetti, Morfeo è il figlio di Nyx, la notte, e di Hypnos».

Carmen Aroza passeggiava sulla predella mentre parlava. Il suo magnetismo personale aveva un grande effetto su Elena, che l'ascoltava affascinata dalla seconda fila.

«L'obiettivo terapeutico dell'ipnosi, come di qualunque terapia» aveva proseguito la professoressa, «è quello di migliorare la qualità di vita del paziente. Se riusciamo a modificare alcune strutture di pensiero, potremo cambiare il modo in cui il paziente interpreta certe idee, impulsi o sensazioni. Nel caso del tabagismo, per esempio, possiamo ridurre la dipendenza psicologica creando vie di fuga ai pensieri ossessivi; in altre parole, aiutiamo il paziente a prendere il controllo della propria attenzione e di conseguenza a pensare meno al tabacco. Rinforziamo anche le idee negative (cioè realistiche) sul tabacco; e infine, cosa probabilmente più importante, possiamo diminuire considerevolmente l'ansia, così rilevante nei momenti critici della disintossicazione».

Gli studenti le dedicavano tutta la loro attenzione, soprattutto i fumatori. Sapevano che Carmen Aroza il sabato mattina lavorava in una clinica privata dove aiutava la gente a smettere di fumare usando l'ipnosi. Dicevano che le sue percentuali di successo erano altissime e che ci riusciva in un'unica seduta.

«Si può ipnotizzare chiunque?» aveva chiesto una ragazza con la coda di cavallo e gli occhiali verdi, in prima fila.

«Si può ipnotizzare chiunque lo voglia». Carmen si era rimessa a camminare avanti e indietro sulla predella, consapevole e felice dell'interesse dei suoi studenti. «Quando siamo svegli, la nostra coscienza è vigile. Siamo coscienti delle nostre idee e delle nostre sensazioni, il che significa che le processiamo in qualche modo prima di immagazzinarle. Perché l'ipnosi funzioni, cioè per indurre cambiamenti abbastanza profondi, bisogna disattivare l'attenzione, che possiamo definire *il guardiano del cervello*».

«Ma se lo facciamo» aveva replicato la ragazza con la coda di cavallo, «quella persona non potrà dar retta nemmeno all'ipnotizzatore».

Carmen aveva annuito con un sorriso prima di rispondere. L'ipnosi non faceva parte del programma d'esame, ma ogni anno dedicava mezz'ora a parlarne. Dopo la lezione, ai più interessati consigliava una serie di articoli scritti da lei stessa sull'argomento.

«Il fatto che la persona non sia vigile non significa che non sia cosciente. Sapete che in un elettroencefalogramma possiamo vedere la frequenza del ritmo elettrico del cervello. Negli stati di maggiore agitazione il ritmo è più accelerato, e diminuisce a mano a mano che la persona si tranquillizza. Non si può ipnotizzare una persona in stato Alfa perché significa che è all'erta, che il guardiano del suo cervello è troppo attento. L'ipnosi è possibile nello stato Beta, che corrisponde al rilassamento, e nel Theta, lo stato intermedio tra veglia e sonno. In quegli stati si può accedere alle strutture profonde della mente attraverso la coscienza, ma senza che il guardiano del cervello intervenga con la funzione di filtro».

Si era fermata a guardare la classe prima di fare un esempio che divertiva sempre gli studenti.

«È come se volessimo entrare a rimorchiare in una discoteca molto esclusiva e per riuscirci dovessimo superare il buttafuori all'ingresso. La discoteca è la mente, dove vogliamo entrare; il buttafuori è l'attenzione, che non vogliamo ci impedisca di entrare; e la porta è la coscienza, attraverso la quale accediamo alla mente. Per poter ipnotizzare qualcuno, quella porta ci serve ben aperta e senza buttafuori».

Dopo la fine della lezione, alcuni gruppetti di studenti si erano messi a giocare all'ipnosi, ovviamente senza alcun risultato. L'intenzione di Carmen Aroza era accrescere l'interesse per quella materia. Forse così sarebbe riuscita a far sì che uno di quegli studenti, dopo anni di studio e di pratica, la includesse nei suoi metodi terapeutici.

Ma sapeva che era un compito difficile. L'ipnosi aveva una pessima fama, era conosciuta soprattutto perché usata negli spettacoli di magia. E poi, non avrebbe mai potuto essere una scienza esatta, dal momento che dipendeva in gran parte dallo stabilirsi di un vincolo di fiducia tra paziente e terapeuta. Inoltre, quest'ultimo doveva essere in grado di rilassare adeguatamente il paziente e minimizzare il suo stato di allerta, mantenendo al contempo la sua coscienza a livelli adeguati. Erano aspetti particolarmente difficili, ma ce n'era uno ancora più delicato: mentre si navigava nella mente del paziente bisognava maneggiare con estrema delicatezza le idee e le resistenze che si incontravano. Qualunque passo falso avrebbe potuto interrompere il processo di ipnosi come allo squillo di una sveglia stridente.

E questo, come Carmen sapeva molto bene, poteva rivelarsi drammatico.

Capitolo 7

Madrid, Spagna, oggi

Arrivato a casa, Daniel andò direttamente in cucina, riempì un grosso bicchiere di acqua dal rubinetto e lo bevve a grossi sorsi. Poi lo riempì di nuovo e si appoggiò al piano di lavoro per bere con più calma.

Si guardò la mano destra. Aveva le nocche arrossate. Aprì e chiuse la mano un paio di volte senza notare dolori preoccupanti. Sperava di non aver fatto niente di grave all'aggressore, e ovviamente sperava di non incontrarlo mai più. Avrebbe dovuto guardarsi le spalle per un po'.

Ripensò al vecchio, che trascinava a fatica il carrello, e scosse la testa preoccupato.

Spero che mi dia retta e si tenga lontano dal parco.

Si voltò verso la porta della cucina. Fino a quel momento non se n'era accorto, ma si sentiva una musica troppo alta proveniente dal salotto.

Hanno cominciato presto oggi, si disse inarcando le sopracciglia.

Da due mesi divideva l'appartamento con Cristina e Pablo, che oltre a essere fidanzati avevano la stessa passione: ubriacarsi dal giovedì al sabato, e a volte anche in altri giorni della settimana. Erano studenti di economia, avevano ventun anni e si comportavano come se ne avessero quindici. Di solito uscivano o sbevazzavano senza fare troppo casino, ma quel giorno sembrava che volessero far festa in casa.

Il volume della musica aumentò d'improvviso; un attimo dopo, Cristina entrò in cucina. Vedendo Daniel si fermò e poi gli si avvicinò ancheggiando.

«Ciao Superman, quanto sei sexy con questa maglietta».

Ogni volta che aveva bevuto un po' troppo, Cristina flirtava con Daniel all'insaputa di Pablo.

«Ciao, Cristina» rispose Daniel con cautela.

La ragazza continuò ad avvicinarsi con aria maliziosa e un po' brilla. Era una rossa dagli occhi chiari, bassa e piuttosto appariscente. Era scalza e indossava un paio di pantaloncini che mostravano fino all'ultimo centimetro delle sue natiche. Piazzò la scollatura provocante sotto gli occhi di Daniel.

«Ti piace quello che vedi?» bisbigliò, languida.

Daniel lanciò un'occhiata verso il salotto, da dove arrivavano alcune voci. Afferrò la ragazza per un braccio, cercando di allontanarla.

«Cristina...»

«Sì...?» La ragazza si lasciò cadere su di lui. Poi gli infilò una mano sotto la maglietta. «Caspita, che addominali!» La mano si spostò verso l'alto prima che Daniel potesse reagire e gli conficcò le unghie nel petto. «Mamma mia, che pettorali!» esclamò in tono divertito ed eccitato.

Daniel si affrettò a posare il bicchiere sul mobile e con entrambe le mani allontanò Cristina. Un attimo dopo entrò Pablo, seguito da un altro ragazzo che Daniel non conosceva. Si irrigidì. I genitori di Pablo erano i proprietari dell'appartamento, e il figlio aveva l'incarico di riscuotere i quattrocento euro dell'affitto il primo di ogni mese.

«Ehi, Daniel, dacci una mano» disse Pablo sventolando uno scontrino.

Cristina lanciò un bacio silenzioso a Daniel e andò ad aprire il frigorifero. Pablo e il suo amico fissavano Daniel con attenzione.

«Dobbiamo dividere il conto del supermercato. Quanto fa 49,26 diviso 6?»

«8,21» rispose Daniel automaticamente. Ma se ne pentì subito.

«E quanto fa 1593 diviso 284?» chiese Pablo ridendo. Poi si voltò e fece un gesto di complicità all'amico.

«Comprati una calcolatrice» rispose Daniel passandogli accanto e uscendo dalla cucina.

Mentre percorreva il corridoio diretto alla sua stanza, rivisse uno degli eventi che avevano condizionato la sua vita. Aveva sette od otto anni e la maestra lo aveva chiamato alla lavagna.

«Daniel Martín, è da molto tempo che non ti interrogo. Vieni alla lavagna».

Daniel evitava sempre lo sguardo della maestra e si rannicchiava sulla sedia per non farsi interrogare. Con un sospiro, aveva spostato la sedia e attraversato l'aula trascinando i piedi. Il mese precedente, la maestra aveva insegnato le tabelline, e quella settimana avevano cominciato a imparare il procedimento per moltiplicare un numero di diverse cifre per uno di una sola cifra.

Aveva preso un gesso e alzato lo sguardo.

463 × 7.

Aveva guardato Mayte, la maestra, e senza muovere

la testa aveva lanciato una rapida occhiata ai compagni. Il silenzio e l'attenzione rivolta su di lui gli pesavano così tanto che temeva di svenire. Aveva abbassato la testa ed era rimasto a fissare il gesso che teneva in mano.

«Su» lo aveva incoraggiato la maestra.

Daniel aveva alzato gli occhi e, avvicinando il gesso alla lavagna, si era sforzato di parlare, ma aveva la gola così secca da dover inghiottire saliva. Aveva sentito un formicolio alla nuca avvertendo su di sé lo sguardo di tutti i bambini, e di tutte le bambine!

Dopo aver preso fiato, si era messo parlare in fretta mentre scriveva: «Sette per tre ventuno con riporto di due, sette per sei quarantadue più due quarantaquattro...» Sentiva delle risate alle sue spalle. «... con riporto di quattro, sette per quattro ventotto più quattro trentadue. Tremiladuecentoquarantuno».

Aveva chinato la testa con aria mogia. Tutta la classe rideva di lui. Era sicuro che stesse ridendo anche Javier, il suo migliore amico.

Le risate si erano interrotte di colpo e la maestra gli si era avvicinata. Gli aveva posato una mano sulla spalla facendolo delicatamente voltare verso di lei.

«Daniel, sai perché ridevano i tuoi compagni?»

Lui non aveva risposto.

«Perché li hai impressionati. Hai svolto la moltiplicazione con la stessa rapidità che avrei impiegato io, ed è stato così emozionante che anch'io sono molto contenta».

Daniel aveva guardato la maestra e poi i compagni. E aveva sorriso. La maestra l'aveva rimandato a sedersi e lui era tornato al banco pensando che non era stato poi così male.

Ma era stato solo l'inizio.

Qualche settimana dopo, erano passati alle moltiplicazioni tra numeri a più cifre. La maestra l'aveva di nuovo chiamato alla lavagna. Lui ci era andato un po' più tranquillo, ma era rimasto bloccato davanti all'operazione da risolvere.

857 × 39.

Il problema era che non riusciva a stare attento in classe. Perciò non sapeva quali erano i passaggi del procedimento spiegato dalla maestra per moltiplicare i numeri a più cifre.

«Comincia dal nove» aveva cercato di aiutarlo la maestra.

Daniel si era rigirato il gesso tra le dita per qualche secondo. Poi aveva scritto direttamente sulla lavagna:

33.423.

Quella volta non c'erano state risate, solo silenzio. Daniel aveva guardato la maestra, che consultava dei fogli. Poi si era voltata verso di lui con la fronte aggrottata. Aveva aperto la bocca, l'aveva richiusa, e infine si era alzata.

«Riesci a risolvere questa?» Aveva preso un gesso e scritto alla lavagna:

463 × 84.

Daniel aveva scritto immediatamente:

38.892.

La maestra era tornata alla cattedra e aveva digitato qualcosa sulla calcolatrice prima di guardare di nuovo la lavagna. Poi era passato un minuto, che a Daniel era sembrato molto strano. La maestra l'aveva guardato senza dire nulla e poi si era portata una mano alla bocca mentre il suo sguardo andava da lui alla lavagna, per poi perdersi sul pavimento.

«Puoi tornare al tuo posto» aveva detto infine con un sorriso forzato.

Quel pomeriggio avevano telefonato ai suoi genitori convocandoli a scuola. Era arrivata sua madre – suo padre rientrava sempre molto tardi dal lavoro – e quando erano tornati a casa era rimasta a fissarlo in un modo simile a quello in cui l'aveva guardato la maestra: un misto inquietante di stupore, speranza e preoccupazione.

Nei giorni successivi, gli avevano fatto saltare parecchie lezioni per sottoporlo a un mucchio di test. Conclusi i test, gli avevano consigliato di passare direttamente alla classe superiore. Gli avevano dato dei motivi che non capiva e chiesto il suo parere, e lui aveva risposto con un'alzata di spalle.

Nella nuova classe aveva prestato più attenzione al maestro per imparare i procedimenti e le formule, in modo che non lo cambiassero più di classe. Osservava anche come rispondevano gli altri allievi quando erano chiamati alla lavagna, per cercare di imitarli. Era persino arrivato a far finta di contare con le dita.

Alla fine, quel cambiamento ha avuto conseguenze positive, pensò entrando nella sua stanza.

Lo sforzo di stare attento per non mettersi in evidenza aveva migliorato le sue capacità di attenzione. Purtroppo, però, la sua timidezza era peggiorata. I bambini e le bambine più grandi di un anno erano più disinvolti e lo mettevano a disagio. L'inizio dell'adolescenza era stato il periodo più difficile, ma poi era cresciuto fino a superare il metro e novanta e aveva acquisito maggiore sicurezza.

Chiuse la porta della stanza e si inoltrò nella penombra creata dalla tapparella abbassata a metà. La musica del salotto arrivava ancora piuttosto forte, sembrava che avessero alzato ulteriormente il volume. Si sentiva anche uno dei ragazzi che cantava a squarciagola.

Sbloccò lo schermo dei tre monitor mentre rifletteva sugli anni passati all'università. Nonostante non avesse mai superato del tutto la timidezza, la sua vita sociale universitaria era stata piuttosto piacevole...

... fino a due mesi fa.

Nel giro di tre settimane, i suoi due migliori amici avevano lasciato il paese per sfuggire alla situazione economica spagnola ed erano andati a lavorare in Germania. Daniel non aveva parenti a Madrid – i suoi genitori vivevano a Toledo –, ma fin dai primi anni di università si era integrato in un gruppo numeroso. Come qualunque compagnia di ragazzi, avevano organizzato feste, assistito a concerti e viaggiato insieme. E, un anno prima, Daniel aveva messo su una società insieme a Ernesto Serrano, l'organizzatore degli eventi del gruppo, un tipo di successo che però non aveva ancora finito l'università, pur avendo cinque anni più di lui.

Aggrottò le sopracciglia, i suoi pensieri lo distraevano da quello che vedeva sui monitor. L'impresa consisteva in un sito web per regalare o barattare qualunque oggetto. Daniel si era occupato del progetto e della programmazione mentre Ernesto aveva sfruttato le sue capacità commerciali per trovare inserzionisti. Qualche mese dopo il lancio, Ernesto aveva comunicato a Daniel di aver ricevuto un'offerta per il sito.

«Ci daranno quattordicimila euro in contanti, settemila ciascuno. Che te ne pare?»

Era entusiasta dell'offerta e aveva esortato Daniel ad accettarla. Anche se le visite al sito erano in costante aumento, la situazione economica non permetteva di trovare altro che piccoli inserzionisti. Daniel aveva creato il sito con l'idea di venderlo poco dopo, ma sperava di ricevere un'offerta ben più alta. Tuttavia, non poteva permettersi di rifiutare quella che avevano sul tavolo. La sua borsa di studio stava per finire e chiedere soldi ai suoi genitori era impensabile: suo padre aveva perso il lavoro due anni prima e aveva già sessantun anni. Era molto difficile che riuscisse a trovarne un altro.

In effetti non aveva alternative, ma aveva faticato a decidere. Nella stanza in cui viveva all'epoca aveva montato un cluster, un insieme di computer collegati tramite una rete telematica locale. Per la fase successiva del suo progetto aveva bisogno di ingrandire il cluster aggiungendo altre postazioni di lavoro. Sapeva come procurarsi e montare gli apparecchi a basso costo, ma come minimo avrebbe dovuto spendere cinque o seimila euro, e così gli sarebbe rimasto un gruzzolo che sarebbe sfumato in un paio di mesi.

«Non possiamo ottenerne almeno sedicimila, ottomila per ciascuno?»

«Impossibile». Ernesto aveva scosso la testa senza smettere di guardarlo negli occhi. «E poi, so che stanno valutando altre alternative. Credo che dovremmo chiamarli oggi stesso».

«Be', sei tu quello che conosce meglio il mercato degli annunci; se pensi che non riusciremo a incrementare i guadagni con la pubblicità, dovremo accettare».

Ernesto si era occupato di tutto e di lì a due settimane avevano firmato la vendita della società.

Qualche giorno dopo, Daniel si era accorto che il sito esibiva grandi annunci di una multinazionale. Indagando un po', aveva scoperto che la compagnia che aveva comprato il loro sito apparteneva per il cinquanta per cento al suo ex socio, Ernesto Serrano.

E adesso ne sta negoziando la vendita per centoventimila euro.

Daniel era andato a trovare un amico di Giurisprudenza che stava preparando il concorso per entrare in magistratura.

«Puoi denunciarlo per truffa» aveva risposto il suo amico quando gli aveva chiesto se poteva fare qualcosa. «Ma è difficile che tu vinca e poi avrai bisogno di soldi per il processo, soprattutto se perdi».

Aveva deciso di lasciar cadere la faccenda. Non poteva permettersi di rischiare neanche un euro, e soprattutto non voleva deconcentrarsi. Il progetto a cui aveva dedicato il novantanove per cento delle sue energie negli ultimi quattro anni cominciava a ottenere risultati impressionanti. Non era il momento di mollare.

Si concentrò sui monitor. Mostravano fitte tabelle di codici alfanumerici.

«Ehi, interessante» mormorò.

Stava analizzando i dati da appena un minuto, quando si aprì la porta.

Girò la testa di soprassalto e vide Cristina entrare in punta di piedi. La ragazza chiuse la porta dietro di sé e vi si appoggiò con le mani dietro la schiena. Era la prima volta che entrava nella sua stanza.

«Ho detto che andavo in bagno» disse con una risatina. «Uau, hai una tana ipertecnologica!» Osservò attentamente la schiera di computer con i led che brillavano nella penombra come lucciole. «Lavori per la NASA e non ce l'avevi detto?»

Si staccò dalla porta e si avvicinò a Daniel, che non aveva ancora reagito.

«Oltre a essere un gran figo» biascicò lei con voce impastata, «di sicuro sei un genio».

Daniel si alzò dalla sedia un attimo prima che la ragazza di Pablo gli si avventasse addosso.

«Cristina» la afferrò per le spalle e lei lo guardò con un gran sorriso, «esci di qui, per favore».

«Non fare il cattivo. E poi, Pablo si è dimenticato che oggi devi pagargli l'affitto, ma io no. Posso aiutarti». Sollevò la testa verso di lui. «Baciami».

Cercò di alzarsi in punta di piedi e di mettergli le braccia intorno al collo, ma Daniel la teneva stretta e la accompagnò alla porta sollevandola quasi di peso.

«Cristina, per favore». La fissò intensamente. «Non creare problemi a tutti e due. Sei la fidanzata di Pablo, e tra te e me non succederà niente».

«E se lasciassi Pablo?» disse lei, come a sfidarlo.

Daniel aprì la bocca, ma esitò un attimo prima di parlare. Non se l'aspettava.

«Nemmeno. Anzi, se lasci Pablo me ne vado di qui. State molto bene insieme, siete fatti l'uno per l'altra» disse precipitosamente, «è la tua anima gemella, non ho mai visto una coppia più bella».

Lasciò la presa, aprì la porta e guardò nervosamente in corridoio. La voce di Pablo che cantava a squarciagola arrivava attraverso la porta socchiusa del salotto.

«Adesso vattene, per favore» disse spingendola fuori dalla stanza.

Cristina cercò di opporre resistenza, senza riuscirci. Dal corridoio gli lanciò un'occhiata risentita.

«Dirò a Pablo che hai cercato di violentarmi».

Capitolo 8

Cartagine, 507 a.C.

Akenon era molto teso mentre Drogo si avvicinava.

Il comandante era alto come lui, e a guardarlo era difficile reprimere un brivido. Indossava una cotta di cuoio senza maniche sotto la quale si intuivano dei pettorali di pietra. Le sue braccia imponenti sembravano intagliate nel legno scuro, come la sua faccia, stranamente armoniosa, quasi bella ma estremamente severa. Le sopracciglia scendevano fin quasi a toccare gli occhi, due strette fenditure, e si diceva che l'espressione dura della sua bocca non si era mai ammorbidita in un sorriso.

Il mio più grande nemico a Cartagine, comandante della guardia urbana.

La guardia urbana era il corpo dell'esercito preposto alla sicurezza dentro la città. Era formata da un migliaio di soldati professionisti. I vertici erano eletti tra i militari più leali, per evitare un colpo di stato, mentre il resto dell'esercito era impegnato in campagne militari o a proteggere le frontiere.

I tronfi aristocratici osservavano Drogo con diffidenza, stringendosi per cedergli il passo.

Drogo il Pollice, pensò Akenon, ricordando il suo vecchio soprannome. Era anche conosciuto come Drogo *il Sordo*, ed entrambi i soprannomi avevano la stessa origine.

Drogo era figlio di un'indigena libica che aveva lavorato come operaia agricola nelle proprietà rurali di un ricco aristocratico di Cartagine. Costui si era invaghito dell'attraente contadina e aveva finito per metterla incinta. Il nobile non aveva voluto riconoscere il figlio meticcio, ma quando il bambino era cresciuto ed era diventato un ragazzo sveglio e dotato di una forza sorprendente, aveva fatto in modo che entrasse nell'esercito.

Grazie alla sua intelligenza, Drogo era riuscito a farsi assegnare a una squadra creata per indagare sui crimini, in genere tradimenti. Ciononostante, il fatto di essere meticcio gli precludeva incarichi importanti e doveva accontentarsi di svolgere mansioni secondarie, come i suoi colleghi stranieri, oltre a non avere possibilità di accedere ai gradi di ufficiale. Ma Drogo non si era rassegnato. Aveva atteso con pazienza un'opportunità, e aveva capito che era arrivata la sua occasione quando aveva ricevuto l'incarico di estorcere informazioni a un traditore appena catturato. Per prima cosa, senza ancora aver formulato nessuna domanda, gli aveva tranciato il pollice della mano sinistra. L'interrogatorio era stato un successo, anche se il prigioniero era morto dopo poche ore. Da quel giorno spettava a Drogo il compito di interrogare i traditori. In pochi mesi, la sua fama si era diffusa al punto che bastava menzionare che sarebbe stato lui a condurre un interrogatorio perché i prigionieri dicessero quello che sapevano. Se un prigioniero si rifiutava di confessare, Drogo entrava nella stanza, prendeva un paio di tenaglie e gli strappava il pollice sinistro. Il procedimento durava alcuni minuti, e non gli importava che cercasse di confessare prima che la mutilazione fosse conclusa. Solo dopo avergli strappato l'ultimo pezzo di carne, tendine o osso, alzava gli occhi e faceva la prima domanda. Se la risposta non gli piaceva, passava al pollice destro.

«Congratulazioni» disse Akenon quando Drogo si piazzò davanti a lui.

Il comandante della guardia urbana lo guardò in silenzio senza muovere un muscolo della faccia. Dal gruppo di aristocratici si levò qualche mormorio inquieto. Infine, Drogo rispose con un breve cenno del capo.

Non credo che tu ne sia molto contento, Akenon, pensò, con un rancore freddo. *Se non fosse stato per te, mi avrebbero nominato comandante da anni.* Le narici gli si dilatarono mentre inspirava profondamente. *Oggi la bilancia è di nuovo in equilibrio. Comincerò portandoti via tua moglie, come hai fatto tu con la mia.*

Le carriere di Drogo e di Akenon a Cartagine procedevano in parallelo. Le autorità cittadine, seguendo le raccomandazioni di Eshdek, avevano chiesto aiuto ad Akenon per alcuni casi che la guardia urbana non era riuscita a risolvere. In due di questi, Drogo era l'incaricato dell'indagine ufficiale, e Akenon li aveva risolti mettendolo in imbarazzo. La cosa più grave era stata che in uno dei casi, una faccenda di corruzione, si era scoperto che il principale responsabile era il padre della moglie di Drogo, un alto funzionario che aveva appoggiato la sua carriera militare.

Il suocero di Drogo era stato crocifisso sotto gli occhi di tutta Cartagine come monito agli altri amministratori delle finanze pubbliche. La moglie di Drogo aveva pianto per giorni, ma senza incolpare Drogo dell'accaduto. Tuttavia, Drogo l'aveva ripudiata, condannandola così all'esilio a cui le autorità cittadine avevano costretto la madre e le sorelle. In quanto capitano dell'esercito, avrebbe potuto salvarla, ma allora non sarebbe più stato sposato – come fino a quel momento – con la figlia di un rispettabile membro della classe alta, bensì con la figlia di un criminale, il che avrebbe rappresentato un ostacolo insormontabile per la sua promettente carriera.

Il numeroso gruppo di aristocratici e soldati, che occupava tutta la carreggiata del viale, rimase in silenzio, attento a ogni mossa di quei due uomini di cui era ben nota l'inimicizia.

Drogo squadrò Akenon dall'alto in basso.

Guarda come ti sei ridotto, egizio, pensò con disprezzo. Akenon portava sempre la sua caratteristica spada ricurva, ma indossava una pregiata tunica leggera e senza dubbio il matrimonio l'aveva ammorbidito. Ormai da tre anni non si occupava di nessun caso, probabilmente non aveva più combattuto... *E sua moglie e suo figlio lo rendono vulnerabile.* Drogo osservò freddamente Arianna e Sinuhe, che strinse le braccia intorno al collo di sua madre.

D'improvviso, Eshdek scoppiò a ridere.

«Baal è generoso» disse, tenendo ancora il braccio intorno alle spalle di Akenon. «Ha benedetto questo giorno dandomi l'opportunità di godermi la presenza di Akenon, Glauco e Drogo, tre preziosi amici».

L'espressione di Drogo si rilassò un minimo. Era un grande riconoscimento essere chiamato *prezioso amico* dal potente Eshdek, soprattutto davanti a diversi membri dell'aristocrazia di Cartagine. Glauco, dal canto suo, alzò distrattamente lo sguardo sentendo il proprio nome. Era l'unico a disinteressarsi dei due rivali, tutto preso dal suo giovane schiavo.

«Tra qualche giorno» proseguì Eshdek, «avremo occasione di incontrarci di nuovo. Darò un banchetto per festeggiare con gli amici l'inizio del mio mandato di sufeta».

Glauco si illuminò in volto. La sua predilezione per il buon cibo e l'ottimo vino era ormai nota quanto il suo debole per i ragazzini. Accanto a lui, Drogo grugnì soddisfatto. Lo stesso giorno in cui veniva nominato comandante della guardia urbana lo invitavano a un banchetto nella villa di un sufeta. *Quando avrò fatto fuori Akenon, la giornata sarà perfetta.*

Akenon dovette fare un grande sforzo per nascondere il fastidio. Eshdek era un buon amico, ma non gli piacevano affatto le feste dei nobili; e tanto meno se vi partecipavano Glauco e Drogo.

Se non altro Arianna se lo risparmia, si disse, contento per lei, perché i banchetti erano riservati ai soli uomini.

Si affrettò ad annuire. Quell'incontro gli aveva rovinato la giornata, e non vedeva l'ora di andarsene per godersi una cena tranquilla con Arianna.

Capitolo 9

Cartagine, 507 a.C.

Sinuhe si rifiutò di camminare ancora, per quel giorno, e tornò a casa in braccio a suo padre. Akenon procedeva in silenzio lungo il viale lastricato, osservando di soppiatto sua moglie. A metà strada, cercò di strapparla al suo mutismo.

«Ti preoccupa Drogo?»

Arianna lo guardò in silenzio per qualche secondo, come se stentasse a tornare alla realtà.

«Non avevo mai visto Drogo da vicino» disse infine. «È così freddo e inespressivo che ho faticato a leggergli dentro». Fece un'altra pausa. «In ogni caso, è un personaggio sinistro ed è evidente che ti odia».

Akenon annuì. Lui l'aveva capito fin da quando aveva risolto il caso in cui il suocero di Drogo era stato crocifisso.

Sembrava che la carriera militare di Drogo fosse finita lì, ma ripudiando sua moglie è riuscito a salvarsi la reputazione. Scosse la testa, disgustato. In quei giorni aveva visto Drogo un paio di volte e aveva avuto l'impressione che si fosse sbarazzato della moglie con la stessa indifferenza con cui avrebbe buttato via una tunica macchiata.

A preoccuparlo maggiormente erano il prestigio e l'influenza che Drogo aveva ottenuto negli ultimi anni, da quando era andato con Eshdek a Roma. Quella spedizione era culminata con l'accordo tra Cartagine e Roma per stabilire certi limiti in merito alla navigazione, agli scambi commerciali e alle azioni militari. Drogo aveva accompagnato Eshdek in veste di secondo militare al comando della piccola flotta che costituiva la spedizione cartaginese. La morte per dissenteria del generale in carica l'aveva portato al comando. E così aveva finito per ricevere parte del prestigio di quella spedizione, e in seguito il grado di comandante in capo della sezione dell'esercito preposta alla sicurezza all'interno delle mura della città di Cartagine.

«Arianna, mi dispiace che Eshdek abbia forzato quest'incontro». Akenon aveva l'aria corrucciata. «Anche se adesso capisco che l'ha fatto per cercare di proteggerci».

«Sì, ci avevo pensato anch'io» annuì Arianna. «È come se avesse dimostrato pubblicamente, soprattutto a Drogo, che sei il suo protetto. Immagino che sia una fortuna che abbiano nominato sufeta il tuo principale alleato a Cartagine proprio quando il tuo maggior nemico è diventato comandante della guardia urbana».

Anche se preferirei che non avessi bisogno di potenti alleati per combattere potenti nemici, aggiunse tra sé.

Anche Akenon era inquieto per la nomina di Drogo, ma cercò di tranquillizzare Arianna.

«Non dobbiamo preoccuparci di Drogo. Eshdek ha sempre vegliato su di noi, e adesso che è sufeta siamo più sicuri che mai».

Arianna non rispose. Anche lei, come Akenon, sapeva che non era del tutto vero.

Camminarono per un po' in silenzio. Kush li seguiva a pochi passi di distanza, dondolando sgraziatamente le lunghe braccia mentre osservava i suoi padroni con aria taciturna. Erano sempre allegri e tranquilli, lo impensieriva vederli così, soprattutto la signora, che sembrava molto preoccupata.

«Vorrei vedere mio padre» disse Arianna, d'improvviso.

Akenon annuì in silenzio, ma poi si accorse che la moglie non aveva formulato un desiderio, ma una richiesta.

«Vuoi andare a Metaponto?» chiese, un po' allarmato. Detestava i viaggi in barca, soprattutto se la costa scompariva dalla vista. Da Cartagine a Metaponto c'erano due settimane di navigazione, con tre o quattro giorni senza vedere la terraferma.

Arianna lo guardò dritto in faccia e Akenon si stupì nel cogliere l'intensa supplica che ardeva nei suoi occhi verdi. Si morse il labbro inferiore e distolse lo sguardo dalla moglie, mentre rifletteva.

Vorrei che Pitagora potesse venire a Cartagine.

Tre anni prima, un discepolo di Pitagora, uno dei principali grandi maestri dell'ordine, li aveva traditi tutti, tramando nell'ombra ogni tipo di crimini e cospirazioni. Il progetto omicida si era sviluppato a grande velocità grazie al fatto che quel discepolo possedeva doti straordinarie che aveva tenuto nascoste fino al momento del tradimento.

Dopo l'accaduto, Pitagora aveva condannato il discepolo traditore alla morte spirituale. Tra le altre cose, la sentenza implicava il privarlo del suo nome umano, che doveva essere sostituito dal nome Khaos. Nelle credenze greche, Khaos era ciò che esisteva prima che l'ordine arrivasse nel mondo, e che a sua volta aveva generato Nyx, la Notte, ed Erebo, l'Oscurità.

«Colui che ha commesso atrocità così vili sarà chiamato Khaos» aveva stabilito Pitagora, «perché nessun uomo nato da madre avrebbe potuto causare tanto male».

Khaos, pensò Akenon rabbrividendo. Quell'essere malvagio e potente lo assillava ed era penetrato nella sua mente come un ferro rovente in un panetto di strutto.

Khaos aveva cominciato ammazzando uno dopo l'altro i candidati alla successione di Pitagora. Poi era riuscito a scatenare una serie di rivolte e di conflitti militari che avevano portato all'espulsione del governo pitagorico da Crotone, alla distruzione della vicina città di Sibari e a un assalto militare alla casa in cui era riunita la maggior parte dei maestri pitagorici. Quasi tutti i maestri erano morti, Pitagora era rimasto gravemente ferito ed era stato costretto a fuggire da Crotone a Metaponto.

Abbiamo rischiato tutti di morire, pensò Akenon, abbassando lo sguardo.

Erano riusciti a catturare Khaos e a mandare a monte il suo piano finalizzato a eliminare qualunque traccia del pitagorismo per governare su tutti gli uomini, ma il danno era stato in gran parte irrimediabile. Nei tre anni successivi, i pitagorici erano stati espulsi dalla maggior parte dei governi che controllavano un tempo. La comunità di Crotone era ancora attiva, ma la sua influenza era in declino e ormai non era più guidata da Pitagora ma dalla moglie Teano, la madre di Arianna. Il filosofo era rimasto nella comunità di Metaponto, da dove dirigeva il ripiegamento politico dell'ordine, cercando di renderlo il più pacifico possibile.

Ormai non lascia più Metaponto, i postumi delle ferite non gli permettono di viaggiare.

Akenon guardò Arianna, che aspettava una risposta. Stava per obiettare che mancava solo un mese alla fine della stagione della navigazione. Se si fossero messi in viaggio subito, avrebbero dovuto passare l'inverno in Magna Grecia o avrebbero rischiato di incappare in una tempesta durante il viaggio di ritorno. Aprì la bocca e poi la richiuse. Era chiaro che Arianna non voleva aspettare fino alla primavera successiva, e non le dava torto. Era sempre stata molto legata a suo padre e negli ultimi tre anni l'aveva visto una volta sola, l'estate precedente, quando erano andati a Metaponto con Sinuhe.

«D'accordo» disse sospirando. «Dammi tre o quattro giorni per parlare con Eshdek e preparare tutto».

Arianna sorrise, ma la tensione sul suo viso si allentò appena.

Il cielo era rosso cupo quando arrivarono a casa. Sembrava che su Cartagine stesse per abbattersi una pioggia insanguinata.

«Kush» disse Arianna appena ebbero varcato la soglia e furono in cortile, «occupati di Sinuhe».

Di solito ci pensava lei a dargli da mangiare, ma voleva parlare a quattr'occhi con il marito.

Akenon allontanò Sinuhe dal suo corpo e gli diede un bacio sul naso per svegliarlo. Il piccolo socchiuse gli occhi verdi e farfugliò qualcosa.

«Svegliati, devi cenare» sussurrò Akenon.

Sinuhe strinse le palpebre e non le riaprì finché suo padre non l'ebbe depositato a terra. Sempre farfugliando, prese per mano Kush ed entrò in casa con lui.

Akenon si sedette accanto alla moglie su una panchina di pietra. Il cortile era quadrato, largo dodici passi e con un pozzo al centro. Il pavimento era ricoperto di ciottoli e in ogni angolo ardeva una lampada di ceramica.

«Cosa succede?» chiese, prendendo con dolcezza le mani di Arianna.

«È... una sensazione strana» disse lei tremando come se avesse i brividi. «È iniziata oggi pomeriggio, proprio quando siamo usciti di casa».

«Non è dovuta al fatto che abbiamo visto Drogo e Glauco?»

Arianna negò in silenzio, sciolse le mani dalla stretta di Akenon e chinò lo sguardo a terra. Avrebbe voluto esprimere a parole quello che provava, ma era molto confusa su quella percezione, inquietante ma indefinita.

«Ho provato qualcosa di simile a tre anni fa» disse infine, «quando Khaos ti ha catturato. Era come se *sapessi* che eri in pericolo». Lo guardò negli occhi e poi distolse di nuovo lo sguardo, scuotendo la testa. «Ma adesso non so nemmeno se ha un significato o se sto solo dando troppa importanza a una normale sensazione della gravidanza».

Akenon aspettò. Non era da Arianna esagerare l'importanza delle cose. In quel momento, dall'interno della casa uscì una giovane serva reggendo un vassoio con due bicchieri d'acqua e alcune ciotole. La cena consisteva in pezzetti di cernia affumicata con datteri e noci, olive condite, fichi e pesche. La serva si avvicinò facendo scricchiolare la ghiaia e posò il contenuto del vassoio sulla base di una colonna che fungeva da tavola. Arianna era sempre assorta e si accarezzava la pancia con un gesto che Akenon le aveva visto fare spesso negli ultimi giorni.

Spero che non ci siano problemi con la gravidanza, pensò, turbato.

Mentre stava per allontanarsi, la serva si ricordò qualcosa e si fermò.

«È arrivato un messaggio per la signora».

Arianna sentì il ventre indurirsi in modo doloroso.

«Chi lo manda?» chiese a fatica.

«Non l'hanno detto, signora. È una pergamena piegata». La serva mosse le mani nell'atto di piegare un documento.

«Va bene, portamela».

La giovane si allontanò con il vassoio vuoto. Akenon mise una mano sulla spalla di Arianna, preoccupato per l'espressione dolente di sua moglie, ma lei non se ne accorse.

Quando la serva tornò, Arianna alzò bruscamente la testa e fissò la pergamena. Allungò un braccio per prenderla, ma ritirò subito la mano come se si fosse scottata. Akenon riconobbe il simbolo del pentacolo mentre lei allungava di nuovo la mano.

Un messaggio dell'ordine pitagorico? si chiese, stupito. Erano mesi che non ricevevano messaggi da Pitagora o da altri membri dell'ordine.

Sua moglie passò le dita sulla stella a cinque punte. Il suo sguardo febbrile accrebbe la preoccupazione di Akenon. Ruppe il sigillo di cera con mani tremanti e cominciò a leggere. Dischiuse le labbra spalancando gli occhi. In quel momento, con un tuffo al cuore, Akenon ricordò qualcosa.

La lettera ad Aristomaco!

Aristomaco era uno dei candidati alla successione di Pitagora assassinati da Khaos. Il maestro traditore gli aveva mandato una pergamena il cui contenuto aveva costretto Aristomaco a suicidarsi subito dopo averlo letto. La lettera

era stata conservata, ma Pitagora aveva impedito a chiunque di leggerla. Akenon aveva visto solo il retro della lettera. C'era disegnato lo stesso simbolo che adesso vedeva con orrore sulla pergamena che stava leggendo Arianna.

Il pentacolo capovolto! gridò tra sé. Si avventò su Arianna per strapparle il documento dalle mani.

Ma prima che Akenon potesse raggiungere la pergamena, sua moglie alzò la testa. Aveva un'espressione stupita e i suoi occhi guardavano senza vedere, due braci verdi la cui luce si spense subito sotto lo sguardo atterrito di Akenon.

Tenendo ancora stretto in mano il messaggio, Arianna si accasciò a terra.

Capitolo 10

Madrid, Spagna, oggi

Mentre attraversava l'atrio della facoltà, Elena si accorse che cercava con lo sguardo Pedro Vergara. Accanto alla porta c'erano due ragazze che parlavano a voce bassa e in un angolo un addetto alle pulizie stava svuotando un cestino della spazzatura. Non si vedeva nessun altro in giro.

Raggiunse il pannello di sughero e lo esaminò per trovare gli elenchi dei voti. Controllò che non ne mancasse nessuno e poi si avviò verso l'uscita pensando con rimpianto all'epoca del suo dottorato.

Io e Carmen abbiamo dimostrato di essere tutt'e due testarde.

Dopo molte chiacchierate e qualche discussione, erano riuscite a trovare una soluzione di compromesso in merito all'approccio che Elena avrebbe dovuto adottare. Avrebbe potuto seguire la linea di ricerca che desiderava, purché dedicasse una particolare attenzione agli studi sulla demenza in cui l'ipnosi era una delle variabili di rilievo.

In ogni caso, abbiamo trovato ben pochi casi in cui l'ipnosi facesse parte della terapia.

All'inizio del dottorato, Elena non capiva perché la

sua professoressa fosse tanto interessata all'ipnosi. Ma poi le erano giunte all'orecchio certe voci che gliel'avevano fatto capire meglio. E le avevano anche fatto prendere molto più sul serio il potenziale terapeutico dell'ipnosi. Il pettegolezzo non era un segreto allarmante… o invece sì, a seconda di come lo si considerava. Carmen Aroza usava regolarmente le sue straordinarie doti di ipnotizzatrice per un'attività non contemplata dalla legge e che avrebbe potuto crearle grosse difficoltà in ambito accademico e addirittura penale se qualcosa fosse andato storto. Si trattava di usare l'ipnosi per operare pazienti che non avrebbero tollerato l'anestesia. Le voci parlavano di almeno cinque interventi, apparentemente tutti riusciti. Per il resto, non era chiaro se le autorità accademiche fossero al corrente di quelle attività o se facessero finta di niente purché non attirassero l'attenzione.

Elena non aveva mai parlato della faccenda con nessuno, e fin dall'inizio aveva deciso di non affrontare l'argomento nemmeno con Carmen, a meno che fosse lei a tirarlo in ballo. Carmen non l'aveva mai fatto, nonostante il loro rapporto fosse diventato molto più stretto durante il primo anno del dottorato di Elena, che per lei era stato traumatico: suo padre si era ammalato ed era morto lo stesso anno, vedeva pochissimo sua madre che viveva a Logroño e non aveva fratelli. L'unica parente di Elena a Madrid era una cugina che conosceva appena. Aveva delle amiche, certo, ma Carmen Aroza, per via della sua età, era diventata un misto tra un'amica e la figura materna di cui aveva bisogno.

Gliene sarò sempre grata.

Aprì la porta che dava sulla strada e si fermò di colpo. La massa d'aria calda sembrò schiacciarla e la luce del sole era accecante. Fece per infilare la mano nella borsa per prendere gli occhiali da sole, ma si fermò ricordandosi di averli dimenticati a casa. Con una smorfia contrariata, si avviò verso il parcheggio.

Si considerava fortunata ad avere avuto accanto Carmen ogni volta che aveva avuto bisogno di una spalla su cui piangere. Le era anche grata di averle lasciato un'insolita libertà nella ricerca. Grazie a questo, aveva potuto concentrarsi su quello che le interessava di più, quello che la affascinava fin da quando era soltanto una bambina.

Ricordava perfettamente la prima volta in cui aveva sentito il luogo comune secondo cui *usiamo solo il 10% del cervello.* Come a molte altre persone, quello che le era subito venuto in mente era stato: *Possiamo usare l'altro 90%? Quali capacità, o addirittura poteri, avremmo se usassimo il 100%?*

Crescendo, aveva imparato che le cose non stavano esattamente così, ma anche che quella frase conteneva una parte di verità. Una verità il cui meraviglioso potenziale le si era dispiegato sotto gli occhi quando si era iscritta alla facoltà di Psicologia. Nelle prime settimane, aveva trascorso pomeriggi interi a setacciare la biblioteca in cerca di libri che parlassero di come sfruttare il potenziale latente del cervello. Alla fine aveva capito che il cervello era come il resto del corpo: tutti potremmo correre più in fretta o sollevare carichi più pesanti se ci allenassimo, ma allenarsi sul serio è dura.

Aveva scoperto che i risultati più eclatanti erano stati ottenuti nei programmi di riabilitazione di bambini con lesioni cerebrali. Ottenevano effetti notevoli anche i programmi di iperstimolazione di bambini piccoli sani. Tuttavia, simili risultati non erano estrapolabili per adulti sani, nonostante periodicamente spuntassero società che vendevano prodotti miracolosi – libri, cd, videogiochi – promettendo di rendere più intelligenti i consumatori. Non era così, nessuno incrementava considerevolmente le proprie capacità senza sforzi intensi e prolungati nel tempo, così come nessuno imparava da adulto il cinese o il tedesco senza enormi sforzi. L'unica cosa che si otteneva con quel tipo di prodotti erano abilità molto specifiche che non si traducevano nel miglioramento delle doti intellettive generali.

Elena era quasi all'angolo del palazzo quando udì un fischio alla sua destra. Trattenne l'impulso di voltarsi e sbirciò con la coda dell'occhio. Era stato un breve fischio bitonale, come quello tributato dagli operai a una ragazza appariscente.

Quattro suoi allievi erano fermi a pochi metri da lei. Due le voltavano le spalle e gli altri due guardavano per terra come se cercassero qualcosa. Elena non si fermò e dissimulò un sorriso. Ormai ci era abituata e non le dava più fastidio. Supponeva che non le avrebbero fischiato se fosse stata loro antipatica. E poi sapeva di avere delle belle gambe, grazie alla mezz'ora di corsa mattutina, e non le nascondeva. Quel giorno si era messa un paio di sandali di sparto con tacco medio e un vestito in tinta unita, con i bordi ricamati, che le arrivava a metà coscia. La stoffa color panna faceva risaltare la sua pelle scura.

Non intendo vestirmi da vecchia solo perché sono una professoressa.

Il fatto è che, con l'arrivo del bel tempo, aveva avuto qualche dubbio sull'abbigliamento da adottare per fare lezione. Aveva perfino telefonato a Carmen Aroza per chiederle un consiglio.

«Figlia mia» le aveva risposto Carmen con un sospiro, «sarebbe un vero peccato che non mettessi in mostra quelle gambe che Dio ti ha dato».

Svoltò l'angolo e vide in lontananza la sua auto, in mezzo a un parcheggio praticamente vuoto.

Aveva bisogno di una pausa. Pur dedicando molte ore al lavoro di insegnante, non aveva voluto rallentare il ritmo delle sue ricerche. Questo comportava che spesso dormisse solo sei ore. La sua tesi di dottorato era già stata pubblicata – con il titolo poco brillante *Allenamento cognitivo nell'Alzheimer e in altre forme di demenza. Revisione di casi e proposta di un modello* –, ma lei continuava le ricerche. Il suo grande progetto era scrivere un libro che avrebbe intitolato *Allenamento cognitivo* – probabilmente la casa editrice avrebbe scelto un titolo più commerciale –, un'opera assai più ambiziosa della sua tesi. Nel libro avrebbe esposto la sua teoria generale sulla stimolazione delle capacità intellettive. La parte più estesa avrebbe esaminato i metodi per rallentare la degenerazione nei pazienti affetti da demenza, e alcuni capitoli sarebbero stati dedicati a come ottenere miglioramenti in soggetti colpiti da altri disturbi.

La sezione più commerciale, immaginava, sarebbe stata quella dedicata a migliorare il rendimento intellettuale nei soggetti sani. Aveva studiato tutti i metodi degli ultimi cinquant'anni e li aveva integrati nel corpus delle sue ricerche. Aveva affrontato l'impegno con spirito critico, ma aveva scoperto qualcosa che l'aveva stupita. Enormemente. Se gli esperimenti che stava conducendo avessero ottenuto l'esito sperato, si sarebbero potuti raggiungere risultati spettacolari con una determinata combinazione di tecniche di autoipnosi, allenamento cognitivo e biofeedback. Il programma richiedeva un impegno di due ore a seduta, a giorni alterni per sei mesi, e poi una seduta di mantenimento settimanale. Era indubbiamente un grosso sforzo, ma, a livello teorico, avrebbe permesso di incrementare di una media tra dieci e quindici punti il quoziente intellettivo (QI) del soggetto.

Scosse la testa senza rendersene conto. Continuavano a stupirla i risultati che otteneva il suo programma di allenamento, almeno secondo i modelli teorici che aveva elaborato. Una persona nella media aveva un QI di 100, che la situava nel percentile 50 – vale a dire che la sua intelligenza era superiore a quella del 50% della popolazione. Se il QI aumentava di 15 punti grazie al suo programma, il soggetto avrebbe raggiunto un QI di 115, situandosi nel percentile 84. Un'intelligenza superiore all'84% della popolazione!

Aveva calcolato che le mancavano due anni per finire gli esperimenti e scrivere il libro. Per il momento, archiviava le sue teorie nella memoria del computer portatile e ne faceva il backup due volte a settimana. Una volta al mese faceva anche una copia su dvd e la teneva nel suo studio, in caso l'appartamento si fosse incendiato o fosse avvenuto qualunque altro disastro.

Preferisco che si bruci la casa piuttosto che perdere il lavoro di tutti questi anni.

Nonostante il caldo, un brivido percorse il corpo di Elena alla sola idea del suo lavoro che andava in fumo.

All'inizio della carriera, quando passava tanto tempo in biblioteca a indagare sul potenziale occulto del cervello, aveva fatto un'altra scoperta sorprendente. Mentre stava leggendo i titoli sul dorso dei libri in uno scaffale, un volume in particolare aveva attirato la sua attenzione: *L'intelligenza. Teorie e test.*

L'aveva preso e aveva dato un'occhiata all'indice. Inizialmente si era interessata alla parte teorica, ma a un certo punto era capitata sui test. Non aveva mai fatto un test di intelligenza. Si considerava sveglia perché aveva sempre preso voti alti senza bisogno di studiare molto, ma... qual era il suo quoziente intellettivo?

Aveva impiegato un po' a scegliere il test che le sembrava più completo e, dopo aver posato l'orologio sul tavolo per assicurarsi di rispettare i tempi indicati, aveva cominciato.

Tre ore dopo, aveva posato la penna. Raddrizzandosi, aveva contemplato i fogli che aveva davanti. Era sfinita, ma doveva ancora correggerlo. Mezz'ora dopo, aveva il risultato.

Centocinquantuno, si era detta con aria pensierosa mentre sottolineava quel numero più volte.

Aveva preso di nuovo il libro e sfogliato le pagine fino a trovare quello che cercava. Per interpretare il test doveva considerare una media di 100 e una deviazione standard di 15. In termini percentuali, lei si situava...

Mentre leggeva aveva strabuzzato gli occhi e deglutito. Un QI di 151 equivaleva a un percentile di 99,97. Secondo quel test, la sua intelligenza era al di sopra del 99,97% della popolazione mondiale!

In quel momento, avevano annunciato che la biblioteca stava per chiudere. Aveva preso in prestito il libro e se l'era portato a casa. Appena arrivata, senza nemmeno ricordarsi che non aveva mangiato niente dalla colazione, aveva scelto un altro test e l'aveva completato. Il risultato era stato simile. Dopo averci pensato un po' su, aveva preso il telefono per chiamare sua madre e raccontarglielo. Quando stava per digitare l'ultimo numero, aveva riattaccato. D'improvviso si vergognava a telefonare a sua madre per dirle: 'Mamma, sono molto intelligente'. Le sembrava una condotta altrettanto vanitosa che chiamare per dire: 'Mamma, sono molto bella'.

Aveva posato il telefono e se n'era andata a dormire.

Aprì la borsa di tela nera, prese le chiavi della macchina e continuò a camminare tenendole in mano.

Conoscere il mio quoziente d'intelligenza ha avuto il suo lato pratico.

Le aveva permesso di acquisire una maggiore sicurezza, cosa che a quell'epoca le era molto utile. Si era appena trasferita a Madrid e, per una ragazza di diciott'anni che aveva passato la vita a Logroño, vivere nella capitale poteva fare un po' paura. Inoltre, trasferendosi a Madrid aveva scoperto una cosa a cui fino ad allora non aveva dato molta importanza: la sua famiglia era povera. Non al punto da morire di fame, ma pagarle gli studi a Madrid per i suoi genitori rappresentava un tremendo sacrificio. Appena arrivata, aveva trovato un lavoro nel fine settimana in una pizzeria per pagarsi la stanza dell'appartamento che divideva con altre due ragazze. Dopo aver fatto il test di intelligenza, aveva preso un'ulteriore decisione: avrebbe cercato di ottenere sempre il massimo dei voti agli esami, perché per ogni esame superato col massimo dei voti se ne pagava uno in meno nella retta dell'anno successivo.

Nel resto della sua carriera universitaria aveva dovuto pagare solo due esami.

Tutto l'impegno nelle ricerche sulle capacità del cervello l'aveva aiutata anche nella vita sociale. In un libro aveva letto che esisteva un'organizzazione chiamata

Mensa che tra le altre cose si occupava di studiare l'intelligenza. Aveva oltre centomila soci nel mondo, e oltre millecinquecento in Spagna. Aveva cercato su Internet e individuato la pagina web del Mensa España. Lì aveva letto che per entrare a far parte del Mensa bisognava avere un QI di almeno 130, equivalente al percentile 98. Ovvero, avere un'intelligenza al di sopra del 98% della popolazione.

Non dovrei avere problemi, si era detta ricordando che nei test aveva ottenuto un QI di 151. Continuando a navigare sul sito del Mensa, aveva trovato quello che cercava. Scorrendo la schermata, aveva letto a voce bassa:

Gli obiettivi del Mensa sono:

a) scoprire e incoraggiare l'intelligenza umana a beneficio dell'umanità;

b) creare per i propri soci un ambiente sociale e intellettuale stimolante, incoraggiando i contatti sociali e lo scambio intellettuale tramite conferenze, discussioni, pubblicazioni, gruppi di studio o altri strumenti utili a tali fini;

c) incoraggiare la ricerca in psicologia e scienze affini, soprattutto in relazione alla natura, lo sviluppo e gli usi dell'intelligenza umana.

Si era sentita così identificata con quegli obiettivi da contattarli immediatamente. Tre settimane dopo, faceva parte del Mensa.

All'inizio aveva pensato vagamente che il Mensa l'avrebbe aiutata a dare impulso al suo apprendimento, che avrebbero avuto mezzi potentissimi per esplorare il cervello umano, forse laboratori con tecnologie sconosciute… Il risultato era stato che si erano divertiti parecchio con le sue domande alla prima riunione a cui aveva partecipato. Dopo quell'esordio imbarazzante, aveva scoperto che il Mensa era principalmente un club sociale, un'organizzazione che serviva a far incontrare tra loro persone con un QI molto alto. L'attività dell'associazione consisteva per la maggior parte in riunioni in qualche bar per chiacchierare. Era diversa da quella che Elena si aspettava, ma era perfetta per una ragazza di diciott'anni arrivata solo da pochi mesi a Madrid.

Elena sorrise ripensando all'ingenuità con cui era andata alla prima riunione del Mensa. Premette il pulsante per aprire la macchina con il telecomando e le luci lampeggiarono a intermittenza. Poi guardò l'orologio.

Le sette. Ho tutto il tempo.

Era il terzo venerdì del mese. Questo significava che alle dieci sarebbe cominciata la riunione del Mensa in un caffè del centro. Nell'ultimo anno aveva partecipato più o meno una volta ogni due mesi. In questo caso, però, ci sarebbe andata per la seconda settimana consecutiva.

Aprì la portiera della macchina, scivolò agilmente sul sedile del conducente e posò la borsa su quello del passeggero. Poi tolse il parasole argentato, lo piegò e lo posò sui sedili posteriori. *Mio Dio, che caldo!* Avviò il motore e accese al massimo l'aria condizionata. Quando cominciò a uscire l'aria fredda, chiuse la portiera e si guardò nello specchietto retrovisore sorridendo come un'idiota.

C'era un motivo speciale per partecipare per due settimane di seguito alla riunione del Mensa.

Sentì una stretta allo stomaco.

Daniel…

Capitolo 11

Madrid, Spagna, oggi

Daniel rimase senza fiato sentendo le parole di Cristina.

«Dirò a Pablo che hai cercato di violentarmi».

Dal corridoio, lei lo guardava con aria ostile. Daniel immaginò per un attimo che quella squinternata si mettesse a gridare precipitandosi in salotto, lui le sarebbe corso dietro cercando di fermarla, le avrebbe tappato la bocca con la mano, ma dal salotto l'avrebbero sentita, sarebbero accorsi in corridoio…

«È proprio quello che dovrei fare» disse Cristina voltandogli le spalle.

In silenzio, Daniel la guardò allontanarsi con quei pantaloncini troppo corti. Quando arrivò in salotto, lasciò socchiusa la porta della sua stanza e rimase in piedi per cercare di capire che cosa dicessero. Colse qualche parola isolata, ma non ne capì il significato. Dopo un po', udì uno scoppio di risate e chiuse la porta.

Per il momento direi che l'ho scampata. Chiuse. *Maledetta pazza!*

Rimase a fissare il chiavistello. Come poteva essersi dimenticato di chiudere? Aveva montato una serratura abbastanza sicura, ma non serviva a niente se la lasciava aperta.

Sarà stato per la storia del parco. Ripensò al coltello che gli avevano puntato allo stomaco e alla sensazione delle ossa rotte sotto il suo pugno. *Ma non posso permettere che succeda di nuovo.*

Si lasciò cadere sulla sedia e decise che appena avesse trovato dei soldi si sarebbe cercato un altro appartamento. Quello precedente l'aveva condiviso con i due amici emigrati in Germania, ma aveva dovuto lasciarlo quando loro erano partiti. Lì dov'era adesso, aveva una stanza molto grande e gli piacevano sia l'appartamento che la zona. Ma la faccenda di Cristina, che fino a quel momento era stata solo un fastidio occasionale, stava diventando pericolosa.

Mi servono delle telecamere, pensò d'improvviso.

Perlustrò la stanza con lo sguardo, immaginando dove piazzarle.

Mi serve anche un registratore.

Era sicuro che Cristina sarebbe tornata a molestarlo. E se l'avesse respinta un'altra volta era capace di mettere in atto la sua minaccia. In quel caso sarebbe stato difficile calmare Pablo, ma la cosa più importante sarebbe stata poter dimostrare alla polizia di non averla toccata.

Avrebbe comprato il necessario il giorno dopo. Non pensava che sarebbe successo nient'altro fino ad allora, ma per ogni evenienza avrebbe preparato il cellulare. Lo prese, selezionò la funzione di videocamera e lo piazzò in modo che bastasse premere un tasto per cominciare a registrare quello che succedeva in gran parte della stanza.

Guardò di nuovo i monitor e scosse la testa.

Queste non sono certo le condizioni migliori per lavorare.

Pensò ai quattrocento euro che aveva in banca. Avrebbe potuto pagare un altro mese d'affitto, ma gli serviva più sicurezza per la fase finale del progetto. Il suo sguardo si soffermò su una fila di computer che lampeggiavano sullo scaffale di metallo, pensando a quanti avrebbe potuto venderne senza compromettere troppo il rendimento.

Mi serve più attrezzatura, non meno.

L'unico modo per fare soldi, tanti e in fretta, sarebbe stato vendere l'intero progetto. Un paio d'anni prima, forse, avrebbe preso in considerazione quell'alternativa, ma adesso era troppo consapevole del pericoloso potenziale degli sviluppi. Era come se avesse scoperto il modo di usare le potenzialità dell'atomo e volesse utilizzarle per generare energia, ma al contempo sapesse che avrebbero potuto essere impiegate per costruire bombe atomiche.

E il danno che può causare il mio progetto, se male utilizzato, è superiore a quello di una bomba atomica.

Controllò l'ora. Aveva ancora tempo per lanciare una nuova simulazione prima di andare all'incontro con Elena. Si avvicinò al monitor centrale e i suoi occhi volarono sulle matrici di dati. Non avevano un ordine apparente, ma lui riusciva a leggerle come un libro.

Da piccolo aveva imparato i linguaggi di programmazione più semplici quasi nello stesso tempo in cui imparava a parlare. Suo padre era appassionato di informatica e gli aveva insegnato i rudimenti come se fosse un gioco. Inoltre, era riuscito a fargli imparare a leggere a tre anni su riviste e libri di informatica. Quando a scuola l'avevano mandato avanti di un anno, pensavano avesse un talento speciale per il calcolo numerico. In realtà, nessuno era riuscito a capire quello che succedeva. Le sue doti aritmetiche erano solo una conseguenza delle sue due caratteristiche più rilevanti: una capacità fuori dal comune di elaborare informazioni e una mente eccezionalmente creativa che al contempo poteva lavorare con la metodicità e la precisione di un computer.

Crescendo, aveva capito che i suoi compagni imparavano in un modo diverso. Fondamentalmente, memorizzavano contenuti con enormi sforzi per poi dimenticare gran parte di quanto avevano appreso. Daniel comprendeva la logica interna delle diverse materie e il modo in cui si relazionavano con quello che aveva imparato in precedenza. Inoltre, quando assimilava qualcosa era per sempre. Semplicemente non lo dimenticava, proprio come un'altra persona non può dimenticare che le cose cadono verso il basso o che il fuoco brucia.

Annuì diverse volte mentre navigava attraverso le diverse schermate del suo programma. Si era messo le cuffie per isolarsi dalla musica che rimbombava dal salotto. Terminata l'analisi, rifletté per un paio di minuti prima di cominciare a parametrizzare la nuova simulazione.

La scelta di studiare ingegneria informatica era stata naturale. Dopo il primo anno di università, però, aveva deciso di iscriversi anche a Psicologia, disciplina che studiava da tempo per conto suo. Si sentiva diverso dalla maggior parte della gente, e aveva bisogno di capire perché era diverso. Lo disorientava il fatto che quasi tutti avessero superstizioni, consultassero l'oroscopo o si facessero ingannare dalla pubblicità. Studiare psicologia gli aveva fornito i concetti e la prospettiva di cui aveva bisogno per capirsi meglio, e anche per comprendere il funzionamento generale della mente e del cervello. C'era stata però una conseguenza che non aveva previsto: aveva scoperto che la mente umana era il mistero più affascinante della natura.

Fin da quando era poco più di un neonato, per pensare usava un misto di linguaggio verbale e linguaggio informatico, che in definitiva si basava sulla stessa logica implacabile della matematica. Così aveva risolto tutti i problemi accademici che gli si erano presentati. Studiando psicologia, invece, aveva scoperto un mistero con troppe incognite, quasi magico. Nei libri si poteva leggere che la coscienza umana sorge come conseguenza dell'attività elettrochimica di alcune cellule cerebrali. Ma, nonostante questo, la coscienza era qualcosa di più, *molto* di più che quella semplice attività elettrochimica.

La mente, il cervello e il rapporto tra i due erano grandi incognite che da anni Daniel si sforzava di decifrare. Ed era convinto che con il suo lavoro fosse ormai andato oltre il conosciuto.

Mentre Daniel digitava a una velocità vertiginosa, lo schermo centrale diventò improvvisamente nero. Le dita si paralizzarono sulla tastiera. Un attimo dopo si oscurarono gli schermi laterali.

Ma cosa...?

Corse istintivamente con la mano sull'interruttore che spegneva i router e isolò la rete dall'esterno. Subito dopo ripercorse mentalmente tutti i passaggi con cui i sistemi di sicurezza proteggevano il suo lavoro. In linea di massima, il peggio che poteva succedere era perdere la parametrizzazione che stava calcolando, l'ultima simulazione era già salvata in diversi backup.

D'improvviso, senza che lui toccasse niente, lo schermo centrale si riaccese. L'immagine era cambiata. Lo sguardo di Daniel cadde subito sulle parole che spiccavano sul bordo superiore del monitor:

RIESCI A RISOLVERLO?

Alla base dello schermo c'era uno spazio bianco con un cursore lampeggiante, come se aspettasse una risposta. Il resto dell'enorme monitor era un caos di lunghi numeri che si spostavano in tutte le direzioni e rimbalzavano quando arrivavano ai bordi dell'immagine. Ne seguì uno con lo sguardo e si accorse che cambiava in continuazione. Poi notò che nell'angolo inferiore destro, dove di solito c'era l'orologio, c'era una cifra fissa:

10:00.

Appena la guardò, la cifra cambiò: 9:59... 9:58...

Un conto alla rovescia...

Chiuse gli occhi e visualizzò la struttura della sua rete locale di computer. Non voleva cadere in una trappola mentre un virus faceva disastri. Guardò gli indicatori luminosi degli hard disk. Erano inattivi. Per ogni evenienza, li spense e tornò a concentrarsi sul monitor, pensando a chi poteva aver aggirato il *firewall* che lui aveva perfezionato e considerava inviolabile. Gli vennero in mente alcuni nomi, ma nessuno convincente. Per divertirsi o per allenarsi, si era introdotto nei computer di alcuni colleghi, o in quelli dell'università e di altri enti, ma nessuno era mai penetrato prima nei suoi.

Fino a quel momento.

9:07... 9:06...

Probabilmente, se fosse riuscito a risolvere quell'indovinello avrebbe scoperto l'identità dell'intruso. Le sue informazioni erano al sicuro, ma lo inquietava il fatto che fossero riusciti ad accedere a parte del suo lavoro. Rifletté ancora qualche secondo per assicurarsi di non aver tralasciato niente, poi decise che la cosa migliore per scoprire cosa fosse successo era risolvere il problema che gli proponevano.

D'altronde, per lui era quasi impossibile resistere a simili sfide.

Si concentrò su quello che vedeva. Quindici elementi fluttuavano sullo schermo. Ognuno era composto da sei numeri da una a tre cifre. I numeri erano separati da punti, come in un indirizzo IP, tranne il terzo e il quarto, tra cui c'era un trattino. Si modificavano circa due volte al secondo. Si concentrò su uno dei quindici elementi e osservò come cambiava:

32.512.141–33.443.175… 32.514.143–34.446.171… 32.516.148–35.449.162…

Passò subito agli altri elementi analizzando il modo in cui si modificavano. Cambiavano tutti allo stesso ritmo, due volte al secondo, e c'era una regolarità nello schema dei cambiamenti. Si concentrò di nuovo su uno degli elementi e scoprì che i suoi numeri si evolvevano come una serie geometrica di ordine due. Passò a un altro elemento e vide che si comportava allo stesso modo. Rapidamente esaminò gli altri elementi con lo stesso risultato.

Era così assorto da aver perso il contatto con quello che lo circondava. Il suo mondo si era ridotto a quei quindici elementi mutanti, al cursore lampeggiante che aspettava una risposta e al cronometro che procedeva inesorabile:

6:25… 6:24…

Dopo qualche secondo, concluse che lo schema di cambiamento corrispondeva a una funzione circolare.

È questa la risposta?, si chiese, incredulo. Guardò il cursore lampeggiante ed esitò. Era una risposta troppo semplice, considerato il fatto che avevano superato i suoi sistemi di sicurezza. Chiuse gli occhi e strinse i denti. Doveva esserci un significato nei quindici elementi, ognuno dei quali era suddiviso in due gruppi di tre numeri. Fece tutti i tipi di calcoli tra gli elementi e cercò di immaginare diverse alternative.

Il conto alla rovescia procedeva in un angolo del suo schermo mentale:

4:00... 3:59...

D'improvviso trattenne il fiato. Tutte le risorse della sua mente si concentrarono sulla stessa direzione di pensiero: *funzione circolare... cerchio...* Visualizzò un cerchio in uno spazio tridimensionale. Ogni sottogruppo di tre numeri poteva rappresentare le coordinate di un punto che si spostava attraverso un cerchio. Ogni elemento poteva contenere le coordinate di due punti che giravano formando cerchi, il che avrebbe prodotto un totale di trenta cerchi.

2:57... 2:56...

Rimanevano meno di tre minuti, ma sapeva di essere sulla strada giusta. Visualizzò alcuni cerchi e cercò di guardarli da prospettive diverse. Non aveva alcun senso. Inoltre, doveva ancora trovare una giustificazione al fatto che ogni elemento fosse formato da due gruppi di tre numeri – o coordinate – separati da un trattino.

Ricordò che in ogni problema la semplificazione di solito avvicina alla soluzione. Se invece dei punti nello spazio a girare fosse stato l'asse delle coordinate, allora i gruppi di tre numeri sarebbero rimasti fissi e non avrebbero rappresentato cerchi ma punti fissi. Quell'idea lo portò immediatamente a un'altra: ognuno dei quindici elementi poteva rappresentare una coppia di punti che uniti formavano una linea.

Quindici linee.

Grugnì per lo sforzo di visualizzare le quindici linee in simultanea. Fluttuavano in uno spazio tridimensionale senza un senso apparente.

1:06... 1:05...

Doveva trovare il modo di dare un significato alle linee, come nel gioco in cui si forma una figura con i fiammiferi. In quel momento immaginò i suoi due amici che progettavano quello scherzo dalla Germania, e un attimo dopo visualizzò quello che potevano formare le quindici linee:

DANIEL

Era quella la risposta? Cercò un'asse di prospettiva che unisse due delle linee. Poteva essere l'inizio della lettera D. Ne unì una terza e aggrottò le sopracciglia. Non era la direzione giusta.

Aprì gli occhi e controllò il conto alla rovescia.

0:28… 0:27…

L'idea che dietro ci fosse qualche amico scomparve dalla sua testa. La sua respirazione accelerò ancora, cominciò a iperventilare.

D'improvviso la sua mente si fermò. Lo vedeva. Le quindici linee si univano quando si proiettavano su un determinato piano.

0:09… 0:08…

Era quella la soluzione, ma non era sicuro sul modo in cui rispondere. Appoggiò le dita sulla tastiera, esitante, poi digitò a gran velocità le coordinate dei due punti nello spazio. Formavano un'asse di prospettiva, un'asse di proiezione perpendicolare al piano in cui la figura si proiettava con una regolarità perfetta.

0:02… 0:01…

Il dito esitò tremante sul tasto ENTER.

Infine lo premette.

Il conto alla rovescia si fermò quando mancava un secondo. Le quindici sequenze di numeri si immobilizzarono sullo schermo. Poi rimpicciolirono, come se si allontanassero, e si trasformarono in punti che si univano formando quindici linee. Le linee si spostarono finché gli estremi quasi si toccavano, ma prima che succedesse lo schermo diventò nero.

Con aria perplessa, Daniel si rese conto che al centro del suo monitor c'era qualcosa di minuscolo.

Che cazzo...?

Si avvicinò socchiudendo gli occhi fino ad avere la faccia a pochi centimetri dallo schermo. La figura crebbe rapidamente occupando tutto il suo campo visivo ed esplose come il flash intenso di una luce stroboscopica. Daniel chiuse le palpebre e indietreggiò con la faccia contratta.

«Cazzo...»

Si coprì il volto con le mani, cercando inutilmente di non vedere più l'immagine che formavano le quindici linee. Quella maledetta figura sembrava bruciargli nella testa.

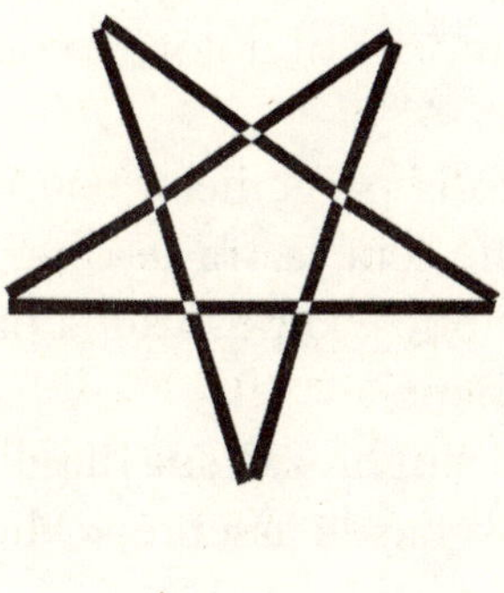

Capitolo 12

Cartagine, 507 a.C.

«Arianna!»

Akenon si buttò a terra nel cortile, accanto alla moglie, e le prese la testa tra le mani.

«Arianna, che ti succede?!»

La scosse dolcemente, ma gli sembrava di agitare un corpo morto. Una morsa di ghiaccio gli strinse forte il cuore. Si guardò intorno con gli occhi fuori dalle orbite, afferrò un bicchiere d'acqua e ne gettò il contenuto in faccia alla donna.

Arianna socchiuse gli occhi per poi richiuderli di nuovo. Il suo corpo giaceva inerte sulla ghiaia, ma il volto si contrasse in una smorfia di dolore e cominciò a singhiozzare.

Akenon osservò la pergamena con il pentacolo capovolto che la moglie teneva tra le dita. Gliela sfilò dalle mani con apprensione e la posò sulla panchina di pietra.

«Arianna, stai bene?»

«Mio padre...» singhiozzò sua moglie. Aprì gli occhi e fissò Akenon con sguardo assente. «Mio padre è morto».

Akenon ebbe un brivido.

Pitagora... morto?

L'impatto della notizia lo frastornò. Sembrava impossibile che il filosofo fosse morto. Benché avesse più di settant'anni, la sua presenza era sempre così potente e venerabile da dare la sensazione di essere eterno.

Akenon aiutò Arianna a tirarsi su. La moglie rimase seduta a terra, con la schiena appoggiata alla panchina di pietra e lo sguardo perso nel vuoto. Lui prese la pergamena, la orientò verso una delle lampade a olio e cominciò a leggere.

Era una lettera dello stesso Pitagora ad Arianna, dettata sul letto di morte.

'... Tirseno, seduto accanto al mio letto, sarà le mie mani in questa lettera. Purtroppo è l'ultima che riceverai da me, perché non vedrò un'altra alba'.

Ad Akenon sembrava di sentire la voce grave e sonora di Pitagora. Gli si inumidirono gli occhi. Il filosofo doveva essere morto almeno da due settimane, il tempo minimo che una comunicazione da Metaponto impiegava ad arrivare. Guardò sua moglie, che piangeva in silenzio, a testa china, le passò un braccio intorno alle spalle e continuò a leggere.

'... la comunità è stata attaccata ieri all'alba. I soldati della città sono accorsi ad aiutarci uccidendo tutti gli aggressori, ma ormai erano stati assassinati diversi maestri. È stata un'azione organizzata dai nostri rivali politici del governo di Metaponto'.

Akenon sapeva che Pitagora aveva dedicato gli ultimi anni a dirigere il ripiegamento politico dell'ordine pitagorico. Ormai avevano abbandonato la maggior parte dei governi che un tempo controllavano. Dopo i tragici avvenimenti di Crotone di tre anni prima, il filosofo voleva evitare altre morti per motivi politici. Si sarebbero limitati a governare le città in cui potevano contare sull'appoggio di massa dei cittadini, come nel caso di Metaponto.

'... è mia volontà che sia Teano, la tua virtuosa madre, ad assumere il controllo della nostra comunità principale a Crotone. Ho anche definito le ultime mosse politiche che confido eviteranno nuove azioni violente. A partire da adesso, le idee del nostro ordine rimarranno lontane dal pubblico, in attesa dell'avvento di una nuova era in cui gli uomini siano pronti a comportarsi secondo i nostri principi'.

Doveva essere stata una sofferenza terribile per Pitagora. Non perché il maestro dei maestri avesse desiderato il potere, ma perché il suo sogno più grande era che gli uomini formassero una comunità di nazioni governate dai principi morali della virtù, dell'uguaglianza e della giustizia.

'... trasmetti il mio eterno affetto a tuo marito, il nobile Akenon, e non permettere che il piccolo Sinuhe dimentichi quanto gli voleva bene suo nonno'.

Akenon soffocò un singhiozzo e chiuse gli occhi. Gli parve di avere davanti Pitagora che giocava con suo figlio, ed entrambi ridevano di gusto.

'... il mio stato mi impedisce di scrivere, ma con le mie ultime forze cercherò di tracciare su questa pergamena il sacro simbolo del nostro ordine. Che sia la mia ultima parola. Tenetemi vivo nei vostri cuori e sarò sempre con voi'.

Akenon appoggiò a terra la mano con la pergamena, cercando di schiarirsi le idee. Era sconvolto dalla morte di Pitagora, ma il suo istinto di investigatore gli diceva che quella lettera conteneva più informazioni di quelle che aveva letto.

Informazioni molto importanti.

«Arianna» sussurrò dolcemente.

Arianna si voltò verso di lui. I suoi occhi verdi erano gonfi e arrossati. Akenon le accarezzò una guancia bagnata di lacrime.

«Credo che tuo padre abbia nascosto un messaggio tra le righe».

Sua moglie sollevò un po' la testa. Due lacrime le scivolarono lungo le guance restando in bilico sul mento.

Rileggendo la pergamena, Akenon disse: «Sono convinto che volesse dirci qualcosa di importante, ma temeva che la lettera potesse cadere in mani nemiche». Continuò a leggere in silenzio. Verso la fine, borbottò alcune parole: «'Con le mie ultime forze cercherò di tracciare su questa pergamena il sacro simbolo del nostro ordine. Che sia la mia ultima parola'... Ecco!»

Girò la pergamena e mostrò il pentacolo ad Arianna.

«Tuo padre ha disegnato questo pentacolo». Arianna osservò le linee incerte tipiche di un moribondo e annuì in silenzio. «Adesso osserva attentamente». Akenon girò di nuovo la pergamena per farle vedere il testo e poi la rigirò per mostrarle il pentacolo.

«Il pentacolo è capovolto!» esclamò Arianna.

«È questo il messaggio» sussurrò Akenon, con vigore. Poi fece cenno ad Arianna di abbassare la voce. «Pitagora scrive 'che sia la mia ultima parola' perché con questo ci sta dicendo il nome del suo assassino».

«Khaos» fece Arianna con voce allarmata.

Al suono di quel nome l'atmosfera silenziosa del cortile fu pervasa da un senso di minaccia.

Khaos, il discepolo traditore, il grande maestro assassino, aveva adottato come simbolo il pentacolo capovolto. Per i pitagorici il pentacolo era simbolo di armonia, bontà e salute. Khaos, disegnandolo girato verso il basso, gli attribuiva il significato opposto.

Non c'è dubbio che si riferisce a Khaos. Akenon girò di nuovo la pergamena. *Com'è possibile?*

Arianna guardò Akenon.

«Eshdek ti avrebbe avvisato se Khaos fosse scappato».

«Certo che l'avrebbe fatto». Akenon tacque per un attimo. «Come può Khaos aver organizzato una rivolta, ridotto com'è? È incredibile che non sia ancora morto. Ormai da tre anni è incatenato a un remo, con gli occhi bruciati e senza lingua. Nessuno resiste così per tanto tempo».

Arianna la pensava come lui. Era passato un anno dall'ultima volta che si era trovata di fronte a Khaos. Era andata da lui perché aveva sognato che quel mostro recuperava la vista e la voce, le due armi oscure e potenti che tanti danni avevano causato. Ma, a differenza del suo sogno, Khaos era sempre cieco e muto.

E sembrava moribondo, si disse ricordando le ossa che affioravano sotto la pelle martoriata. I piedi sarebbero quasi potuti passare attraverso i ceppi alle caviglie. Doveva essere dimagrito tantissimo e la sua faccia era un teschio su cui la pelle tesa e le labbra carbonizzate disegnavano un'espressione di odio implacabile e disperato.

«Prima di rinchiuderlo sono riuscito a fargli dire che non aveva complici» pensò Akenon a voce alta. «E ci siamo assicurati che non potesse comunicare con nessuno». Rifletté per qualche secondo e si alzò di scatto. «Vado da lui».

Arianna fu assalita da un'ondata di inquietudine. Afferrò la mano che le porgeva il marito e si alzò anche lei.

«Akenon...»

Si guardarono in silenzio. Arianna non voleva che andasse, ma era d'accordo con lui sulla necessità di indagare al più presto sulla pista che gli aveva dato suo padre. Non solo per catturare chi aveva causato la sua morte, ma perché era possibile che il responsabile volesse eliminare anche loro, prima o poi.

Abbracciò stretto il marito. Avevano pochi servitori e Arianna non aveva mai pensato che avrebbero avuto bisogno di guardie armate; adesso le dispiaceva che Akenon dovesse andare da solo. In altre circostanze gli avrebbe detto di avvisare i soldati della guardia urbana, ma Drogo ne era il nuovo comandante e sicuramente Akenon sarebbe stato più sicuro se fosse andato da solo. D'altronde, sarebbe passato più inosservato indagando per conto suo che accompagnato da un gruppo di soldati.

«Almeno portati Kush» disse, staccandosi dall'abbraccio.

«No. Voglio che resti con voi».

Akenon guardò verso la porta di casa, indeciso se andare a dare il bacio della buonanotte a Sinuhe, ma decise che era meglio non indugiare oltre. Andarono nella stalla e prese il suo cavallo. Mentre lo montava, Arianna lo osservava, trattenendosi dal pregarlo di rimanere. Il presagio adesso era un grido continuo che le lacerava l'anima, un orrore imprecisato che stava per prendere forma.

Akenon le sorrise, in groppa all'animale. Il suo profilo si stagliava contro un cielo grigio scuro striato di rosso, come se sopra di loro incombesse un braciere sul punto di spegnersi. Arianna cercò di ricambiare il sorriso.

Mentre il marito girava il cavallo, lei socchiuse le labbra.

«Akenon...» disse, alzando la mano. Il rumore degli zoccoli al trotto impedì al marito di sentirla.

Arianna lo vide scomparire nella penombra del tramonto. Subito dopo, si voltò e rientrò in cortile. Osservò la pergamena con il pentacolo abbandonata sulla panchina di pietra e poi chiuse gli occhi.

Ebbe un ricordo di suo padre di vent'anni prima, un uomo immenso che irradiava bontà e un magnetismo travolgente; era impossibile arrendersi all'idea che fosse morto. La sfumatura dorata degli occhi di Pitagora risaltava sempre più sul candore della sua barba e dei suoi lunghi capelli, dove solo qualche ciocca conservava il biondo chiaro della gioventù. Nel ricordo, si trovava nel portico del ginnasio e chiacchierava con i suoi principali discepoli. Erano soliti camminare lentamente sotto quella lunga galleria coperta, e ogni tanto si fermavano per approfondire qualche argomento. Lei era nascosta dietro una colonna, a spiare suo padre come faceva spesso da bambina.

«... quando si è arrabbiati, è meglio non dire niente».

La sua voce arrivava in modo discontinuo al suo nascondiglio, in balia dei capricci del forte vento di quel mattino d'estate, ma Arianna sapeva di cosa stavano parlando. Evandro, un discepolo sulla trentina, brillante ma impulsivo, il giorno precedente era stato coinvolto in una discussione con un commerciante imbroglione e per poco non avevano rischiato di venire alle mani.

«... Innanzitutto, rispetta te stesso, mi avete sentito dire...» Il vento fischiava tra le colonne mescolandosi alla voce serena di Pitagora. «... il rispetto per gli altri nasce dal rispetto per se stessi...» Una raffica si sovrappose momentaneamente alle sue parole. «... in realtà, l'aggressione a un proprio simile non è un'azione rispettabile».

La piccola Arianna era infastidita perché non riusciva

a sentire bene suo padre. Aveva visto l'introverso Aristomaco e il giovane Khaos – quando ancora non aveva rivelato la sua natura mostruosa – avvolti nelle tuniche di lino, ascoltare con riverenza ogni parola del maestro. Si era sporta un po' di più da dietro la colonna, per poi nascondersi in tutta fretta quando il suo sguardo aveva incrociato quello di Pitagora.

Pensavo che mi avrebbe detto di andarmene, ma mi lasciò ascoltare. Quel giorno e molti altri. Le lacrime sgorgarono di nuovo tra le palpebre chiuse di Arianna.

Aprì gli occhi, improvvisamente all'erta. Le era sembrato di sentire una corrente d'aria fredda nel crepuscolo afoso di Cartagine. Avvolse tra le braccia il suo bambino non ancora nato e scrutò il gioco di luci e di ombre danzanti che il fuoco delle lampade creava sulle pareti di pietra del cortile.

La corrente fredda le accarezzò di nuovo il volto; era come se la casa fosse una creatura vivente che esalava verso di lei un alito gelido. Arianna trattenne il respiro e sulle sue labbra affiorarono tre sillabe silenziose.

Sinuhe!

Si precipitò in casa a cercare il figlio.

Capitolo 13

Madrid, Spagna, oggi

Elena tirò fuori il burro di cacao dalla borsa, contenta che l'aria condizionata abbassasse la temperatura all'interno dell'auto. Aprì il tubetto e spostò lo specchietto retrovisore per guardarsi la bocca. Si accorse che pensare a Daniel l'aveva fatta sorridere e il suo sorriso si allargò.

Si idratò le labbra. Normalmente non si truccava, l'unica cosa che usava era il burro di cacao. Le sue amiche le dicevano che era fortunata perché, non dovendosi truccare, risparmiava un sacco di tempo. Al naturale, le sue labbra erano di un color rosso lampone, era di carnagione scura e aveva lunghe ciglia che mettevano in risalto gli occhi castani. A piacerle meno erano i capelli. Erano di un bel color marrone scuro, ma avrebbe preferito che non fossero tanto lisci. Per questo di solito se li raccoglieva in una lunga coda, proprio come li portava in quel momento.

Mentre si metteva il burro di cacao, ripensò alla riunione della settimana precedente, quando aveva conosciuto Daniel.

Era giovedì. Lei si era presa una birra e chiacchierava con Marta, una filologa sulla quarantina, simpatica e ironica, che aveva visto un paio di volte alle riunioni del

Mensa ma senza mai averle parlato. Dopo aver concordato che *Modern Family* era una delle serie televisive più divertenti che avessero visto, Elena si era alzata dalla sedia.

«Vuoi qualcosa?» aveva chiesto a Marta. «Vado a prendere una bottiglia d'acqua».

Marta le aveva risposto di no ed Elena era andata al banco. Avrebbe preferito un'altra birra invece dell'acqua, ma il giorno dopo doveva svegliarsi piuttosto presto. Avrebbe bevuto acqua e se ne sarebbe andata a dormire.

Il cameriere non era al banco ed Elena aveva deciso di aspettare che tornasse. Si era voltata verso Marta per avvisarla che ci avrebbe messo un po', ma la filologa stava parlando con un uomo biondo che le dava le spalle.

Poco dopo, Elena aveva sentito la porta aprirsi e si era voltata distrattamente.

Guarda, guarda.

Era appena entrato un ragazzo un po' più giovane di lei. Indossava un paio di jeans e una camicia nera a maniche lunghe. La vita stretta e le spalle larghe le avevano fatto pensare che il nuoto doveva essere il suo sport preferito. Era bruno, bellissimo e con un'espressione inconfondibile.

Un nuovo arrivato.

Elena era membro del Mensa ormai da otto anni e conosceva perfettamente quell'aria curiosa, avida, un po' nervosa. Il ragazzo aveva perlustrato il locale con lo sguardo ed Elena si era voltata verso di lui. Da psicologa conosceva bene il linguaggio del corpo, e aveva dovuto ammettere che con quella postura cercava di attirare l'attenzione del nuovo arrivato.

Elena, datti una regolata, si era detta, a metà tra l'imbarazzato e il divertito.

Gli occhi del ragazzo si erano posati su di lei e vi era affiorato un interrogativo. Elena aveva sostenuto il suo sguardo. Lui si era avvicinato con un sorriso timido ed Elena si era allungata rendendosi conto di quanto fosse alto. Non era abituata a dover guardare gli uomini dal basso, ma questo era alto almeno uno e novanta.

«Ciao. Sai se qui…?» aveva esordito lui, ma vedendo l'espressione di Elena aveva cambiato domanda: «Sei del Mensa?»

«Sì, benvenuto nel club. Mi chiamo Elena».

«Piacere». Il ragazzo aveva un sorriso franco che gli dava un'affascinante aria ingenua. «Mi chiamo Daniel…»

«… ed è evidente che è la tua prima riunione» aveva detto Elena, finendo la frase al posto suo.

«Sì» aveva ammesso lui ridendo, «suppongo che si noti».

«Tranquillo, ti assicuro che si nota meno che con me la prima volta». Elena aveva indicato in fondo alla sala. «Siamo seduti ai tavoli in fondo. Se vieni con me ti presento, però magari prima puoi ordinare qualcosa».

E fermarti un po' a chiacchierare con me.

«Certo» aveva risposto Daniel. «Tu cosa prendi?»

«Mmm… una birra».

«Bene, ne prendo una anch'io».

Dopo che erano stati serviti, erano rimasti a chiacchierare al banco. Avevano subito scoperto di non essere di Madrid, dove erano venuti per studiare, e che tutti e due avevano saltato un anno di scuola: Elena all'università e Daniel alle elementari. Era buffo, perché ogni volta che tiravano fuori un argomento trovavano nuove coincidenze.

«Cos'hai studiato?» le aveva chiesto Daniel, quasi sfidandola a trovare una coincidenza anche in questo caso.

«Psicologia alla Complutense».

«Davvero?» Daniel aveva strabuzzato gli occhi. «Anch'io ho studiato Psicologia. Ma alla Uned» aveva aggiunto con una smorfia, come se fosse dispiaciuto per la differenza. «Lavori come psicologa?»

«Insegno Psicopatologia alla Complutense. E faccio ricerca».

Daniel aveva annuito, interessato. A Elena il suo sguardo aveva fatto venire in mente quello dei bambini piccoli, all'età in cui sembrano assorbire il mondo attraverso gli occhi.

«Ricerca su cosa?»

«Studio... terapie cognitive che possono aiutare persone con diversi disturbi, soprattutto forme di demenza come l'Alzheimer».

Daniel aveva inarcato leggermente le sopracciglia.

«Anche il tuo dottorato era incentrato su questo?»

«Sì. In effetti, la mia tesi di dottorato si intitolava: *Allenamento cognitivo nell'Alzheimer e in altre forme di demenza*. Poi ho continuato la ricerca su questa linea, ma ampliando il campo di studio».

«Sei Elena Pastor?!» aveva esclamato Daniel.

«Sì» aveva risposto lei, stupita. «Come...?»

«Ho letto la tua tesi!»

«Davvero?» aveva chiesto lei, sorpresa.

«Certo. È un lavoro geniale. L'ho trovato navigando su Internet». Daniel si era zittito di colpo. «È... è accessibile a tutti, vero?»

«Sì, l'ho pubblicata su carta, ma l'ho anche messa su Internet, così può leggerla chiunque lo desideri».

Daniel aveva soffocato un sospiro di sollievo. Tempo prima, aveva sviluppato un software che cercava su Internet nuove pubblicazioni su argomenti collegati al suo progetto. Il programma era in grado di aggirare la maggior parte dei filtri di sicurezza e delle password, e per un attimo aveva temuto di aver appena detto a Elena che aveva avuto accesso illegalmente alla sua tesi.

In quel momento si era avvicinata Marta, la filologa quarantenne.

«Ciaaao» aveva detto con aria divertita. «Cosa abbiamo qui, un nuovo mensano che hai deciso di accaparrarti? Be', non mi stupisce» aveva aggiunto in tono scherzoso, squadrando Daniel dalla testa ai piedi.

«Sì, lui è Daniel». Elena era contenta che la sua carnagione scura nascondesse il rossore. «È la sua prima riunione. Daniel, lei è Marta».

«Piacere».

«Piacere mio, Daniel. Ma non volevo interrompervi, ero venuta solo a ordinare qualcosa».

«In ogni caso, io devo andare via» si era affrettata a dire Elena. «Domattina devo svegliarmi all'alba, perciò ti affido Daniel, sta a te convincerlo che siamo fantastici e fargli venir voglia di tornare».

«Consideralo fatto» aveva risposto Marta facendole l'occhiolino.

Elena doveva alzarsi sei ore dopo e non voleva rubare altro tempo al sonno, e poi le sembrava che fosse un buon momento per interrompere la conversazione con Daniel. Avevano appena scoperto un terreno di interesse comune, ed era una scusa perfetta per chiedergli di scambiarsi e-mail e numeri di telefono e vedersi in un'altra occasione.

Uscendo dal bar, non era riuscita a evitare di voltarsi e osservarlo per un attimo, dietro il vetro. Lui era di profilo e chiacchierava animatamente con Marta. Mordendosi il labbro inferiore, si era allontanata prima che lui la scoprisse.

E io che non credevo ai colpi di fulmine…

Due giorni dopo, gli aveva scritto un'e-mail chiedendogli se avrebbe partecipato alla riunione successiva del Mensa. Daniel aveva risposto in modo affermativo e a partire da quel momento avevano cominciato uno scambio di messaggi quotidiano. Ma quelli di Daniel avevano un tono riservato che stupiva un po' Elena.

Non importa, pensò rimettendo il burro di cacao in borsa e allacciandosi la cintura di sicurezza. *L'importante è che stasera lo rivedrò.*

Daniel si tolse le mani dalla faccia e sbatté ripetutamente le palpebre.

Ogni volta che chiudeva gli occhi vedeva l'immagine di un pentacolo capovolto come se fosse inciso nella sua mente. Gli girava la testa e si ricordò di una notizia che aveva letto qualche tempo prima: certi cartoni animati giapponesi erano stati ritirati perché i flash di luce lampeggiante avevano provocato attacchi epilettici in alcuni bambini.

Lanciò un'occhiata diffidente al monitor centrale, che adesso era completamente nero. Scollegò tutte le spine e tolse la batteria al portatile. Aspettò per qualche secondo prima di ricollegare alla rete elettrica il computer centrale e lo fece partire in modalità sicura. Da lì, controllò attentamente i registri dell'attività, ma non trovò niente che spiegasse quello che era successo negli ultimi minuti.

Scosse la testa, sconcertato.

Deve esserci qualche traccia.

Nessuno era in grado di cancellare le proprie tracce in quel modo. Continuò a cercare per un po', poi lanciò un paio di programmi di localizzazione di malware.

Mentre i programmi lavoravano, accese il portatile che teneva sempre isolato dalla rete centrale.

Chi diavolo sarà stato?

Aveva già scartato i suoi ex compagni d'università. Quanto alle imprese o agli enti istituzionali, qualcuno poteva essersi infastidito perché era penetrato nei loro sistemi, ma in ogni caso lo avrebbero denunciato. Quello che era successo sembrava uno scherzo – anche se una voce in un angolo della mente gli diceva che non lo era – e il responsabile doveva essere un hacker incredibilmente abile.

Sarà stato qualcuno del Mensa? ipotizzò all'improvviso.

Un mese prima, per caso, aveva avuto l'occasione di entrare a far parte del Mensa. Era un venerdì pomeriggio, era seduto sul divano in salotto a guardare una puntata dei Simpson, e si sentiva un po' depresso. I suoi migliori amici erano appena partiti per la Germania e il resto del gruppo sarebbe andato a una festa organizzata da Ernesto Serrano, il suo ex socio truffatore. Pablo e Cristina, i suoi nuovi coinquilini, l'avevano invitato a un'altra festa, ma Cristina aveva già cercato di flirtare un paio di volte con lui e Daniel preferiva tenersene alla larga.

Nella puntata dei Simpson si parlava di un'organizzazione chiamata Mensa, di cui facevano parte le persone più intelligenti di Springfield, e ovviamente anche Lisa Simpson. Daniel si era ricordato di aver letto qualcosa, anni prima, sulla sezione spagnola di quell'organizzazione e aveva deciso di dare un'occhiata su Internet. Aveva preso il portatile che teneva acceso sul tavolo e aveva digitato Mensa su Google.

La quinta occorrenza era una pagina di Wikipedia dove aveva trovato qualcosa di interessante: 'Il Mensa riunisce persone di ogni tipo, di qualunque provenienza e formazione, allo scopo di creare un ambiente socialmente stimolante'.

Bene, era proprio quello che voleva: ampliare un po' la sua vita sociale, possibilmente con gente interessante. Aveva continuato a leggere: 'Il nome dell'organizzazione proviene da *mensa* (tavola in latino), in ricordo della tavola rotonda di re Artù, come simbolo di un club i cui membri hanno uguali diritti e doveri'.

Anche quello sembrava positivo: a quanto pareva, non c'era alcun tipo di gerarchia.

Poco dopo, aveva trovato una lista di membri famosi, tra i quali figuravano Isaac Asimov, uno dei suoi scrittori di fantascienza preferiti, e Quentin Tarantino, di cui non si perdeva neanche un film. La sua voglia di entrare a far parte del Mensa era aumentata.

Aveva digitato *mensa.es* ed era entrato nella pagina ufficiale di Mensa España. Navigando nel sito, aveva trovato una pagina con un test orientativo che, com'era spiegato, serviva per farsi un'idea delle possibilità di essere ammessi al Mensa. Il test era composto da 18 domande con 6 opzioni di risposta, e doveva essere svolto in meno di 8 minuti.

Benissimo, proviamoci.

Aveva preso il cellulare e selezionato la funzione di cronometro. Aveva sorriso accorgendosi di essere un po' nervoso. Poi aveva fatto partire il cronometro e iniziato il test.

Capitolo 14

Madrid, Spagna, oggi

Alla fine del test, Daniel si era assicurato di non essersi sbagliato nel digitare le risposte e poi aveva fermato il cronometro: 02:46.

Aveva cliccato su *Valuta il test* ed era comparso un messaggio: 'Hai risposto in modo corretto a 18 domande su 18, quindi hai ottime probabilità di essere ammesso al Mensa. Se sei interessato a entrare a far parte della nostra associazione, puoi richiedere il test preliminare o il test definitivo'.

Aveva scelto il test definitivo e si era aperta un'altra finestra in cui introdurre i suoi dati. Tre giorni dopo, era stato convocato per sottoporsi al test in un locale in Calle Alcalá. Si era presentato, aveva svolto il test con altri quattro candidati e un supervisore, e il giorno dopo l'avevano chiamato al cellulare per dirgli che lo aveva superato.

«Non hai fatto nessun errore» aveva aggiunto in tono di apprezzamento la persona che gli aveva telefonato.

In seguito, aveva ricevuto una lettera che gli dava il benvenuto e gli annunciava che il suo quoziente d'intelligenza sembrava essere superiore al 99% della popolazione. Per lui non era stata una sorpresa, era lo stesso risultato di tutti i test che gli avevano fatto a scuola…

… finché ho cominciato a commettere errori apposta per evitare che mi cambiassero di nuovo classe, aveva ricordato sorridendo.

L'importante era che poteva partecipare alle riunioni. Si era informato e a Madrid ne organizzavano cinque al mese, la prima era il giovedì successivo. Ci era andato con l'idea di passare una serata piacevole con un gruppo di gente interessante, ma la realtà aveva superato di gran lunga le aspettative quando aveva conosciuto Elena.

Tornò al presente vedendo che il suo portatile si era finalmente connesso a Internet. Entrò nella sua casella di posta pensando che magari aveva ricevuto un messaggio dalla persona che aveva aggirato i suoi sistemi di sicurezza.

La prima e-mail era di Medici senza frontiere. Donava sessanta euro all'anno da quando ne aveva compiuti diciotto. *Spero di poter continuare a farlo l'anno prossimo*, si disse, pensando alle sue malridotte finanze.

C'erano un paio di messaggi da Mensa España, ma erano di persone che scrivevano per confermare la loro partecipazione alla riunione di quella sera. Non trovò nessuna e-mail che avesse a che fare con l'intrusione. E i messaggi di Elena li aveva già letti.

Pensieroso, rilesse l'ultima e-mail di Elena. Era la risposta a un'altra che le aveva scritto lui, in tono molto più freddo di quando avevano parlato di persona.

Distolse lo sguardo dallo schermo.

Nella riunione precedente, era rimasto a chiacchierare con Marta dopo che Elena era andata via. Al secondo commento che lui aveva fatto su Elena, cercando piuttosto goffamente di ottenere informazioni, Marta era scoppiata a ridere.

«Ah, ah, stai cercando di chiedermi se è fidanzata?» Per tutta risposta, Daniel era arrossito e Marta aveva continuato: «Be', mi dispiace dirti che vive con un italiano. È un biologo che abbiamo conosciuto qualche mese fa a una conferenza. Non è male, anche se ha una quindicina d'anni più di lei».

Elena tolse il freno a mano, ingranò la retromarcia e iniziò a fare manovra.

Cosa succede?

L'auto faticava a muoversi, come se fosse bloccata. Controllò che la leva del freno a mano fosse completamente abbassata e riprovò ad accelerare.

Merda.

Qualcosa non funzionava. L'auto era una Volkswagen Golf diesel di nove anni, con centotrentamila chilometri, che aveva da due mesi. Il precedente proprietario era il suo vicino di casa, Alberto Fernández, un poliziotto che si era appena comprato una Golf nuova. Alla concessionaria gli avrebbero dato solo tremilasettecento euro per la sua vecchia macchina, e a quel prezzo l'aveva acquistata Elena.

«Ha nove anni, ma è come nuova» le aveva detto il suo vicino poliziotto. «Dal libretto puoi vedere che ha passato tutte le revisioni puntualmente».

Elena non ci capiva niente di macchine, ma si fidava di Alberto. E, in effetti, fino a quel momento l'auto non le aveva creato nessun problema.

Spense il motore, slacciò la cintura di sicurezza e scese dall'auto. Si allontanò di qualche passo e la osservò, chiedendosi quanto ci avrebbe messo un carro attrezzi ad arrivare al campus, aggiustarle la macchina o portarla dal meccanico... Guardò l'orologio con aria contrariata. Aveva intenzione di andare a comprarsi un vestito – se l'era ripromesso per la fine del corso. Voleva indossarlo quella sera alla riunione del Mensa in cui avrebbe rivisto Daniel.

E prima devo passare da casa per assicurarmi che Leonardo se ne sia finalmente andato, si disse con espressione cupa.

Pensare a Leonardo le provocò un brivido freddo, ma si distrasse pensando che forse qualche ramo o una scatola di cartone erano rimasti incastrati in una ruota.

Dalla parte sinistra non si vedeva niente. Girò intorno al veicolo senza notare niente di strano nemmeno davanti, finché non vide la ruota posteriore destra. Era completamente a terra. Si avvicinò e scoprì che sul copertone c'erano diversi tagli.

Non posso crederci. Il suo stupore si trasformò immediatamente in rabbia. *Cazzo, sono sicura che è stato quel fuori di testa di Pedro Vergara!*

Si guardò intorno. Non c'era nessuno nel raggio di cinquanta metri. L'unica cosa che si muoveva nei paraggi era un'auto che usciva dal parcheggio con a bordo alcune ragazze. Elena alzò un braccio verso di loro, ma non la videro e l'auto si allontanò acquistando velocità.

Okay, bisogna solo cambiare una ruota. Si asciugò una goccia di sudore che le colava sulla tempia. *E come diavolo si cambia una ruota?*

Allora si ricordò dei quattro ragazzi che le avevano fischiato. Guardò in quella direzione, ma un edificio le impediva di vedere se fossero ancora lì. Chiuse l'auto con il telecomando e attraversò di corsa il parcheggio; doveva sbrigarsi, la facoltà era quasi vuota.

Mentre correva, temette che con i sandali col tacco avrebbe rischiato di prendere una storta e slogarsi una caviglia. Arrivata all'angolo del palazzo, per poco non andò a sbattere contro due ragazzi. Erano suoi allievi; in effetti, erano due di quelli che le avevano fischiato.

«Ciao, ragazzi». Fece una pausa per calmare la respirazione agitata. Quando ci fu riuscita, si rese conto di essere in un bagno di sudore dopo la corsa con quel caldo. «Volevo chiedervi un favore».

I due rimasero zitti. Il più alto annuì lievemente.

«Ho una gomma bucata». Sentì una goccia di sudore che le colava sul petto, seguendo la curva di un seno. Represse l'impulso di infilarsi la mano nella scollatura davanti ai ragazzi e sentì la goccia che continuava a scendere mentre parlava: «Mi chiedevo se poteste aiutarmi a cambiarla».

Il suo studente più alto – in quell'istante Elena ricordò che si chiamava Juan – sorrise come se gli avessero detto che aveva vinto alla lotteria.

«Certo» rispose entusiasta. Poi lanciò un'occhiata al suo compagno, che annuì con un sorriso timido, distogliendo lo sguardo.

Tornarono con lei alla macchina ed esaminarono la ruota.

«Te l'hanno bucata con un coltello» disse Juan indicando i tagli.

«Sì, l'ho pensato anch'io».

Il suo allievo si rialzò e fece un giro intorno alla macchina.

«Sei fortunata che è solo una». Si voltò verso di lei. «Il manuale dell'auto è nel vano portaoggetti, vero?»

«Eh... credo di sì».

Juan prese il manuale e lo sfogliò insieme all'amico. Un minuto dopo, aprirono il baule e cominciarono a tirare fuori gli attrezzi.

«Posso aiutarvi?»

«Non preoccuparti». Juan richiuse il baule. «Ci vorranno solo dieci minuti».

Elena si spostò per non dar fastidio. Se ci mettevano così poco, poteva rispettare i suoi impegni. Aveva selezionato sul sito del negozio di abbigliamento l'abito che voleva – nero, con una stampa leggermente hippy e l'orlo della gonna tagliato in diagonale – e aveva telefonato per farsene mettere da parte uno della sua taglia. Doveva solo provarselo.

E in meno di un'ora mi sarò assicurata che Leo se ne sia andato.

Ricordò le tiepide e-mail di Daniel e scosse la testa. C'era una notevole differenza tra il tono di quei messaggi e la conversazione faccia a faccia della settimana precedente. In quell'occasione, Daniel sorrideva e scherzava con lei, mentre via e-mail sembrava voler mantenere le distanze.

Non era facile tirare le conclusioni, perché non avevano fatto né detto niente che rivelasse che si piacevano. Forse Daniel si era solo sforzato di essere gentile perché era il suo primo contatto con il Mensa... No, Elena era quasi sicura che non fosse solo quello. Il modo di guardarsi, di non badare a nient'altro, di sorridere nei silenzi... tutto parlava di attrazione. Per questo la freddezza delle e-mail poteva essere dovuta solo a uno spiacevole motivo.

Gli hanno detto che Leonardo è il mio fidanzato.

In fin dei conti, aveva conosciuto Leonardo a una conferenza a cui era andata insieme ad altri membri del Mensa. Se Daniel avesse chiesto a qualcuno se era fidanzata, probabilmente avrebbero risposto di sì, che viveva con un italiano che avrebbe potuto essere suo padre.

La conferenza aveva avuto luogo tre mesi prima, alla Fundación Gabriel Monteagudo. Elena aveva ricevuto un'e-mail dalla lista locale del Mensa España che promuoveva un ciclo di conferenze sul sistema nervoso. L'ingresso era gratuito e alcuni soci del Mensa avevano deciso di andarci insieme. Il conferenziere si chiamava Leonardo Rossi, un biologo che apparteneva alla stessa fondazione.

Quando si erano seduti in sesta fila – erano arrivati appena in tempo –, Elena aveva guardato verso il palco e le era sembrato che il biologo la osservasse attentamente. Ma appena lei l'aveva guardato, lui aveva distolto lo sguardo e si era concentrato sui suoi appunti. Doveva essere sulla quarantina, vestiva con un'eleganza appariscente e teneva in studiato disordine i ricci castani con qualche filo argentato.

«Il cervello contiene cento miliardi di neuroni» aveva detto con accento italiano all'inizio della conferenza. «Ognuno di questi è collegato con una media di diecimila neuroni, per un totale di un milione di miliardi di contatti dentro la testa di ciascuno di noi».

Elena aveva notato che molta gente tra il pubblico annuiva interessata. L'uditorio era formato per la maggior parte da studenti, sempre affascinati da quel tipo di dati.

«Potremmo pensare che un numero così alto di sinapsi, o connessioni sinaptiche, possa spiegare la complessità dei nostri processi cerebrali» aveva proseguito Leonardo. «Tuttavia, la magia del cervello non si spiega con la sua complessità strutturale, bensì con la sua natura di organo dinamico, in costante cambiamento».

Elena aveva cominciato a prestare maggiore attenzione.

«L'identità di ognuno di noi dipende dalla capacità di apprendimento e dalla memoria. Cosa saremmo se non potessimo ricordare?» Leonardo aveva lasciato che la domanda facesse presa sugli astanti. «A ogni sensazione e a ogni pensiero nel nostro cervello avvengono dei cambiamenti. Si possono creare nuove connessioni o rinforzare quelle esistenti, oppure qualche connessione può essere eliminata o indebolita. Questa capacità di rimodellamento interno del nostro cervello è definita *plasticità neuronale*».

Elena si era protesa in avanti, l'argomento aveva molta attinenza con il suo campo di studio.

«Potete abbassare le luci, per favore?»

Alla richiesta di Leonardo Rossi, la sala era rimasta in penombra e dietro di lui si era illuminato uno schermo gigante. Al centro, l'immagine fissa di un topo in un labirinto. In un angolo dello schermo, un cronometro fermo a zero.

«Vediamo cosa succede nel cervello di questo topo quando percorre il labirinto».

Leonardo aveva premuto un pulsante e il roditore aveva cominciato a correre. Ci aveva messo quaranta secondi a trovare l'uscita.

«Secondo tentativo» aveva detto Leonardo con il suo leggero accento italiano.

Rimesso all'inizio del labirinto, l'animale ripeteva il percorso con un risultato simile.

«Ora acceleriamo un po' il processo».

L'immagine velocizzata mostrava il topo che completava diverse volte il percorso. Di colpo, la velocità tornava normale e il topo percorreva il labirinto in undici secondi, senza commettere un solo errore. Riportato all'inizio, ci aveva impiegato di nuovo undici secondi.

«Bene, non c'è dubbio che questo topo ha imparato» aveva commentato Leonardo. «Adesso vediamo cosa è successo dentro il suo cervello».

Sullo schermo era comparsa un'animazione elaborata al computer, ed Elena era rimasta un po' delusa. Per un attimo aveva pensato che quel biologo italiano avrebbe mostrato immagini reali dei cambiamenti provocati dall'apprendimento a livello neuronale. Ma la sua delusione era svanita immediatamente. L'animazione informatica presentava modelli molto avanzati delle alterazioni che si producevano lungo le pareti neuronali.

Questo non è per studenti, si era stupita.

Leonardo aveva continuato l'esposizione, lasciando Elena a bocca aperta. Il modello del biologo forniva una risposta ad alcuni interrogativi che lei considerava irrisolvibili finché la tecnologia della neuroimmagine non avesse compiuto un balzo in avanti.

Alla fine dell'esposizione, era andata a parlare con Leonardo Rossi. Il biologo le aveva detto che in quel momento non poteva darle ascolto, ma le aveva lasciato il suo biglietto da visita dicendole di chiamarlo.

«Quando vuole» aveva aggiunto con una luce particolare negli occhi.

Quell'ultimo sguardo aveva fatto esitare Elena per un paio di giorni, ma era molto interessata al suo lavoro. La precisione delle spiegazioni di Leonardo Rossi su determinati processi di plasticità neuronale le avrebbe permesso di affinare aspetti importanti dei suoi modelli di allenamento cognitivo. Aveva fatto qualche ricerca su Internet, ma c'erano poche notizie sulla Fundación Gabriel Monteagudo – istituita un secolo prima dall'omonimo miliardario filantropo –, e su Leonardo Rossi non aveva trovato altro che brevi riferimenti sempre legati al suo lavoro di conferenziere della fondazione.

Quando l'aveva chiamato, Leonardo si era dimostrato molto disponibile a dedicarle il suo tempo. Ma aveva posto come condizione di cenare insieme, in un ristorante che avrebbe scelto lui.

«È un incontro per parlare di scienza» aveva cercato di mettere in chiaro lei.

«Naturalmente» aveva risposto lui con un tono da 'spero di non aver fatto niente che ti porti a dubitare delle mie intenzioni'.

Elena era andata all'appuntamento un po' inquieta, ma durante la serata era riuscita a poco a poco a rilassarsi. Pur dimostrandosi galante come un gentiluomo d'altri tempi, Leonardo non aveva tentato nessun approccio né fatto insinuazioni. Avevano parlato degli argomenti della conferenza e lui le aveva spiegato che non erano ancora stati compiuti esperimenti che dimostrassero la fondatezza dei suoi modelli sulla plasticità.

«Si tratta solo di una teoria possibile» aveva detto, minimizzando. «La uso come base per le conferenze divulgative, che sono l'obiettivo della Fundación Gabriel Monteagudo».

«Anche se è solo una teoria» aveva obiettato Elena, infervorata, «rappresenta un brillante approccio che merita di essere pubblicato».

Leonardo aveva respinto quell'idea con un gesto della mano.

«Capisco che come ricercatrice tu ne sia convinta, ma i nostri scopi sono diversi».

Elena non si capacitava che Leonardo non condividesse il suo parere, e aveva accettato una seconda cena per cercare di convincerlo. In quell'occasione, il biologo italiano si era dimostrato altrettanto inflessibile, ma le sue argomentazioni sembravano incomplete, come se nascondesse qualcosa, il che lo circondava di un alone di mistero.

Ed Elena si era dedicata alla ricerca proprio perché i misteri la affascinavano.

La terza cena era stata di sabato. Nel corso della giornata, Elena si era resa conto che la prospettiva dell'appuntamento le metteva allegria. Non che Leonardo le piacesse, ma con lui stava bene. Era intelligente, attento, a volte enigmatico, e sapeva sempre mantenere la conversazione viva e interessante. Si era chiesta se voleva che succedesse qualcosa tra loro, ma si era risposta di no. Leonardo era attraente, ma era più vecchio di quindici anni – il che era un ostacolo notevole, benché non determinante – e lei non sentiva un vuoto allo stomaco quando i loro sguardi si incontravano – e questo sì che le sembrava un ostacolo definitivo.

Il suo distacco non era servito a nulla. Leonardo era stato più piacevole e divertente che mai e lei, che raramente arrivava al secondo bicchiere di vino, senza accorgersene aveva esagerato con lo champagne. Quando lui accompagnandola a casa aveva cercato di baciarla, si era sentita confusa, ma non aveva detto di no. Aveva risposto alle carezze dell'uomo e poi alla sua passione in modo automatico, con una strana sensazione di irrealtà, come se la sua mente fosse separata dal corpo. Il giorno dopo, quando lui le aveva telefonato, non sapeva ancora cosa dirgli, ma alla fine aveva deciso di dare una possibilità a quella relazione. Aveva tutti gli ingredienti perché avesse successo... almeno sulla carta, e forse l'amore a prima vista era una fantasia immatura. Sì, era proprio così, stava iniziando una relazione matura, con un uomo maturo, e i sentimenti – forse più tiepidi ma anche più profondi di una passione adolescenziale – sarebbero cresciuti a poco a poco, sulla base del rispetto e della stima che le ispirava quell'uomo brillante e disinvolto.

Aveva cercato di convincersi, o forse di ingannarsi, per quasi due mesi. Era arrivata a provare un affetto sincero per Leo, che continuava a essere un perfetto gentiluomo, ma si faceva ogni giorno più evidente la distanza sentimentale che li separava. Benché Leonardo mantenesse il suo atteggiamento deciso e indipendente, Elena a volte lo sorprendeva a guardarla in un modo così intenso, come se cercasse disperatamente di scolpirsi nella memoria ogni dettaglio del suo viso. Altre volte, invece, la inquietava la sua aria assorta mentre con un dito le accarezzava lentamente la spalla o il contorno della clavicola.

Leonardo, dobbiamo parlare. Quella frase, di senso universale, le ronzava in mente da un paio di giorni, quando Leonardo si era presentato con aria abbattuta al ristorante dove si erano dati appuntamento.

«La notte scorsa c'è stato un incendio nel mio palazzo, due piani sotto il mio».

Elena si era portata una mano alla bocca, soffocando un'esclamazione.

«Com'è successo?» Osservò attentamente la faccia e le mani di Leonardo. «Non ti sei fatto niente, vero?»

«No, no» aveva risposto lui con un gesto della mano,

come a voler scacciare quella preoccupazione. «Nel palazzo ci sono gli allarmi antincendio e siamo usciti tutti senza problemi. Purtroppo, però, adesso devono fare un'analisi della struttura per vedere se ha subito danni. Dicono che non sembra grave, ma probabilmente dovremo stare una o due settimane fuori casa».

Era rimasto in silenzio, ma i suoi occhi continuavano a parlare ed Elena aveva distolto lo sguardo per riuscire a pensare con maggior chiarezza. Leo viveva a Madrid solo da pochi mesi, e lì non aveva famiglia né amici, a parte qualche collega di lavoro.

«Vieni a casa mia» aveva detto infine con un sorriso spento.

Quel pomeriggio, al lavoro, Elena si era detta che forse era uno scherzo del destino per dare una spinta alla loro relazione. La sera, con lo sguardo che vagava sul soffitto e Leonardo che dormiva accanto a lei, aveva capito che era esattamente il contrario.

«Leo» gli aveva detto il mattino dopo, a colazione, «mi dispiace ma... credo che... è meglio che dormiamo in stanze separate. Cioè... puoi restare per qualche giorno, ma tra me e te non...»

Leo aveva sollevato la mano ed Elena si era interrotta.

«Non continuare». La voce del biologo era amareggiata e il suo accento italiano più marcato. «Grazie di avermi accolto». L'aveva detto con un sorriso triste, che dava un duplice significato a quella frase. Poi aveva sospirato e concluso il discorso. «Appena posso me ne vado».

Elena aveva pensato che forse si sarebbe trasferito in un albergo il giorno stesso. Ma non l'aveva fatto. E nemmeno il giorno successivo, né dopo una settimana. Non voleva fargli pressioni, perché era stata lei a offrirgli ospitalità; e poi, Leo si comportava con una correttezza impeccabile. Ma allo scadere delle due settimane aveva deciso di parlargli.

Era successo tre giorni prima, a metà pomeriggio. Elena era rientrata presto dal lavoro e si era stesa un attimo perché aveva mal di testa. Quando era uscita dalla stanza da letto, aveva notato che le tapparelle del salotto erano abbassate a metà per evitare che il sole scaldasse la casa. Leonardo era seduto sul divano, di spalle alla finestra, intento a lavorare al computer portatile. Vedendola arrivare, aveva sollevato le mani dalla tastiera.

«Come va la testa?» le aveva chiesto con aria preoccupata.

«Bene, grazie». Elena aveva fatto qualche passo verso di lui. «Leonardo, ormai sono passate due settimane da quando sei arrivato».

Lui aveva annuito, attento alle sue parole, ma senza dire niente.

«Avevi detto che il problema del tuo appartamento si sarebbe risolto in una o due settimane» aveva insistito Elena, in piedi davanti a lui.

«Sì, mi hanno detto che uno di questi giorni ci daranno l'autorizzazione a rientrare».

Lei aveva sospirato, leggermente irritata. Stava per dire qualcos'altro quando si era resa conto che lo schermo del portatile si rifletteva sulla finestra alle spalle di Leonardo. Socchiudendo gli occhi, era riuscita a distinguere l'immagine.

Un brivido di paura aveva scosso il suo corpo.

Capitolo 15

Cartagine, 507 a.C.

«Sinuhe!»

Arianna irruppe nella stanza del figlio. Il piccolo dormiva e Kush era seduto per terra accanto al letto. Si alzò di colpo, sentendola entrare. La pelle nera dello schiavo lo rendeva una sagoma sfocata nell'ombra, in cui spiccavano i suoi intensi occhi azzurri come se fluttuassero nell'oscurità.

Arianna si avvicinò a Sinuhe e ascoltò attentamente il suo respiro. Quando si fu assicurata che il figlio stava bene, si voltò verso Kush.

«Restagli sempre accanto».

Uscì dalla stanza e corse nella sua camera da letto. Non c'era nessuna lampada accesa, ma sapeva perfettamente dove si trovava quello che stava cercando. Si inginocchiò davanti a un baule di legno intarsiato d'avorio in cui teneva alcuni oggetti portati da Crotone. Sollevò il coperchio, spostò dei documenti e rovistò sul fondo.

Non c'è il mio coltello!

La sorpresa le tolse il fiato. Un attimo dopo si voltò di scatto.

«Chi sei?» chiese all'ombra.

Si alzò, senza ottenere risposta. Inspirando, si accorse che l'aria era stranamente fredda. Espirò dalla bocca, molto lentamente, attenta a qualunque indizio riuscisse a cogliere.

D'improvviso percepì chiaramente una presenza ostile. Nell'angolo più buio della stanza c'era *qualcosa* che la osservava. Appoggiò la schiena alla parete e strisciò verso la porta senza staccare gli occhi da quella fonte di potere trattenuto. Uscì e si precipitò verso la camera del figlio.

«Kush, prendi Sinuhe!»

La raggiunse in tre falcate. Quando arrivò alla porta, lo schiavo aveva il bambino in braccio.

«Cosa succede, mia signora?» chiese, spaventato.

«Corri in strada con Sinuhe, presto!»

Kush chinò la testa per uscire dalla stanza e corse fuori, stringendosi al petto Sinuhe rannicchiato con gli occhi chiusi.

Arianna lanciò un'occhiata terrorizzata alla sua stanza da letto. Poi attraversò la casa di corsa e si affacciò alla porta della cucina. Le sue due serve non si erano accorte di nulla. Stavano preparando la cena con l'aiuto di Tarik, un ragazzino di undici anni, fratello di una di loro.

«Andate via subito». I tre si voltarono verso Arianna. «Bisogna uscire di qui immediatamente. Andate a casa dei vostri genitori e non tornate finché non vi avviso».

Arianna continuò a correre verso l'esterno, seguita dalle ragazze che urlavano spaventate senza capire cosa succedeva. Il ragazzino le seguiva in silenzio.

Kush stava aspettando in strada con Sinuhe in braccio. Le serve si allontanarono correndo nel buio e Arianna si avviò in direzione opposta.

«Andiamo a casa di Eshdek». Accorgendosi che il fratellino della serva la seguiva, si voltò verso di lui. «Tarik, vuoi aiutarmi?»

Per tutta risposta, il ragazzino si illuminò in volto. Era un bambino magro e dal carattere intraprendente, tutto il contrario di sua sorella.

«Nasconditi in un punto da cui riesci a vedere la casa e aspetta che torni Akenon. Devi evitare che entri, e dirgli che siamo andati a casa di Eshdek. Lo farai?»

«Sì, mia signora».

«Grazie, Tarik. Ma non avvicinarti troppo. C'è qualcuno molto pericoloso in casa».

Il ragazzo assunse un'espressione seria. Annuì con decisione e corse a nascondersi in un angolo.

Kush doveva camminare a grandi falcate per tenere il ritmo di Arianna. Lei avrebbe voluto correre più in fretta, ma temeva di mettere a rischio la gravidanza. Aveva accumulato troppa tensione da quando il presagio si era affacciato dentro di lei. Per fortuna, la casa di Eshdek non era lontana, ma avrebbero dovuto evitare le pattuglie della guardia urbana.

Drogo sarebbe stato entusiasta se gli fossero capitati tra le mani senza testimoni.

Rabbrividì pensando al soprannome del militare che odiava tanto Akenon.

Drogo il Pollice.

Cercò di correre più veloce, nonostante il ventre sembrasse diventato di pietra. Il viale che portava da casa sua a quella di Eshdek era pressoché deserto. Si vedevano solo due aristocratici che rientravano nelle loro ville scortati dalle guardie personali, che usavano le torce per fendere le tenebre.

Quando raggiunsero uno dei due gruppi, Arianna sentì gli sguardi curiosi che li scrutavano come tentacoli invisibili. Nessuno disse nulla, ma si rese conto che l'avevano riconosciuta. Probabilmente avrebbero parlato di loro alla prima pattuglia di soldati che avessero incontrato.

Erano ormai a metà strada quando udirono dei cavalli che si avvicinavano alle loro spalle. Arianna sapeva che la cavalleria della guardia urbana pattugliava il quartiere aristocratico.

«Kush» sussurrò. «Da questa parte».

Imboccarono una strada laterale, proseguirono di corsa per alcuni metri e si fermarono davanti a un muro di mattoni crudi. Arianna si nascose dietro Kush. La sua pelle nera era molto meno visibile della tunica di lino che indossava lei.

Dopo qualche secondo, videro passare quattro soldati a cavallo nel viale principale. I soldati guardarono nella loro direzione, ma senza vederli. Le nuvole rendevano la notte particolarmente scura.

Arianna aspettò che il rumore degli zoccoli si fosse allontanato. Cercò con lo sguardo il viso di suo figlio, ma distingueva solo una forma chiara avvolta dall'ombra protettiva delle enormi mani di Kush. Si sentì invadere da un'ondata di gratitudine nei confronti del kushita, e si ricordò che l'antico padrone le aveva detto che Kush aveva perso un figlio piccolo quando l'avevano strappato alla sua terra. Alzò lo sguardo verso lo schiavo e le sembrò che i suoi grandi occhi azzurri controllassero attentamente il volto di Sinuhe.

«Proseguiamo» sussurrò.

Si addentrarono nelle tenebre del vicolo. Dovevano fare un lungo giro per evitare le pattuglie. Svoltarono all'angolo successivo per procedere parallelamente al viale principale e continuarono camminando quasi alla cieca.

Arianna fu assalita da un'altra fitta di dolore per la morte di suo padre. Era un colpo troppo grave per riuscire ad assorbirlo in fretta. Fece un profondo respiro e si sforzò di mantenere la mente lucida.

Devo concentrarmi per raggiungere la casa di Eshdek.

Il sufeta era l'unico che poteva proteggerli. E anche l'unico che poteva evitare che Akenon tornasse a casa. La presenza maligna che lei aveva percepito avrebbe potuto cogliere suo marito alla sprovvista. Arianna voleva chiedere a Eshdek di mandare al porto alcuni uomini della sua guardia personale. Avrebbe compromesso la discrezione con cui Akenon voleva svolgere le indagini su Khaos, ma poteva salvargli la vita.

Arrivati a un incrocio, Arianna girò per tornare sulla strada principale.

Cosa dobbiamo affrontare? si chiese mentre camminava nel buio. La presenza che aveva percepito in casa era più potente di come ricordava fosse Khaos al momento della cattura, avvenuta tre anni prima. *E l'ultima volta che l'ho visto era più morto che vivo, non poteva essere lui.*

Calcolò che Akenon doveva essere ormai quasi arrivato al porto. Cercò di andare più veloce e corse con le braccia protese in avanti. A un certo punto, notò un bagliore. Avevano raggiunto l'angolo con il viale principale. Si affacciò con cautela e vide la villa di Eshdek a una cinquantina di passi. Davanti alla porta erano appostate due guardie con lunghe lance appoggiate a terra, spada alla cintola e uno scudo rotondo legato al braccio sinistro. La luce proveniva da una fila di torce disposte a poca distanza l'una dall'altra lungo il muro frontale.

Arianna si guardò intorno, fece un cenno a Kush e uscirono dalla viuzza laterale. Una delle guardie li osservò incuriosito. La luce delle torce arrivava fino a loro, illuminando lo strano gruppetto che formavano: una straniera incinta e uno schiavo nero altissimo con un bambino in braccio.

Ce l'abbiamo quasi fatta.

Erano ormai a soli trenta passi di distanza, quando udirono dei cavalli avvicinarsi al trotto. Una pattuglia della guardia urbana stava venendo verso di loro. In preda al panico, Arianna fissò quelle ombre che si ingrandivano sempre più. Avrebbero tagliato loro la strada prima che fossero riusciti a raggiungere l'entrata.

Afferrò Kush per un braccio e si lanciò in avanti.

«Corri!»

Capitolo 16

Madrid, Spagna, oggi

I programmi di sicurezza continuavano a cercare il software intruso, per il momento senza successo. Daniel si appoggiò allo schienale della sedia e rimase a guardare le ombre sul pavimento della sua stanza con una smorfia infastidita.

Leonardo Rossi.

Marta, la filologa del Mensa, aveva finito per dirgli il nome del fidanzato di Elena. A Daniel non importava come si chiamasse, né che fosse biologo e stimato conferenziere. L'importante era che Elena fosse fidanzata, e lui non aveva alcuna intenzione di mettersi in mezzo a una relazione.

Due giorni dopo la riunione del Mensa, Elena gli aveva mandato un'e-mail. Gli scriveva nello stesso tono caldo e intimo di quando avevano parlato. Lui aveva pensato di non rispondere, ma alla fine l'aveva fatto. Non credeva che Elena fosse così frivola da flirtare con lui pur essendo fidanzata. Marta non era un'amica intima di Elena, solo una conoscente del Mensa, e forse le sue informazioni non erano aggiornate.

Magari l'italiano non vive più a casa di Elena da settimane, aveva ipotizzato, non molto convinto.

Lasciando aperta quella possibilità, Daniel aveva scambiato con lei qualche messaggio. Le scriveva in tono misurato, senza cercare di allontanarla ma accennando a rivedersi a una riunione del gruppo piuttosto che a un appuntamento da soli. E se Elena si fosse comportata come l'ultima volta, be', poteva sempre buttarle lì con disinvoltura: 'Ho sentito dire che esci con un italiano...'

Schioccò la lingua con aria disgustata. Non poteva negare di essere piuttosto impacciato con le donne. Aveva avuto pochissime relazioni e nessuna era durata più di tre mesi. In parte perché fin da bambino aveva dedicato quasi tutto il suo tempo a imparare e a studiare, e in parte perché non gli erano mai piaciute le ragazze della sua età. A quattordici anni gli piacevano quelle di diciotto e a diciotto quelle di venticinque. Elena aveva solo quattro anni più di lui, ma in questo caso la differenza era adeguata; la trovava una donna molto interessante, oltre che attraente.

E fidanzata, si ripeté.

Poteva anche aver male interpretato la situazione. Per esperienza sapeva di non essere molto bravo ad analizzare quel tipo di segnali. Era possibile che Elena fosse solo una ragazza simpatica con cui aveva legato grazie agli interessi comuni, ma che non avesse nessun secondo fine con lui.

Decise di smettere di pensarci. Rimuginarci su non faceva che renderlo nervoso.

Guardò il monitor centrale e constatò che i programmi di sicurezza avevano completato la scansione rapida. Non avevano rilevato nessuna traccia dell'intruso che gli aveva lanciato quella strana sfida.

Chi diavolo sarà stato?

Rifletté un attimo, poi entrò nel programma del suo

progetto con cui eseguiva le simulazioni. L'ultima che stava parametrizzando era registrata, il che significava che l'intrusione non gli aveva fatto perdere niente del suo lavoro.

«Molto attento da parte tua» mormorò nell'aria calda della stanza.

Comunque, adesso non avrebbe lanciato nessuna simulazione. La priorità era trovare il programma intruso, sempre che fosse ancora all'interno del suo sistema, ed eliminarlo.

Ma prima voglio proteggermi meglio, si disse, mentre navigava nel sistema.

Attivò un nuovo filtro di sicurezza per qualunque cosa arrivasse dall'esterno. Rallentava le comunicazioni, ma voleva essere sicuro che nessuno sarebbe entrato. Poi lanciò un altro programma per analizzare fino all'ultimo anfratto dei suoi computer. Fino al giorno dopo, tutte le potenzialità del suo sistema sarebbero state dedicate a quell'analisi.

Si appoggiò allo schienale della sedia, con i gomiti sui braccioli, e mise una mano sull'altra. Sentendo dolore, si guardò le nocche. L'anulare era un po' infiammato. Strinse e rilassò il pugno, ripensando alla sensazione delle ossa rotte che aveva percepito colpendo la mandibola dell'aggressore. I suoi compari l'avrebbero portato all'ospedale?

Probabilmente no.

I suoi pensieri passarono dall'aggressore al vagabondo e, da lì, al fatto che nel portafoglio aveva solo venti euro, il che significava che avrebbe dovuto andare a piedi alla riunione del Mensa.

Lanciò un'occhiata all'orologio.

Devo andare.

Per raggiungere a piedi il centro ci avrebbe messo un'ora, soprattutto perché con il caldo che faceva non poteva correre o sarebbe arrivato fradicio di sudore.

Fece scorrere il chiavistello sulla porta della sua stanza e uscì in corridoio. Fu subito avvolto dalla musica e notò che la porta del salone era socchiusa. Ricordò che doveva proteggersi dalla sua coinquilina, tirò fuori il cellulare e si assicurò che fosse pronto per registrare. Se riusciva a registrare Cristina che cercava di sedurlo, probabilmente sarebbe bastato farle sentire la registrazione perché lo lasciasse in pace una volta per tutte.

Chiuse a chiave la porta della sua stanza e andò in cucina. Versò tre bicchieri d'acqua in una pentola, aggiunse un po' di sale e accese il fornello in vetroceramica. La sua disponibilità finanziaria settimanale era al minimo, perciò la sua cena nei giorni successivi sarebbe stata un monologo di riso e salsicce. Quando l'acqua cominciò a bollire, aggiunse un bicchiere di riso. Poi abbassò la potenza e programmò lo spegnimento dopo quindici minuti.

Uscì dalla cucina e andò in bagno a farsi una doccia. Aprì la porta e, quando stava per accendere la luce, rimase con la mano paralizzata senza arrivare a toccare l'interruttore. Nell'oscurità, fluttuava un pentacolo capovolto, brillante come se fosse fatto di luce solida.

Premette l'interruttore del bagno e il pentacolo di luce scomparve.

Continuò a guardare il punto in cui aveva visto l'enigmatica stella a cinque punte. In psicologia aveva studiato le postimmagini o immagini fantasma, visibili dopo aver stimolato la retina con un contrasto di luci intense. In condizioni normali, quelle immagini non duravano più di pochi secondi e, soprattutto, non ricomparivano dopo essere svanite.

Spense la luce e rimase a fissare il buio. Non vedeva più il pentacolo… e tuttavia lo sentiva da qualche parte nella sua mente. Riaccese la luce e si disse, senza troppa convinzione, che era stato vittima di una strana illusione proveniente dalla memoria. Non aveva visto il pentacolo, l'aveva *ricordato*, probabilmente a causa dell'impatto provocatogli dal lampeggiare sullo schermo.

Cominciò a spogliarsi e aprì il rubinetto della doccia. Aveva un'espressione tesa. Stava pensando che chiunque l'avesse sfidato a risolvere il problema del pentacolo voleva sapere se c'era riuscito.

Di sicuro avrà un modo per scoprirlo.

Si infilò nella vasca e mise la faccia sotto il fiotto di acqua tiepida. Intuiva che avrebbe avuto altre notizie dal misterioso visitatore. Abbassò la testa e si strofinò tutto il corpo. Aveva sempre un'aria seria, concentrata. Per la prima volta nella sua vita aveva la sensazione di trovarsi di fronte a un rivale informatico.

Vuole giocare con me o vuole fottermi?

Nella camera da letto di Daniel, mentre lui era sotto la doccia, l'immagine sul monitor centrale svanì con l'attivazione del risparmio di energia. Un attimo dopo, il software intruso che i suoi programmi non riuscivano a individuare cominciò a copiare e a segmentare tutti i cambiamenti avvenuti nelle ultime ore. Poi, il programma spia avrebbe usato un metodo di mascheramento di protocolli per trasferire le informazioni via Internet.

Il destinatario le riceveva puntualmente da una settimana.

Capitolo 17

Madrid, Spagna, oggi

«Ecco fatto».

Elena era così assorta a pensare a Leonardo che trasalì. Vide i suoi due studenti mettere via gli attrezzi con cui le avevano cambiato la ruota e poi chiudere il baule.

«Moltissime grazie, ragazzi. Non so cosa avrei fatto senza di voi. Posso darvi un passaggio da qualche parte?»

«Non preoccuparti, siamo in macchina» dissero i due indicando un punto in fondo al parcheggio.

«Bene, allora grazie di nuovo».

I ragazzi la salutarono sorridendo. Elena montò in macchina, avviò il motore e imboccò la strada che attraversava il campus.

Si rabbuiò ripensando a quello che era successo quando aveva chiesto a Leonardo di andarsene da casa sua; le dispiaceva che non potesse ancora rientrare nel suo appartamento, ma ormai erano passate due settimane e preferiva che quella situazione non si prolungasse più a lungo.

Le parole le si erano congelate sulle labbra, vedendo lo schermo del computer portatile di Leo riflesso nella finestra dietro di lui. Una fotografia che sembrava ritrarla lo occupava tutto. Un primo piano del suo viso con espressione seria.

Ma Elena sapeva molto bene che nel corso della loro relazione non avevano mai scattato foto.

Leonardo, seduto sul divano davanti a lei, aveva seguito la direzione del suo sguardo e si era reso conto che Elena stava vedendo il riflesso dello schermo del computer. Senza cambiare espressione, aveva allungato un braccio e chiuso il portatile con un gesto indifferente. Poi era rimasto a guardarla, con un sorriso tranquillo. Lei aveva i brividi e sapeva che se fosse rimasta lì in piedi avrebbe cominciato a tremare.

«Bene» aveva detto nel tono più calmo di cui era stata capace, «poi mi dirai come va con il tuo appartamento». Si era voltata, temendo che Leonardo la aggredisse. Si era avviata lentamente verso la sua stanza e aveva chiuso la porta a chiave, cercando di fare in modo che non si sentisse lo scatto.

Poi era arretrata, camminando all'indietro, consapevole che con un calcio la porta sarebbe venuta giù.

Cosa diavolo sta succedendo?!

Si era seduta sul letto, con il respiro accelerato. Aveva chiuso gli occhi per cercare di ricordare esattamente quello che aveva appena visto. Il riflesso del portatile di Leonardo sulla finestra era un po' sfocato. La prima cosa che aveva attirato la sua attenzione era un simbolo nero che spiccava in un angolo.

Una stella a cinque punte.

Aveva aggrottato le sopracciglia. La stella era quello che si vedeva più nitidamente. Poi si era accorta che accanto al simbolo c'era la foto di una ragazza. Si era sforzata di guardarla meglio, ma in quel momento Leo aveva chiuso il portatile. Aveva visto che era castana, con i capelli lunghi e lisci, la pelle olivastra e gli occhi scuri. Non guardava direttamente l'obiettivo e non trasmetteva la sensazione allegra e artificiale di chi sa che gli stanno scattando una foto.

Ero io? Quando mi ha fatto quella foto?

Era sicura di aver avuto la sensazione di vedere una sua foto, ma non era così sicura che la foto fosse davvero sua. In ogni caso, era un'immagine inquietante. Un primo piano perfettamente inquadrato, come quello che si usa per un documento o per qualche tipo di scheda.

Aveva ripensato al simbolo accanto alla foto. Quella stella a cinque punte non le era nuova. Si era ricordata di aver visto in qualche film del terrore che la tracciavano sul pavimento per evocare spiriti o demoni. Lei non credeva a quelle cose, ma sapeva perfettamente che le sette erano reali, e a volte molto pericolose.

Leonardo appartiene a una setta satanica?

L'idea era così ridicola da essere quasi divertente. Ne avrebbe riso, se non fosse stato per la reazione di Leo. La sua espressione mentre chiudeva il computer: troppo indifferente per non essere falsa. Aveva notato la silenziosa tensione dell'uomo proprio come si percepisce il ronzio elettrico di un altoparlante acceso.

D'improvviso aveva inarcato le sopracciglia e annuito lentamente. Le era venuto in mente qualcosa che avrebbe potuto spiegare molti interrogativi. Poteva essere la foto di una ex fidanzata che le somigliava molto. Per questo Leonardo l'aveva notata appena entrata nella sala in cui lui stava per dare una conferenza. Forse per questo si era innamorato di lei così in fretta.

E la stella a cinque punte? si era chiesta aggrottando di nuovo la fronte.

Aveva preso il suo computer portatile ed era andata su Internet. Dopo cinque minuti aveva scoperto che quel simbolo si chiamava pentacolo. Aveva trovato un lungo articolo nell'*Enciclopedia Matematica* di Socram Ofisis. Il segno del pentacolo era stato usato da diverse civiltà nel corso di migliaia di anni. Si riteneva che nascondesse grandi segreti ed era un simbolo abituale tanto nella magia bianca come nella magia nera.

Magia nera...

«Stai bene?» le aveva chiesto Leo attraverso la porta.

Elena era trasalita, non l'aveva sentito avvicinarsi.

«Ho ancora mal di testa. Me ne starò un po' a letto» aveva risposto fissando la maniglia della porta.

«Va bene. Sono in salotto a lavorare e cercherò di non fare rumore. Chiamami se hai bisogno».

Elena era rimasta in attesa, trattenendo il respiro. Aveva sentito Leonardo allontanarsi. Poi si era rimessa a cercare su Google, *Leonardo Rossi* e Fundación Gabriel Monteagudo, come quando aveva conosciuto Leo, e di nuovo aveva trovato solo poche e scarne informazioni.

Continuando a indagare sul pentacolo, aveva trovato riferimenti che lo associavano a Pitagora. Aveva anche letto che Pitagora era considerato il fondatore di una setta di pazzi ossessionati dai numeri. Tuttavia, proseguendo la ricerca aveva capito che quelle accuse erano dovute soprattutto al fatto che il pensiero del filosofo greco era poco conosciuto e poco capito.

Aveva scoperto un sito su Pitagora e letto alcune frasi attribuite a lui.

'La saggezza di solito si trova nel mezzo, cioè quando per produrre un beneficio non si reca danno'.

Aveva riflettuto un attimo su quella frase e poi aveva

continuato a cercare di reperire informazioni sui collegamenti del pentacolo con la magia nera, capitando su pagine ridicole e su altre terrificanti.

A mano a mano che passavano le ore, i dubbi su quello che aveva visto si moltiplicavano. L'immagine poteva essere di qualunque ragazza che le somigliasse. Poteva anche essere quella di un sito di incontri, il che spiegava perché Leo avesse cercato di nasconderlo. Quanto al pentacolo, poteva essere uno strano logo della pagina web, un simbolo scelto da quella ragazza o... qualunque cosa. L'unica certezza era che non avrebbe chiesto niente a Leo. 'Stavi cercando su Internet ragazze che mi somigliano per sedurle, o mi hai fatto una foto di nascosto per la scheda della tua setta satanica?' Aveva anche capito che a Leonardo non sarebbe bastato che gli suggerisse di tornarsene a casa sua.

Avrebbe dovuto esigerlo in modo risoluto.

Quella sera non era uscita dalla sua stanza finché Leonardo non era andato a letto. Allora era andata in cucina a prendere un po' di frutta, per poi tornare a chiudersi in camera. Il mattino dopo si erano visti per qualche minuto, mentre Elena faceva rapidamente colazione prima di andare al lavoro. Aveva guardato diverse volte di sfuggita Leonardo che con aria soddisfatta spalmava la marmellata di arance amare sul pane tostato. Elena non gli aveva detto niente perché aveva sognato che la foto era sua. Nel sogno, Leonardo la svegliava in piena notte e lei si accorgeva che erano nudi in mezzo a un pentacolo con una candela nera su ogni punta.

Era rimasta all'università fino all'imbrunire e al ritorno a casa era esausta. Erano quasi finiti gli impegni da docente, ma prima di andarsene in vacanza voleva finire di scrivere il terzo capitolo di *Allenamento cognitivo*. Leonardo la stava aspettando per la cena. Lei aveva detto di essere sfinita e dopo aver buttato giù una mela e uno yogurt se n'era andata in camera.

Il giorno dopo aveva fatto la stessa cosa e la sera, seduta sul letto a gambe incrociate, aveva dovuto ammettere che stava cercando di evitare l'inevitabile. Aveva guardato verso la porta e poi abbassato lo sguardo sulle lenzuola.

«Domattina glielo dico» aveva borbottato.

Il mattino dopo, pronta per andare al lavoro, aveva aperto la porta di casa e si era rivolta a Leonardo dall'ingresso.

«Leo».

Lui si era voltato. Era seduto al tavolo della sala da pranzo e stava ancora facendo colazione.

«Oggi è il mio ultimo giorno di lavoro» aveva detto lei, «e può darsi che vada via per qualche giorno».

Leonardo aveva annuito, sorridendo, come a dire 'mi sembra un'ottima idea, non preoccuparti per me, baderò alla casa in tua assenza'.

«Leonardo, devi andartene. Oggi».

Silenzio.

«Ti va bene andartene in mattinata?»

Leonardo era voltato verso di lei, ma aveva distolto lo sguardo e fissava un punto imprecisato, con aria assente.

«Leo?»

«Certo, naturalmente» aveva detto lui riscuotendosi, «non preoccuparti. Lo capisco benissimo. Le vacanze». Le aveva sorriso con un'intensità che a Elena era parsa eccessiva. «Hai perfettamente ragione».

«D'accordo… Ci sentiamo».

Elena era andata al lavoro un po' sconcertata. Lungo la strada, si era resa conto che Leonardo non aveva detto che se ne sarebbe andato, perciò appena arrivata all'università aveva telefonato ad Alberto, il suo vicino poliziotto, a cui tempo prima, chiacchierando in ascensore, aveva raccontato che stava ospitando un amico per qualche giorno. Per telefono aveva detto ad Alberto che la situazione era diventata insostenibile e che, pur avendo chiesto all'amico di andarsene, non era sicura al cento per cento che l'avrebbe fatto.

«Non preoccuparti» le aveva risposto Alberto. «Entrerò con te in casa e se non se n'è andato lo *inviterò* a farlo all'istante».

Elena l'aveva ringraziato ed erano rimasti d'accordo per vedersi alle otto e mezzo.

Guardò l'orologio della macchina. Mancava solo un'ora.

Elena aveva diretto il flusso dell'aria condizionata verso il corpo e il sudore era ormai evaporato. Dicevano che non faceva bene esporsi direttamente all'aria fredda, ma non c'era niente di peggio che sopportare quaranta gradi. D'improvviso, con aria pensierosa, accostò e fermò l'auto. Prese il cellulare dalla borsa e chiamò il suo vicino di casa.

«Ciao, Alberto, sono Elena. Volevo solo assicurarmi che fossimo rimasti d'accordo per vederci davanti al portone».

«Sì, alle otto e mezzo davanti al portone». La voce di Alberto sembrava agitata. «Non salire finché non siamo arrivati. Mi accompagna un collega che viene con me in palestra».

Si sentivano una musica di sottofondo e un rumore di macchine. Elena immaginò che Alberto fosse in sella a una cyclette o qualcosa di simile mentre le parlava.

«Bene, era solo per essere sicura».

«Un'altra cosa, prima mi sono scordato di dirtelo. Devi cambiare la serratura».

«Sì, ci avevo già pensato, grazie. Domani chiamo un fabbro, e per stanotte tengo la chiave infilata nella toppa».

«Perfetto. Bene, ci vediamo più tardi».

Dopo aver riattaccato, Elena rimase pensierosa. Alberto, qualche mese prima, le aveva chiesto di uscire a cena insieme. Lei aveva rifiutato e Alberto non aveva insistito. Apparentemente aveva preso bene il rifiuto, ma siccome era uno che scherzava sempre, era difficile capire quello che pensava o quello che provava.

Infilò il telefono in borsa e si chiese se Alberto avrebbe portato la pistola. Non sapeva se i poliziotti giravano armati anche quando non erano in servizio.

Rimise in moto e si fermò a un incrocio. Doveva decidere se andare a ritirare il vestito o se dirigersi verso il suo quartiere.

19:45... Ho tutto il tempo.

Svoltò a sinistra, verso il negozio di abbigliamento. D'improvviso sentì l'euforia tipica dell'inizio delle vacanze e il suo viso si distese in un sorriso radioso. Non la preoccupavano più Leonardo, le sue foto e i suoi pentacoli. Si sarebbe comprata un vestito bellissimo, poi sarebbe passata da casa a farsi una doccia – *Finalmente la casa tutta per me* – e sarebbe andata alla riunione del Mensa. Lì avrebbe bevuto qualche birra con gli amici e rivisto Daniel.

Il suo piano per le ore successive le sembrava perfetto, non sapendo che la stava portando verso l'assassino più spietato della storia.

Capitolo 18

Cartagine, 507 a.C.

Drogo era assorto a osservare la coppa d'argento che teneva in mano. Il suo valore era irrisorio, se paragonato a quello delle coppe d'oro tempestate di pietre preziose che possedevano certi aristocratici, ma lui non l'avrebbe scambiata con nessun'altra.

La coppa del comandante.

In due lunghe sorsate bevve il vino che conteneva, poi tornò a contemplarla assaporando il gusto forte del liquido in gola e infine la posò sul tavolo accanto a una mappa di cuoio della città. Quella coppa, il tavolo con le mappe, la tenda più grande dell'accampamento, con le pareti di pelle consumata... Da anni aveva guardato tutto ciò avidamente, durante le riunioni che il suo predecessore al comando della guardia urbana teneva con i capitani.

Adesso non c'è più nessuno al di sopra di me.

Cartagine non era uno stato militare e si supponeva che gli uomini che comandavano i diversi corpi dell'esercito fossero subordinati al potere civile. In pratica, tuttavia, godevano di un'immunità quasi assoluta.

Devo comunque essere prudente. Eshdek ha fatto capire chiaramente che Akenon è il suo protetto. Per fortuna, disponeva degli uomini adatti alla discrezione che i suoi piani richiedevano.

A un certo punto, la pelle che chiudeva l'ingresso della tenda si sollevò. Un uomo in cotta di cuoio e mantello scivolò all'interno. La barba castana non riusciva a nascondere completamente la cicatrice che dall'orecchio destro gli arrivava all'angolo della bocca. Un'altra quasi della stessa lunghezza gli partiva dall'occhio sinistro e scendeva in verticale sullo zigomo ossuto.

L'uomo si piazzò davanti a Drogo, che non si alzò dalla sua pesante sedia di legno, e chinò brevemente il capo in segno di saluto.

«Sikar, portami Akenon». Drogo assaporò ogni parola di quell'ordine. «Lo voglio in catene prima dell'alba. Ma senza attirare l'attenzione, non voglio che giunga all'orecchio di Eshdek. E puoi usare la forza, ma se mi togli il piacere di ucciderlo te ne pentirai». Fece una pausa. «Porta con te cinque uomini, ma stai attento. È più pericoloso di quanto sembra».

«Vuoi anche sua moglie?»

Sua moglie... I pensieri di Drogo si mescolarono ai ricordi. Il suo sguardo si perse in un angolo buio della tenda e rivide sua moglie il giorno in cui era partita per l'esilio. Si era voltata verso di lui, prima di andarsene, ed erano rimasti per qualche secondo a guardarsi, senza parlare. Nello sguardo della donna non c'era rimprovero, solo disprezzo. Gli occhi freddi di Drogo nascondevano invece l'amore profondo che lo lacerava dentro.

«No». Alzò il volto verso Sikar. «Arianna e suo figlio... uccidili».

Capitolo 19

Cartagine, 507 a.C.

Spero che Drogo non commetta qualche stupidaggine.

Il sufeta Eshdek era nella sua villa, intento a controllare alcuni documenti, ma da un po' non riusciva più a concentrarsi. L'incontro di quel pomeriggio gli aveva fatto capire che il rancore del comandante nei confronti di Akenon era più profondo di quanto credesse.

Si raddrizzò e si appoggiò all'alto schienale della sedia, allontanandosi dalle pergamene che occupavano tutta la superficie del tavolo da lavoro.

Drogo è vendicativo, ma anche ambizioso. Eshdek l'aveva fatto promuovere a comandante della guardia urbana per poter esercitare un maggior controllo sul militare che occupava quella posizione strategica. Drogo sapeva di essergli debitore; era un meticcio, il che rappresentava un ostacolo per far carriera nell'esercito, nonostante i suoi meriti innegabili. Inoltre, non giocava a suo favore il fatto che la famiglia di sua moglie fosse caduta in disgrazia, benché lui avesse risolto il problema con l'abituale efficienza, ripudiando la consorte.

Eshdek sistemò meglio il fondoschiena dolorante sui cuscini di piume.

Sto invecchiando, ma sono potente. Drogo farà bene a non dimenticarlo.

Osservò i documenti. Doveva prendere alcune decisioni che inevitabilmente avrebbero scontentato una delle fazioni principali del senato: quella dei proprietari terrieri o quella dei commercianti. Lui possedeva un po' di terra, ma era soprattutto uno dei principali commercianti di Cartagine, pertanto doveva sforzarsi il doppio per dimostrare una parvenza di imparzialità. Gli serviva l'appoggio di alcuni senatori della fazione dei proprietari terrieri per mantenere l'incarico di sufeta.

Sollevò la testa e rivolse lo sguardo verso un angolo della sala, dove tremolava la fiammella di una torcia sostenuta da un piedistallo di bronzo. Era stanco, per quel giorno aveva lavorato abbastanza.

Chiuse gli occhi. Un attimo dopo sorrise al ricordo di Sinuhe che rideva mostrando i dentini bianchi e lo chiamava *zio Esek*. Quel diavoletto lo faceva sentire come un imbecille, felice e orgoglioso per qualunque sua trovata.

Ha ereditato l'intelligenza di sua madre.

Arianna era senz'altro la donna più intelligente che avesse mai conosciuto. Anzi, ammise con stupore, a Cartagine non conosceva neppure un uomo più intelligente di lei. Da quando era arrivata in città, aveva dimostrato un interesse inusitato per lo studio dei trattati su diverse materie che si potevano trovare a Cartagine. Eshdek gliene aveva mostrati alcuni e l'aveva aiutata a tradurre qualche passo, all'inizio con l'idea di compiacere il suo amico Akenon soddisfacendo quello che considerava un capriccio della moglie. Poi si era accorto che Arianna stava imparando a leggere in fenicio cartaginese, e comprendeva il contenuto di quello che leggeva con una lucidità eccezionale.

Eshdek si voltò verso un baule di cedro appoggiato sul pavimento alla sua destra, a portata di mano. Conteneva decine di documenti, alcuni dei quali scritti dalla stessa Arianna per spiegare a Eshdek concetti di geometria.

La perspicacia di Arianna non si deve solo al suo talento, ma anche all'insolita formazione ricevuta dal padre.

L'ammirazione di Eshdek nei confronti di Arianna era nata fin dai primi incontri. A partire da quel momento, si erano intrattenuti in lunghe conversazioni in cui spesso compariva la figura di Pitagora. Prima di conoscere Arianna, per Eshdek il maestro greco era solo un personaggio oscuro e misterioso, che governava nell'ombra diverse città della Magna Grecia, e a cui alcune leggende attribuivano facoltà divine. Grazie ad Arianna, Eshdek si era interessato sempre di più a Pitagora, finché aveva deciso di recarsi a Metaponto per incontrarlo di persona.

L'incontro era avvenuto un anno prima. Akenon e Arianna volevano andare a Metaponto per far conoscere a Pitagora suo nipote. In quel periodo, Eshdek stava preparando una spedizione commerciale e aveva apportato qualche variazione alla rotta per poter accompagnare gli amici e farsi presentare Pitagora.

Quando la nave aveva attraccato al porto di Metaponto, Arianna e Akenon si erano avviati con Sinuhe verso la comunità pitagorica, situata a mezzo chilometro dalla città. Eshdek era rimasto al porto per dirigere lo scarico delle sue navi. Si erano dati appuntamento per il giorno dopo e l'attesa lo faceva sentire stranamente nervoso. Nel corso delle loro conversazioni, Arianna aveva accennato ad alcuni elementi della dottrina pitagorica, ed Eshdek

– che da quando aveva firmato l'accordo con Roma confidava che lo avrebbero nominato sufeta di Cartagine – non vedeva l'ora di parlare con il maestro greco delle sue insolite idee politiche.

Il mattino dell'appuntamento era una giornata fresca e limpida. Eshdek era arrivato alla comunità e aveva varcato le due semplici colonne che indicavano l'entrata. Rivolgendosi al primo uomo che aveva incontrato, gli aveva chiesto di Pitagora.

L'uomo aveva annuito in silenzio, facendogli cenno con la mano di seguirlo. Eshdek ricordava che Arianna gli aveva detto che i discepoli dovevano passare i primi anni dell'iniziazione in silenzio, perché solo imparando ad ascoltare si poteva arrivare a comprendere.

«Niente ci assorda tanto come le nostre stesse parole» aveva aggiunto Arianna. Pronunciava spesso quel tipo di sentenze, che lasciavano Eshdek a lungo pensieroso.

Mentre seguiva il discepolo attraverso la comunità pitagorica, era rimasto impressionato dall'atmosfera di raccoglimento e riservatezza. Nessuno parlava a voce alta, nessuno sembrava avere fretta, e sia gli uomini che le donne indossavano sobrie tuniche bianche di lino che contrastavano con la sua plissettata e il caftano porpora.

Il discepolo l'aveva condotto a un complesso formato da diverse abitazioni affiancate che condividevano un grande cortile interno. Lì aveva incontrato Pitagora. Eshdek si aspettava di vederlo circondato da maestri che ascoltavano le sue parole con riverenza. Invece, Pitagora era seduto su un ceppo, con Sinuhe sulle ginocchia. Chinava la testa verso il bambino e lui gli tirava la lunga barba bianca.

«Ahi, ahi, ahi». Pitagora scuoteva la testa ed entrambi

ridevano, Sinuhe tutto eccitato e Pitagora con una risata così profonda e allegra da essere contagiosa.

Accanto al filosofo, Akenon e Arianna contemplavano la scena sorridenti, e ci avevano messo un po' ad accorgersi del loro amico di Cartagine. Allora Arianna l'aveva presentato a Pitagora, che dopo aver restituito Sinuhe a sua madre si era alzato.

«Salute, Eshdek». Gli aveva messo le mani sulle spalle e lui si era stupito che il maestro, ormai anziano, fosse alto come Akenon. «Ti do il benvenuto nella nostra comunità, come un fratello, e ti ringrazio per tutto quello che hai fatto per la mia famiglia».

Lo sguardo del maestro avvolgeva Eshdek. Era uno sguardo deciso e intenso, ma anche accogliente. Eshdek l'aveva ringraziato di averlo ricevuto e si erano seduti, Pitagora di nuovo sul ceppo e lui su un panchetto di legno. Il maestro aveva faticato a sedersi ed Eshdek aveva notato che vicino al ceppo c'era un lungo bastone.

«Vi lasciamo soli». Arianna aveva dato un bacio al padre e si era allontanata con Akenon e Sinuhe.

Si erano messi a chiacchierare, affrontando subito argomenti di politica e di governo. Eshdek aveva chiesto a Pitagora il suo parere su come migliorare l'osservanza delle leggi, e il maestro, in tono pacato, gli aveva assicurato che il punto più importante era l'educazione.

«Le leggi devono essere giuste, e se ne deve esigere con fermezza il rispetto». Si era portato una mano al petto. «Comunque, non dobbiamo dimenticare che la legge migliore è quella scritta nel cuore delle persone. Nessun'altra susciterà altrettanta volontà di rispettarla. Per questo ti dico, amico Eshdek, educa i bambini e non dovrai punire gli adulti».

Eshdek era rimasto in silenzio, a riflettere. Poi aveva sorriso al pensiero che la saggezza che spesso contenevano le parole di Arianna era un'eco di quella sublime di suo padre.

«Tua figlia mi ha spiegato che in diverse città molti aristocratici, membri del governo, sono diventati iniziati del tuo ordine. Pensi che un uomo possa essere un governante migliore se segue la tua dottrina?»

«Quello che credo, fermamente, è che i popoli devono essere governati dai più capaci, e che questi si impegnino a rivolgere i loro sforzi verso il bene comune. Spesso i governanti mancano di almeno una di queste due caratteristiche. Ho dedicato la mia vita a sviluppare la capacità e la volontà, guidate da certi principi, di tutte le persone che hanno voluto ascoltare i miei insegnamenti, indipendentemente dal fatto che al di fuori del mio ordine fossero aristocratici o schiavi».

Eshdek aveva riflettuto su quelle parole prima di passare a un'altra domanda.

«Allora credi che a governare la maggior parte degli stati non ci siano le persone giuste?»

«Non c'è dubbio che l'uomo che ottiene il potere ha dimostrato di essere il più capace tra quelli che ambivano a ottenerlo. Quello che dobbiamo chiederci è: in cosa è il più capace? Ciò che serve per ottenere il potere ha ben poco a che vedere con ciò che è necessario per esercitarlo. Salgono al potere i più abili nel raggiungerlo, non nell'esercitarlo».

A Eshdek erano venuti in mente diversi senatori di Cartagine e non poteva che dare ragione a Pitagora, ma voleva continuare a esplorare il suo pensiero.

«Non dobbiamo pensare che chi ottiene il potere abbia dimostrato una capacità... diciamo generale, che gli servirà anche per governare?»

Pitagora aveva annuito prima di rispondere.

«Dovremmo cominciare col definire cos'è un buon governo. Dal mio punto di vista, gli uomini devono governarsi con giustizia, sia all'interno del loro spirito che pubblicamente. E, di solito, al potere non accedono i giusti, perché un uomo giusto è in svantaggio rispetto a chi non si fa scrupoli nell'utilizzare mezzi ingiusti per ottenere il potere».

La conversazione era proseguita su quella linea finché era arrivato un ragazzo ad avvisarli che il pranzo era pronto. Con grande imbarazzo, Eshdek si era reso conto di aver tenuto occupato Pitagora per quasi tutta la mattina, privandolo della compagnia della figlia e del nipote. Aveva deciso di andarsene dopo pranzo, ma aveva ancora una faccenda importante di cui parlare.

«Pitagora, credo tu sappia che sono riuscito a firmare un accordo con Roma a nome di Cartagine».

Il filosofo aveva sospirato.

«Sì, lo so. E mi congratulo con te. Roma non domina ancora un grande territorio, ma è energica, ambiziosa e organizzata. Credo che il suo nuovo sistema di governo la aiuterà a continuare a crescere». Aveva socchiuso gli occhi chiari, vedendo qualcosa che non aveva davanti. Proprio quando stava per incontrare i nuovi governanti di Roma, dopo che avevano rovesciato l'ultimo re, Tarquinio il Superbo, aveva dovuto fare urgentemente ritorno alla sua comunità di Crotone a causa di Khaos, perciò il tanto atteso incontro con Roma non era mai avvenuto.

«Devo dire che le chiacchierate sulla politica che ho avuto con tua figlia Arianna mi sono servite di ispirazione al momento di redigere la versione dell'accordo che è stata approvata».

Pitagora aveva annuito reprimendo un sorriso orgoglioso ed Eshdek aveva continuato.

«È probabile che l'anno prossimo mi nomineranno sufeta di Cartagine, in parte grazie all'accordo firmato con Roma. Se così fosse, mi piacerebbe poter contare sulla tua collaborazione».

Pitagora l'aveva guardato in silenzio. Il suo antico sogno di formare una comunità di nazioni, basata su una serie di valori che comportassero la fine dei conflitti, si era mosso dentro di lui. Ma era stato solo un lampo, breve come il battito d'ali di una farfalla.

«Eshdek, ho visto morire troppa gente per difendere o combattere le idee. Mi piacerebbe trascorrere gli ultimi anni sviluppando la mia dottrina, senza cercare di convincere nessuno».

«Lo capisco, e non è mia intenzione proporti un ruolo attivo. L'unica cosa che ti chiedo, se mi nomineranno sufeta di Cartagine, è di poter sempre ricorrere a te per cercare consiglio. Ovviamente, senza bisogno che tu ti muova da Metaponto» si era affrettato ad aggiungere.

Pitagora era rimasto in silenzio. Dopo aver chiuso gli occhi per un attimo, aveva risposto:

«D'accordo. Se ti nomineranno sufeta di Cartagine, ti farò pervenire il mio parere su quello che mi chiederai».

Eshdek tornò a chinarsi sul tavolo da lavoro e osservò le pergamene.

«È giunto il momento di mettere in pratica quello di cui abbiamo parlato».

Era stato eletto sufeta qualche giorno prima, e i documenti che aveva davanti riguardavano alcune questioni su cui avrebbe voluto conoscere il parere di Pitagora. Prima di scrivere al filosofo preferiva confrontarsi con Arianna, ma non aveva ancora trovato l'occasione.

Ripensò all'incontro di quel pomeriggio. Si rabbuiò in volto nel ricordare l'odio trattenuto che trapelava dallo sguardo di Drogo verso i suoi amici.

Domani parlerò con lui. Gli dirò chiaro e tondo che se succede qualcosa ad Akenon, Arianna o Sinuhe, non pagherà con la carriera, ma con la vita.

Capitolo 20

Cartagine, 507 a.C.

Akenon spronò il cavallo al trotto dirigendosi al porto.

Il vento umido e caldo gli impregnava dell'odore del mare la pelle e la preziosa tunica. Passò accanto a un edificio rettangolare, dalle alte pareti di pietra, e distolse lo sguardo istintivamente. Circa vent'anni prima, tra quelle mura, aveva assistito a un rito che non avrebbe mai dimenticato.

La cerimonia era avvenuta alla presenza di una riproduzione in bronzo del dio Moloch, alta dieci metri, con la testa di ariete e un'enorme bocca fumante. Il ventre era un gigantesco forno pieno di brace. Per ingraziarsi il dio, la città gli aveva offerto cinquanta neonati. I sacerdoti li sgozzavano a uno a uno sull'altare principale e poi li mettevano nelle mani del dio. C'erano poi uomini che tiravano le catene delle braccia, in modo che il dio si portasse le mani alla bocca inghiottendo i neonati, che bruciavano nel ventre incandescente.

Akenon quasi ringraziava di aver perso conoscenza nell'ultima parte del rito. Era caduto in un'imboscata e lo avevano pugnalato alle spalle. Non era stato testimone del banchetto del dio, ma non era riuscito nemmeno a portare a termine la missione affidatagli da un cliente disperato.

Non sono riuscito a salvare suo figlio.

Il bimbo del suo cliente non doveva essere sacrificato, ma era stato sequestrato per sostituire uno dei designati. Quella era la morte che più pesava sulla coscienza di Akenon.

Nei pressi del porto le strade erano più affollate e Akenon dovette rallentare l'andatura del cavallo. Nonostante fosse ormai scesa la notte, notò molti operai che si affannavano alla costruzione di due magazzini di grandi dimensioni.

I magazzini non bastano mai.

Il commercio prosperava, anno dopo anno. I conflitti a est con i greci cirenaici erano ormai risolti da tempo. Quella frontiera non era più motivo di preoccupazione da quando, cinque anni prima, Dario di Persia era andato oltre l'Egitto annettendosi Cirene.

I greci continuano a perdere terreno davanti a Cartagine, pensò mentre schivava un carretto rovesciato con tutto il suo carico di aglio, cipolle e carciofi.

Il punto di svolta nella ripartizione del mare era stato segnato da una battaglia navale combattuta tre decenni prima, quando i cartaginesi avevano affrontato uno dei popoli greci: i focei. L'armata focea aveva subito una disfatta tale da assicurare ai cartaginesi il controllo del Mediterraneo centrale e, di conseguenza, la libera espansione nel Mediterraneo occidentale.

Eshdek ha dato nuovo impulso alla prosperità di Cartagine. L'accordo firmato due anni prima con Roma rafforzava ulteriormente la posizione della città nel Mediterraneo.

Anche Pitagora aveva provato a parlare con Roma, pensò con tristezza.

Un anno prima, Cartagine aveva siglato l'accordo con i romani. Pitagora si trovava a Napoli per incontrare Lucio Giunio Bruto, il primo console della repubblica romana, ma era dovuto tornare urgentemente a Crotone. Gli attacchi contro l'ordine pitagorico si erano intensificati e il sogno di Pitagora di avere un'influenza sui romani era sfumato per sempre. Forse solo una riunione con Lucio Giunio Bruto avrebbe potuto cambiare il corso della storia, evitando il successivo accordo che i consoli romani ed Eshdek avevano firmato a nome di Roma e Cartagine, che tanto pregiudicava gli interessi greci.

Akenon giunse all'ingresso del porto e tirò le redini. Smontò vicino a una piccola stalla da cui uscì subito un ragazzino di undici o dodici anni per occuparsi del destriero.

«Dagli dell'acqua e tienilo pronto. Torno a riprenderlo tra poco».

«Benissimo, signore».

Il ragazzo portò il cavallo dentro la stalla e Akenon proseguì a piedi. Una smorfia amara gli irrigidiva il volto. Stava facendo proprio l'ultima cosa che avrebbe voluto fare: indagare sull'assassinio di Pitagora.

Serrò le labbra che si ridussero a una linea sottile. La morte del filosofo gli causava un dolore profondo, ma chi avrebbe sofferto di più per quella perdita era Arianna.

Spero di rientrare presto a casa.

Era incredibile come una giornata tranquilla poteva cambiare all'improvviso, come se un dio malvagio avesse deciso di stravolgere il loro destino: il sadico Drogo comandante della guardia urbana, la notizia della morte di

Pitagora, il pentacolo capovolto che rivelava la responsabilità di Khaos nella morte del maestro dei maestri...

Sembra impossibile che Khaos abbia qualcosa a che vedere con la morte di Pitagora.

Eppure, il filosofo aveva speso le sue ultime energie a tracciare il pentacolo capovolto che indicava il suo ex discepolo. Akenon non pensava che Pitagora si fosse sbagliato, ma non riusciva a immaginare come quel relitto umano che era Khaos, imprigionato e privato di lingua e occhi, avesse potuto fare altro che consumarsi fino alla morte incatenato al remo.

Affrettò il passo, avanzando a grandi falcate nella darsena principale.

Non riusciva a togliersi dalla testa neanche il presagio di Arianna. Gli sembrava più inquietante che se l'oracolo di Delfi gli avesse vaticinato una disgrazia. Si rese conto che stava digrignando i denti con tanta forza da farsi male. Era abituato a convivere con un senso di minaccia, o almeno così era stato quando si guadagnava da vivere come investigatore, ma non poteva sopportare che la minaccia riguardasse Arianna e il suo adorato Sinuhe.

Alla destra di Akenon c'erano i magazzini del porto e alla sinistra le barche, immerse nella quasi totale oscurità. Le operazioni di carico e scarico erano sospese fino al giorno dopo. Gli uomini di guardia in coperta non accendevano le luci per abituare gli occhi a vigilare nella notte.

Akenon si sforzò di guardare verso dove di solito attraccava la *Melkart*, la nave ammiraglia di Eshdek. Era l'imbarcazione su cui lui e Arianna avevano viaggiato da Crotone a Cartagine, e nelle cui viscere, ormai da tre anni, era incatenato Khaos. Notò una luce sul ponte di coperta di una nave lontana. Procedendo, verificò che effettivamente si trattava della *Melkart*. A bordo c'erano tre persone, una delle quali reggeva una lanterna.

Akenon riconobbe l'uomo dalla barba folta e dai lunghi capelli arruffati che stava parlando agli altri due in tono autoritario.

«Asdrubale» lo chiamò.

Il comandante della *Melkart* si allontanò dai suoi accompagnatori e guardò oltre il parapetto.

«Chi sei?» grugnì bruscamente.

«Sono Akenon. Ho bisogno di parlarti».

«Akenon, scusami, con quest'oscurità non ti avevo riconosciuto». Asdrubale fece una pausa e Akenon percepì una tensione che contrastava con la sua repentina cordialità. «Vuoi salire a bordo?»

«Sono venuto proprio per questo». Il tono di Asdrubale lo rendeva diffidente, ma doveva vedere Khaos. «Illuminami la passerella».

«Hannon, porta la lanterna» ordinò Asdrubale, rivolto verso l'interno della nave.

Un attimo dopo, Akenon riuscì a distinguere meglio quello che lo circondava grazie alla luce della lanterna. Si incamminò sulla passerella di legno. Anche se tutti i dipendenti di Eshdek sapevano che lui era suo socio, non si faceva illusioni di poter far valere la sua autorità. L'equipaggio di una nave di solito era più fedele al comandante che al proprietario.

Asdrubale lo accolse con una stretta di mano. Akenon salutò con un cenno del capo gli altri due marinai. Quello che reggeva la lanterna era Hannon, il capo dei rematori, mentre il terzo non lo conosceva. L'unico in possesso di un'arma visibile era Asdrubale, il cui lungo pugnale pendeva da una cintura di cuoio. Akenon si trovava di fronte a tre uomini ben piantati e più giovani di lui, e in quel momento si rammaricò di non aver dedicato più tempo negli ultimi anni a tenersi in forma.

«Scusa l'interruzione, Asdrubale, ma ho bisogno di farvi qualche domanda».

Asdrubale annuì e gli altri si limitarono a guardarlo in silenzio.

«Da quanto tempo siete tornati a Cartagine?»

«Sei giorni» rispose Asdrubale grattandosi la barba.

Non potevano trovarsi a Metaponto durante l'attacco, anche se forse erano lì prima...

«Siete passati dalla Magna Grecia?»

«Certo, facciamo sempre la stessa rotta. Ci fermiamo a Taranto, a Crotone...»

«Avete attraccato a Metaponto?»

«No».

Akenon sostenne lo sguardo di Asdrubale. Fino a quel momento sembrava che l'altro gli avesse detto la verità, ma ora gli nascondeva qualcosa: il respiro pesante, gli occhi che lo guardavano troppo fissi... D'improvviso ebbe la certezza che avesse paura che gli chiedesse di Khaos. Controllò con la coda dell'occhio gli uomini di Asdrubale, situati uno per lato. Erano attenti al loro comandante, come se aspettassero ordini.

Akenon sfiorò discretamente l'impugnatura della sua spada ricurva con il taglio della mano.

«Voglio vedere Khaos».

Dall'altra parte della città, Arianna correva tenendosi la pancia con un braccio. Con l'altro si aggrappava a Kush, che la tirava con la forza di un cavallo. Le due guardie di

Eshdek li osservavano dall'ingresso della villa, appoggiate alle lance, senza abbandonare la postazione.

Dall'altro capo della strada, i cavalieri della guardia urbana continuavano a cavalcare verso di loro. Arianna gemette per lo sforzo cercando di accelerare. Se non avessero raggiunto la porta prima dei soldati, in breve sarebbero caduti nelle mani del comandante Drogo.

Asdrubale e i suoi uomini si lanciarono rapide occhiate, immobili come leoni sul punto di attaccare. Akenon allargò leggermente le gambe per essere più stabile sul ponte di coperta della nave. Il tempo sembrava essersi fermato dentro il ristretto cerchio di luce proiettato dalla lanterna.

Asdrubale ruppe il silenzio: «Khaos è morto».

Akenon aprì la bocca, ma esitò un attimo prima di parlare.

«Khaos è morto...? Quando è successo?»

«Nei primi giorni della nostra ultima spedizione. Circa due mesi fa».

Akenon aggrottò le sopracciglia. L'attacco alla comunità di Metaponto era avvenuto solo due settimane prima.

«Avevi l'ordine di conservare il corpo dopo la sua morte. Voglio vederlo».

Asdrubale si irrigidì e distolse lo sguardo prima di rispondere.

«Non ho il suo corpo».

Capitolo 21

Madrid, Spagna, oggi

Leonardo Rossi era seduto sul divano del salotto di Elena.

Teneva il computer portatile sulle cosce e osservava l'immagine sullo schermo. Il volto smunto era rigato di lacrime che, arrivando alla bocca, deviavano per evitare un sorriso colmo di tristezza.

Allungò la mano destra e accarezzò teneramente lo schermo, su cui si vedeva la foto che tanto aveva sconvolto Elena tre giorni prima. Seguì il contorno del suo viso e poi le accarezzò le labbra. Elena era seria e aveva lo sguardo rivolto verso destra, come se si rifiutasse di guardarlo. A Leonardo ricordava amaramente che negli ultimi giorni Elena lo evitava.

Ha paura di me.

Dopo essere stati tanto uniti, questo gli sembrava insopportabile.

Emise un sospiro che si trasformò in un singhiozzo. Ricordava il momento in cui aveva scattato quella foto col teleobiettivo, quattro mesi prima, nascosto in una macchina nel parcheggio dell'università.

Un mese prima che ci conoscessimo alla conferenza.

Quell'immagine mostrava una Elena naturale, con

un'aria un po' assorta e al contempo risoluta, quasi ostinata. Era la preferita di Leonardo tra le centinaia di fotografie che aveva di lei. Oltre a quelle che aveva scattato lui stesso, aveva copiato tutte le foto digitali che Elena teneva nel suo computer.

Afferrò il portatile con entrambe le mani, se lo avvicinò alla faccia non rasata, e baciò dolcemente la bocca seria di Elena. Allontanandosi dal viso che tanto amava si sentì ferito dalla sua imperturbabile indifferenza. Si posò il computer sulle gambe e rimase a fissare il pentacolo in un angolo della foto. La sua espressione si indurì e premette i tasti necessari per cambiare la visualizzazione sullo schermo. Verificò che avesse finito di copiare l'hard disk del portatile di Elena. Scollegò il cavo usb, si alzò e rimise il disco sullo scaffale, nella stessa posizione in cui si trovava prima che lui lo prendesse.

In realtà, la copia che aveva appena fatto gli serviva per ottenere prima i dati di Elena, ma non era indispensabile. Già il primo giorno in cui era rimasto da solo in quella casa aveva installato un trojan nel suo hard disk. Ogni volta che lei si collegava a Internet con l'hard disk collegato, il trojan gli trasmetteva tutte le informazioni nuove, proprio come il trojan che aveva introdotto nel suo portatile.

Guardò il Rolex che aveva al polso. Elena non avrebbe tardato molto ad arrivare. Se la immaginò entrare dalla porta e stupirsi di trovarlo ancora lì.

Si spaventerà un po', ma le parlerò e sarà felice che non me ne sia andato.

Attraversò il salotto e aprì la porta della camera da letto di Elena. Doveva approfittare degli ultimi minuti. Entrando, gli sembrò di penetrare nel santuario di una dea. Camminò quasi in punta di piedi e prese una cornice dal comodino. Una Elena di diciannove o vent'anni sorrideva all'obiettivo abbracciando un cucciolo di labrador. Era inginocchiata a terra e avvolgeva affettuosamente l'animale con le lunghe braccia snelle. Portava i capelli non troppo lunghi ed era abbronzata, doveva essere estate. Leonardo si era sempre chiesto chi le avesse regalato l'anello e gli orecchini d'oro che indossava in quella foto, e che lui non le aveva mai visto. Un vecchio fidanzato? Forse era la stessa persona che le aveva scattato la foto. Probabilmente il sorriso di Elena era destinato a quell'uomo di cui lui non sapeva niente.

Un fantasma del passato di Elena… come me.

Posò la foto, si sedette sul bordo del letto e lasciò vagare lo sguardo sul copriletto, immaginando Elena distesa sul fianco, che gli dava le spalle. Lanciò un'occhiata inquieta all'orologio, poi alla porta, e si sdraiò con molta attenzione. Affondò la faccia nello stesso cuscino sul quale Elena posava la testa. Chiuse gli occhi e inspirò lentamente. Odorava dei suoi capelli, della sua pelle, del suo profumo caldo e dolce. Abbracciò il cuscino, abbracciando Elena, e la strinse per l'ultima volta in quel letto alla deriva. Sapeva di doversi alzare, Elena sarebbe rientrata da un momento all'altro, ma si concesse di dimenticarlo e sorrise estasiato. I suoi ricordi acquisirono la solidità del presente e sentì le labbra femminili sulle sue, la carne giovane e soda, la pelle liscia e calda. Le accarezzò la schiena nuda e fece scivolare una mano fino a intuire la curva delle sue natiche proibite. Accarezzare Elena era quasi un sacrilegio, risalire lungo le sue cosce una profanazione che aveva sempre temuto fosse l'ultima. Elena era stata sua, ma in modo precario. L'aveva adorata ogni secondo con il timore e il fascino di chi tiene tra le mani un tesoro fragile, un'opera d'arte millenaria che la minima distrazione può ridurre in polvere.

Elena aprì la portiera posteriore dell'auto, posò il sacchetto con il vestito appena comprato dietro il sedile del conducente, poi si mise al volante ed esitò un attimo prima di avviare il motore.

Spero che se ne sia andato.

Mentre era nel negozio era riuscita a distrarsi, ma il timore di trovare Leonardo ancora in casa le aveva di nuovo contratto lo stomaco.

Mise in moto e si infilò nel traffico.

Leonardo inspirò il profumo di Elena per l'ultima volta e si alzò dal letto. Lisciò il copriletto e la federa del cuscino e si assicurò che non fosse rimasto nessun capello. Mentre stava per uscire, si fermò sulla soglia e lasciò vagare lo sguardo per la stanza. Altre volte aveva passato ore lì dentro, aveva perfino dormito in quel letto, due pomeriggi, quando era stato sicuro che Elena non l'avrebbe sorpreso. Serrò le palpebre, sentendo di nuovo il dolore dell'addio, e chiuse la porta.

Gli tornò in mente una delle citazioni di Pitagora che ricordava più spesso.

'L'obiettivo di ogni uomo non dev'essere arrivare a un punto, ma avanzare da dove si trova'. Il suo volto tradiva una fredda amarezza mentre scuoteva la testa lentamente. *Non so nemmeno dove mi trovo.*

Sperava di poter stringere tra le braccia Elena per l'ultima volta. Le avrebbe detto che se ne andava, le avrebbe mostrato la valigia pronta e l'avrebbe abbracciata per salutarla. Elena avrebbe accettato con diffidenza, lui avrebbe inclinato la testa sul suo collo riempiendosi i polmoni del suo profumo. Avrebbe avvertito il respiro di lei vicino all'orecchio, l'avrebbe sentita tranquillizzarsi, accettare il suo affetto, forse percepire un'eco di quello che aveva provato per lui. Si sarebbero allontanati un po', si sarebbero guardati intensamente, sorridendo, e lui l'avrebbe baciata sulle labbra. Lei avrebbe accettato, anche se in parte per il sollievo di sapere che se ne andava, e forse avrebbe potuto ripetere il bacio, prolungarlo…

Scoppiò in una risata fiacca e priva di allegria, sedendosi di nuovo sul divano. Sapeva che avrebbe dovuto andarsene già da tempo, ma l'idea di perderla gli era troppo dolorosa. Troppo dolorosa.

Si chinò in avanti e visualizzò sullo schermo le ultime e-mail di Elena, controllandole una per una. Si soffermò sull'ultima che aveva ricevuto da Daniel Martín.

'Ci vediamo venerdì. Un bacio', si congedava Daniel.

Osservò quel saluto senza che nessuna emozione affiorasse sul suo volto. Era venerdì ed Elena e Daniel pensavano di incontrarsi alle dieci.

«Prima vedrà me» sussurrò. Spostò lo sguardo all'orologio sullo schermo. Erano le otto e venti, Elena doveva essere in arrivo.

Premette un paio di tasti e comparve di nuovo la sua foto. Spostò il cursore, cliccò su un'icona e comparve un'altra foto.

Era un primo piano di Daniel.

L'immagine era simile a quella di Elena, una fotografia col teleobiettivo, ma in questo caso scattata solo due settimane prima.

Avrà una ventina d'anni meno di me, pensò Leonardo, serrando i pugni.

Daniel era sorridente, come se stesse pensando a qualcosa di divertente. Come nella foto di Elena, in un angolo dell'immagine spiccava un pentacolo.

Leonardo si sforzò di dominare le emozioni che lo invadevano come onde in tempesta. Poi passò bruscamente a Word e diede un'occhiata al documento che aveva esaminato quel pomeriggio. Si trattava dell'ultima bozza di *Allenamento cognitivo*, il libro a cui Elena stava lavorando. Nelle ultime pagine analizzava il superamento dei limiti mentali che si verifica in certe psicosi. Era un lavoro brillante, che Elena voleva usare per mettere a punto strumenti cognitivi che ottenessero un effetto positivo sulla creatività di altri soggetti.

Un punto di vista interessante. Leonardo si portò una mano al viso accarezzandosi il mento ruvido. *Mi piacerebbe molto vederlo finito.*

D'improvviso sobbalzò sul divano. Sollevò la testa e rimase in ascolto attentamente. Gli era parso di aver sentito l'ascensore. Si affrettò a chiudere tutte le schermate del computer e si rimise in ascolto.

Falso allarme, si disse, nervoso.

Sentì freddo e si alzò per spegnere l'aria condizionata, ma quando si avvicinò al quadro dei comandi sulla parete si accorse che era già spenta. Aggrottò le sopracciglia, stupito, e in quel momento udì dei passi leggeri alle sue spalle. Si voltò di scatto e rimase senza fiato vedendo la persona che era comparsa in mezzo al salotto.

«Ma cosa…?»

Le parole gli si strozzarono in gola. Spalancò gli occhi e il suo corpo tremò violentemente.

«Tu!»

Un terrore profondo gli congelò l'anima.

Capitolo 22

Cartagine, 507 a.C.

Arianna inciampò correndo verso la villa di Eshdek, rischiando di cadere; riuscì a evitarlo solo perché era aggrappata al braccio di Kush. Percorse qualche metro ancora incespicando, quasi sospesa in aria, e quando recuperò l'equilibrio si girò a guardare i soldati a cavallo.

Continuavano ad avvicinarsi, ma non avevano aumentato l'andatura.

Ce l'abbiamo quasi fatta.

«Fermatevi!»

Una delle guardie alla porta gli puntò contro la lancia. Arianna frenò di colpo a un passo dalla punta di metallo.

«Sono venuta per vedere Eshdek» si affrettò a dire.

La guardia abbozzò un sorriso di scherno.

«Il sufeta non aspetta visite».

Arianna vide con la coda dell'occhio che i soldati del comandante Drogo avevano fermato i cavalli a pochi metri di distanza.

«Il sufeta Eshdek mi riceverà» replicò con una sicurezza che non sentiva «se gli dici che vuole vederlo la moglie del suo socio e amico Akenon, e che questo bambino...»

Mentre indicava Sinuhe, tacque vedendo che la guardia alzava una mano. Il suo collega gli si era avvicinato per parlargli all'orecchio. La guardia annuì, abbassò la lancia con espressione cupa e con un gesto li fece entrare.

Arianna si affrettò a seguire il secondo uomo di Eshdek. Alle sue spalle, i soldati a cavallo della guardia urbana erano rimasti in agguato come un branco di lupi.

«Scusate il mio compagno, signora Arianna» disse la guardia in tono neutro, «è entrato da poco al servizio di Eshdek e non vi conosce».

Entrarono in un vasto cortile pavimentato con lastre di marmo e si fermarono davanti a una porta fiancheggiata da due lampade a stelo. Un servo ne stava riempiendo di olio una.

«Avvisa il segretario» gli disse la guardia.

Il servo scomparve in silenzio e poco dopo si presentò il segretario di Eshdek. Era un uomo minuto, dall'aria gentile, che Arianna aveva visto molte volte. Li guardò senza riuscire a nascondere lo stupore.

«In cosa posso aiutarvi, stimata Arianna?»

«Ho bisogno di vedere il tuo signore il prima possibile».

«Temo che il sufeta non possa ricevervi, ma se mi dite...»

«Si tratta di una faccenda della massima importanza» tagliò corto Arianna. «Devo parlarne con lui di persona».

Il segretario abbassò lo sguardo, esitante. Il suo signore stava lavorando e aveva dato ordine di non essere disturbato, ma il marito di quella greca era uno dei suoi migliori amici, ed era evidente che sia lei che il figlio – a cui sapeva che il sufeta era molto affezionato – si trovavano in grave difficoltà. Altrimenti non avrebbero fatto irruzione senza preavviso, in piena notte e con uno schiavo come unica protezione.

«D'accordo, seguitemi». Si voltò verso l'interno della casa, ma prima di entrare aggiunse: «Lo schiavo deve aspettare in cortile».

Arianna non replicò, aveva già ottenuto abbastanza. Guardò Sinuhe pensando di prenderlo in braccio, ma si trattenne vedendo che era profondamente addormentato con il visino appoggiato alla spalla di Kush.

Passò la mano sui capelli del figlio e poi cercò lo sguardo del kushita.

«Aspettami qui. Ma, soprattutto, non uscire in strada per nessun motivo».

Kush annuì, spalancando gli innocenti occhi azzurri. Arianna lanciò un'ultima occhiata al figlio e poi seguì il segretario.

Capitolo 23

Cartagine, 507 a.C.

Tarik, obbedendo ad Arianna, si era appostato in un angolo, attento al possibile ritorno di Akenon. Stava guardando con inquietudine verso la villa dei suoi signori, immaginando che dall'interno sbucasse fuori qualcosa di spaventoso e si avventasse su di lui per divorarlo. Si addossò al muro e indietreggiò ancora, affacciandosi solo con un occhio. Poi abbandonò la postazione e si inoltrò di trenta o quaranta passi nella viuzza laterale. Da lì non poteva vedere la casa, ma avrebbe sentito il trotto del cavallo del suo signore.

Gli parve di sentire dei passi e si accovacciò con la testa tra le braccia. I passi, se erano quelli che stava sentendo, si allontanavano da lui. Aspettò per qualche minuto, immobile, sforzandosi di farsi coraggio, e si raddrizzò un po'. La notte era molto buia. Decise di avvicinarsi a poco a poco all'angolo da dove si poteva vedere la casa. Da lì, guardò verso entrambi i lati del viale senza riuscire a distinguere altro che le ombre, un po' meno scure di ciò che le circondava, delle enormi ville di lusso del quartiere.

La signora Arianna era molto spaventata quando ci ha ordinato di uscire di corsa. Era la cosa che più lo aveva intimorito, perché la signora Arianna era una donna decisa e serena.

Udì uno scalpiccio di zoccoli. Dopo un attimo, ebbe la certezza che si stavano avvicinando. *Spero che sia il signor Akenon.* Pensò di andargli incontro, ma decise di aspettare un altro po'.

I rumori si moltiplicarono, rivelando che si trattava di diversi cavalli. Tarik si accovacciò a terra, senza smettere di vigilare. I cavalli si fermarono fuori dal suo campo visivo e la notte ripiombò nel silenzio. Un attimo dopo, a un centinaio di passi dalla villa, vide alcune ombre che si muovevano furtive. Arrivate all'ingresso della casa dei suoi signori, si fermarono.

Sikar osservò i suoi uomini mentre ascoltava con l'orecchio appoggiato al muro di pietra. Erano tutti vestiti di scuro e nascondevano il viso sotto il cappuccio. Quando erano fermi sembravano svanire nel buio della notte.

Dopo qualche minuto, alzò una mano perché si preparassero. Avevano compiuto così tante operazioni insieme che le parole non erano necessarie.

Abbassò la mano ed entrò per primo. Attraversò il cortile con una daga di ferro in pugno ed entrò in casa. Il suo primo obiettivo era Akenon. Una volta che l'avessero stordito, si sarebbero occupati di uccidere la moglie e il figlio. *E poi la servitù.* Avrebbero messo a soqquadro la casa e si sarebbero portati via gli oggetti di valore per far sembrare che il movente fosse il furto. Il fatto che il corpo di Akenon non si trovasse sarebbe parso strano, ma non importava che tutta la faccenda non fosse molto credibile, in fin dei conti a svolgere le indagini sarebbe stata la guardia urbana.

Dopo un po', per Sikar fu chiaro che Akenon era scappato con la famiglia. Ordinò ai suoi uomini di accendere le lampade a olio e cominciarono a ispezionare tutte le stanze. Lo stesso Sikar entrò nella camera da letto principale e rovesciò sul pavimento il contenuto di un grosso baule, di due ceste di vimini e di diversi forzieri.

Rimase a guardare il mucchio di abiti, documenti, strumenti da scrittura e utensili vari. C'erano anche alcuni gioielli, semplici ma di un certo valore.

Non si sono nemmeno portati via i gioielli…

Si precipitò fuori dalla stanza.

«In sella!»

Capitolo 24

Cartagine, 507 a.C.

Sul ponte di coperta della nave, Akenon si irrigidì e fece un passo verso Asdrubale.

«Come, non hai il corpo di Khaos?! Gli ordini erano chiarissimi!»

Il comandante della *Melkart* gli lanciò un'occhiata torva e le sue labbra si mossero sotto la barba incolta.

«Khaos è morto pochi giorni dopo l'inizio della nostra ultima spedizione. Non potevamo lasciar imputridire il suo corpo per due mesi, rischiando che scoppiasse un'epidemia a bordo della *Melkart*».

Akenon scosse la testa, disperato, e gli venne voglia di picchiare quello stupido, pur sapendo che gli altri due marinai gli sarebbero saltati addosso. In passato, Khaos aveva simulato perfettamente la propria morte: come essere sicuri che ora fosse morto davvero se non avevano il suo cadavere?

«Cosa ne avete fatto del corpo?»

«L'abbiamo buttato in mare».

Maledizione!

Era sempre più convinto che si trattasse dell'ennesimo inganno di Khaos. Tre anni prima, era riuscito a far credere anche a lui che era morto, grazie a un preparato di mandragora che ne aveva ridotto al minimo i battiti cardiaci e la respirazione, rendendoli impercettibili.

Avrà usato di nuovo lo stesso trucco?

Arianna e il segretario percorsero un breve corridoio e si fermarono davanti a una porta. Lei era stata diverse volte nella villa e sapeva che lì c'era una sala che Eshdek usava per lavorare o per piccole riunioni.

«Vado ad avvisare il sufeta del vostro arrivo».

Il segretario aprì la porta della sala ed entrò, richiudendosela dietro. Arianna si appoggiò alla parete di pietra, cominciando a tranquillizzarsi. Dopo un po', si sentì perfino un po' in imbarazzo alla prospettiva di incontrare Eshdek. In realtà, stava fuggendo da sensazioni e presagi. La notizia della morte di suo padre era terribile, ma non giustificava che si fosse precipitata di notte a casa di Eshdek. Quanto al pentacolo capovolto che indicava Khaos, poteva essere semplicemente un errore senza importanza di suo padre che, stando male, non si era reso conto di averlo disegnato capovolto rispetto al testo.

Un attimo dopo scosse la testa.

Devo riuscire a convincere Eshdek a mandare al porto la sua guardia personale in caso Akenon abbia bisogno di aiuto.

Forse suo padre era morto a causa di una rivolta politica con cui Khaos non aveva niente a che vedere; tuttavia, se Khaos aveva dei complici sulla nave che l'avevano aiutato a scappare per organizzare la rivolta, Akenon poteva trovarsi in grave pericolo.

Spero che Khaos sia sempre incatenato al remo… o che Akenon possa dimostrare che è morto già da tempo.

Senza alcun dubbio, preferiva la seconda possibilità.

Osservò la porta chiusa della sala e poi si voltò verso l'esterno. Sorrise vedendo in cortile alla luce delle lampade l'enorme figura nera di Kush, che cullava Sinuhe voltandole le spalle. Guardò di nuovo la porta dietro cui era scomparso il segretario e si frizionò le braccia sentendo freddo.

Perché tarda tanto?

Si frizionò di nuovo le braccia. Poi si portò una mano sul ventre, sentendo che suo figlio si agitava come se fosse inquieto.

Forse Eshdek era impegnato in uno dei suoi lavori e il segretario stava aspettando che finisse per non interromperlo. A volte, quando erano andati a fargli visita, lei e Akenon lo avevano trovato in mezzo a un caos di rotoli di papiro e libri di cuoio in cui si immergeva isolandosi dal mondo. Eshdek era uno dei pochi privati di Cartagine a possedere libri. Arianna gli era molto grata che le permettesse di esaminarli. A Cartagine c'erano libri anche in alcuni edifici pubblici, come quello del senato, e alcuni templi custodivano libri sacri. Tuttavia, essendo una donna, Arianna non aveva il permesso di accedervi. Ma, in più di un'occasione, Eshdek le aveva portato a casa qualcuno dei suoi volumi affinché lo studiasse in tutta calma, facendo lenti progressi nella scrittura fenicio-cartaginese che stava imparando a poco a poco. Così aveva scoperto che i cartaginesi non erano poi quei barbari che pensavano i greci – probabilmente a causa dei frequenti scontri militari che li avevano visti fronteggiarsi. Quei libri dimostravano conoscenze molto avanzate di geografia e agricoltura, e c'erano anche trattati molto seri su astronomia, cosmogonia e storia.

Arianna aspettò ancora, poi appoggiò una mano alla porta.

«Eshdek?»

Spinse leggermente e la porta cedette.

«Sono Arianna, posso entrare?»

Aprì completamente la porta e fece un passo all'interno. Dall'altra parte della vasta sala c'era un tavolo con sopra due lampade e diverse sedie con lo schienale alto. In un angolo ardeva la fiammella di una lampada a stelo alto, accanto a un incensiere fumante. L'illuminazione era insufficiente per le dimensioni della stanza, ma Arianna riuscì a distinguere vicino a sé due sedili bassi coperti di cuscini. Le pareti erano nascoste da lunghi tendaggi che dal soffitto arrivavano fino a terra, tranne una zona della parete di sinistra, dove c'era una porticina. Si addentrò nella sala e capì cos'era successo. Il sufeta Eshdek era seduto su una sedia, ma era stato colto dal sonno e si era appoggiato al tavolo per dormire. Il segretario non aveva voluto svegliarlo e se n'era andato dalla porta laterale.

Avrebbe dovuto avvisarmi, pensò, avvicinandosi a Eshdek.

Il suo amico cartaginese sedeva di schiena rispetto a lei, e Arianna notò che sul tavolo erano allargati alcuni documenti. Accanto a Eshdek, da un baule di legno di cedro con il coperchio aperto e l'interno foderato di tela, spuntavano diversi cilindri di legno etichettati che contenevano rotoli di papiro.

Vedendoli, ricordò l'ultima volta che erano andati a trovare suo padre. Pitagora passava gran parte del suo tempo in mezzo ai documenti, scrivendo per ore e alternando momenti di meditazione in cui chiudeva gli occhi e muoveva le labbra in silenzio.

L'ultimo giorno in cui si erano visti, Pitagora aveva rivelato ad Arianna quello su cui stava lavorando da molti mesi.

«Figlia mia, Khaos non solo ha attaccato il nostro ordine uccidendo molti dei nostri fratelli e privandoci del governo di Crotone e poi di tante altre città...»

Pitagora si era interrotto, serrando le labbra e socchiudendo gli occhi verso l'orizzonte. Arianna intuiva i suoi dubbi e aspettava in silenzio. Suo padre aveva perso peso e stava quasi sempre seduto, cercando invano di ottenere sollievo alle gravi ferite che gli avevano inferto all'anca. Nonostante questo, la sua presenza incuteva sempre rispetto a chiunque avesse davanti. La sua voce era sempre ferma e profonda, gli occhi dorati penetravano fino in fondo all'anima, e la barba e i lunghi capelli brillavano al sole come se fossero di neve. In gioventù lo paragonavano al dio Apollo, Arianna pensava che la vecchiaia lo rendesse simile a Zeus.

Lo sguardo era tornato a posarsi su di lei e finalmente suo padre aveva parlato. I suoi insegnamenti sulla natura e sulla matematica si basavano sull'assioma che tutti gli elementi dell'universo intrattenevano un qualche tipo di relazione, di proporzione o di ragione precisa che sarebbe stata scoperta a forza di ricerca e di riflessione.

«Khaos ha dimostrato che non è vero» aveva detto lentamente. «Non sempre c'è una relazione precisa».

Per sua maggiore umiliazione, Khaos aveva usato proprio il teorema di Pitagora per dimostrarlo. Aveva cioè dimostrato l'esistenza dei numeri irrazionali nella radice del numero due. Aveva voluto demolire le teorie di Pitagora con gli irrazionali, ma Pitagora si era impegnato a integrare alle proprie teorie la nuova scoperta, senza bisogno di distruggere tutto.

«Capisci, figlia mia, perché all'inizio ho tenuto nascosta questa scoperta?»

Arianna aveva annuito senza esitare. La rivelazione che alla base degli assunti di Pitagora ci fosse un grave errore era stata la causa del suicidio del grande maestro Aristomaco. Se non fosse stata gestita con prudenza, quella scoperta avrebbe potuto inficiare molte nozioni valide, che forse occorreva solo riformulare o rinnovare senza dover respingere tutti i progressi ottenuti fino a quel momento. Khaos mirava solo alla distruzione, mosso dal desiderio di vendetta. Pitagora invece cercava il modo di integrare, apportando le modifiche necessarie affinché i suoi successori potessero continuare a costruire il meraviglioso edificio della conoscenza.

Arianna soffocò un singhiozzo al pensiero che non avrebbe rivisto mai più suo padre e si fermò dietro Eshdek. L'atmosfera silenziosa della stanza era dominata dall'odore dolce dell'incenso.

«Eshdek?» sussurrò.

Girò intorno alla sedia e appoggiò una mano sulla spalla del suo amico.

«Eshdek».

Lo scosse delicatamente e il sufeta si rovesciò su un fianco. La testa girò, con la faccia rivolta verso di lei.

Arianna indietreggiò bruscamente, con una sensazione di paura così intensa che credette di morire. La faccia del sufeta grondava sangue ed era distorta in una terribile smorfia d'orrore. Sulla fronte, cinque tagli lunghi e profondi formavano un pentacolo capovolto.

Capitolo 25

Madrid, Spagna, oggi

Leonardo alzò una mano verso la persona che era comparsa di fronte a lui, come se le dita tese e tremanti potessero fargli da scudo. Indietreggiò di qualche passo, andò a sbattere contro il tavolo e cadde di schiena. Cadendo cercò di aggrapparsi al tavolo e si trascinò dietro il portatile, che scricchiolò sbattendo sul pavimento.

A cento metri da Leonardo, in strada, Elena spense il motore dell'auto. Controllò l'ora e sorrise soddisfatta vedendo che era arrivata qualche minuto prima del previsto.

Scese dalla macchina, aprì la portiera posteriore e prese il sacchetto con il vestito nuovo. Quando se l'era provato, nel negozio, si era accorta di pensare all'effetto che avrebbe fatto quella sera su Daniel. Il vestito le stava molto bene ed era tutta elettrizzata mentre pagava e lo ritirava, ma poi, guidando verso casa, il dubbio se Leo se ne fosse andato o se avrebbe dovuto affrontare una violenta scenata aveva scacciato qualunque altro pensiero.

Si affrettò verso il portone e arrivò contemporaneamente ad Alberto e al suo amico. Entrambi erano sulla trentina, erano in forma e indossavano pantaloncini corti sportivi, scarpe da ginnastica e maglietta. Elena pensò che non sembravano poliziotti e immediatamente si sentì stupida per averlo pensato. Perché avrebbero dovuto avere un aspetto diverso da quello di qualunque altro ragazzo che faceva sport?

«Ciao, Elena». Alberto le rivolse un largo sorriso. I capelli scuri e la pelle abbronzata gli facevano sembrare più bianchi i denti. «Ti presento Javier».

Si salutarono con due baci.

«Grazie mille che sali con me. Immagino che Leonardo se ne sia andato, ma così mi sento molto più tranquilla».

«Non devi ringraziarci». Alberto alzò una mano per minimizzare. «Siamo felici di fare un favore a una vicina così simpatica. Ma ti confesso una cosa». Si guardò intorno e abbassò la voce: «Se me lo chiede quello del terzo piano gli dico di no».

Elena rise con Alberto. *Quello del terzo piano* era un uomo che distoglieva sempre lo sguardo quando lo incrociavi, e se lo salutavi si limitava a bofonchiare qualcosa.

Entrarono nel portone, molto più fresco della strada, ed Elena si rese conto che ridere l'aveva rilassata un po'. Alberto doveva essere bravo a tranquillizzare la gente in situazioni complicate.

«Questo Leonardo» disse Javier con un'aria noncurante che a Elena infuse sicurezza, «gli hai detto di andarsene e sta facendo lo gnorri?»

«Sì... più o meno. Gli ho lanciato qualche segnale abbastanza chiaro e ha fatto finta di niente. Stamattina gli ho chiesto di andarsene entro la mattinata, e lui mi ha dato ragione, mi ha detto che mi capiva e cose del genere, ma poi mi sono resa conto che non mi ha mai confermato che se ne sarebbe andato».

Javier annuì in silenzio. Entrarono in ascensore.

Dovrei dirgli che con Leo ci sono uscita, pensò Elena mentre salivano. Non voleva dirlo, Leo era diventato un enigma inquietante e preferiva che sparisse dalla sua vita lasciando la minima traccia possibile, ma forse i poliziotti avrebbero preso maggiori precauzioni sapendo che lei e Leonardo erano stati insieme. Immaginava che avrebbero considerato un ex fidanzato potenzialmente più pericoloso di un amico parassita.

Guardando Alberto, colse l'occhiata che scambiò con Javier. In quel momento si rese conto che il suo vicino poliziotto già supponeva che tra lei e Leo ci fosse stato qualcosa.

Meglio, così eviterò di affrontare l'argomento.

L'ascensore si fermò ed Elena uscì per prima. Alle sue spalle, senza che lei se ne accorgesse, Javier fece un gesto ad Alberto indicando Elena e strizzandogli l'occhio. Alberto si morse il labbro inferiore e annuì.

Emersero sul pianerottolo e Alberto andò direttamente verso la porta di Elena.

«Non passi da casa tua?» chiese lei. Era evidente che nessuno dei poliziotti aveva con sé la pistola, ed era convinta che Alberto avrebbe preso la sua prima di entrare nell'appartamento.

Alberto infilò la mano in una tasca dei pantaloncini e tirò fuori il distintivo della polizia.

«Questo è tutto quello di cui abbiamo bisogno» sorrise divertito, «a meno che il tuo amico sia un trafficante di armi e tu non ce l'abbia detto».

Elena ricambiò il sorriso, imbarazzata. *Va bene, sto esagerando.* Posò il sacchetto con il vestito accanto alla parete e prese le chiavi di casa nella borsa.

Prima che infilasse la chiave, Alberto le mise una mano sul braccio. Non sorrideva più.

«Quando apri, chiamalo».

Elena annuì, esitò un attimo e poi aprì la porta.

«Leonardo?»

Rimasero in silenzio. Non arrivò nessuna risposta.

«Leo, sei in casa?»

Elena varcò la soglia ed entrò in salotto.

Capitolo 26

Madrid, Spagna, oggi

Daniel chiuse a due mandate la sua stanza, si infilò la chiave in tasca e rimase a guardare la porta.

È la prima volta che vedono la mia attrezzatura.

Cristina era entrata nella sua stanza per cercare di sedurlo – e poi l'aveva minacciato di dire che l'aveva molestata sessualmente –, ma tra tante sciocchezze si era anche accorta che la sua attrezzatura informatica era molto superiore alla norma. Forse non sarebbe arrivata a immaginare che c'erano più di quindicimila euro di hardware, ma aveva visto abbastanza da risvegliare la sua curiosità.

Si avviò verso la porta dell'appartamento cercando di non far scricchiolare il pavimento di legno. Aveva diversi motivi per cambiare casa, ma finché non avesse trovato i soldi necessari era meglio stare lì che in strada.

Quando arrivò nell'ingresso, dietro di lui si aprì la porta del salotto.

«Daniel!»

Si voltò di soprassalto. Cristina lo osservava con uno sguardo malizioso. Piegò la testa da un lato, senza toglierigli gli occhi di dosso, e si rivolse a qualcuno in salotto.

«Pablo, vieni». Un attimo dopo gridò per farsi sentire al di sopra della musica. «Pablo, vieni!»

Pablo si affacciò alla porta del salotto. Tirò su col naso e Daniel si accorse che sotto le narici c'erano resti di polvere bianca.

«Cazzo, cosa c'è?» Lo sguardo stupito di Pablo passò da Cristina a Daniel, poi di nuovo a Cristina.

«Vuole scappare».

Daniel si sentì il cuore a mille.

Vuole accusarmi di aver cercato di violentarla?!

Pablo stava aspettando che Cristina continuasse. Spostava rapidamente il peso da una gamba all'altra e Daniel ricordò che uno degli effetti della cocaina è l'aumento dell'aggressività. Dietro Pablo e Cristina la musica si mescolava alle voci di almeno altri due ragazzi.

«Oggi è il primo del mese, e non ti ha pagato». Cristina parlava a Pablo, ma continuava a fissare Daniel. «E credo che non abbia i soldi».

Pablo aggrottò le sopracciglia. Continuava a dondolarsi da una parte all'altra.

«È vero, devi pagare oggi».

«Sì, oggi pomeriggio sono passato al bancomat qui sotto, ma non funziona. Domani ne cerco un altro e ti pago».

Prima che Pablo potesse rispondere, Cristina lo anticipò, rivolgendosi a Daniel.

«O paghi o sloggi!» Si voltò verso Pablo. «Tua madre ha detto di non concedere agli inquilini neanche un giorno di ritardo».

Pablo abbassò gli occhi.

«Va bene, sì». Alzò lo sguardo verso Daniel. «Domani, assolutamente».

«Certo, non preoccuparti».

Daniel si voltò e si chiuse la porta alle spalle, sentendo le ultime parole di Cristina: «E se non hai soldi, ci teniamo i tuoi giocattoli».

«Stronza rancorosa» borbottò mentre scendeva le scale.

Arrivato al portone, aveva ritrovato l'entusiasmo. Non avrebbe permesso che Cristina gli rovinasse la serata.

I due poliziotti che accompagnavano Elena entrarono in salotto. Lei si guardò intorno e non vide traccia di Leonardo. Il divano dove lavorava di solito era vuoto e sul tavolino basso non c'era il suo portatile.

«Che freddo!» commentò Javier.

Elena controllò il display dell'aria condizionata e vide che era spento.

«Avrà tenuto l'aria condizionata accesa per tutto il giorno, deve essersene andato da poco».

Alberto e il suo collega perlustrarono in silenzio il salotto e la cucina. Elena trovava la situazione strana: d'improvviso, la sua casa non era più un focolare, ma un ambiente minaccioso.

Aprì la porta del bagno. Sembrava vuoto, ma la tenda della doccia era tirata. La spostò con la punta di due dita, trattenendo il respiro. Non trovò nulla. Poi guardò dietro la porta, non voleva che appena i poliziotti se ne fossero andati le venissero in mente posti in cui poteva nascondersi un uomo. Sarebbe morta di vergogna se avesse dovuto bussare alla porta di Alberto per chiedergli il favore di guardare dentro un armadio.

A proposito di armadi...

Tornò in salotto, fece scorrere la porta dell'armadio a muro e ci guardò dentro con apprensione.

«Rimane solo la stanza da letto» disse chiudendo la porta.

Girò la maniglia della sua stanza ed entrò seguita da Alberto. Al mattino lasciava la tapparella chiusa e la stanza al buio. Appena premette l'interruttore della luce, il suo sguardo fu attirato da quello che c'era sul letto.

Leonardo era disteso supino, con le mani dietro la schiena. Gli occhi erano rivolti al soffitto e riflettevano un terrore disumano. Dal petto, all'altezza del cuore, spuntava il manico di un coltello da cucina. Elena continuava a guardare, incapace di muoversi. Sul copriletto bianco spiccava una pozza di sangue. Il viscoso liquido rossastro non proveniva dal petto di Leonardo, ma dallo scempio della sua fronte, su cui era stato inciso un pentacolo capovolto.

Capitolo 27

Cartagine, 507 a.C.

Arianna indietreggiò, senza riuscire a distogliere lo sguardo. Sul pentacolo capovolto che devastava la fronte di Eshdek si era accumulato il sangue denso e scuro. Eshdek scivolò lentamente sul tavolo, allontanandosi da Arianna senza smettere di fissarla con espressione terrorizzata. Lasciò una scia di sangue sui documenti e, arrivato al bordo del tavolo, crollò a terra con una strana lentezza.

La sua testa non fece quasi rumore battendo sul tappeto.

Nel cortile della villa, Kush si voltò verso la porta oltre la quale era scomparsa Arianna. Lo preoccupava che ci mettesse tanto a tornare. In quel momento, Sinuhe gemette nel sonno e lo schiavo lo cullò. C'erano quattro guardie che chiacchieravano, appoggiate alle lance. Kush si era accorto che ogni tanto lo guardavano, e non gli piaceva.

Sinuhe gemette ancora. Kush appoggiò la guancia alla testa del bambino e gli sussurrò dolcemente, cercando di trasmettergli una calma che non sentiva.

* * *

Akenon fissò Asdrubale e poi gli altri due marinai. Sentiva l'impugnatura della spada a contatto della mano. Il silenzio si prolungò, interrotto solo dallo sciabordio delle acque scure in cui la nave dondolava. Asdrubale aveva detto che avevano gettato in mare il corpo di Khaos.

Khaos avrà avuto bisogno di un complice a bordo per farsi recuperare dall'acqua... o per mettere al suo posto il cadavere di un altro uomo prima che lo gettassero in mare.

Asdrubale alzò una mano con aria conciliante.

«So cosa stai pensando, ma ho una prova della sua morte».

Akenon gli rivolse un'occhiata diffidente.

«Dov'è questa prova?»

«Dobbiamo scendere nella stiva». Asdrubale fece una pausa, in attesa di una risposta di Akenon, che non arrivò. «Andiamo?»

«D'accordo, ma scendiamo solo io e te».

Asdrubale rimase in silenzio per qualche istante, poi fece un cenno con la testa ai suoi uomini.

«Molto bene, potete andare».

Prese la lanterna dalle mani del capo dei rematori e si diresse verso una botola situata a babordo. Akenon aspettò che i due uomini di Asdrubale attraversassero la passerella e scendessero a terra, dove furono inghiottiti dall'oscurità. Poi imitò il comandante della nave e scese una scala quasi verticale. Giunto in fondo, vide che la stiva era quasi vuota, a eccezione di alcuni recipienti sigillati che contenevano vino, miele, olio e resina.

Asdrubale si avvicinò a un'anfora dalla forma schiacciata.

«Reggi questo». Il comandante della *Melkart* diede la lanterna ad Akenon, che la afferrò con la mano sinistra per lasciare libero il braccio sulla spada.

Asdrubale grugnì quando gli sfuggì per la seconda volta il coperchio di ceramica del contenitore, lucido e scivoloso. Akenon si voltò verso la botola, cercando di capire se c'erano dei passi sulle loro teste. Non riuscì a sentire nulla. Si concentrò di nuovo sul comandante della nave e lo vide infilare entrambe le mani dentro l'anfora, prendere qualcosa e tirarlo fuori.

Akenon avvicinò la lanterna, socchiudendo gli occhi. Asdrubale teneva in mano quella che sembrava una zucca gocciolante. Il liquido cadeva nel contenitore con un rumore di sostanza viscosa, da cui Akenon capì che era olio.

«Eccoti la prova».

A mano a mano che il liquido scorreva, i contorni dell'oggetto si definirono fino a diventare inconfondibili.

«È la testa di Khaos» mormorò Akenon, atterrito.

I lineamenti del maestro traditore brillavano sotto la luce tremula della lanterna. La morte aveva addolcito un po' la sua espressione. Aveva gli occhi chiusi e sembrava riposare, ma non in pace; gli angoli della bocca erano rimasti rivolti verso il basso e il labbro superiore era sollevato sul lato destro, mostrando la gengiva e due denti lucidi di olio.

Akenon esaminò meticolosamente la testa, cercando di ricordarsi nei dettagli la fisionomia di Khaos. La pelle su un lato della faccia era raggrinzita, accartocciata dalle ustioni che gli avevano inflitto in vita, proprio come la palpebra di un occhio e metà delle labbra. Gli aprì gli occhi per controllare che fossero opachi per effetto dei ferri incandescenti che gli avevano applicato prima di incatenarlo a un remo. Cercò anche di aprirgli la bocca, ma Khaos sembrava serrare le mascelle. Ci riuscì al secondo tentativo. Controllò che non avesse la lingua e poi gli esaminò i denti. Gli mancavano quelli che Akenon ricordava che non aveva.

E senza dubbio questi sono i suoi canini.

I canini di Khaos erano insolitamente a punta e quello di destra era rotto. Akenon li tirò, in un ultimo tentativo di accertarsi che non ci fosse possibilità di inganno.

È lui. Si raddrizzò, allontanandosi dalla testa di Khaos. Il suo sguardo si posò su Asdrubale e subito dopo tornò alla testa mozzata, per poi perdersi tra le ombre delle viscere della nave.

«Non c'era modo di conservare l'intero cadavere» Asdrubale rimise la testa dentro l'anfora piena d'olio. «Ma ho pensato che sarebbe bastato farti vedere la faccia».

Akenon annuì in silenzio. Stava pensando al pentacolo capovolto che Pitagora gli aveva mandato nelle sue ultime ore di vita.

«Khaos avrebbe potuto comunicare con qualcuno prima di morire?»

Le sue parole provocarono un'eco sorda contro le pareti di legno. Asdrubale richiuse l'anfora con il coperchio e scosse la testa.

«Sia i rematori che l'equipaggio sapevano che parlare con lui era punito con la morte. E poi… Khaos faceva paura. Tutti lo evitavano».

Risalirono in coperta e Akenon si avviò verso la passerella. Non aveva idea di quali sarebbero stati i suoi passi successivi.

«Cosa devo farne di quella testa?» chiese Asdrubale.

«Tienila». Akenon rifletté per qualche istante. «Domani ordinerò che vengano a prenderla».

Scese lungo la passerella, senza sapere che non avrebbe mai impartito quell'ordine.

Capitolo 28

Cartagine, 507 a.C.

Akenon si allontanò dalla *Melkart*, dirigendosi verso l'uscita del porto. Era così buio che doveva lasciarsi guidare dai rumori e dalla flebile luce di qualche torcia lontana. Alla sua destra si udiva il cigolio delle sartie e del legno delle navi e alla sua sinistra il silenzio dei magazzini in cui erano stipate le merci che Cartagine importava dalle colonie e da altri paesi del vasto territorio costiero che dominava: cereali, vino e olio, sale e pesce, l'avorio degli elefanti e gli schiavi che sarebbero stati messi all'asta nei giorni successivi, al mercato o nel porto stesso.

In quei magazzini c'era anche una gran quantità di merce che aspettava di essere imbarcata. Le anfore, i vasi di terracotta, le collane di pasta di vetro e altre cianfrusaglie servivano per pagare le importazioni dalle colonie. Invece, la destinazione era la vendita in altre città del Mediterraneo quando si trattava di arazzi, metalli preziosi, mantelli e vestiti sontuosi tinti con il prezioso color porpora, così come l'apprezzata salsa di interiora di pesce salato che i romani chiamavano *garum*.

Akenon camminava nel porto assorto nei suoi pensieri.

Khaos è morto da tempo, ma non c'è dubbio che Pi-

tagora abbia cercato di avvertirci di qualche pericolo tracciando il pentacolo capovolto. Continuò a rimuginare sui dati scarsi e ambigui di cui disponeva e alla fine decise di recarsi a casa di Eshdek quella notte stessa. Gli avrebbe chiesto qualche guardia di fiducia per scortare Arianna e Sinuhe lontano da Cartagine mentre lui continuava a indagare.

Un lieve sciabordio lì vicino lo fece fermare di botto. Allungò un piede con attenzione e sentì il vuoto. Se avesse fatto un altro passo sarebbe caduto in un mare nero come la notte. Ascoltò attentamente e gli parve di udire il respiro placido di un enorme mostro addormentato. Al largo, le acque erano agitate, e anche se il porto le calmava non riusciva a placarle del tutto.

Fece qualche passo indietro, allontanandosi dal rumore del mare, e si orientò di nuovo grazie alle torce delle taverne che si trovavano all'ingresso del porto. Decise di farsi un giro da quelle parti. Le taverne erano uno dei luoghi in cui aveva ottenuto più informazioni nei quindici anni di indagini a Cartagine.

Anche se ormai non ci vado da tre anni.

Temeva di non incontrare facce conosciute. Invece, avvicinandosi alla prima taverna, riconobbe un uomo che rientrava dopo essere uscito a orinare per strada.

«Cirenaico!»

L'uomo si voltò stupito e lo guardò aggrottando le sopracciglia.

«Egizio!» esclamò dopo un attimo. «Per tutti gli dei, che bello vederti!»

Si avvicinò ad Akenon e gli diede un abbraccio da orso. Era così robusto che pesava quanto Akenon, nonostante fosse più basso di un palmo. Si trattava di Hileo di Cirene, da due decenni capo di una squadra di scaricatori. Tutto quello che succedeva nel porto arrivava alle sue orecchie, e non si faceva problemi a parlarne purché gli si riempisse sempre il bicchiere di vino. Quella sera, nonostante fosse ancora presto, il luccichio dei suoi occhi rivelava che se ne era già scolati diversi bicchieri.

«Cosa ti porta da queste parti» la sua voce era pastosa e potente, «in queste taverne dove invece di servirti oro liquido ti danno piscio di capra? Ah, ah, ah». Scoppiò a ridere, esalando in faccia ad Akenon il suo alito che puzzava di vino rancido.

«Hileo, vecchia volpe, mi fa piacere vedere che non sei cambiato. Continui a essere capace di svuotare da solo la dispensa del Cinghiale d'oro». Era il nome della taverna a due piani davanti alla quale si trovavano.

«Ah, ah, ah. Tu, invece, sembri un aristocratico pacchiano che cerca un giovane marinaio per farsi consolare. Ah, ah, ah».

Akenon rise insieme a lui, ma prese nota del fatto che la sua tunica di lino plissettato spiccava in quell'ambiente di uomini rudi come se indossasse un caftano porpora e collane d'oro.

«Permettimi di farti una domanda, Hileo».

«Senza un bicchiere davanti?» chiese l'uomo di Cirene, strabuzzando gli occhi.

«Vado un po' di fretta, ma non per questo voglio farti patire la sete». Akenon frugò in un sacchetto di cuoio e ne tirò fuori una piccola moneta d'argento che porse a Hileo. «Sai da quanto tempo è attraccata a Cartagine la *Melkart*?»

Hileo grugnì, come se pensare gli costasse un grosso sforzo.

«La nave di Eshdek con la poppa a forma di coda di pesce?» Akenon annuì. «Dammi un attimo, che con i lavori del porto...» Quel commento era un luogo comune, perché da decenni nel porto di Cartagine c'erano continui lavori in corso. «Si trova davanti ai magazzini a nord... ed è arrivata da una settimana, giorno più, giorno meno».

Almeno su questo Asdrubale non mi ha mentito.

Se la *Melkart* era a Cartagine da una settimana, nessun membro dell'equipaggio poteva aver partecipato direttamente alla ribellione di Metaponto. Tutte le incognite restavano aperte.

Akenon stava per aggiungere qualcos'altro, ma con la coda dell'occhio vide passare Hannon, il capo dei rematori della *Melkart*.

«Hileo, devo andare» disse sottovoce. «Mi ha fatto piacere vederti».

L'uomo di Cirene aprì la bocca per rispondere, ma Akenon si portò un dito alle labbra prima di lanciarsi all'inseguimento di Hannon.

Pedinando il marinaio, si inoltrò in un agglomerato di taverne, locande e postriboli. I locali più vicini al porto erano relativamente sicuri, nonostante i soldati della guardia urbana facessero di tutto pur di evitare quella zona. Invece, tra i tuguri in mezzo ai quali stava girovagando il capo dei rematori era probabile essere avvelenati o accoltellati.

Hannon camminava in fretta, guardandosi alle spalle con la coda dell'occhio ogni volta che girava un angolo. Si accorse subito di essere seguito e con un'altra occhiata scoprì che si trattava di Akenon. Si infilò nella viuzza più vicina, correndo più veloce che poteva fino all'incrocio successivo, e si nascose. Teneva una daga corta sotto i vestiti. La impugnò e la estrasse mentre si addossava al muro.

All'angolo opposto, sulla porta di un postribolo miserabile era appesa una piccola lanterna la cui luce tremolante mitigava un po' l'oscurità del vicolo. Hannon si affacciò guardingo e vide Akenon che camminava nella sua direzione cercando di non fare rumore.

Merda. Si addossò al muro e aprì la bocca affinché la respirazione agitata non lo tradisse. Strinse l'impugnatura della daga e si concentrò su quello che sentiva. Akenon procedeva con uno scricchiolio lento e lieve sul terreno. Era a cinque passi, a tre passi…

Hannon tese il braccio che impugnava la daga, trattenne il fiato per un paio di secondi e si avventò su Akenon.

Si fermò di colpo con una spada egizia a un centimetro dal collo.

«Dammi la tua daga» disse Akenon freddamente. «Dall'impugnatura». Puntò la spada sul pomo di Adamo di Hannon.

Il marinaio si affrettò a consegnargli l'arma. Akenon afferrò la daga e ne premette la punta affilata sotto la mandibola di Hannon. Abbassò la spada ricurva e avvicinò la faccia a quella del capo dei rematori della *Melkart*.

«Il tuo capitano mi ha detto che Khaos non ha mai comunicato con nessuno». Premette più forte la daga, facendo sgorgare una goccia di sangue. Hannon allungò il collo il più possibile. «Il fatto che tu abbia cercato di uccidermi mi dice che state mentendo». Gli occhi di Hannon saltavano da una parte all'altra, disperati. «Dimmi subito tutto quello che sai».

Hannon strinse gli occhi con forza, respirando rumorosamente a denti stretti. Akenon scostò la daga e gli assestò un pugno che gli ruppe due denti.

«Parla!»

Conficcò di nuovo la punta della daga sotto il mento di Hannon. Il capo dei rematori emise un lungo rantolo di dolore, ma continuò a non dire nulla.

«Parla o ti taglio la testa». Akenon gli affondò un altro centimetro di ferro nella carne e cambiò l'inclinazione della lama.

«Basta, basta!»

Akenon scostò leggermente la daga e il marinaio abbassò la testa. Il sudore gli inzuppava i capelli appiccicandoglieli alla fronte. Guardò di sottecchi Akenon e scosse la testa più volte, gocciolando sangue dal mento. Quando parlò sembrava che stesse per scoppiare a piangere.

«D'accordo, ti dirò quello che vuoi sapere». Scosse di nuovo la testa con un'espressione angosciata. «Te lo dirò, e allora la mia vita e la tua non varranno più niente».

Capitolo 29

Madrid, Spagna, oggi

L'assassino di Leonardo uscì dal portone di Elena Pastor. Udì un grido acuto e lontano e seppe che era lei.

Ha appena scoperto quello che ho fatto al suo amichetto.

Sorrise al pensiero del piacere ineguagliabile che aveva appena provato: Leonardo era disteso sul letto, supino, con le mani legate dietro la schiena. Lui era seduto sopra l'italiano e gli teneva la testa tra le ginocchia. Impugnava con entrambe le mani un coltello dalla lama spessa che aveva preso nella cucina di Elena. Ne aveva conficcato la punta tra le sopracciglia di Leonardo e spinto vigorosamente la lama nella carne: una, due, tre, quattro, cinque volte.

Il divino pentacolo capovolto aveva cominciato a grondare sangue e lui lo contemplava estasiato, senza quasi accorgersi dei movimenti frenetici di Leonardo, né delle grida soffocate dalla camicia da notte di Elena che gli aveva ficcato in bocca. Il sangue era vita e la vita stava sgorgando attraverso il simbolo sacro. Aveva inspirato fino a riempirsi i polmoni, sperimentando una serenità perfetta, un'estasi di unità e armonia con l'universo. Aveva rovesciato gli occhi mentre Leonardo tossiva e soffocava con la seta nera della camicia da notte. Il pentacolo capovolto era la chiave di profondi misteri che quasi nessun uomo era capace di intuire. Lui li possedeva, quei misteri arcani. Lo rendevano più potente.

Aveva abbassato lo sguardo verso Leonardo che si agitava ancora più frenetico leggendogli in volto quello che stava per fargli.

«Leonardo...» Aveva accarezzato le guance non rasate dell'italiano. «Ti rendi conto che sei diventato il mio messaggero?»

Leonardo aveva scosso la testa e la stoffa bianca del copriletto si era riempita di schizzi di sangue. Era scoppiato a piangere di paura, ma anche di rabbia e disperazione sapendo che nessuno avrebbe potuto fermare un simile mostro.

L'assassino si era inclinato all'indietro, rimanendo seduto sul ventre dell'italiano. Gli aveva strappato la camicia e con la punta delle dita gli aveva palpato le costole fino a trovare il punto che corrispondeva alla parte superiore del cuore. Aveva conficcato la punta del coltello e avvicinato la faccia a quella di Leonardo.

«Mio caro amico, sto per sezionarti l'aorta». Si era appoggiato a poco a poco sul manico del coltello, affondandolo di un paio di centimetri. «Ma prima che tu muoia voglio rivelarti i miei piani».

Aveva fissato intensamente Leonardo e nella mente dell'italiano era comparsa una successione di immagini. Aveva visualizzato l'assassino che pianificava tutto da anni. Aveva capito le terribili implicazioni che avrebbe avuto la sua morte nel favorire gli obiettivi di quel mostro. Osservando quello che il suo carnefice intendeva fare nei giorni successivi, nelle ore successive, nei minuti successivi, aveva saputo che comportava la distruzione di tutto ciò a cui aveva dedicato la sua vita.

Aveva smesso di lottare. Dentro di lui c'erano solo orrore e desolazione. La lama del coltello aveva continuato a penetrargli nel petto con una lentezza insopportabile. Quando il manico aveva sfiorato la sua pelle, aveva esalato l'ultimo respiro.

L'assassino era rimasto sopra di lui a contemplarlo, ansimando per l'eccitazione. Poi aveva lasciato vagare lo sguardo nella stanza e sul suo corpo. Il sangue gli aveva sporcato le gambe e le braccia, ma non se ne preoccupava. Indossava un paio di jeans neri e una maglietta a maniche corte dello stesso colore, le macchie quasi non si vedevano.

Sogni d'oro, Leo. Aveva spento la luce e chiuso la porta. In bagno si era lavato le braccia e le mani senza togliersi i guanti di lattice trasparente. Poi si era seduto sul divano del salotto ad aspettare Elena.

Anche lei doveva morire.

Qualche minuto dopo aveva sentito l'ascensore fermarsi al piano. Aveva chiuso gli occhi e percepito la presenza di Elena… e di qualcun altro.

Sono due uomini.

Aveva udito la voce di Elena: «Non passi da casa tua?»

Uno degli uomini aveva risposto: «Questo è tutto quello di cui abbiamo bisogno, a meno che il tuo amico sia un trafficante di armi e tu non ce l'abbia detto».

Merda, sono poliziotti.

Aveva raccolto il portatile di Leonardo da terra, l'aveva infilato in uno zaino e si era piazzato accanto alla porta d'ingresso.

«Quando apri, chiamalo» aveva detto sottovoce uno dei poliziotti fuori dalla porta.

La chiave era stata infilata nella serratura.

«Leonardo?»

La porta si era aperta di novanta gradi. Lui si trovava dietro, addossato alla parete.

«Leo, sei in casa?»

L'assassino si era concentrato sulla mente di Elena prima che lei entrasse nel suo campo visivo. Non aveva cercato di alterare il suo impulso principale di entrare in casa e cercare Leonardo, sapeva di non poter sottomettere Elena e allo stesso tempo i poliziotti. Si era concentrato per farla passare oltre senza guardare a sinistra. Aveva fatto la stessa cosa con i due poliziotti, riuscendo a far sì che tutti e tre fossero rivolti verso l'interno della casa e approfittandone per uscire sul pianerottolo, senza smettere di controllarli per assicurarsi che rimanessero nell'appartamento finché non avesse raggiunto le scale.

«Che freddo!» aveva sentito dire a uno degli uomini mentre lui cominciava a scendere.

Prima di arrivare al portone, aveva tirato fuori un berretto di tela che teneva ripiegato in una tasca dello zaino e se l'era infilato. Era di una taglia più grande della sua, così gli nascondeva i capelli e buona parte della faccia. Era imprescindibile con una fisionomia particolare come la sua.

Era uscito nel caldo torrido della strada e aveva sentito gridare Elena attraverso i quattro piani che li separavano. Si era allontanato rapidamente, sorridendo. Aveva controllato che quel tratto di strada non fosse vigilato da telecamere di sicurezza, concentrandosi per distogliere l'attenzione delle persone che incontrava. Se qualcuno di loro fosse stato interrogato dalla polizia, non sarebbe stato in grado di ricordare di averlo visto.

A un paio di isolati di distanza salì a bordo di un'Audi Q5 di colore nero, con i vetri oscurati. Tirò fuori dallo zaino il portatile di Leonardo e lo aprì.

Vediamo cos'hai fatto.

Quando lo schermo si illuminò, comparve il lavoro di Elena sull'allenamento cognitivo.

Non manca d'ingegno, ma non sembra che da sola sia capace di svilupparlo a sufficienza. Sulle sue labbra affiorò una smorfia sprezzante. *È evidente che Leonardo continuava a stare con Elena per amore.*

Aprì un'altra finestra e comparvero le e-mail tra Elena e Daniel. Diede un'occhiata, già le conosceva. Poi spense il computer e guardò verso il portone di Elena.

Devo assicurarmi che non mi crei problemi... E devo anche occuparmi di Daniel Martín. Tamburellò con le dita sul volante. Quando fosse tornato per Elena sarebbe stato molto più facile. *Non sarà più necessario marchiarla con il simbolo sacro.*

Sorrise con fierezza, ripensando al pentacolo capovolto che sanguinava sulla fronte di Leonardo.

Il messaggio ormai è stato inviato.

Capitolo 30

Madrid, Spagna, oggi

Daniel camminava per il Barrio de las Letras guardando per terra. L'immagine accecante di un pentacolo capovolto continuava a tornargli in mente. E poi non riusciva a smettere di pensare che qualcuno aveva aggirato i suoi sistemi di sicurezza, e forse avuto accesso a tutto il suo lavoro.

Cos'altro può succedermi oggi?

Si stupì accorgendosi di essere quasi arrivato al bar in cui si erano dati appuntamento i membri del Mensa. Si diresse verso la porta guardando attraverso i vetri. C'erano diverse persone sedute a due lunghi tavoli, ma non vide Elena.

Appena entrato, andò al banco a ordinare una bottiglia d'acqua. Benché il sole fosse già tramontato, c'erano ancora più di trenta gradi e lui aveva camminato per un'ora. Mentre aspettava che lo servissero si voltò verso il gruppo del Mensa. Riconobbe Marta, che lo vide e alzò una mano per salutarlo, e un paio di ragazzi un po' più vecchi di lui, di cui ricordava i nomi, Ernesto e Carlos.

Non è ancora arrivata, si disse con aria imbronciata.

Quando gli portarono l'acqua, ne bevve metà in un

sorso e si avvicinò ai tavoli. Guardò l'ora sul cellulare – le dieci e venti – e ne approfittò per controllare che non ci fossero messaggi o chiamate perse di Elena.

«Ciao, Daniel».

«Ciao, Marta. Ciao a tutti».

Fu accolto da un coro di saluti e Marta gli indicò una sedia vuota accanto a lei, dove si sedette.

«Conosci Andrés?» Marta fece un cenno verso un uomo biondo piuttosto in carne, alla sua sinistra.

«No. Piacere, Andrés». Si strinsero la mano sorridendo, Andrés sembrava un tipo simpatico. «La settimana scorsa ho conosciuto Ernesto» era l'altro ragazzo seduto al tavolo, che fece un cenno d'assenso «e Carlos» disse indicandone un terzo dai capelli rossi e la faccia piena di lentiggini seduto al tavolo accanto.

C'era anche una bionda piuttosto bella, che ascoltava un uomo con lunghi capelli neri raccolti a coda di cavallo. Daniel aveva pensato che fosse una donna, ma vedendolo in faccia si era reso conto dell'errore: portava il pizzetto e le basette fino a metà guancia.

Marta continuò a fare da cicerone.

«Allora devi ancora conoscere la bionda, che è russa o ucraina e non so come si chiama...»

«Irina» disse Andrés.

«Ecco... è la seconda volta che viene e non le ho ancora parlato. E quello con i capelli lunghi è Mario, il coordinatore delle attività del Mensa España di Madrid fino alla scorsa settimana. Stiamo eleggendo il nuovo coordinatore, puoi candidarti se vuoi».

«Credo sarebbe meglio qualcuno con più esperienza» rispose Daniel, cauto, senza sapere se Marta stesse parlando sul serio oppure no.

«Ah, capisco, preferisci defilarti» disse lei in tono di scherzoso rimprovero. «Insomma, il nostro amico Andrés ci stava spiegando la verità della vita, ovvero, che poi è la stessa cosa, le cause e la soluzione della crisi interminabile che ha fatto sprofondare la Spagna nella miseria».

Daniel rivolse l'attenzione ad Andrés, disposto ad ascoltare, ma in quel momento udì aprirsi la porta del bar e si voltò di scatto nella speranza di vedere Elena.

Capitolo 31

Madrid, Spagna, oggi

Elena era paralizzata davanti al corpo insanguinato di Leonardo.

Alberto si precipitò verso il letto e mise due dita sul collo dell'italiano per sentire il battito. Poi afferrò Elena per le spalle e la trascinò rapidamente fuori dalla stanza da letto.

«Chiama lo 091» disse a Javier, che non era entrato in camera da letto. «Dammi le chiavi di casa» intimò a Elena.

Elena infilò una mano tremante nella borsa, cercando le chiavi mentre uscivano sul pianerottolo. Alberto gliele tolse di mano e chiuse la porta di casa a doppia mandata. Lasciò la chiave infilata nella toppa e girata. Elena osservava quello che succedeva, sotto shock. Guardò Javier, che aveva telefonato allo 091 e passava il telefono ad Alberto. Lui, con voce tesa, disse che c'era un probabile omicidio, avvenuto da poco, e che l'assassino doveva essere nelle vicinanze, forse addirittura all'interno della casa.

Omicidio... A Elena sembrò che il pavimento le si muovesse sotto i piedi ed ebbe un conato di vomito. Non riusciva a togliersi dalla mente l'immagine di Leonardo con un coltello conficcato fino al manico, il pentacolo capovolto inciso sulla fronte, l'espressione di terrore indescrivibile che gli deformava la faccia...

«Andiamo!»

Alberto la tirò per un braccio e lei si lasciò trascinare fino alla porta di casa del suo vicino. Lui aprì, senza smettere di guardarsi intorno, e la spinse all'interno. Sparì dentro una stanza e ne uscì con una pistola in pugno.

Elena trasalì vedendo l'arma.

«Tranquilla» disse Alberto. «Javier rimane qui con te mentre vado a casa tua a dare un'occhiata».

Uscì con l'arma in pugno e Javier si piazzò davanti alla porta. Elena udì il rumore della serratura del suo appartamento e poi un lungo silenzio. Trattenne il respiro mentre immaginava Alberto che ispezionava la casa con la pistola in alto, che entrava nella sua camera da letto, chinandosi per vedere se c'era un assassino sotto il letto...

Dopo un po', Javier fece un cenno d'assenso verso l'esterno e si rivolse a Elena.

«Non c'è nessuno».

Lei tirò un sospiro di sollievo, ma un attimo dopo lo squillo del citofono la fece sussultare. Javier si affrettò a rispondere e premette il pulsante che apriva il portone.

«È la volante». Elena lo guardò senza capire. «L'autopattuglia» spiegò Javier.

L'autopattuglia... Elena era ancora stordita. Si era preoccupata perché Leo non se ne andava di casa, e invece l'avevano ammazzato. *Leonardo è morto... e prima di morire è stato torturato*, si disse visualizzando i terribili tagli sulla fronte. Era così inconcepibile, così spaventoso...

Due poliziotti in uniforme si affacciarono per un attimo sulla soglia. Javier uscì sul pianerottolo insieme a loro ed Elena udì scampoli di una scarna conversazione tra i quattro poliziotti. Inorridì sentendo Alberto dire che forse Leo era morto mentre loro erano in casa.

Si alzò e andò alla porta, appoggiandosi alla parete con una mano. *Per l'amor di Dio, devono assicurarsi che davvero non ci sia più niente da fare per lui.* Forse l'assassino aveva dovuto interrompersi sentendoli arrivare. Era addirittura possibile che Leonardo l'avesse sentita parlare in salotto con i poliziotti mentre agonizzava in camera da letto.

Javier le mise una mano sulla spalla, in un gesto al contempo delicato e deciso.

«Devi aspettare dentro».

Elena annuì senza muoversi, aggrappata allo stipite. Vide i due poliziotti in uniforme sfoderare le armi ed entrare in casa sua.

«Aiutatelo» farfugliò.

Trasalì di nuovo allo squillo del citofono. Questa volta era l'ambulanza. Javier aprì e rimase ad aspettare nell'ingresso, tenendo d'occhio il pianerottolo. Aveva un'aria cupa, e per qualche motivo, guardandolo, Elena cominciò a piangere in silenzio. Le sue mani non riuscivano a stare ferme. Se le mise in grembo, ma un attimo dopo tremava in tutto il corpo.

A partire da quel momento, vide ogni cosa come se si trovasse sotto la superficie dell'acqua a guardare verso l'alto. I rumori sembravano distorti e lei si sforzava di capire cosa stava succedendo e cosa dicevano, ma non otteneva che una comprensione molto superficiale. Gli operatori dell'ambulanza andarono direttamente nel suo appartamento per vedere se si poteva fare ancora qualcosa per Leonardo. Poco dopo si presentarono in quello di Alberto e dissero che Leo era morto. Poi uno dei sanitari si sedette accanto a lei per parlarle. Elena cercò di rispondere, ma si rese conto di non farcela in modo molto coerente. Non riusciva a smettere di pensare che Leonardo poteva averla vista entrare e lasciarlo lì a dissanguarsi.

Di lì a poco arrivò un'altra pattuglia della polizia. Dopo aver setacciato il quartiere, ispezionarono le scale e il tetto del palazzo. L'appartamento di Elena fu chiuso in attesa del giudice. La prima pattuglia rimase sul pianerottolo per assicurarsi che non entrasse nessuno e la seconda scese nell'androne per controllare chi entrava e usciva dall'edificio.

Elena guardò Alberto con gli occhi pieni di lacrime, quando lui finalmente trovò un attimo per sedersi vicino a lei.

«Era già morto quando siamo arrivati» disse Alberto, rispondendo alla domanda silenziosa che leggeva nello sguardo di Elena.

Lei chiuse gli occhi con un profondo sospiro. Li riaprì quando sentì allentarsi il nodo alla gola.

«C'è qualche traccia dell'assassino?»

«Le pattuglie l'hanno cercato in casa e nel resto del palazzo. Hanno anche perlustrato il quartiere. Non hanno visto niente. Ma non è compito loro cercare indizi. Se ne occuperà la polizia scientifica, che sarà qui tra poco, anche se non potrà mettersi al lavoro finché non arriverà il giudice a disporre la rimozione del cadavere».

«Quanta gente» disse lei cercando di sorridere, «non ci staremo tutti».

«Eh già, tra poco questa sembrerà la cabina dei fratelli Marx». Le faceva bene chiacchierare e Alberto continuò a parlare: «Oltre alla Scientifica deve arrivare la squadra investigativa, e il giudice con un segretario del tribunale, e un medico legale, e… be', i servizi funerari del comune per portare il corpo all'istituto di anatomia forense, per l'autopsia».

Elena annuì, grata di avere accanto Alberto, anche se l'unica cosa che aveva capito era che sarebbe arrivata molta gente. Abbassò gli occhi e si sforzò di pensare lucidamente.

«Mi interrogheranno?»

Alberto si schiarì la gola e si sistemò il collo della maglietta prima di rispondere.

«Ti faranno qualche domanda sul tuo rapporto con Leonardo, da quanto tempo stava a casa tua…» Diede un'occhiata alle loro spalle e abbassò la voce. «… e ti chiederanno cos'hai fatto nelle ore precedenti all'omicidio. Per esempio, quando ci siamo incontrati davanti al portone, da dove venivi?»

«Ero appena andata a comprare un vestito. Lo tenevo in mano quando siamo entrati in casa mia». D'improvviso a Elena sembrò importantissimo ricordare dov'era il vestito. «Sarà rimasto sul pianerottolo. No! L'ho portato in casa, deve essere in salotto».

«Tranquilla». Alberto sorrise e le appoggiò una mano sull'avambraccio. «Sul tuo scontrino e su quello del negozio ci sarà l'ora dell'acquisto. Sei venuta qui direttamente dal negozio?»

Elena adesso era attentissima alle parole di Alberto.

«Sì. C'era poco traffico e ci ho messo una quindicina di minuti. È impossibile che sia stata io».

Provò uno sgradevole senso di colpa nel cercare di giustificarsi, ma Alberto le strinse il braccio, sempre più sorridente.

«Il corpo era ancora caldo e il sangue fresco, il delitto

è stato commesso pochissimi minuti prima che arrivassimo. Non credo che possano considerarti sospetta, ma dovranno farti qualche domanda».

«Non puoi occuparti tu dell'interrogatorio?»

«Mi dispiace, ma sarà qualcuno della polizia giudiziaria a farlo. Il mio commissariato si occupa di delitti minori, i casi di omicidio vengono trasferiti alla Brigada Provincial de Policía Judicial, una specie di grosso commissariato, per intenderci. Hanno diverse squadre investigative per gli omicidi. Stanno per arrivare un paio di colleghi».

Il citofono squillò in quel momento, come se obbedisse alle sue parole. Alberto andò a rispondere e dopo uno scambio di battute si voltò verso Elena.

«Sono quelli della Omicidi».

Prima che Alberto tornasse a sedersi, gli si avvicinarono due poliziotti in uniforme per dirgli qualcosa. Poi lui continuò a fare conversazione con Elena.

«Sono fortunati. Sono della pattuglia del distretto e il loro turno finisce alle dieci. È arrivata un'altra pattuglia a dargli il cambio e loro vanno in commissariato a fare rapporto e poi a casa. Tutti gli altri devono rimanere fino all'arrivo del giudice, e ti avverto che non credo che arriverà prima dell'una o delle due di notte».

Javier entrò nell'appartamento e si avvicinò ad Alberto.

«Fuori ci sono quelli della Omicidi».

Alberto uscì sul pianerottolo ed Elena lo sentì parlare sottovoce. Poco dopo, tornò insieme a un uomo e a una donna in borghese.

«Elena, loro sono i colleghi della Omicidi. Ti faranno qualche domanda».

Elena guardò l'uomo, con una fitta d'apprensione.

Capitolo 32

Madrid, Spagna, oggi

Daniel fece una smorfia vedendo che dalla porta del bar non entrava Elena, ma un ragazzo che si dirigeva a un altro tavolo. Si voltò di nuovo verso i suoi compagni e vide Andrés che sorrideva divertito a un commento di Marta sulla crisi economica.

«Mi piacerebbe avere la soluzione per dimezzare il debito della Spagna». La voce di Andrés era profonda e suadente, da speaker radiofonico. «Stavamo parlando di un documentario intitolato *Inside Job*, non so se ne hai sentito parlare» disse a Daniel.

Daniel scosse la testa.

«È un documentario girato nel 2010 sulle cause della crisi. Ha ricevuto l'Oscar per il miglior documentario e lo stavo consigliando perché mi sembra molto chiaro, rigoroso e ben riuscito».

«A me no» replicò subito Ernesto. I suoi occhi, di un azzurro pallido, guardavano con intensità da dietro le lenti rotonde degli occhiali.

Daniel annuiva interessato, mentre il suo sguardo passava dall'uno all'altro. Di solito non prestava troppa attenzione alle notizie economiche, ma la crisi in Spagna aveva portato la disoccupazione giovanile oltre il cinquanta per cento, e quasi azzerato qualunque borsa di studio, sovvenzione o aiuto.

«In sintesi» disse Andrés accomodando meglio la sua mole sulla sedia, «quella che stiamo subendo adesso, e subiremo per molti anni, è la conseguenza delle speculazioni della finanza e dei politici che stabiliscono le norme che disciplinano i mercati finanziari. Il documentario è focalizzato sugli Stati Uniti, ma quasi tutto quello di cui parla è applicabile al resto del mondo».

Ernesto scosse energicamente la testa, in evidente disaccordo.

«Che mania quella di dare la colpa ai politici e ai banchieri! Che cosa mi dite, invece, dei milioni di cittadini irresponsabili che hanno chiesto ipoteche o prestiti personali che non possono restituire, perché volevano avere una casa o una macchina che non si potevano permettere, o un televisore a schermo piatto più grande di quello del vicino?»

«Ernesto» rispose Andrés in tono pacato, in netto contrasto con quello del suo interlocutore, «è come dare la colpa di un'intossicazione da olio adulterato agli *irresponsabili* che hanno comprato e consumato quell'olio per risparmiare un po' di soldi. La responsabilità sarà piuttosto di chi vende l'olio tossico e dice agli acquirenti che è perfettamente sano. Nel caso dei prodotti finanziari, sia prestiti che prodotti d'investimento, il cittadino medio è un completo ignorante che dipende dai consigli degli esperti».

Ernesto sbuffò, come se fosse stanco di quell'argomento.

«Tutti sanno che se hai uno stipendio di millecinquecento euro non puoi chiedere un'ipoteca da trecentomila perché non riuscirai a pagarla».

«Non sono d'accordo» insisté Andrés. «Io lavoro nel dipartimento finanziario di un'assicurazione, mi occupo di coperture con derivati e altri prodotti complessi. Alla gente qualche termine può suonare familiare, ma in fondo non hanno idea, *la più pallida idea*, di cosa ci sia dietro i prodotti finanziari, per non parlare della loro possibile evoluzione o della normativa che li regolamenta. La maggioranza fa quello che gli consiglia l'*esperto* a cui si affida, in banca, in una società di investimenti o altrove».

Ernesto stava per ribattere, ma intervenne Marta.

«Aspetta, Ernesto, lascia che Andrés ci racconti di cosa tratta il documentario e poi lo commentiamo, va bene?»

Ernesto si fece da parte e Andrés continuò.

Nella mezz'ora successiva, Daniel ascoltò il riassunto di *Inside Job* con crescente interesse. Scoprì che l'immensa bolla speculativa che era cresciuta per dieci anni fino a esplodere mandando in rovina mezzo mondo – e privando lui della possibilità di ottenere una borsa di ricerca – era conseguenza delle strategie avide e irresponsabili del settore finanziario, nonché del fatto che lo stesso settore era riuscito a impadronirsi del potere di regolamentazione, sia facendo pressioni sui politici che occupando direttamente i posti chiave.

Andrés descrisse numerosi casi eclatanti. Si trattava di politici che avevano elaborato leggi che permettevano alle banche d'investimento di guadagnare più soldi mettendo in pericolo l'economia mondiale; in seguito, quegli stessi politici avevano lasciato l'incarico pubblico e le banche d'investimento avevano restituito loro il favore assumendoli con stipendi milionari. Citò anche esempi di dirigenti di banche di investimento che ottenevano cariche pubbliche importantissime, che consentivano loro di presentare leggi che favorivano il settore finanziario.

Subito dopo, Andrés enumerò diversi casi che dimostravano che il settore finanziario occupava più cariche politiche che mai. Forse per questo otteneva sempre più facilitazioni a livello di normative che permettevano di aumentare i guadagni, mentre nessuno dei suoi membri veniva condannato. A volte le società dovevano pagare qualche multa – insignificante rispetto ai vantaggi ottenuti, perciò il messaggio implicito era *fatelo ancora, ne vale la pena* –, ma nessuno dei dirigenti aveva dovuto restituire un solo centesimo delle centinaia di milioni di euro che alcuni di loro avevano guadagnato.

«I dirigenti l'hanno sempre fatta franca, e con le tasche piene» commentò. «Perfino quando è stato dimostrato che, pur di guadagnare di più, hanno usato le loro società per commettere frodi, riciclaggio di capitali, evasione fiscale, corruzione, connivenza con il narcotraffico e addirittura con il programma militare nucleare iraniano».

«Santo cielo!» esclamò Marta.

«In *Inside Job* trovi tutto questo con nomi e cognomi» disse Andrés. «Per quanto possa sembrare allucinante, la lobby finanziaria ha approfittato della crisi per rafforzare il proprio potere politico. Scordati che si prenda una sola misura di qualche rilevanza che non le interessi. Sono loro a dettare le regole e ormai non c'è più nessuno che riesca a impedirglielo».

Daniel sbatté le palpebre, come se si fosse risvegliato da un sogno. Viveva nel mondo reale e sapeva che c'era molta corruzione, ma quello che aveva appena sentito gli dava il voltastomaco.

Il cuore del sistema è marcio.

Ernesto tornò a insistere sulla responsabilità del cittadino medio nell'indebitarsi eccessivamente e Daniel ne approfittò per dare un'occhiata al cellulare.

Sospirò con un misto di fastidio e rassegnazione. Erano quasi le undici ed Elena non aveva dato segni di vita.

Insomma, è chiaro che quel maledetto Leonardo continua a essere il suo fidanzato.

Capitolo 33

Cartagine, 507 a.C.

Arianna fissava inorridita il pentacolo di sangue che sfigurava Eshdek.

Quel simbolo abominevole era stato l'emblema di un nemico sconfitto. Quel pomeriggio, tuttavia, era tornato come un enigmatico avvertimento da parte di suo padre moribondo.

E in quel momento era diventato una realtà spaventosa.

Fece un grosso sforzo per riprendersi e si inginocchiò accanto a Eshdek, il suo unico vero amico a Cartagine, il suo potente protettore. Il sangue non sgorgava più dall'orribile ferita sulla fronte, il che significava che era morto.

Ma è fresco.

D'improvviso si rese conto che avrebbero potuto accusare lei dell'omicidio di Eshdek. Sapevano che era la figlia di Pitagora e qualcuno avrebbe pensato che il simbolo che lacerava la fronte del sufeta fosse un simbolo dell'ordine pitagorico.

A Cartagine pochi conoscono la differenza tra il simbolo di Pitagora e il simbolo di Khaos.

Doveva parlare con il segretario il prima possibile. Lui le avrebbe creduto, anche se… *il segretario è stato l'ultimo a entrare nella sala…* Guardò la faccia insanguinata di Eshdek e poi si voltò verso le porte. Doveva decidersi, ogni secondo di esitazione avrebbe aumentato i sospetti su di lei.

Devo chiamarlo. Si alzò per dirigersi alla porta principale. *Il segretario è troppo vecchio e debole per aver ucciso Eshdek*, si disse, ancora incredula.

Un attimo dopo, i suoi dubbi scomparvero. L'anziano segretario si trovava nella zona in penombra della sala, riverso sui cuscini sparsi sul pavimento, con il collo piegato in un'angolazione innaturale.

Arianna soffocò un'esclamazione e si allontanò camminando all'indietro sul pavimento ricoperto di tappeti. Un lieve scricchiolio alle sue spalle la fece voltare di scatto. I suoi occhi passarono dal cadavere di Eshdek alle lanterne sul tavolo e, da lì, ai tendaggi che coprivano le pareti di fondo. Si fermò a osservarli: appesi al soffitto, non erano perfettamente lisci, ma mostravano lievi ondulazioni e protuberanze. C'era un uomo nascosto tra quelle irregolarità?

Serrò i pugni. Se avesse avuto un'arma avrebbe potuto accoltellare le sporgenze della tenda e forse così anche chi aveva assassinato Eshdek e il segretario. Si guardò intorno, alla ricerca di un'arma… invano. Cominciò a tremare, angosciata dalla crescente sensazione di non essere sola in quella sala maledetta. Benché fossero solo a pochi passi, le porte sembravano irraggiungibili.

Il pugnale di Eshdek! Si lanciò sul sufeta, girò il corpo in posizione supina e palpò le pieghe della tunica alla ricerca dell'arma d'oro e rubini che a volte Eshdek portava come ornamento. Si guardò alle spalle, col respiro affannoso, palpando in cerca del pugnale senza trovarlo. Alla fine aprì la bocca per gridare e chiamare le guardie: avrebbe spiegato che il pentacolo capovolto non era un simbolo pitagorico, che lei non aveva nessun motivo per uccidere Eshdek... Le sue mani toccarono un oggetto duro. Girò la testa per guardarlo e il grido d'aiuto le morì in gola.

Dal petto di Eshdek spuntava l'impugnatura del coltello che lo aveva ucciso.

È il mio coltello!

Capitolo 34

Cartagine, 507 a.C.

«Parla, una volta per tutte».

Il capo dei rematori della *Melkart* deglutì saliva prima di rispondere ad Akenon.

«Ti dirò tutto quello che vuoi, ma devi darmi dell'oro».

Akenon puntò di nuovo la daga sotto il mento di Hannon.

«Quello che ti darò» gli ringhiò all'orecchio «è un palmo di ferro affilato».

Hannon si alzò in punta di piedi per evitare che l'arma gli penetrasse più a fondo nella carne.

«Se mi ammazzi non otterrai niente» disse in fretta, «e io sono già morto. Asdrubale saprà che ho parlato con te. La mia unica possibilità è fuggire da Cartagine questa notte stessa con mia moglie e i miei figli e per questo mi serve dell'oro».

Akenon abbassò la daga di qualche centimetro.

«Io non ho commesso nessun crimine» continuò il capo dei rematori, «ma so quello che ha fatto Asdrubale e quello che mi succederà quando si accorgerà che l'ho tradito. Non sarei il primo dei suoi marinai che ha uno strano incidente sulla nave o scompare nelle taverne del porto. Asdrubale è pericoloso e ha molti uomini che gli obbediscono sia a bordo della *Melkart* che fuori».

Pur non avendo la capacità di Arianna di leggere dentro le persone, Akenon sapeva che il capo dei rematori diceva la verità. Estrasse la sua borsa di cuoio e prese tre darici d'oro che mise in mano ad Hannon.

«Ecco il tuo oro. Adesso raccontami tutto quello che riguarda Khaos».

Hannon si affrettò a nascondere le monete. Guardò con ansia a destra e a sinistra dell'oscuro vicolo prima di parlare.

«Ricorderai che quando abbiamo portato te e Arianna dalla Magna Grecia a Cartagine, Khaos sembrava impazzito. Ruggiva senza tregua, fino a farsi sanguinare la gola, o restava paralizzato come se fosse una statua. A volte non reagiva nemmeno quando lo frustavamo».

«Continua».

«Sia gli altri rematori che i membri dell'equipaggio sapevano che era proibito parlare con lui. In realtà, quel divieto non era necessario perché lui faceva paura a tutti, oltre al fatto che, senza lingua né occhi, gli sarebbe stato difficile comunicare». Hannon fece una pausa per riordinare i ricordi. «Una settimana dopo avervi lasciati a Cartagine, ci rimettemmo in mare. Khaos si ammalò subito, o almeno così ci fece credere. Era sempre riverso sul remo ed emetteva flebili suoni gutturali. Siccome Eshdek aveva detto chiaramente che si trattava di un prigioniero speciale, Asdrubale scese sottocoperta per vedere come stava. Ascoltò per un attimo i suoi gemiti e poi mi chiese se capivo quello che diceva. Risposi di no, ma in effetti non mi ero mai preso la briga di cercare di dare un significato a quel borbottio inarrestabile. Asdrubale si sedette accanto a Khaos e rimase per qualche minuto con la testa appiccicata alla bocca del prigioniero, la cui litania era diventata un mormorio impercettibile. 'Fuori tutti!' esclamò d'improvviso Asdrubale. 'Non prestategli attenzione, non parlate con lui e non ascoltatelo'. Ci allontanammo, spaventati, temendo che Khaos fosse capace di lanciarci una maledizione terribile con quella voce simile a un fiume che scorreva tra le pietre. Quella notte, però, qualcuno si avvicinò a Khaos».

«Asdrubale» disse Akenon.

«Asdrubale, sì. Lo spiai sapendo che stavo rischiando la vita e lo vidi accostarsi a Khaos, come un'ombra. Rimase immobile accanto a lui per molto tempo. Tenevano le teste vicinissime e non si udiva alcun suono. Poi Asdrubale si allontanò con la stessa circospezione. Il giorno dopo mi disse, senza altre spiegazioni, di non frustare più Khaos, di riempire di più la sua ciotola di cibo e di portarla a lui dopo che aveva mangiato».

Akenon annuì in silenzio, sempre più interessato, e Hannon continuò.

«Mi disse chiaramente che se ne avessi parlato con qualcuno avrei preso il posto di Khaos. A partire da quel giorno, dovetti portare tutte le ciotole di Khaos ad Asdrubale. Il capitano non me le restituiva, e in breve tempo cominciarono a scarseggiare. Quando glielo dissi, con l'intenzione che mi restituisse qualcuna di quelle che si era tenuto, mi urlò che gli uomini facessero i turni per mangiare o che mangiassero da terra, ma mi avrebbe ammazzato se Khaos non avesse avuto tutti i giorni una ciotola che poi avrei dovuto portare a lui. Al porto successivo comprai una buona provvista di ciotole, e da allora è una cosa che ho dovuto fare periodicamente».

«Asdrubale ha passato tre anni ad accumulare le ciotole di Khaos?»

«Tre anni, proprio così, ma ogni volta che attraccavamo a Cartagine se ne liberava».

«Le dava a qualcuno?»

«Non l'ho mai saputo, anche se qualcuno doveva pagargliele bene perché Asdrubale cominciò a spendere molto più del solito, puntando ai dadi e ai combattimenti di galli».

Akenon notò del movimento dall'altra parte della strada e appoggiò la lama della daga al collo di Hannon. Due uomini passarono chiacchierando sotto la lanterna del postribolo e scomparvero all'interno del locale.

«Vai avanti» intimò ad Hannon.

«Le ciotole erano di legno e Khaos vi stava incidendo dei segni. Nelle prime ciotole li faceva con i denti. Erano solo graffi grossolani, con cui formava grossi simboli. Ma poco dopo si procurò un chiodo di ferro, immagino che glielo avesse dato Asdrubale, e con quello incideva in ogni ciotola una quantità enorme di piccoli segni».

«Che tipo di segni?»

«Io non so leggere, ma credo che molte fossero lettere greche».

Akenon annuì, pensieroso.

Con un chiodo sarà riuscito a scrivere su ogni ciotola come se fosse una pergamena, e in tre anni avrà scritto l'equivalente di un migliaio di pergamene. Khaos è riuscito a organizzare così l'attacco a Pitagora e qualunque altra cosa volesse… ma tramite chi?

Scrutò la faccia di Hannon, che sostenne il suo sguardo senza battere ciglio.

«Dove posso trovare Asdrubale?»

«Prima che si infili in qualche postribolo è facile trovarlo al Cinghiale d'oro. E per organizzare i suoi loschi affari si riunisce con la peggior feccia del porto alla Pernice, una topaia in cui organizzano combattimenti di animali».

Hannon diede un'occhiata all'abbigliamento di Akenon e rimase in silenzio, come se avesse trattenuto un commento.

«Lo so» disse Akenon con una smorfia ironica, «vestito così è meglio che non entri in una taverna. Spogliati, ci scambieremo le tuniche».

Hannon si rabbuiò, ma accettò senza replicare. Si spogliarono nella penombra del vicolo e il capo dei rematori indossò la lussuosa tunica plissettata di Akenon, che gli era così lunga da toccare terra. Per dissimulare che quella di Hannon gli era piccola, Akenon la indossò allo stile di molti marinai, arrotolata sotto la cintola come se fosse un perizoma.

«Che Baal ti protegga» disse Hannon prima di sparire di corsa tra i vicoli.

Akenon, armato della sua spada e della daga di Hannon, tornò indietro sulla strada che aveva percorso seguendo il capo dei rematori. Era consapevole che forse avrebbe dovuto combattere con più di un uomo.

Vorrei che ci fosse Milone con me. Il marito di Damo, l'altra figlia di Pitagora, era stato un lottatore imbattibile, oltre che un uomo nobile e coraggioso. Una volta gli aveva salvato la vita, e probabilmente adesso avrebbe avuto bisogno di un aiuto simile, ma il tradimento di Khaos aveva stroncato la vita di Milone come quella di tanti altri membri dell'ordine pitagorico.

Svoltò a un angolo e la vista del Cinghiale d'oro gli provocò una stretta allo stomaco. Avrebbe rischiato la vita affrontando Asdrubale e i suoi scagnozzi, ma quello che più lo preoccupava era la certezza che Khaos era riuscito a mandare istruzioni a uno o più uomini affinché uccidessero Pitagora... *E probabilmente il prossimo obiettivo di quegli uomini è Arianna.*

Mentre si avvicinava a grandi passi alla taverna, si disse che forse tutti i compari di Khaos erano morti nell'attacco alla comunità di Metaponto. Gli tornò in mente il pentacolo capovolto disegnato da Pitagora. Il filosofo non avrebbe nascosto il suo messaggio in un simbolo se non fosse stato perché continuava a rappresentare una minaccia.

Devo proteggere Arianna e Sinuhe. L'unico modo era avvalersi degli uomini di Eshdek, ma anche in quel caso avrebbero dovuto stare molto attenti. Khaos era riuscito a comunicare con l'esterno grazie al tradimento di un uomo di Eshdek, il comandante della sua nave principale. *Potrebbero esserci altri traditori tra i suoi uomini, forse tra i membri della sua guardia personale.*

Dovette compiere uno sforzo doloroso per controllare l'impulso di correre a cercare sua moglie e suo figlio. Se se ne fosse andato adesso, Asdrubale avrebbe potuto venire a sapere che aveva interrogato Hannon e scomparire.

Devo riuscire a farmi dire da lui a chi ha consegnato le ciotole di Khaos per tre anni.

Capitolo 35

Cartagine, 507 a.C.

Il capitano Sikar osservava con impazienza nell'ombra.

Si trovava davanti alla casa di Adherbal, l'unico conoscente di Akenon a Cartagine di cui forse l'egizio si fidava, a parte Eshdek. Uno dei suoi soldati, senza abbassare il cappuccio, si avvicinò alla porta chiusa della villa e bussò piano. Rimase ad aspettare per circa un minuto, ma non accadde nulla.

«Andiamo» ringhiò Sikar, «non aspettare troppo».

Avrebbe voluto prendere a pugni la porta, ma il comandante Drogo aveva insistito, e a ragione, sull'importanza di mantenere l'incognito in quella missione. Akenon era amico del sufeta Eshdek, uno dei pochi uomini a Cartagine più potenti di Drogo. Era necessario catturare l'egizio e uccidere la sua famiglia senza testimoni che potessero collegare il fatto a Drogo, e pertanto a Sikar.

L'uomo incappucciato bussò di nuovo e la porta si aprì. Sikar intravide all'interno una guardia che reggeva una torcia. La guardia parlò con il suo soldato, rivolse un'occhiata all'interno della casa e uscì in strada chiudendo la porta dietro di sé. Scambiò qualche parola con il soldato incappucciato – Sikar sapeva che si erano scambiati anche qualche moneta – poi rientrò in casa.

L'incappucciato si allontanò dalla villa di Adherbal dirigendosi verso la postazione di Sikar. Mentre si avvicinava, al capitano tornò in mente la notizia che nel pomeriggio si era propagata come polvere da sparo tra gli uomini della guardia urbana. Drogo aveva trapassato con una lancia il soldato scoperto quella mattina di ritorno all'accampamento dopo aver passato la notte fuori. Condannarlo a morte poteva essere la punizione opportuna, ma Sikar sapeva che il comandante Drogo non aveva fatto quella valutazione. Nel corso degli anni, lo aveva visto uccidere molti uomini, e il suo sguardo brillava in un modo speciale quando li faceva soffrire. Sebbene fossero compagni d'armi da quasi due decenni, Sikar sapeva che il comandante poteva ucciderlo con le sue stesse mani se l'avesse deluso. *E nei suoi occhi vedrei solo piacere.*

«Sa qualcosa di Akenon?» chiese andando incontro al soldato.

«È da quasi un mese che non viene a casa di Adherbal. E oggi non possono essersi visti in nessun altro modo, perché Adherbal è a letto con la febbre da due giorni».

«Sei sicuro che quella guardia ti abbia detto la verità?»

«Assolutamente. Lo conosco bene, venderebbe sua madre per una moneta».

Sikar si voltò verso il resto dei soldati, che aspettavano dietro di lui.

«Copritevi la faccia». Si calò anche lui il cappuccio. «Andiamo a cercarlo al porto».

Capitolo 36

Madrid, Spagna, oggi

«Che rapporto avevi con Leonardo?»

L'agente della squadra omicidi aveva poco più di quarant'anni, i capelli castano-rossicci lunghi fin sulle spalle e un viso magro e pallido. Aveva un'espressione seria, ma uno sguardo gentile.

«Ci siamo conosciuti tre mesi fa» rispose Elena, «a una sua conferenza sul sistema nervoso. Ci siamo visti un paio di volte per parlare del suo lavoro e poi abbiamo cominciato a uscire insieme. Dopo un mese e mezzo, all'incirca, ho deciso di rompere con lui».

«Perché hai deciso di rompere?»

Elena stava per rispondere, ma il suo sguardo si posò sul volto dell'altro poliziotto e lo sorprese a fissarle spudoratamente il seno. Arrossì all'istante e si raddrizzò, appoggiandosi allo schienale. Fino a quel momento era stata protesa in avanti, offrendo una buona prospettiva a quel maiale.

Incrociò le braccia e si sforzò di rispondere.

«Non ero innamorata di Leonardo. Lo trovavo interessante, ma mancava... non so... non mi emozionava». Non le faceva piacere parlare di una cosa così intima, soprattutto dopo aver sorpreso l'uomo a guardarle il seno, ma supponeva di dover raccontare tutto alla polizia. «Leonardo, invece, sembrava molto innamorato. La relazione era squilibrata. Per questo ho chiuso».

La donna poliziotto annuì, esortandola a continuare.

«In realtà, proprio quando stavo per dirgli che volevo lasciarlo, lui mi ha raccontato che c'era stato un incendio nel suo palazzo e mi sono sentita obbligata a offrirgli di restare per qualche giorno a casa mia». Elena fece una pausa e distolse lo sguardo, infastidita da quello che doveva raccontare. «La prima notte l'abbiamo passata insieme». Provò l'impulso di aggiungere una scusa, ma si trattenne. «Il mattino dopo gli ho detto che tra noi era finita, ma che poteva rimanere per qualche giorno finché non avesse trovato un'altra sistemazione».

«Quando è successo?» chiese l'uomo.

«Poco più di due settimane fa».

«Avete litigato?»

«No! Non abbiamo mai litigato».

L'uomo non le toglieva gli occhi di dosso ed Elena provò un senso di repulsione.

«Cos'è successo dopo?» chiese la donna.

«Aspettavo che se ne andasse. Immaginavo che anche per lui fosse imbarazzante continuare a vivere nella stessa casa, ma Leo non se ne andava». Elena tacque per un attimo, pensierosa, poi ricominciò a parlare. «Tre giorni fa, ho deciso di chiedergli di lasciare l'appartamento. Quando sono andata a dirglielo, però, è successo qualcosa. Leo era seduto sul divano, con il suo computer portatile, e lo schermo si rifletteva nella finestra dietro di lui. Mi sono resa conto che stava guardando una mia foto, un primo piano che doveva avermi scattato di nascosto, perché non ci siamo mai fatti fotografie. Mi sono spaventata e mi sono chiusa nella mia stanza senza dirgli niente. Poi ho cominciato a dubitare che fosse una mia foto, ma adesso sono sicura che lo era».

Sul viso austero della poliziotta si affacciò un guizzo d'interesse.

«Perché adesso ne sei così sicura?»

«Sotto la foto c'era un simbolo...» Elena dovette fare una pausa per deglutire. «Una stella a cinque punte simile a quella che l'assassino ha inciso sulla fronte di Leonardo».

La donna poliziotto aggrottò le sopracciglia e la osservò in silenzio per qualche secondo. Poi lanciò un'occhiata al suo collega.

«Andiamo a dargli un'occhiata». Si rivolse a Elena. «Poi continuiamo con le domande».

Si alzarono ed Elena li seguì con lo sguardo mentre uscivano dall'appartamento. Un attimo dopo entrò Alberto.

«Come stai?»

«Non lo so. Stordita». Elena guardò verso la porta. «Quando gli ho parlato del simbolo sulla fronte di Leonardo sono andati a vederlo. Credevo che non si potesse entrare in casa mia fino all'arrivo del giudice».

«La polizia può entrare a guardare senza toccare nulla. In effetti, quelli della Scientifica sono già arrivati e sono entrati anche loro a dare un'occhiata».

«Be', suppongo che poi continueranno a interrogarmi».

«Immagino che ti faranno qualche altra domanda per farsi un'idea, ma poi ti porteranno alla sede provinciale per un interrogatorio formale. Dovrai rilasciare e firmare una dettagliata deposizione scritta».

Elena si incupì, immaginandosi in una stanza scura, con una luce in faccia e il maiale che le aveva guardato il seno che la incalzava per farle confessare di aver ucciso Leonardo.

Capitolo 37

Madrid, Spagna, oggi

Daniel mormorò una scusa e si alzò per andare in bagno. La conversazione su *Inside Job* era diventata una tediosa discussione tra Ernesto e Andrés, e così al ritorno decise di sedersi al tavolo accanto. Aveva colto qualche frase qua e là e sembrava che stessero parlando di un argomento interessante: i trucchi per rendere la pubblicità più efficace.

«Mi sembra di aver capito che state parlando di pubblicità, posso unirmi a voi?» Indicò una sedia vuota tra Carlos, il tizio dai capelli rossi che gli avevano presentato appena arrivato, e la ragazza bionda… Irina, ricordò che si chiamava.

«Certo». Mario, l'uomo con i capelli lunghi e il pizzetto, gli rivolse un sorriso cordiale. «Stavamo discutendo se la pubblicità è un'arte o una scienza. Io faccio il creativo in un'agenzia di pubblicità, perciò puoi immaginarti la mia posizione; Irina, invece, è sociologa e ha un punto di vista opposto».

«Non è esattamente così». Irina sorrise a Daniel. «Anch'io lavoro in un'agenzia di pubblicità, ma la mia funzione è analizzare le caratteristiche dei consumatori a cui sono indirizzati i prodotti. In questo modo si possono adattare meglio gli annunci a un pubblico concreto. È un lavoro più strutturato, ma serve comunque intuizione, perciò è anche questo un mestiere creativo... o artistico» aggiunse rivolgendosi a Mario.

Mario rispose a Irina e Daniel continuò ad ascoltare senza intervenire. Pur avendo idee piuttosto chiare al riguardo, di solito preferiva ascoltare piuttosto che parlare.

Dopo qualche minuto come spettatore, giunse a una conclusione che non aveva niente a che vedere con la pubblicità.

A tutti e due piace Irina.

Sia Mario che il ragazzo con i capelli rossi, più giovane e timido, finivano i loro interventi guardando Irina. A volte si interrompevano a vicenda e ascoltavano lei in silenzio finché non aveva finito.

Non mi stupisce, pensò Daniel, osservandoli.

Irina aveva una bellezza esotica, con gli zigomi alti caratteristici degli slavi e gli occhi di un grigioverde chiarissimo. Parlava con un leggero accento che addolciva le consonanti dure e dava un tono carezzevole alla sua voce. Le braccia snelle con le mani lunghe e magre, insieme al modo di muoversi e di guardare, le donavano un'aria felina.

Anche se io non sono molto bravo a capire chi piace a chi, si disse pensando a Elena con una leggera irritazione. Era convinto che fosse interessata a lui, e la prova evidente del suo errore era che lei non era lì.

Diede un'occhiata alla strada attraverso le vetrine del bar prima di ricontrollare il telefono. Poi se lo infilò in tasca e decise di dimenticarsi definitivamente di Elena.

Dopo un po', arrivarono altri due ragazzi che passarono a salutare Mario. Daniel vide con la coda dell'occhio che Irina si alzava con un bicchiere vuoto in mano.

«Vai al banco?» Irina annuì. «Ti accompagno» disse, d'istinto.

Mentre attraversavano il bar, Daniel sentì alle sue spalle gli sguardi di Mario e del ragazzo dai capelli rossi.

«Cosa prendi?» chiese Irina quando furono al banco.

Daniel esitò un attimo. Le sue misere finanze per quella sera erano già esaurite, ma non voleva ammettere di essere andato al banco soltanto per parlare con lei da soli.

«Una bottiglia d'acqua».

Irina ordinò una birra e poi si voltò verso Daniel. Lui l'aveva accompagnata perché la considerava interessante più che attraente, ma adesso rimase senza fiato. Al banco c'era più luce e la pelle leggermente abbronzata di Irina sembrava brillare. Era alta un metro e ottanta, aveva il fisico da saltatrice con l'asta e indossava un vestito corto con spalline sottili dello stesso colore dei suoi occhi. I capelli biondissimi e lisci le ricadevano sulle spalle fino a metà schiena.

«Parli molto bene lo spagnolo» disse quando riuscì a reagire, «dove l'hai imparato?»

Non era un modo molto originale di cominciare una conversazione, ma ottenne il suo scopo e dopo un po' chiacchieravano animatamente. Irina gli raccontò che suo nonno era nato in Spagna, ma era emigrato in Russia nel 1939, alla fine della guerra civile spagnola. I ricordi che aveva di lui risalivano all'infanzia, perché era morto quando lei aveva sette anni, disse con un'ombra fugace nello sguardo. Forse per questo lo aveva idealizzato e fin da piccola aveva voluto imparare la sua lingua, che aveva studiato sia a scuola che all'università. La sua famiglia si era trasferita dalla Russia in Germania quando lei era adolescente e aveva frequentato l'università a Berlino, dove aveva preso un dottorato in sociologia.

Daniel la ascoltava rendendosi conto di essere sempre più attratto da lei. Il viso di Irina era come le copertine delle riviste di moda, con la differenza che lei non aveva bisogno di Photoshop, e invece della freddezza delle modelle aveva un modo di guardare e di sorridere caldo e intimo. Notò inoltre con rammarico che, a differenza di Elena la settimana prima, non mostrava alcun indizio del fatto che lui le piacesse.

Insomma, il Mensa serve a conoscere gente interessante, non è un club per single in cerca dell'anima gemella.

Dopo il dottorato, Irina aveva trovato lavoro in un'agenzia di pubblicità e da un mese era riuscita a farsi trasferire nella sede di Madrid. Faceva parte della sezione tedesca del Mensa da tre anni, e aveva pensato che partecipare alle riunioni dell'associazione a Madrid sarebbe stato un ottimo modo di conoscere gente in città.

«Ed eccomi qui» aggiunse, bevendo un sorso della sua birra.

Dopo Irina toccò a Daniel fare un breve riassunto della sua vita. Quando citò i suoi studi, lei si mostrò particolarmente interessata.

«Caspita, ingegnere e psicologo. Allora devi avere un'opinione chiara su quello di cui parlavamo al tavolo, anche se sei stato molto silenzioso. Cosa ne pensi della possibilità di usare modelli informatici per strutturare campagne pubblicitarie più efficaci?»

Il sorriso di Daniel si allargò.

«Sono totalmente d'accordo con quello che dicevi tu. Anzi, da quattro anni sto lavorando a un modello informatico che riproduca il comportamento dell'essere umano».

«Per applicarlo alla pubblicità?»

«No, in realtà non lo sto sviluppando per nessuna applicazione in particolare». *Anche se ho già in mente diverse possibili applicazioni*, pensò abbassando lo sguardo per un attimo. «Mi ha sempre incuriosito il funzionamento del cervello e della mente, e ho cominciato a sviluppare il modello per un semplice desiderio di conoscenza».

Irina inarcò le sopracciglia e annuì con aria ammirata.

«Come funziona il tuo modello?»

«Vedi...» Daniel unì le mani e si appoggiò la punta degli indici sulle labbra per qualche secondo. «Credo sia meglio iniziare dallo stato delle ricerche attuali sul cervello. Hai mai sentito dire che il ventunesimo secolo sarà il secolo del cervello?»

«Credo di averlo letto tempo fa in un articolo».

Daniel annuì.

«Penso che sia un buon modo di definire questo secolo, perché i progressi della scienza in relazione al cervello cambieranno la medicina, l'industria informatica, la società... Hai sentito parlare dello Human Brain Project, il progetto sul cervello umano?»

«Mmm... non credo».

«È un progetto europeo, molto complesso e ambizioso. Vi partecipano ventisei paesi e oltre centotrenta istituzioni scientifiche, il budget iniziale è di un miliardo e duecento milioni di euro».

«Un miliardo e duecento milioni di euro, che follia! Mi stupisce non averne mai sentito parlare».

«Suppongo che si farà conoscere man mano che otterrà risultati. E ovviamente sono d'accordo sul fatto che dispone di un budget enorme. C'è un altro progetto simile, chiamato Brain Initiative e diretto dagli Stati Uniti, che ha un budget spropositato. Io mi accontenterei della metà per il mio» aggiunse ridendo. «Insomma, si può dire che lo Human Brain Project, l'HBP, cerca di ottenere per il cervello umano qualcosa di simile a quello che ha fatto il Progetto Genoma Umano per i geni».

«Cercano di fare una mappatura del cervello?»

«In realtà, l'HBP va ben oltre. Il Progetto Genoma ha ottenuto la mappatura di tutti i geni degli esseri umani. L'HBP intende ottenere una simulazione di tutto il cervello umano mediante supercomputer. Così si potranno ottenere simulazioni in tempo reale allo scopo di capire meglio come funziona il cervello. Se il progetto avrà successo, sarà un grande passo avanti nella comprensione di molte malattie, per diagnosticarle e curarle».

Irina annuì in silenzio, molto attenta alle parole di Daniel.

«Guarda, per darti un'idea della velocità a cui stanno procedendo le cose: qualche anno fa hanno sviluppato il predecessore dell'HBP, che si chiamava Blue Brain Project. In quell'occasione, gli scienziati sono riusciti a creare una simulazione completa della colonna corticale di un topo, che è composta da diecimila neuroni. Bisogna tenere conto del fatto che la colonna corticale è l'unità funzionale minima in cui possiamo dividere la neocorteccia, cioè la parte del cervello in cui è situato il pensiero. Per questo, disporre del modello informatico di una colonna corticale è un grande progresso per le neuroscienze, la disciplina che studia il cervello e il sistema nervoso».

Daniel bevve un rapido sorso dalla sua bottiglia d'acqua e continuò.

«Bene, il Blue Brain Project ha ottenuto come primo passo la simulazione al computer della colonna corticale, e nel 2011 ha ottenuto una simulazione di cento colonne corticali collegate, cioè un milione di neuroni. Nel passo successivo, nel 2014, la simulazione si moltiplicherà ancora per cento e coinvolgerà l'intero cervello di un topo: cento milioni di neuroni».

«Non mi sembra che un qualunque computer possa realizzare una simulazione del genere» obiettò Irina.

«No, in effetti è proprio questo il limite attuale della capacità dei computer, nonostante siano al lavoro in contemporanea alcuni tra i principali supercomputer del mondo. L'HBP ha l'ambizione di simulare l'intero cervello umano, cento miliardi di neuroni, entro il 2023. Per riuscirci, è necessario che la capacità dei supercomputer si moltiplichi per mille».

«Sembra fantascienza aumentare di mille volte la potenza dei computer».

«Lo so, ma i fatti ci hanno dimostrato che non è impossibile. Negli ultimi decenni, la capacità dei computer si è moltiplicata per mille ogni dieci anni. I neuroscienziati si aspettano un incremento simile nei dieci anni dello Human Brain Project che vanno dal 2013 al 2023. Se riusciremo a ottenerlo, e secondo l'industria informatica è possibile, saremo in grado di realizzare la simulazione in tempo reale del cervello umano mediante supercomputer».

Irina aggrottò le sopracciglia.

«Il tuo modello fa qualcosa di simile a quello che si propone lo Human Brain Project?»

Daniel si grattò il mento riflettendo sulla risposta.

«Non ho mai pensato a come definire il mio modello. Si potrebbe dire che è un modello a due dimensioni:

il cervello e la mente» disse alzando prima una mano e poi l'altra. «Cioè, si occupa di entrambe le cose insieme». Unì le mani. «Ingloba la misteriosa dualità che tutti abbiamo dentro la testa».

«E ci stai lavorando da quattro anni?»

«Sì. Be', sono quattro anni che lavoro a quella che considero la fase finale. In realtà, sono quasi quindici anni che lavoro su questo. Da piccolo leggevo molto di informatica e psicologia, e ho finito per unire le due cose. Uno dei momenti chiave è stato quando sono riuscito a procurarmi una macchina per eseguire l'elettroencefalogramma. Era di un amico di mio padre, che aveva una clinica psichiatrica e la usava per il biofeedback nelle tecniche di rilassamento. Gli si era rotta e se n'era comprata una nuova, e io ho convinto mio padre a chiedergli quella vecchia, che sono riuscito a riparare e poi a usare».

«Come la usavi, su te stesso?»

Daniel scoppiò a ridere, ripensando a quell'epoca.

«Passavo ore con un casco di elettrodi in testa, collegati al computer. Facevo ogni tipo di prove e registravo tutti i dati. Impiegavo tantissimo tempo a mettere e togliere il casco, perciò a volte mi sedevo a tavola per cena con il casco addosso. Mia madre diceva che sembravo uno scienziato pazzo».

«Mi sarebbe piaciuto vederti» rise Irina. «Non hai nessuna foto?»

«Mio padre me ne ha fatta qualcuna. Devono essere a casa loro, in qualche album». Daniel sorrise al ricordo. «Il fatto è che ho accumulato un mucchio di dati, miei e anche dei miei genitori e di qualche amico, che sopportava stoicamente con il casco in testa mentre io facevo tutti gli esperimenti che mi venivano in mente. Col tempo ho messo da parte il casco e mi sono concentrato sulla programmazione di un modello informatico che riflettesse il modello teorico che avevo sviluppato a partire dai miei studi ed esperimenti».

Irina era pensierosa e intervenne con cautela.

«Non offenderti per la mia domanda, ma com'è possibile che tu abbia sviluppato un modello con una certa validità predittiva, se hai detto che per simulare un cervello lo Human Brain Project ha bisogno di supercomputer mille volte più potenti di quelli che esistono attualmente?»

Daniel si spostò dal banco per lasciar passare Marta, che voleva ordinare qualcosa al cameriere. La filologa gli lanciò un'occhiata e Daniel sorrise un po' imbarazzato. Si allontanò di qualche passo per continuare a parlare con Irina.

«Il mio progetto non vuole riflettere l'insieme del cervello in un computer, come se si trattasse di uno specchio informatico. Il modello che ho sviluppato simula i processi che permettono a una percezione di passare dai sensi al cervello e da lì di trasformarsi in un atto di coscienza nella mente. È questa l'interazione su cui mi sono concentrato, capire come degli stimoli si trasformino in eventi mentali. Inoltre, il mio lavoro studia il processo in entrambi i sensi: determina quali cambiamenti si produrranno nella mente a partire da stimoli conosciuti, ma anche quali stimoli sono necessari per produrre un cambiamento concreto».

Daniel non volle approfondire il funzionamento interno del suo modello. Descritto così, nelle sue linee generali, non era molto diverso dal lavoro di altri ricercatori. Quello che era molto diverso era il risultato, grazie agli algoritmi che aveva sviluppato per riflettere i processi mentali, molto più efficaci e precisi di tutti quelli concepiti fino ad allora.

«E per il tuo modello non serve un supercomputer?»

«Qualcosa di simile, non basta un computer normale». Daniel esitò, incerto se rivelare come otteneva la capacità informatica che usava; ma si sentiva così a suo agio con Irina che decise di farlo. «Nella mia stanza ho montato un cluster collegando trenta macchine, ma di solito non uso il cluster per il lavoro di simulazione, bensì per gestire quello che fanno... altre macchine».

Irina inarcò le sopracciglia, intrigata.

«Non so se hai sentito parlare del progetto SETI@home». Irina scosse la testa. «È un progetto per cercare vita intelligente fuori dalla Terra. Analizza i segnali radio che arrivano dallo spazio. Vi collaborano milioni di persone, che cedono le capacità di elaborazione libere dei loro computer. Si chiama informatica distribuita, e ci sono altri progetti che funzionano nello stesso modo. Io ho fatto qualcosa di simile...» si interruppe per un istante «... anche se nel caso del mio progetto la gente non sa che sto usando la loro capacità di elaborazione inattiva».

«Sei un hacker su scala mondiale!»

«Be', solo un po', e per una buona causa». In realtà, era ben più di *un po'*. Il progetto SETI@home raggruppava cinque milioni di computer. Lui non arrivava a tanto, ma ormai aveva superato il mezzo milione. Non ne era molto orgoglioso, ma sapeva di non danneggiare nessuno.

«Spiegami meglio come funziona il tuo modello».

«Sai qualcosa dei linguaggi di programmazione?»

Irina scosse la testa divertita.

«Nemmeno una parola».

«Be', fa lo stesso. Il mio programma parte da un dato di fatto: qualunque atto mentale, dalla percezione più semplice a un ragionamento complesso, provoca un cambiamento nella struttura fisica del cervello. Un cambiamento permanente nelle reti neuronali. Può trattarsi, per esempio, di una nuova connessione tra due neuroni. Su questo si basa l'apprendimento. Ed è anche il motivo per cui a ogni esperienza di vita cambiamo un po', diventando una persona un po' diversa». Daniel fece una pausa, pensando a un esempio chiarificatore. «Anche la pubblicità si basa su questo. Si tratta di esporre le persone a una serie di stimoli che alterino il loro cervello, allo scopo di moltiplicare le possibilità che acquistino un determinato prodotto. Per esempio, collegando la sensazione della sete all'evocazione di una concreta marca di bibite. In questo modo, quando hai sete, invece di pensare all'acqua, che sarebbe la cosa naturale, penserai a quelle bibite».

«È vero» commentò Irina, pensierosa. «Non l'avevo mai considerata da questo punto di vista». Diede un colpetto sul braccio di Daniel. «È terribile la storia di alterare i cervelli, mi fai sentire molto in colpa a lavorare in pubblicità».

Daniel rise insieme a lei, prima di continuare.

«In realtà, il nostro cervello è plasmato intenzionalmente da quando nasciamo. I nostri genitori cercano di farci diventare in un certo modo, i professori cercano di farci imparare le lezioni, il nostro gruppo sociale vuole che facciamo certe cose e che siamo uguali a loro... E possiamo anche cadere nelle grinfie di organizzazioni esperte in manipolazione, capaci di ottenere qualsiasi cosa da una persona. Pensa alla sottomissione degli adepti delle sette radicali o ai terroristi suicidi».

«Ma non credo che loro usino modelli informatici» disse Irina, col suo leggero accento russo.

«No, certo, ma c'è sempre un modello teorico alla base. Loro avranno manuali di istruzioni e affideranno il compito ai membri più abili e convincenti. Al giorno d'oggi non esiste un modello preciso che superi una buona combinazione di carisma e intuizione».

«Nemmeno il tuo modello?» chiese Irina.

Daniel era consapevole che la crescente attrazione per Irina gli faceva venire voglia di impressionarla, perciò si sforzò di rispondere con prudenza.

«Sto ottenendo buoni risultati, ma per il momento solo su previsioni di comportamento molto elementari».

In realtà, da un anno faceva simulazioni predittive di decisioni complesse, e ultimamente i risultati ottenevano un tasso di successo superiore al novanta per cento. Cercò di non far trapelare dalla sua espressione quel che pensava; era sempre più consapevole del fatto che stava sviluppando una tecnologia potente, un'arma a doppio taglio che avrebbe potuto causare molti danni se fosse caduta nelle mani sbagliate. Sarebbero bastate poche modifiche per usarla per riprogrammare cervelli e convincere una persona a fare praticamente tutto quello che si voleva da lei. Il potenziale scientifico e medico del suo lavoro era enorme, quanto il potenziale per essere sfruttato come meccanismo di controllo in ambito imprenditoriale e militare.

«Fai simulazioni per gruppi molto vasti?» continuò a chiedere Irina.

«So dove vuoi arrivare» Daniel sorrise, «ma il mio lavoro è basato sugli individui. Introduco le caratteristiche più rilevanti di un soggetto, poi l'insieme di stimoli che riceverà questa persona e il programma mi dice come cambierà il suo comportamento. Come ti ho già detto, posso anche fare il processo inverso: indico i cambiamenti che voglio ottenere e il programma mi dice con quali stimoli ottenerli».

Irina lo ascoltava con una scintilla ironica nello sguardo.

«Vedo che non vuoi che approfitti del tuo programma per il mio lavoro».

«No» rispose Daniel, «ma posso lasciarti approfittare di me in un altro modo».

Irina lo guardò in silenzio e Daniel arrossì. Aveva cercato di essere insinuante in modo divertente, ma lo sguardo di Irina gli fece ricordare che lei aveva ventinove anni, sette più di lui, e temette di essere sembrato immaturo e presuntuoso.

Un attimo dopo, Irina scoppiò in una risata che risuonò come musica alle sue orecchie.

Capitolo 38

Cartagine, 507 a.C.

Il Cinghiale d'oro era una delle taverne più grandi e popolari di Cartagine. Due grosse torce accanto alla porta illuminavano un cinghiale di ferro inchiodato all'architrave. Forse in passato l'animale sfoggiava una pittura dorata, ma ormai era coperto di ruggine. Akenon gli passò sotto ed entrò nella sala principale della taverna.

Dentro faceva ancora più caldo che in strada. Su un enorme focolare, in un angolo, arrostivano verdure, pesce e grossi spiedini di carne. L'odore appiccicoso del cibo sovrastava quello del vino e degli uomini sudati. Akenon si allontanò dalla porta per non attirare l'attenzione e lasciò vagare lo sguardo nel rumoroso ambiente. C'erano una decina di tavoli occupati e a uno di essi riconobbe subito Asdrubale. Era seduto con cinque uomini che Akenon non conosceva. I loro sguardi si incrociarono e Akenon si diresse verso di lui.

Sul viso di Asdrubale affiorò un'espressione allarmata che rapidamente si trasformò in un sorriso.

«Akenon, mi fa piacere rivederti» disse senza alzarsi. «Caspita, cos'è successo alla tua tunica da aristocratico?»

«Possiamo parlare?»

«Ma certo». Asdrubale allungò il braccio e avvicinò uno sgabello vuoto dal tavolo accanto. «Siediti e bevi un po' di vino con noi».

Akenon esitò. I compagni di Asdrubale lo osservavano senza nascondere la loro diffidenza. La barba e la pelle abbronzata gli davano un'aria da marinai, ma Akenon era sicuro che non facessero parte dell'equipaggio della *Melkart*.

«Meglio se parliamo da soli» rispose, restando in piedi.

Asdrubale si guardò intorno. Vide un tavolo in fondo alla sala e lo indicò ad Akenon con un cenno della testa.

«Aspettami lì».

Mentre attraversava la sala, ad Akenon sembrò di addentrarsi in una gabbia. Vide alcune facce conosciute dei tempi in cui faceva l'investigatore, ma Hannon gli aveva fatto capire chiaramente che al porto Asdrubale era quasi un reuccio.

Dopo solo pochi secondi il comandante della *Melkart* si sedette accanto a lui.

«Cosa vuoi?» Il suo tono aveva perso il rispetto che gli aveva mostrato a bordo della nave.

«Parlare con te di Khaos».

Arianna indietreggiò di scatto, terrorizzata e perplessa. Il manico del suo coltello spuntava come un picchetto dal petto di Eshdek. Inciampò e cadde seduta sullo spesso tappeto che copriva il pavimento del salone. Non riusciva a staccare gli occhi dall'impugnatura di osso e cuoio che conosceva così bene.

Era così stordita che le ci vollero alcuni secondi per ricordare che l'arma era scomparsa dal baule della sua camera da letto. D'improvviso, percepì la stessa presenza che aveva sentito a casa sua. Si trovava in quella sala ed emanava un'aura maligna e potente. Si guardò intorno, senza trovare il suo nemico. Si precipitò sul corpo di Eshdek, afferrò il manico del coltello e lo estrasse con uno strattone.

Asdrubale aspettò che Akenon proseguisse. Non sembrava sorpreso.

«So che Khaos scriveva messaggi sulle ciotole di cibo, e che tu li facevi arrivare a qualcuno». Asdrubale rimase impassibile, come una statua. Akenon diede un'occhiata ai suoi amici e si accorse che da diversi tavoli gli uomini li fissavano. Prese fiato e continuò: «Sia io che Eshdek sorvoleremo sulla tua partecipazione alla faccenda delle ciotole, purché tu mi dica chi le riceveva».

Asdrubale rimase per un po' in silenzio, fissandolo privo di espressione. Tutt'a un tratto batté un leggero colpo con la mano sul tavolo e si alzò.

«Avevi ragione, è meglio che andiamo a parlare lontano da orecchie indiscrete. Usciamo». Fece qualche passo, ma si voltò accorgendosi che Akenon non lo seguiva. «Tranquillo, solo tu e io».

Akenon si alzò e attraversò la taverna dietro Asdrubale, lanciando furtive occhiate a destra e a sinistra. Molti uomini li seguivano con lo sguardo, ma per il momento nessuno si alzava. Le conversazioni erano scemate, fin quasi a cessare. Arrivati alla porta, Asdrubale si fermò sulla soglia e si voltò verso di lui. Sotto la barba incolta c'era un sorriso amichevole, ma Akenon si accorse con sgomento che non guardava lui, ma un punto alle sue spalle.

Girò leggermente la testa e con la coda dell'occhio percepì del movimento. Ma prima che potesse voltarsi completamente, Asdrubale gli sferrò un pugno sullo zigomo. Cadde all'indietro e sentì le mani di diversi uomini afferrarlo come se fossero animali selvaggi, mentre nella taverna risuonava il grido rabbioso di Asdrubale: «Uccidetelo!»

Capitolo 39

Madrid, Spagna, oggi

Ivan strinse con forza il volante, chiedendosi perché diavolo i veicoli davanti a lui non avanzavano. Era fermo al casello dell'autostrada R2, cercando di entrare a Madrid. Davanti alla sua auto c'era un alto furgone che gli impediva di vedere quello che succedeva più in là.

Spero che non si tratti di un controllo della polizia.

L'omicidio di Leonardo Rossi, avvenuto un paio d'ore prima, aveva provocato una certa agitazione alla radio della polizia che Ivan piratava, ma non si era parlato di controlli. E poi, lui non voleva scappare dalla città, ma entrarci.

Impostò un codice di sei cifre sullo schermo del navigatore dell'auto. Si udì un lieve *clic* e il coperchio dello scomparto nascosto tra i due sedili si sollevò di un centimetro. Ivan ci guardò dentro. Prese una piccola Glock 26 con caricatore a dieci colpi e la infilò nella fondina alla caviglia sinistra. Poi prese l'altro oggetto, un pugnale con una lama affilata come un rasoio su entrambi i lati. Lo osservò per qualche istante. Con quel pugnale aveva ucciso per la prima volta, quando aveva quindici anni. Lo infilò nella fondina all'altra caviglia e tornò a concentrarsi sulla guida.

Il furgone si mosse verso il casello. Ivan vide il conducente parlare con l'impiegato. Quando arrivò il suo turno, l'uomo nel gabbiotto gli chiese il ticket e la carta di credito.

«Scusi l'attesa, abbiamo avuto un problema informatico». Addebitò l'importo sulla carta e gliela restituì. «Buon viaggio».

Ivan prese la carta di credito cercando di evitare lo sguardo dell'impiegato. I suoi occhi erano di un azzurro trasparente come due acquemarine su cui la gente si soffermava spesso. Quello che meno gli interessava in quel momento era attirare l'attenzione.

Alzò il volume della radio della polizia.

Adesso che Leonardo è morto, devo occuparmi di Elena Pastor.

Da due ore, Elena si trovava nell'appartamento del suo vicino poliziotto.

Alberto era rimasto a parlare con lei per aiutarla a tenere la mente occupata, ma ormai era uscito da un po'. Da dove era seduta, Elena non vedeva il pianerottolo, tuttavia, attraverso la porta aperta le giungeva il suono di diverse conversazioni. Non erano voci di gente impressionata o affranta, bensì di una chiacchiera spensierata.

Come possono essere così tranquilli con il cadavere di Leonardo dall'altra parte della parete?

Avrebbe voluto uscire e urlargli di dimostrare più rispetto, anche se, pensandoci freddamente, poteva capire che ci erano abituati. Per loro era solo la scena dell'ennesimo delitto.

Strinse i denti sentendo ridere forte accanto alla porta.

Effettivamente, sembra la cabina dei fratelli Marx.

Oltre ad Alberto, Javier e ai sanitari dell'ambulanza, c'erano una decina di poliziotti tra pattuglie del distretto, gli agenti della Omicidi e quelli della Scientifica. A Elena sembrava una perdita di tempo che tutti dovessero aspettare il giudice senza fare altro che stare lì a chiacchierare.

Alzò la testa e ascoltò attentamente. Le voci adesso tacevano. Si alzò dalla poltrona e si avvicinò con cautela all'ingresso. I poliziotti erano ancora sul pianerottolo. Si erano spostati di lato per lasciar passare un uomo anziano, che adesso era di spalle davanti alla porta dell'appartamento di Elena. Era basso, con i capelli grigi e una grossa pelata sulla sommità del capo. Parlava con il poliziotto della Omicidi che le aveva guardato il seno.

Dev'essere il giudice.

Era in compagnia di altri due uomini ed era arrivato prima di quanto avesse previsto Alberto. Tutti i poliziotti erano attenti a quello che diceva. Quando entrarono in casa sua Elena sentì di nuovo lo stomaco indurirsi, come se avesse inghiottito cemento. Si allontanò dalla porta e rientrò nell'inquietante solitudine dell'appartamento di Alberto. Si sedette lentamente sulla poltrona, prese la borsa dal tavolo e tirò fuori il cellulare.

Guardò lo schermo e sfogliò mentalmente la rubrica telefonica.

Meglio che non chiami nessuno. A Madrid non aveva parenti stretti e non avrebbe telefonato a un'amica per chiederle di venire a casa sua a quell'ora della notte. *In queste circostanze il mio miglior sostegno è Alberto.*

Poco prima le era venuto in mente di telefonare a Daniel, ma aveva scartato l'idea. Anche se le dispiaceva avergli tirato un pacco, non poteva spiegarglielo per telefono.

Posò il cellulare sul tavolo e intrecciò le dita. Pensare a Daniel in quel momento le sembrava una mancanza di rispetto verso Leonardo.

Sul tavolo c'era una rivista di automobili. La prese, ne sfogliò qualche pagina e la posò. Non riusciva a smettere di pensare a quello che stava succedendo a casa sua. D'improvviso, pensò che Leonardo doveva avere ancora gli occhi aperti, come l'aveva visto lei sul suo letto. Dovette trattenersi per non andare a chiuderglieli.

Dopo un po', udì avvicinarsi delle voci e si girò per guardare verso la porta. In quel momento entrò il giudice insieme a un uomo dall'aria stanca che teneva in mano una cartellina di pelle.

«Elena Pastor?» Lei annuì e il giudice si avvicinò. «Mi hanno detto che ha visto il corpo; il simbolo che ha inciso il suo amico...» Si toccò la fronte. «... sa cosa significa?»

Elena scosse la testa in silenzio, ma poi rispose: «Una volta mi è parso di vederlo di sfuggita sul suo computer, ma non sono sicura che sia lo stesso simbolo».

Il giudice la guardò pensieroso.

«Sa se Leonardo appartenesse a qualche setta?»

Elena sobbalzò sulla poltrona.

«Che io sappia no, ma lo conoscevo solo da tre mesi e a volte era piuttosto ermetico».

«Già... Molto bene, grazie».

Il giudice si girò e uscì con il segretario. Elena lo seguì con lo sguardo, stupita dalla sua laconicità, e non si accorse che le si era avvicinato il poliziotto della Omicidi.

«Possiamo andare». Lei si affrettò ad alzarsi per evitare che le guardasse dentro la scollatura. «Non c'è bisogno di aspettare che i colleghi abbiano finito. Andiamo alla sede centrale per portarci avanti con l'interrogatorio».

«Può venire anche Alberto?» chiese Elena prendendo la borsa.

«Può accompagnarci» il poliziotto abbozzò un sorriso sgradevole, «ma non potrà presenziare all'interrogatorio».

Irina diede un'occhiata al suo orologio da polso.

«Oh, sono già le due. Devo andare, domani inizio a lavorare presto».

Daniel si stupì che fosse così tardi. Avrebbe detto che fossero insieme solo da dieci minuti, invece avevano passato quasi tre ore a chiacchierare al banco del bar.

«Ti accompagno» disse subito.

Lei esitò e Daniel si chiese se fosse stato pesante.

«D'accordo». Irina sorrise. «Andiamo».

Poco dopo, camminavano verso il posto in cui lei aveva parcheggiato la macchina. Faceva ancora caldo, ma non era più soffocante. Daniel notò che la maggior parte della gente che incrociavano guardava più o meno sfacciatamente Irina, che camminava spensierata con il suo vestito corto.

Non mi stupisce che la guardino, si disse Daniel. Non era solo bellissima, ma aveva una sensualità conturbante di cui sembrava non essere consapevole. Era difficile non ammirare il suo corpo atletico e voluttuoso.

Irina si voltò verso di lui e lo sorprese a guardarla.

«Allora, ti dedichi solo alla ricerca?»

«Sì». Daniel si accorse di arrossire, ma continuò a parlare. «Passo quindici ore al giorno, dal lunedì alla domenica, attaccato ai miei computer. Immagino che possa sembrare una follia».

«Lavorare più di cento ore a settimana è eccessivo,

senza dubbio. Puoi autodenunciarti per sfruttamento» commentò lei ridendo.

«Sì, soprattutto perché non mi pago nemmeno il salario minimo». Daniel si unì alla risata di Irina. «Questo mese dovrò scegliere tra pagare l'affitto e mangiare». Continuò a ridere come se fosse uno scherzo.

«Sul serio, perché un ragazzo di ventidue anni dedica tutto il suo tempo al lavoro?»

Daniel rimase in silenzio.

Suppongo per lo stesso motivo per cui non posso tornare a casa dei miei genitori. Si incupì per un attimo. Non avrebbe parlato di questo.

Guardò di nuovo Irina.

«Bene, come diceva Sartre, esistere è creare la propria esistenza. Se vuoi che nella tua vita succeda qualcosa, devi sforzarti affinché succeda».

«Direi che quindici ore al giorno sono davvero un grosso sforzo».

Daniel annuì in silenzio e Irina lo osservò incuriosita.

In quel momento passarono davanti al Congresso dei deputati. Irina si fermò a contemplare il maestoso edificio.

«Mi piacciono quei leoni». Indicò le statue ai lati dell'entrata.

«Hanno una storia curiosa» spiegò Daniel, «in linea con i tempi che corrono». Irina si voltò verso di lui, ascoltandolo con interesse. «Nel progetto originale dell'edificio, finito nel 1850, qui dovevano esserci dei lampioni. La gente si lamentò dicendo che rovinavano l'insieme e decisero di sostituirli con dei leoni. Ma per la scarsità di fondi a disposizione dovettero fabbricarli in gesso e poi dipingerli a imitazione del bronzo».

Irina guardò di nuovo i leoni e poi Daniel con aria incredula.

«Davvero erano sculture di gesso?»

«Sì, in Spagna sono stati fatti grandi pasticci in tutte le epoche. Come puoi immaginare, il gesso si scioglieva con la pioggia e un anno dopo dovettero togliere le statue. Ne scolpirono altre di pietra, ma siccome avevano sempre pochi soldi le fecero così piccole che la gente si lamentava dicendo che sembravano cani e non leoni».

«Non posso crederci» disse Irina ridendo. «E cos'è successo?»

«Hanno tolto anche quelle, e si dovettero aspettare diversi anni finché la Spagna non si procurò dei cannoni di bronzo in una battaglia». Daniel diede una pacca a una delle sculture. «Li fecero fondere per fare questi leoni».

Irina si avvicinò al piedistallo e lesse con il suo leggero accento straniero: «*Fusione realizzata con cannoni sottratti al nemico della guerra d'Africa nel 1860*».

Daniel continuò a improvvisarsi guida turistica, mentre scendevano lungo la Carrera de San Jerónimo. Arrivati al Paseo del Prado, citò la centenaria rivalità tra gli hotel Ritz e Palace, i due primi alberghi di lusso a Madrid, separati dalla piazza in cui sorgeva la famosa fontana di marmo del dio Nettuno.

Attraversarono il viale e risalirono lungo calle de Felipe IV, lasciandosi alla destra il museo del Prado. Poco dopo svoltarono a sinistra, imboccando una strada deserta.

Irina si fermò accanto a una Toyota Prius azzurra.

«Questa è la mia macchina».

«Molto ecologica» scherzò Daniel.

«In realtà non l'ho scelta, me l'ha assegnata la ditta, ma sono contenta che abbia il motore elettrico».

Daniel rimase in silenzio, contemplando Irina. Moriva dalla voglia di baciarla.

Ma lei non sembrava pensare alla stessa cosa.

«In caso ti interessasse» disse, «forse potrebbe esserci una possibilità di lavoro nella mia agenzia». Daniel vide crollare le speranze di baciarla, ma l'occasione di lavoro nella sua agenzia accese un'altra lucina nel suo cervello. «È un lavoro part-time, potresti farlo in parallelo alle tue ricerche. E l'agenzia non avrebbe accesso al tuo programma, la mia idea è che ci aiuti usando il nostro software».

Daniel tacque, pensieroso. Lavoro significava soldi e ne aveva disperatamente bisogno. *Sarebbe meglio una borsa di ricerca, ma devo essere realista.*

«Quand'è il colloquio?» chiese sorridendo.

«La mia capa va in vacanza la settimana prossima. Posso cercare di fissarti un colloquio tra due settimane».

«D'accordo». Daniel si avvicinò un po' di più a Irina. «Se è quello che devo fare per rivederti...»

A quattro chilometri di distanza, Elena usciva dall'edificio di mattoni della sede del commissariato in compagnia di Alberto. Non le avevano fatto il terzo grado, ma era stato sgradevole. Il poliziotto della Omicidi le aveva posto diverse domande sulla sua vita sessuale con Leonardo, sostenendo che era importante conoscere i dettagli della relazione che c'era stata tra loro.

Quel poliziotto è un maiale. Spero di non rivederlo più.

Camminava assorta accanto al suo vicino, nell'aria calda della notte. La polizia aveva detto che il portatile di Leo non si trovava nell'appartamento, il che le faceva temere che ci fosse un collegamento tra l'assassino e la sua foto con il pentacolo – sempre che fosse davvero lei in quella foto. Inoltre, la polizia le aveva chiesto un domicilio e un recapito telefonico, e doveva avvertirli se avesse lasciato la città.

Raggiunsero l'auto di Alberto e il suo vicino si affrettò ad aprirle la portiera dal lato del passeggero. D'improvviso Elena si rese conto che il suo appartamento era sotto sequestro e si fermò di botto.

Dove passo la notte?

Irina si avvicinò a Daniel. Con la punta delle dita gli accarezzò il dorso della mano e risalì lentamente lungo il braccio, facendolo rabbrividire.

«Non c'è bisogno che lavoriamo insieme per rivederci».

Accarezzò con un dito i muscoli del braccio di Daniel. Poi gli infilò la mano sotto la manica della maglietta.

Daniel respirava agitato, senza staccare gli occhi dalle labbra di Irina.

«Cosa succede?» chiese Alberto, tenendole la portiera aperta.

«Non posso entrare nel mio appartamento. Dove vado?»

«Per stanotte rimani a casa mia, ovviamente». Lo sguardo di Alberto era gentile, come sempre, ma Elena non si decideva a salire in auto. «Suppongo che domani potrai rientrare nella tua, vedremo, l'importante adesso è riposare». Sorrise e con un cenno della mano la invitò a salire a bordo. Lei esitava e l'espressione di Alberto si tese leggermente, ma Elena non se ne accorse. «Tranquilla, tu dormi nel letto e io sul divano».

«Sì... grazie...»

Entrò in macchina e di colpo le crollò addosso tutto il peso della tensione accumulata. Appoggiò la testa al finestrino mentre Alberto avviava il motore. Poi chiuse gli occhi e cercò un pensiero rilassante.

Le sue labbra si mossero in un sussurro impercettibile.

«Daniel…»

Daniel guardava Irina ipnotizzato. Le era così vicino da sentire il delicato profumo del suo corpo. Lei socchiuse le labbra. Dietro i suoi denti di porcellana Daniel vide la punta della lingua, una promessa rosea e umida.

Chiuse gli occhi e si lasciò avvolgere da un bacio lento e profondo.

Capitolo 40

Cartagine, 507 a.C.

Arianna arretrò di qualche passo, allontanandosi dal cadavere di Eshdek. Si voltò per correre verso la porta, ma qualcosa la trattenne per la caviglia facendola cadere. L'istinto di proteggere suo figlio la fece girare e andare a sbattere col fianco sul tappeto che copriva il pavimento. Si contorse atterrita, puntando il coltello verso chi le aveva afferrato il piede.

Scoprì di aver inciampato in una piega del tappeto.

Si alzò e si guardò intorno. Si sentiva solo il suo respiro affannoso e aspro nel silenzio sepolcrale. Poco più in là, il vecchio segretario fissava su di lei gli occhi senza vita. Gli passò accanto e raggiunse la porta.

Prima di aprire, esitò. Teneva in mano il coltello insanguinato con cui avevano appena ucciso Eshdek.

Se adesso entra una guardia, mi ammazza senza fare domande.

Pulì il sangue su un arazzo alla parete e nascose l'arma sotto la tunica. *Visto che hanno usato il mio coltello per far ricadere la colpa su di me, potrebbero esserci altri indizi che mi incriminano.* Doveva scappare al più presto.

Appoggiò l'orecchio alla porta e poi la aprì. Nel corridoio non c'era nessuno. Si chiuse la porta alle spalle e si diresse verso il cortile sforzandosi di non correre. In quel momento, da una stanza uscì un servo e mancò poco che si scontrassero. Il servo la guardò stupito, ma la riconobbe subito, chinò la testa scusandosi e si allontanò.

Arianna raggiunse il cortile e andò decisa verso Kush. Lo schiavo cullava Sinuhe sotto lo sguardo indifferente di quattro guardie. Gli uomini spostarono l'attenzione su di lei vedendola arrivare.

«Kush, torniamo a casa». Arianna lo disse in tono autoritario, sapendo che le guardie stavano ascoltando.

Si voltò bruscamente e si incamminò verso l'uscita con aria altezzosa e risentita. Le guardie dovevano pensare che avesse discusso con Eshdek, era l'unica cosa che poteva giustificare il fatto che si mettessero in cammino di notte senza chiedere una scorta.

Una guardia andò a piazzarsi davanti alla porta chiusa e si voltò verso Arianna. Lei continuò a camminare senza rallentare.

Se lo prendo di sorpresa, avrò tempo di tirare fuori il coltello e conficcarglielo... ma le altre guardie ci faranno a pezzi in un attimo. Era un piano disperato, soprattutto perché fuori potevano esserci ancora i soldati di Drogo.

Si fermò davanti alla porta senza degnare di uno sguardo l'uomo che le sbarrava il passo.

«Apri la porta». Sbuffò risentita, fulminando con gli occhi la guardia.

L'uomo esitò. Quella donna era la moglie di uno degli amici personali del sufeta. Se ne andava nello stesso modo strano com'era arrivata, ma il segretario personale di Eshdek l'aveva accolta con grande deferenza. Non c'era un preciso motivo per trattenerla, e affrontarla non gli sembrava una buona idea, tanto meno vedendo quant'era furibonda.

Aprì la porta e Arianna uscì senza guardarsi indietro, seguita da Kush e dagli sguardi inquisitori degli uomini di Eshdek. La strada era vuota. Arianna si allontanò dalla luce delle lanterne e si diresse verso casa, temendo a ogni passo che trovassero il corpo di Eshdek e le intimassero di fermarsi.

Continuarono a camminare finché Arianna ritenne che si fossero allontanati a sufficienza. Si infilò in una via laterale e lo schiavo la imitò.

«Kush, hanno ucciso Eshdek» sussurrò con voce tremante.

Lo schiavo la guardò spalancando gli occhi. Socchiuse le labbra carnose senza emettere alcun suono e strinse più forte Sinuhe.

Cosa possiamo fare? si disse Arianna guardando suo figlio.

Fece un profondo sospiro, chiudendo gli occhi in cerca di una risposta. Si vide nella comunità di Crotone quando era una bambina di sette od otto anni. La maestra l'aveva accusata ingiustamente e per punizione l'aveva mandata a pulire le stalle per un'ora. Quando aveva finito ed era uscita era piena di rabbia. Alla sua destra c'era la scuola, dove doveva tornare, ma lei si era voltata a sinistra. Una siepe circondava la comunità, e dal portico d'ingresso si snodava un sentiero di terra battuta che portava a un ginnasio e poi alla città di Crotone. Stava per dirigersi verso il portico quando aveva visto suo padre nel giardino della comunità, che chiacchierava con Ipocreonte e Cleomenide, due dei suoi discepoli prefe-riti. Dopo un attimo di esitazione, si era messa a correre, passando accanto alla scuola e lasciandosi dietro le case comuni, per salire i tre scalini di pietra del tempio circolare consacrato alle Muse.

L'interno era fresco e profumava di mirto e di ginepro. Dovevano avervi bruciato erbe purificatrici in una cerimonia recente. Aveva fatto qualche passo. Lungo la parete circolare la osservavano dieci statue: le nove Muse e la dea Hestia, ai cui piedi ardeva il fuoco sacro che non si spegneva mai. Arianna si era voltata un istante verso l'entrata del tempio e poi si era nascosta dietro la statua di Hestia.

Era ancora lì quando Pitagora era entrato nel tempio mezz'ora dopo.

«Arianna».

Lei si era abbracciata le ginocchia con più forza. La voce di suo padre era risuonata di nuovo nel tempio.

«Arianna, figlia mia».

Non aveva risposto, ma suo padre sembrava sapere dove si trovava. L'aveva raggiunta e le si era seduto accanto. Lei l'aveva guardato attraverso le lacrime. Negli occhi dorati di suo padre brillava il riflesso arancione del fuoco sacro. Sembrava un dio benevolo, con i capelli lunghi e biondi come il sole e la barba folta.

Arianna era scoppiata in lacrime mentre suo padre le faceva capire che la disciplina era una delle lezioni più importanti, specialmente per un carattere passionale come il suo. Le aveva anche detto che le avrebbe insegnato alcuni esercizi per evitare che le emozioni prendessero il sopravvento, influenzando la sua condotta. Quando aveva finito di parlare, lei gli aveva promesso che sarebbe andata a chiedere scusa a Eudora, la maestra, per essere scappata, e che avrebbe accettato di buon grado la punizione che lei avesse ritenuto giusta.

Sulla porta del tempio delle Muse, suo padre le aveva detto una delle frasi che l'avrebbero accompagnata per tutta la vita.

«Non dimenticarlo, figlia mia» le aveva scostato delicatamente un ricciolo dal viso, «cerca di avere sempre il fuoco nel cuore e il gelo nella mente».

Arianna riaprì gli occhi nella notte di Cartagine e fissò Kush. D'un tratto sapeva esattamente cosa dovevano fare.

«Dobbiamo riuscire ad arrivare a casa di Glauco».

Era la loro unica possibilità. La guardia urbana sarebbe presto stata informata dell'assassinio di Eshdek, sempre che non fosse già stata avvisata, e tutti i soldati di Drogo sarebbero stati impegnati a cercarla.

Gli sembrerà così evidente che sono l'assassina che mi giustizieranno senza nemmeno un'indagine.

Solo Glauco poteva pretendere un'indagine. *Molti funzionari importanti di Cartagine hanno assaggiato il suo oro.* Glauco aveva speso una fortuna in corruzione pur di ottenere concessioni commerciali. Quei funzionari sarebbero stati impazienti di ricevere altro oro e forse avrebbero potuto aiutarli.

Esitò un attimo ripensando agli scontri che avevano avuto con Glauco in passato. Non sarebbe stato facile convincerlo a stare dalla loro parte. Non era nemmeno sicura di riuscire a farsi ricevere.

Glauco si preoccupa soprattutto di se stesso, si disse infine, *proprio per questo adesso vorrà aiutarci.* Eshdek non aveva eredi e i suoi soci si sarebbero buttati sul suo impero commerciale come avvoltoi. I favoriti per accaparrarsi una buona fetta erano i soci cartaginesi. Glauco e Akenon erano i due soci stranieri più importanti, pertanto

Glauco aveva bisogno dell'appoggio di Akenon per far valere i suoi interessi.

E poi, dietro tutto questo in qualche modo dev'esserci Khaos. Il pentacolo capovolto della lettera di suo padre e quello sulla fronte di Eshdek parlavano chiaro. *E Khaos è stato responsabile, tre anni fa, di aver fatto perdere a Glauco il suo palazzo, la maggior parte del suo lavoro e, c'è mancato poco, anche la vita.*

Arianna si inoltrò nel vicolo buio. Avrebbero fatto un giro per arrivare a casa di Glauco evitando le pattuglie. Non vedeva niente, ma aveva un buon senso dell'orientamento e la villa di Glauco era vicina.

Dopo qualche metro, si fermò così di colpo che Kush le andò a sbattere contro. Le era venuta in mente la faccia obesa del sibarita con il pentacolo capovolto che gli attraversava la fronte.

Cosa facciamo se hanno ucciso anche Glauco?

Si rimise in cammino, angosciata. Glauco era l'unico che poteva mandare delle guardie per aiutare Akenon e proteggere suo figlio.

I miei figli, si corresse, toccandosi il ventre.

Prima di raggiungere l'angolo successivo notò un bagliore. Si rese conto che proveniva da diverse torce. I portatori arrivavano dalla via trasversale successiva e si avvicinavano.

«Indietro» sussurrò a Kush.

Kush si allontanò a grandi falcate. Arianna cercò di seguirlo, ma un dolore al ventre la fece piegare in due. Soffocò un gemito, mentre sentiva lo scalpiccio degli zoccoli e delle voci profonde.

Una pattuglia. Cercò di muovere un passo, ma fu straziata da un dolore interno e cadde in ginocchio. Le dita si contrassero sulla tunica e sollevò la testa ansimando di rabbia e di paura.

Il mio bambino!

Akenon cadde all'indietro senza riuscire a reagire.

Il pugno di Asdrubale aveva fatto scomparire la taverna, immergendola in un buio impenetrabile. Percepiva solo l'eco dell'urlo di Asdrubale, *Uccidetelo!*, e gli artigli di animali umani che lo afferravano per le braccia, per il collo...

Agitò i pugni dietro la testa, disperato, più e più volte. Colpì con forza diversi nemici che mollarono la presa. Cadde sul pavimento e subito si protese in avanti. Rimettendosi in piedi, intravide attraverso la porta la figura sfocata del comandante della *Melkart* che fuggiva di corsa. Cercò di alzarsi, ma delle dita di acciaio lo afferrarono per i capelli tirandolo con brutalità. Il collo di Akenon si torse con una fitta di dolore e lui cadde di schiena sul pavimento della taverna.

Arianna sentì una mano enorme che la sollevava per un braccio, costringendola a rialzarsi. Kush la trascinava, cercando di farla correre, ma le gambe non rispondevano. Dalle voci dei soldati si capiva che erano vicinissimi. Lo schiavo circondò la vita di Arianna con un braccio, sollevandola di peso, e si mise a correre.

Ahhh, che dolore! Il ventre contratto di Arianna sbatteva contro il fianco di Kush. Lo schiavo correva veloce, reggendola con un solo braccio mentre teneva Sinuhe con l'altro.

Le voci e il rumore di zoccoli si distinguevano chiaramente. La pattuglia della guardia urbana doveva essere arrivata nella loro via.

Kush saltò di lato e cadde di schiena, ammortizzando con il proprio corpo l'impatto di Arianna e Sinuhe. Avevano raggiunto un nuovo incrocio e si trovavano accanto a un muro che li nascondeva alla vista della pattuglia, almeno per il momento.

I soldati sembravano essersi fermati all'incrocio precedente. Parlavano tra loro a voce alta, ma d'improvviso tacquero.

Ci hanno sentiti? Il dolore attanagliava Arianna alla gola e la costringeva a respirare a bocca aperta, cercando di non fare rumore. Teneva gli occhi chiusi e il sudore le colava sul viso. A un certo punto udì un suono acuto vicino all'orecchio, un lamento soffocato. Sinuhe si era svegliato per la caduta e gemeva con la mano di Kush che gli tappava la bocca. Arianna si voltò con cautela e avvicinò le labbra all'orecchio di suo figlio.

«Dormi, Sinuhe, dormi» sussurrò in tono tranquillizzante, mentre dai suoi occhi sgorgavano lacrime di dolore.

Sinuhe continuò a gemere, ma più piano. Kush lo cullò come poteva in quella posizione forzata e il piccolo si riaddormentò. Si udirono di nuovo gli zoccoli dei cavalli. Arianna si concentrò cercando di distinguere in quale direzione erano diretti. Le sembrò che venissero verso di loro, ma poco dopo si rese conto che si allontanavano.

Rimasero sdraiati finché il dolore al ventre di Arianna si placò e il suo corpo si rilassò abbastanza da permetterle di alzarsi.

«Proseguiamo».

Kush annuì con gli occhi che brillavano nel buio come lucciole azzurre. Arianna decise che era più sicuro andare nella stessa direzione in cui si era allontanata la pattuglia. Si misero in cammino, più lenti di prima per colpa della tensione che Arianna avvertiva nelle viscere. Cercò di praticare la respirazione profonda che aveva imparato quando viveva con suo padre nella comunità pitagorica di Crotone. Trovò un po' di sollievo, ma aveva bisogno di raggiungere al più presto un posto sicuro dove avrebbe potuto sdraiarsi e fare gli esercizi di concentrazione necessari a fermare le contrazioni e a evitare un aborto.

Mentre facevano un lungo giro per passare in strade non illuminate, Arianna non riusciva a smettere di pensare ad Akenon. Suo marito non sapeva che Eshdek era stato assassinato. *Non sa nemmeno che il colpevole è riuscito a farmi passare per l'assassina.* Le pattuglie della guardia urbana avrebbero arrestato anche lui. Il marito dell'assassina di un sufeta, per di più straniero come lei, non poteva sfuggire alla morte.

L'unica cosa che può salvarci è che Akenon riesca a dimostrare che il responsabile è Khaos.

Il discepolo traditore, il grande maestro assassino, doveva essere scappato oppure stava dirigendo tutto dalla prigionia. *La ribellione di Metaponto in cui è morto mio padre, l'assassinio di Eshdek e chissà quali altre atrocità.* Che grave errore avevano commesso pensando che non avrebbe più potuto fare alcun male. *Deve avere discepoli affini a lui che non conosciamo, o forse complici che l'hanno aiutato a estendere i suoi tentacoli dalla prigionia.*

Arianna si sporse in avanti forzando l'andatura. Aveva un brutto presentimento su suo marito, ma finché non avesse incontrato Glauco l'unica cosa che poteva fare era augurarsi che stesse bene.

Arrivarono all'angolo della villa di Glauco e Arianna si fermò per pensare a come entrare nell'edificio. D'improvviso visualizzò di nuovo l'immagine di Glauco con il pentacolo capovolto che sanguinava sulla fronte. Lo vide con la stessa espressione terrorizzata dipinta sul volto di Eshdek.

Scosse la testa per far sparire l'immagine e si concentrò sull'abitazione di Glauco. Sul muro anteriore ardevano diverse torce infilate in sostegni di ferro. C'erano due guardie davanti alla porta chiusa... e stavano parlando con alcuni soldati a cavallo.

Maledizione. Arianna si nascose dietro il muro della casa accanto e fece cenno a Kush di stare dietro di lei. Si affacciò di nuovo con cautela, cercando di capire quello che stavano dicendo i soldati alle guardie di Glauco. Quando ebbero finito di parlare, queste rientrarono nell'edificio chiudendo la porta e i cavalieri della guardia urbana si allontanarono. Arianna aspettò che sparissero dalla sua vista e dopo un po' uscì nel viale illuminato.

Camminò più in fretta che poteva. Erano a una ventina di metri dalla porta, quando dall'altra estremità del muro spuntarono quattro cavalli. Erano soldati di Drogo che, appena videro Arianna e Kush, spronarono le loro cavalcature.

Arianna cercò di affrettare il passo, ma gli uomini di Drogo si frapposero tra loro e la villa di Glauco, sguainando le spade.

Capitolo 41

Madrid, Spagna, oggi

Elena non riusciva a muovere le braccia.

Cercò di separare le mani tirando con forza, ma il dolore ai polsi le rivelò la terribile realtà.

Mi hanno ammanettata!

Sentì un freddo glaciale nel prendere coscienza della situazione. Era distesa sulla schiena e c'era qualcuno in ginocchio su di lei, ma non riusciva a vederlo. Non riusciva a vedere niente.

«Aiuto!» Un bavaglio trasformò il suo grido in un gemito soffocato.

Cercò di scuotere la testa, ma le ginocchia dell'uomo che non riusciva a vedere le schiacciavano i due lati della faccia.

«Shhh...»

L'uomo le sussurrò all'orecchio come se cercasse di calmare un bambino. Elena rimase immobile. Per un attimo non sentì niente, non provò niente, poi qualcosa le si conficcò nella fronte. Una fitta di dolore acuto le trapassò la testa. La carne si lacerò sotto l'arma tagliente, che si muoveva rapida sulla sua fronte premendo con tanta forza da graffiare l'osso. Il dolore raggiunse livelli intollerabili ed Elena lanciò un urlo prolungato sotto il bavaglio.

Quando le si furono svuotati i polmoni, inspirò soffocandosi con la saliva e la stoffa che le riempivano la bocca. Tossì, senza riuscire a prendere aria, e d'improvviso fu straziata da un dolore mortale. Il suo carnefice le aveva affondato l'arma nel petto spezzandole in due il cuore.

«Elena».

Il panico si mescolò a un'angoscia fredda e intorpidita.

«Elena!»

Vide su di sé il volto del suo assassino.

Alberto…, pensò senza alcuna emozione.

«Elena, stai bene?»

Alberto la scosse dolcemente. Gli occhi di Elena si posarono su di lui in silenzio, poi su un ambiente che non riconosceva.

Dove sono?

Ricordò di essersi fermata a dormire lì, era l'appartamento del suo vicino poliziotto, il giorno prima avevano ucciso Leonardo in casa sua…

Strinse le palpebre e si portò una mano alla fronte. Non aveva tagli, benché sentisse ancora la punta del coltello che le incideva l'osso.

«Scusa, ho avuto un incubo» mormorò massaggiandosi la fronte con insistenza.

«Stavi urlando come se ti stessero ammazzando». Alberto si allontanò da lei. «Sono le undici. Vuoi che tiri su le tapparelle?»

Elena annuì senza guardarlo. Udì il rumore della tapparella e una luce intensa invase la stanza.

«È una giornata stupenda». Alberto si sedette sul bordo del letto. «E ho buone notizie. Puoi rientrare a casa». Tirò fuori dalla tasca un mazzo di chiavi e lo fece tintinnare. «Ecco le tue chiavi. Te le lascio sul comodino».

Elena sollevò la testa verso il suo vicino, ancora stordita.

«Che ora hai detto che è?»

«Le undici passate. Io devo uscire a fare qualche commissione, e oggi lavoro dalle tre alle dieci. Ma tu puoi rimanere per tutto il tempo che vuoi. In effetti… be'… se non vuoi dormire a casa tua e vuoi fermarti qui anche stanotte…»

Elena si sforzò di sorridere e scosse la testa.

«Sei molto gentile, Alberto. Hai già fatto fin troppo per me».

«Come vuoi». Lui la fissò per un attimo, come se volesse aggiungere qualcos'altro. «Bene, ti lascio».

Uscì chiudendo la porta della stanza da letto ed Elena scostò il lenzuolo. Aveva dormito con il tanga e una maglietta che le aveva prestato Alberto. Il suo vestito era piegato sullo schienale di una sedia, con sopra il reggiseno.

D'improvviso sgranò gli occhi, balzò in piedi e corse verso la porta.

«Alberto!» Affacciò la testa oltre la porta. «Alberto, puoi aspettare un minuto?»

«Certo, cosa vuoi?»

«Puoi accompagnarmi in casa a prendere qualcosa da mettermi? Non voglio andarci da sola».

Elena entrava nella sua camera da letto per la prima volta dall'omicidio di Leonardo, e quello che pensò subito fu che non sarebbe più riuscita a dormire in quella stanza. Cercò di non guardare verso il letto, nonostante avessero portato via il cadavere di Leonardo e la biancheria insanguinata, e andò direttamente alla cassettiera. Riempì una borsa da viaggio senza perdere tempo a scegliere, prese un paio di pantaloni e un vestito dall'armadio e uscì.

«Uff» sbuffò dopo aver chiuso la porta. Le sembrava di aver trattenuto il respiro per tutto il tempo.

«Dove pensi di andare a stare?» le chiese Alberto.

Elena si guardò intorno. Vide Leo seduto in salotto, in cucina a preparare la cena, uscire dal bagno… e dissanguarsi in camera da letto.

«Qui no di certo» disse a labbra strette. «Non so se potrò continuare a vivere qui».

«Ah» rispose Alberto, dispiaciuto, «sarebbe un peccato non averti più come vicina».

Uscirono dall'appartamento ed Elena chiuse con due mandate.

«Da ieri sono in vacanza. Penso di andare a Logroño, da mia madre». Rimase un momento pensierosa. «Anche se non voglio dare l'idea di scappare. Chiamerò un'amica per vedere se posso stare da lei almeno un giorno. È una collega di lavoro e inoltre è un'ottima psicologa. Mi farà bene parlare con lei».

«Mi sembra un'idea grandiosa. Anche tu sei psicologa, no?» Elena annuì. «Allora sai già che di queste cose è meglio parlare».

Tornarono in casa di Alberto ed Elena andò direttamente in bagno. Aveva bisogno di una lunga doccia calda. Girò il chiavistello, si spogliò e si infilò sotto l'acqua.

Era nella doccia da un paio di minuti quando udì bussare con le nocche alla porta del bagno.

«Sì?» Spostò la testa dal getto d'acqua.

«Elena, io vado, ma ti butto lì un'idea, tu pensaci su».

«Dimmi».

«Possiamo scambiarci gli appartamenti. Tu vieni a vivere nel mio e io nel tuo. Non credo che ai nostri proprietari importerà».

Lei corrugò la fronte. Forse non era un'idea assurda, ma in qualche modo le sembrava strana. In fin dei conti, anche se quella notte aveva dormito nel suo letto, conosceva appena Alberto. E il fatto di essere nuda mentre parlavano la faceva sentire a disagio.

«Non lo so». Alzò la voce per sovrastare il rumore della doccia. «Non posso pensarci adesso. Se vuoi ne riparliamo dopo le vacanze».

«Come vuoi». La voce di Alberto le giungeva smorzata attraverso la porta chiusa. «Restiamo in contatto».

Elena rimase ad ascoltare finché sentì chiudersi la porta d'ingresso. Poi si mise di nuovo sotto il getto d'acqua e lo lasciò scorrere sulla faccia, godendosi il tepore che le scivolava lungo il corpo.

Chinò la testa e aprì gli occhi. Una parte della sua mente non smetteva di pensare a quello che era successo la sera precedente.

Se fossi rientrata a casa mezz'ora prima, anch'io sarei morta. L'incubo di quella notte continuava a farle venire i brividi, anche se si era trattato soltanto di un sogno. *Per me è stato un sogno, ma non per Leonardo.*

Le entrò dell'acqua negli occhi e sbatté le palpebre diverse volte. A ossessionarla era soprattutto il simbolo sulla fronte di Leonardo. *Una stella a cinque punte, uguale a quella che ho visto vicino alla mia foto.* Sia il giudice che la polizia le avevano chiesto se lei o lui facessero parte di qualche setta. In ogni caso, era chiaro che l'assassino era un pazzo pericoloso ed era ancora libero.

Vuole uccidermi perché sono stata la fidanzata di Leo? Fissò il vortice dell'acqua che andava a finire nello scarico. *Mi verrà a cercare pensando che sono a conoscenza di qualche segreto di Leonardo?*

Udì un leggero rumore dietro la porta – o era stato sulla porta? Chiuse l'acqua, premendo bruscamente la manopola del rubinetto, e ascoltò trattenendo il respiro.

«Alberto?» bisbigliò.

Stava per ripeterlo ad alta voce, ma non lo fece. Alberto avrebbe potuto farle credere di essere uscito di casa e invece la stava aspettando fuori dal bagno. Si avvicinò alla porta, nuda e gocciolante, e rimase in ascolto. Con un gesto istintivo si passò la mano sul collo, seguendo i segni ormai scomparsi che a quindici anni le avevano lasciato quelle dita frenetiche cercando di afferrarla.

'Prendila, prendila!' Incrociò le braccia sul seno bagnato e si allontanò dalla porta. Rabbrividì percependo la smania di quel grido come se lo sentisse in quel momento, smania di provare piacere, di farle del male, forse le due cose insieme. Aveva cercato disperatamente di scappare e la mano dello sconosciuto le aveva strappato la camicia. Aveva temuto che l'avrebbe fatta cadere, ma la stoffa aveva ceduto e lei aveva continuato a correre e a strillare. Si era sentita tirare, afferrare per i capelli, ma quando era arrivata al portone della sua amica e si era guardata indietro, non aveva visto nessuno. Aveva tenuto il dito premuto sul pulsante del citofono finché le avevano aperto e si era rifugiata nell'androne, con la camicia a brandelli e il collo insanguinato.

Non sono più uscita di casa per mesi.

Dopo quell'episodio era andata in terapia e aveva imparato a controllare le emozioni associate a quel ricordo, ma in quel momento le era difficile restare serena. Staccò piano l'asciugamano dal gancio e si asciugò cercando di non farsi sentire, attenta a qualunque rumore arrivasse dal resto della casa. Con la pelle ancora umida, si infilò un paio di jeans, una maglietta e le scarpe da ginnastica. Mentre si abbottonava i pantaloni, si guardò intorno nel bagno alla ricerca di qualcosa che potesse servirle come arma. Non trovò nulla. Chiuse gli occhi, ripensando al professore di karate della sua adolescenza. Le aveva insegnato come colpire un avversario molto più grande per immobilizzarlo per qualche secondo, il tempo sufficiente per scappare. Visualizzò alcuni colpi, strinse i pugni e aprì la porta del bagno.

Non c'era nessuno.

Andò direttamente in cucina, prese il coltello più grande che trovò e ispezionò l'appartamento stanza per stanza.

Poi telefonò a Carmen Aroza, senza posare il coltello. Le fece un riassunto dell'accaduto e le chiese se poteva andare a casa sua e restare con lei per quella notte. Carmen le disse di andarci immediatamente e di restare per tutto il tempo di cui aveva bisogno. Dopo aver riattaccato, Elena chiamò un taxi. Sapeva che, nel suo stato di agitazione, se avesse preso la sua auto, era molto probabile che avrebbe avuto un incidente.

Aspettò il taxi seduta sull'orlo di una poltrona, con lo scarso bagaglio ai suoi piedi e il coltello in mano. Quando squillò il citofono, il coltello le cadde a terra. Afferrò la borsa da viaggio, andò a rimettere a posto il coltello, dopo essersi chiesta se portarselo dietro, e lasciò l'appartamento.

Uscendo dal portone vide il taxi fermo in doppia fila. L'autista stava fumando una sigaretta appoggiato al veicolo. Portava gli occhiali da sole e una camicia bianca con le maniche arrotolate. Si raddrizzò vedendola e le si avvicinò tendendo la mano verso la borsa.

«Posso aiutarla?»

Elena scosse la testa e il tassista si voltò per aprirle la portiera dell'auto. Lei posò la borsa sul sedile consumato e vi si sedette accanto. Dovette aspettare qualche secondo che il conducente aspirasse avidamente la sigaretta prima di salire a bordo.

Elena gli diede l'indirizzo di Carmen Aroza attraverso la barriera di protezione. Poi si appoggiò allo schienale e con un dito sfiorò lentamente i tagli di cui ancora sentiva il dolore sulla fronte. Una stella a cinque punte.

Un pentacolo capovolto.

Chiuse gli occhi e provò un intenso sollievo nell'allontanarsi dal suo palazzo. Fece un paio di respiri profondi e si guardò intorno. Il sole splendeva radioso e il suo umore migliorò, pur sapendo di essere in pieno shock postraumatico.

Mi farà molto bene parlare con Carmen.

Sapeva che quello che bisognava fare in simili circostanze era parlare, mettere in parole le emozioni affinché non si radicassero dentro. E non c'era niente di meglio che farlo con una bravissima psicologa come Carmen Aroza.

Magari mi ipnotizza di nuovo. L'aveva fatto una volta, dopo la morte di suo padre, per aiutarla a tirare fuori le emozioni più profonde, e il risultato era stato ottimo.

Prese il cellulare dalla borsa e rimuginò sull'idea di telefonare a Daniel. Si rendeva conto di essere ancora sconvolta, ma viaggiare in taxi la tranquillizzava, come se la carrozzeria del veicolo la isolasse dalle sue preoccupazioni.

Guardò lo schermo spento e sulle sue labbra affiorò

timidamente un sorriso. Sbloccò il telefono, cercò il numero di Daniel e avvicinò il pollice al pulsante di chiamata con un gran sorriso.

Il taxi girò lentamente di novanta gradi e si infilò in un garage. Elena alzò gli occhi, stupita dall'improvvisa oscurità.

«Ehi, dove sta andando?»

L'auto cominciò a scendere lungo una rampa molto inclinata.

«Si fermi!» Il tassista non la degnò di uno sguardo ed Elena sentì il panico attanagliarle la gola. «Fermi la macchina!»

Il taxi arrivò in fondo alla rampa ed entrò in un piccolo posteggio. Elena diede una manata alla barriera di protezione. Poi afferrò la maniglia della sua portiera e cercò invano di aprirla. Si sporse dal lato opposto, con lo stesso risultato.

«Aiuto!»

Guardò fuori. Vide alcune macchine in un parcheggio buio, ma neppure una persona.

«Aiuto!» gridò con tutte le sue forze, prendendo a pugni il finestrino.

L'auto svoltò bruscamente e frenò di botto. Il conducente scese e si diresse alla portiera di Elena. La aprì e infilò dentro le braccia, ma Elena si sdraiò sul sedile e cominciò a tirare calci. Lo colpì alla testa e gli occhiali da sole volarono via. L'uomo la guardò con fredda determinazione, con gli occhi chiari che brillavano come due acquemarine.

D'improvviso si aprì anche l'altra portiera dell'auto. Un uomo forte la afferrò per le ascelle, trascinandola. Elena lanciò un grido acuto mentre la tiravano fuori dalla macchina e la caricavano su un furgone parcheggiato vicino al taxi. Una mano inguantata le tappò la bocca con forza e la spinse dentro. Elena si contorse, cercando di divincolarsi, ma le mani che la tenevano erano molto più forti di lei. Scrutò ansiosamente l'interno buio del furgone mentre lottava per liberarsi. Si fermò di botto con gli occhi sbarrati dal terrore. Davanti a lei, uno schermo acceso mostrava un enorme pentacolo.

Lo sportello scorrevole del furgone si chiuse con un tonfo.

Capitolo 42

Cartagine, 507 a.C.

Akenon non cercò di rialzarsi dal pavimento della taverna, sapendo di non esserne in grado, proprio come sapeva che da un momento all'altro avrebbe sentito la lama di un pugnale penetrargli nel corpo.

Cercò l'impugnatura della spada e la sguainò con un forte strattone, prolungando il movimento fino a trasformarlo in una stoccata verso le mani che lo trattenevano. Abbassò il braccio e assestò un altro colpo all'indietro. Un attimo dopo notò che la presa si allentava e rotolò su un fianco, si mise a quattro zampe e si alzò con la spada in alto. Davanti a lui, una mezza dozzina di uomini erano pronti ad attaccarlo. Due di loro sanguinavano, ma non erano feriti gravemente.

«Sono qui a nome del sufeta Eshdek» gridò. «Asdrubale ha commesso crimini che pagherà con la vita, come chiunque lo aiuterà».

I suoi aggressori cercarono di circondarlo. Akenon si trovava accanto alla porta e li tenne a distanza agitando la lama della spada ricurva davanti ai loro musi feroci. Erano armati solo di pugnali e dovevano aspettare che uscisse dalla taverna.

Esaminò la sala con uno sguardo rapido. Mezzo centinaio di uomini osservava quello che stava succedendo, senza intervenire.

La metà di loro mi conosce, pensò con rabbia. Il problema era che conoscevano anche Asdrubale, e al porto l'influenza del comandante della *Melkart* era superiore alla sua e a quella di Eshdek. Dall'altra parte della sala riconobbe Hileo di Cirene, con cui aveva chiacchierato affettuosamente meno di un'ora prima. I loro sguardi si incrociarono e Hileo abbassò la testa.

Akenon si voltò di scatto e si precipitò fuori, rigirandosi però subito e roteando la spada. La lama di bronzo fendette l'aria con un fischio e colpì in faccia l'uomo che gli era corso dietro prima degli altri; il ferito urlò di dolore e indietreggiò. Akenon conficcò l'arma nel braccio di un altro inseguitore, che cercò anche lui di arretrare. All'interno della taverna si formò un tappo tra chi spingeva per uscire e chi cercava di sottrarsi alla sua spada.

Lanciò un urlo furibondo, alzando l'arma e creando un'altra ondata all'indietro. Poi si mise a correre e dopo aver svoltato al primo angolo imboccò un vicolo buio; appena poté svoltò di nuovo, poi ancora una volta e all'incrocio successivo si fermò a riprendere fiato.

Si udiva un vociare in lontananza.

Sembra che li abbia seminati, pensò, ansimando.

Si rimise in cammino cercando di non fare rumore e scrutando attentamente le tenebre.

Asdrubale ha girato a destra uscendo dalla taverna. In quella direzione c'erano le navi e la zona dei magazzini. *Ma non è tanto stupido da tornare alla* Melkart.

Probabilmente avrebbe cercato di nascondersi in un magazzino o sulla nave di qualche amico, finché non fosse stato sicuro di poter uscire o che le autorità lo inseguissero e quindi doveva lasciare Cartagine.

In quel momento si accorse di riuscire a scorgere la sagoma degli edifici del porto. Lo strato di nuvole si era dissipato all'orizzonte e lasciava trapelare in parte la luce della luna piena. Si guardò alle spalle, temendo che potessero vederlo, ma quando si voltò colse il movimento di un'ombra chiara.

Ti ho beccato.

L'ombra scomparve e Akenon accelerò il passo. Costeggiò il muro di un enorme magazzino e si fermò davanti alla porta aperta. Aguzzò l'udito, ma captò solo il rumore del mare che lambiva lo scafo delle imbarcazioni.

D'un tratto udì un lieve scricchiolio, vicinissimo.

Irruppe nel magazzino brandendo la spada e girò rapidamente su se stesso. Asdrubale lo aspettava addossato alla parete e si avventò su di lui cercando di pugnalarlo all'addome. Akenon fece un balzo all'indietro e la punta dell'arma gli scalfì solo la pelle. Asdrubale lo aggredì di nuovo, ma Akenon deviò il pugnale con la spada e azzardò un affondo verso la spalla di Asdrubale. Il marinaio lo schivò con un'agilità inaspettata e si scagliò su Akenon. Lui si girò di lato per evitare il pugnale e cercò di indietreggiare, ma Asdrubale lo incalzava rapidamente. Ormai era troppo vicino per usare la spada. La lama del pugnale fendette l'aria, assetata del suo sangue. Akenon lasciò andare la spada e sferrò un pugno con tutte le sue forze. Colpì il polso di Asdrubale nel momento in cui la punta di ferro cominciava a penetrargli nel corpo. Si udì uno schianto e i due uomini grugnirono di dolore.

Asdrubale cercò di allontanarsi, ma Akenon lo afferrò

per la tunica e lo attirò a sé, abbassando la testa. La sua fronte colpì Asdrubale poco sotto le sopracciglia. Si udì uno schiocco e il marinaio stramazzò incosciente.

«Oh, per tutti gli dei!» Akenon si prese la testa tra le mani e strinse le palpebre. Gli aveva fatto più male la testata che la ferita infertagli da Asdrubale con il coltello. «Decisamente non sono in forma» mormorò, riaprendo gli occhi.

Si palpò la ferita al ventre, all'altezza del fegato, e vide che non era profonda. Poi si guardò intorno. Il magazzino non aveva finestre ma c'era una piccola separazione tra le pareti e il tetto, sostenuto da pilastri a intervalli regolari. La luce della luna filtrava da quel buco e Akenon poté vedere che il magazzino era praticamente vuoto. Notò un luccichio d'acqua in un angolo. Si avvicinò e constatò che si trattava di un trogolo di pietra pieno fino all'orlo. Era lungo due metri e largo uno, e dalla puzza Akenon capì che era pieno di scarti di pesce. Quella che aveva pensato fosse acqua era una pasta formata da sangue e viscere.

Questo mi servirà.

Trascinò il pesante corpo di Asdrubale fino al trogolo. Poi sfilacciò quel che restava di una grossa fune e gli legò le mani dietro la schiena.

«Asdrubale».

Akenon lo schiaffeggiò e il comandante della *Melkart* si dimenò come se avesse gli incubi. Sanguinava da entrambe le narici e sulla barba si era formata una crosta di sangue e polvere del pavimento. Infine aprì gli occhi, guardò Akenon in silenzio e con uno strattone cercò di girarsi.

«Non sforzarti». Akenon lo afferrò brutalmente per

i capelli. «Sei legato, e se non collabori ingoierai molto di questo». Per un paio di secondi immerse la testa di Asdrubale nella fetida viscosità che riempiva il trogolo.

«Maledetto figlio di...!»

Akenon gli immerse di nuovo la testa.

«Se alzi la voce un'altra volta» gli sussurrò all'orecchio, «ti faccio ingoiare metà di questa leccornia prima di lasciarti respirare».

Gli tirò la testa all'indietro. Asdrubale prese fiato e subito dopo vomitò nel trogolo. Poi rimase in silenzio, cercando di contenere i conati.

«Se devi vomitare, che sia senza far rumore o lo farai con la testa infilata in questa merda».

Il comandante della *Melkart* annuì più volte.

«Perché hai aiutato Khaos?»

«Per l'oro» rispose Asdrubale controvoglia.

«Continua a parlare». Akenon spinse la testa del marinaio fino a fargli toccare con il naso il suo stesso vomito.

«Circa tre anni fa, sembrava che Khaos stesse per morire». Asdrubale cercò di sollevare la testa dal trogolo e Akenon glielo permise. «In realtà era soltanto un trucco. Voleva che qualcuno gli prestasse attenzione e capisse i suoni gutturali che emetteva parlando senza la lingua. Ripeteva *oro, oro, oro*. Pensai che mi avrebbe chiesto di liberarlo, ma voleva solo che mi occupassi di una ciotola di cibo su cui aveva fatto dei segni con i denti». Asdrubale si interruppe per un attimo. «Perché mi chiedi tutto questo, se te l'ha già raccontato qualche infame? Chi è stato? Hannon, vero?»

Akenon gli tirò i capelli con più forza.

«Le domande le faccio io. Cosa c'era scritto sulla ciotola? A chi l'hai consegnata?»

«Non so cosa c'era scritto. C'erano dei simboli strani e alcune lettere greche. Io mi sono limitato a consegnarla...»

Si udirono voci molto vicine e Asdrubale tacque. Da sopra la parete filtrò il bagliore di una torcia.

«Se gridi ti ammazzo» sussurrò Akenon. «Te lo giuro su Baal».

Asdrubale rimase all'erta e teso come lui mentre le voci di diversi uomini si avvicinavano sempre di più. Dovevano trovarsi proprio dall'altra parte della parete, a meno di tre metri da loro. A poco a poco si allontanarono.

Akenon si avvicinò all'orecchio di Asdrubale.

«A chi hai consegnato la ciotola?»

«All'uomo che mi ha indicato Khaos. Per tre anni mi ha pagato ogni ciotola come se fosse d'oro».

«Chi era, dannazione?!»

Asdrubale si dimenò e Akenon gli immerse la testa tra i resti di pesce e di vomito. Non la tirò fuori finché l'altro non cominciò a scalciare freneticamente.

«È la tua ultima opportunità».

«Il sibarita...!» Asdrubale boccheggiava, ansimante. «Tutte le ciotole di Khaos erano per Glauco di Sibari!»

Arianna si fermò davanti ai soldati che le impedivano di raggiungere la residenza di Glauco. Lanciò un'occhiata disperata alla porta chiusa e poi agli uomini a cavallo con le spade sguainate.

Dobbiamo entrare a qualunque costo.

Kush, con Sinuhe in braccio, era dietro di lei, così vicino che Arianna riusciva a sentire il respiro tranquillo di suo figlio. In quel momento, si aprì la porta della villa e comparvero due guardie di Glauco. Vedendo i soldati rimasero sulla porta, senza varcare la soglia.

Uno degli uomini a cavallo si mosse e indicò con la spada Arianna, ma lei si affrettò a parlare prima che lo facesse il soldato.

«Guardie» disse rivolta agli uomini di Glauco, «dite al vostro signore che dobbiamo vederlo immediatamente».

Le due guardie bisbigliarono tra loro e uno scomparve senza dire una parola. Arianna era consapevole di avere pochissime possibilità. A quel punto ormai doveva essere stato scoperto il cadavere di Eshdek e lei sarebbe stata considerata la principale sospetta.

«Sei Arianna, la moglie dell'egizio Akenon?»

Il capo della pattuglia la fissava dall'alto del cavallo, in attesa di una risposta. Arianna sentì un terrore primordiale per il suo piccolo Sinuhe e per il figlio che portava in grembo. Rimase in silenzio e pregò gli dei di intervenire e di salvarli in qualche modo.

Il soldato continuò a parlare.

«È molto strano che attraversi la città di notte, a piedi e senza altra scorta che uno schiavo. Sono sicuro che il comandante Drogo vorrà farti qualche domanda». Si voltò verso i suoi uomini. «Legateli. Allo schiavo lasciate un braccio libero perché possa tenere il bambino».

Due soldati smontarono da cavallo e si avvicinarono ad Arianna e a Kush senza rinfoderare le spade.

«Aspettate!»

I soldati si voltarono. Glauco si avvicinava con le carni che sballonzolavano vigorosamente.

«Stimato capitano» sudato e arrossato, si fermò accanto al cavallo del capopattuglia, «Arianna e la sua famiglia sono miei ospiti personali. È sorta una questione urgente riguardante certi affari commerciali che dobbiamo risolvere al più presto per non importunare il nostro amico e socio, il sufeta Eshdek».

Il capo dei soldati aprì e chiuse la bocca un paio di volte prima di parlare.

«Questa donna sarebbe venuta qui da sola per questo, in piena notte? È assurdo».

«È stata una cosa improvvisa, inaspettata. E Akenon, be', ha dovuto prima occuparsi di una faccenda altrettanto delicata...»

Glauco indietreggiò verso l'ingresso della sua villa senza smettere di dire cose vaghe, muovendo molto le mani e annuendo come se facesse piccole riverenze al capopattuglia. Aveva un tono adulatore, ma parlava sempre più piano e il capitano dovette avanzare con il cavallo per riuscire a sentirlo.

Arianna notò poi con stupore che ne smontava una volta arrivato alla porta. Glauco continuò a parlare con lui senza che nessun altro riuscisse a sentirli. Poi entrarono nella villa e fuori tutti rimasero in attesa. Un minuto dopo, il capitano ricomparve seguito da Glauco.

«Andiamo». Montò a cavallo e lo spronò. «Cosa aspettate?» disse voltandosi verso i suoi uomini.

I soldati si guardarono stupiti, ma lo seguirono senza replicare.

Glauco indicò l'interno della casa, senza smettere di sorridere.

«Siete miei ospiti».

Arianna prese Kush sottobraccio e si affrettò con lui a entrare nella villa. Non sapeva se Glauco avesse convinto il capopattuglia con promesse, minacce oppure oro, ma era sicura che niente avrebbe funzionato se la stavano cercando per l'assassinio di Eshdek.

Grazie a Glauco, abbiamo un'opportunità, ma ci rimane pochissimo tempo.

Seguirono il loro inaspettato protettore attraverso un cortile con un grande pozzo al centro. Arianna sentì che la dolorosa tensione al ventre diminuiva.

Non mi ha mai fatto tanto piacere vedere Glauco.

Capitolo 43

Cartagine, 507 a.C.

Glauco è l'assassino di Pitagora!

Akenon rimase paralizzato ma non mollò la presa sui capelli di Asdrubale. Quello stesso pomeriggio si era trovato con la sua famiglia in presenza del sibarita.

Ma Glauco era un iniziato pitagorico, si disse, corrugando la fronte, *perché avrebbe ordinato di uccidere colui che era stato il suo maestro?*

La risposta gli arrivò ricordando che Glauco era arrivato a pagare millecinquecento chili d'oro in cambio di un segreto matematico. *E io e Arianna l'abbiamo visto fuori di sé quando cercava di risolvere il segreto del cerchio.*

Probabilmente Khaos aveva esacerbato il morboso desiderio di conoscenza di Glauco, e poi gli aveva promesso di rivelargli grandi segreti se avesse ucciso Pitagora.

Alla fine, Khaos è riuscito a vendicarsi.

Asdrubale si agitò, cercando di allontanarsi dal trogolo, e continuò a parlare.

«Quando Khaos mi chiese di portare la sua ciotola a Glauco, mi assicurò che il sibarita mi avrebbe dato tanto oro». Tossì più volte e poi sputò rumorosamente. «All'epoca, Glauco viveva a Siracusa. Gli consegnai la ciotola, la esaminò sommariamente e mi pagò solo una tetradracma d'argento. Però, due giorni dopo venne al porto a cercarmi. Sembrava ammalato, aveva gli occhi lucidi e occhiaie profonde. Mi consegnò una borsa piena di monete d'oro e mi disse che me ne avrebbe date molte altre se gli portavo tutte le ciotole di Khaos».

Le domande si affollavano nella sua mente ma, soprattutto, Akenon era sempre più preoccupato per la sua famiglia.

«Hai già detto a Glauco che Khaos è morto?» chiese, scuotendo la testa di Asdrubale.

«Sì, lo sa da quando siamo tornati, una settimana fa». Fece una pausa. «E poi, questa volta Khaos non aveva scritto niente. Non aveva più mangiato dall'inizio del viaggio. Dopo una settimana senza mangiare, è morto».

Akenon chiuse gli occhi per un attimo.

Se Glauco sa che Khaos è morto, non ha più motivo di obbedire alle sue istruzioni.

Senza dubbio Khaos voleva farli soffrire, ma Glauco non aveva motivi personali… almeno finché non avesse scoperto che Akenon lo sospettava della morte di Pitagora.

Devo arrestare Glauco al più presto. Il sibarita poteva contare su diversi uomini armati, pertanto Akenon aveva bisogno dei soldati della guardia urbana per arrestarlo… *e per controllare il comandante Drogo ho bisogno di Eshdek.*

Senza rendersene conto, Akenon allentò la stretta sui capelli di Asdrubale. Il comandante della *Melkart* riuscì a liberarsi con uno strattone.

«Aiuto! Aiu…!»

Akenon gli fece perdere conoscenza con un pugno alla nuca.

Maledetto schifoso. Si mise in ascolto, senza muovere un muscolo. *Però, non sembra che l'abbiano sentito.*

Osservò il corpo del marinaio. Non poteva permettere che si svegliasse e riuscisse ad avvertire Glauco. Guardò il trogolo e pensò di mettergli la testa dentro e lasciarlo affogare.

Se lo merita proprio.

Ma non l'avrebbe fatto, non aveva mai ucciso a sangue freddo, anche se non poteva nemmeno perdere tempo a legarlo e imbavagliarlo. Sguainò la spada, afferrò Asdrubale per i capelli sollevandogli la testa e lo colpì alla tempia con l'impugnatura.

Il rumore gli fece pensare di aver esagerato, ma non se ne preoccupò neanche per un attimo. Sciolse la tunica di Hannon che teneva arrotolata in vita rimettendola in modo normale per nascondere la ferita che Asdrubale gli aveva inferto al ventre. Poi si avviò guardingo verso l'uscita del magazzino con la spada in pugno.

La luna brillava tra le nuvole e Akenon guardò fuori dalla porta aperta. Quando stava per andarsene, qualcosa bloccò l'uscita.

Erano tre uomini, di vent'anni più giovani di lui, così corpulenti che senza dubbio lavoravano come scaricatori di porto. Quello in mezzo mostrò una fila di denti grandi e storti rivolgendogli un sorriso feroce: «Sei un uomo morto».

Capitolo 44

Madrid, Spagna, oggi

Una settimana dopo essere stata caricata a forza su quel furgone, Elena attraversava Madrid seduta sui sedili posteriori di un'auto, con la testa appoggiata al finestrino e lo sguardo perso nel vuoto.

Il veicolo passò su una buca e il corpo di Elena dondolò leggermente senza staccare la testa dal vetro. All'incrocio successivo, il semaforo diventò rosso e l'automezzo si fermò. Il conducente si girò per guardarla. Elena percepì il suo sguardo e abbassò le palpebre; non sopportava gli occhi di quell'uomo, trasparenti e freddi come due gocce d'acqua di mare. L'auto ripartì e svoltò a destra. Poco dopo, si fermò accostando al marciapiede.

«Siamo arrivati». L'uomo seduto al posto del passeggero si voltò verso di lei. «Hai qualche domanda?»

«No».

Prima che l'uomo aggiungesse altro, Elena scese dall'auto e chiuse la portiera. I due occupanti del veicolo la osservarono allontanarsi tra la gente.

«Aspettiamo qui, signore?» chiese il conducente.

Il suo accompagnatore rimase per qualche secondo in silenzio, osservando Elena. «Sì. Tieniti pronto».

* * *

Daniel si allontanò dai computer, guardò nervosamente fuori dalla finestra controllando la strada. La Toyota Prius di Irina non arrivava.

Devo rilassarmi, si impose. Era passata una settimana da quando aveva conosciuto Irina e si erano visti tutti i giorni, ma lui era nervoso come un quindicenne. Irina era incredibilmente attraente, anche se questo aspetto passava in secondo piano man mano che trascorrevano più tempo insieme. Era affascinante e divertente, ma anche una donna matura, sofisticata e sicura di sé, probabilmente la persona con le idee più chiare che avesse conosciuto. Inoltre, chiacchierare con lei era sempre stimolante; aveva un'intelligenza rapida e incisiva e spesso lo stupiva con punti di vista che lui non aveva mai considerato prima.

Si voltò verso l'interno della stanza: sul letto a scomparsa, sul pavimento, sul tavolo... era difficile trovare un posto dove non avessero fatto l'amore. *Si può chiamare così: 'fare l'amore'?* Era un meraviglioso atto di unione, ma era anche il sesso più intenso che avesse mai sognato. La rivide in piedi, appoggiata alla parete dietro di lui, con indosso solo le scarpe col tacco. Lui avrebbe finito in cinque minuti, ma lei si era mossa, strusciata e dondolata in modo da tenerlo per mezz'ora sul punto di esplodere.

E io che credevo di sapere cos'era un orgasmo, pensò, turbato.

Il cellulare squillò e Daniel si affacciò alla finestra. L'auto di Irina era ferma davanti al portone. Uscì dalla stanza chiudendo a chiave e mentre passava davanti alla cucina incontrò Cristina. La sua coinquilina abbassò lo sguardo.

Daniel aveva pagato l'affitto con un solo giorno di ritardo, e inoltre Cristina aveva visto un paio di volte Irina in giro per casa. A quanto pareva, era rimasta impressionata dalla sua *fidanzata russa* e aveva smesso di assillarlo.

Un altro vantaggio di stare con Irina.

Scese le scale per non dover aspettare l'ascensore. Il suo sorriso non avrebbe potuto essere più luminoso, nonostante il programma della serata non lo entusiasmasse. Irina aveva insistito per partecipare alla riunione del Mensa. Lui si sentiva a disagio all'idea di incontrare Elena, cosa di cui era sicuro perché Elena, dopo quasi una settimana senza dare segni di vita, il giorno precedente aveva inviato un paio di messaggi per confermare la sua presenza.

Anche se non ha scritto a me personalmente, ma solo alla lista pubblica del Mensa España. Aggrottò le sopracciglia. Era stato un po' brusco il modo in cui Elena aveva smesso di comunicare con lui. *Immagino che abbia deciso di concentrarsi sulla relazione con il suo fidanzato italiano… Leonardo, credo si chiami.*

Il sole era già tramontato, ma continuava a fare abbastanza caldo. Daniel aprì la portiera della Toyota Prius e si sedette al posto del passeggero. Irina indossava una canotta nera con spalline sottili che le metteva in risalto i capelli biondo platino. Prima che Daniel chiudesse la portiera, lei si avventò su di lui per dargli un bacio appassionato.

Si staccarono ridendo. Irina gli accarezzò la faccia e lo baciò ancora, questa volta teneramente. Poi accese il motore elettrico e l'auto partì in totale silenzio. Daniel la guardò di sottecchi e trattenne il respiro, senza più pensare a Elena.

* * *

A duecento metri dal bar in cui si stava tenendo la riunione del Mensa, Elena si allontanava dall'auto da cui era scesa, senza guardarsi indietro.

A bordo della macchina si sentiva prigioniera, ma all'aria aperta la sensazione di pericolo le rendeva difficile respirare.

Prima mi sentivo sicura perché non sapevo che la morte fosse così vicina.

Abbozzò un sorriso amaro. La sua vita prima che la caricassero su quel furgone le sembrava un sogno lontano e irreale. *E da allora è un incubo da cui non riesco a svegliarmi.* Guardava di sfuggita le persone che incrociava. *Vi credete al sicuro, ma non lo siete. Nessuno lo è.*

Camminava in fretta, cercando di evitare di passare troppo vicino alla gente. Una risata in lontananza la fece girare bruscamente. Erano due adolescenti che si allontanavano appoggiandosi l'una all'altra.

Vorrei non aver mai visto un pentacolo, non aver mai sentito parlare di Pitagora. Si lasciò sfuggire un sospiro stanco. *Non aver mai conosciuto Leonardo.*

Arrivata alla porta del locale si fermò e chiuse gli occhi per un attimo. Sapeva che avrebbe visto Daniel e a quell'idea fu pervasa da una sferzata di allegria per la prima volta in una settimana. La sensazione svanì subito.

Quando aprì la porta del bar, stava tremando.

Daniel era al bancone del bar. C'era andato per ordinare due birre, ma la cameriera stava sistemando un mucchio di bicchieri che aveva tirato fuori dalla lavastoviglie. Mentre aspettava, si voltò verso la sala e osservò Irina che parlava con un gruppo del Mensa. Si rese conto che la guardava in contemplazione, con un sorriso ebete, ma non gli importava.

Il rumore della porta lo fece voltare per vedere chi entrava.

Elena! Era bella come la ricordava, anche se con le occhiaie segnate e un'espressione molto diversa. *Sembra sfinita... e spaventata.*

Elena si fermò vicino alla porta ed esaminò rapidamente il locale. Vedendo Daniel esitò, ma poi gli si avvicinò sorridendo.

«Daniel, mi fa molto piacere vederti».

«Anche a me» rispose Daniel, un po' impacciato. Sentiva la presenza silenziosa di Leonardo come una barriera fra loro, ma questo non impedì che la vicinanza di Elena gli provocasse una sensazione di calore allo stomaco.

Si guardarono in silenzio e per un attimo Daniel ebbe l'impressione che Elena stesse per scoppiare a piangere. Lei si morse il labbro inferiore e continuò a guardarlo intensamente, come se cercasse di dirgli qualcosa senza parole.

Daniel pensò di nuovo a Leonardo.

«Come stai?» disse infine. «Sei già in vacanza?»

Elena avvertì una fitta notando l'atteggiamento distante di Daniel.

È arrabbiato perché gli ho tirato un pacco la settimana scorsa... e perché da allora non mi sono più fatta viva. Le sarebbe piaciuto molto poterlo fare, ma quello che lei voleva ormai non aveva più importanza.

Un ragazzo con una vistosa polo gialla diede una pacca sulle spalle di Daniel.

«Ehi, amico, bella la tua fidanzata».

Elena sentì un formicolio nella pancia, era molto piacevole che la prendessero per la fidanzata di Daniel. Si voltò verso il ragazzo e si accorse che non guardava lei, ma un gruppo in fondo al locale.

«Sì... be', grazie». Daniel sembrava a disagio.

Il ragazzo si allontanò e Daniel rivolse a Elena uno sguardo sfuggente.

«Si riferisce a Irina... la ragazza bionda, laggiù». La indicò con un movimento della testa. «Usciamo insieme da una settimana».

Daniel vide che Irina li stava guardando e le fece un cenno con la testa. Lei si alzò e si avvicinò con un sorriso radioso.

«Irina, ti presento Elena, anche lei del Mensa».

«Ciao, Elena, piacere» disse Irina col suo leggero accento.

Si salutarono con due baci. Irina sorrideva amabilmente, ma Daniel notò che Elena aveva di nuovo l'espressione tesa di quando era entrata.

«Dove lavori, Irina?»

«In un'agenzia di pubblicità, mi occupo di studi di mercato».

Elena incrociò le braccia.

«Sei in Spagna da molto?»

«No, solo da qualche settimana».

«E quanto pensi di rimanere?»

Daniel si rabbuiò, allibito per il tono aggressivo di Elena, ma Irina sembrava non accorgersene.

«Dipende dalla ditta, ma a me piacerebbe restare a lungo. Mi piace molto il vostro paese».

«Già».

Dietro di loro, la cameriera lasciò cadere un bicchiere. Il rumore del vetro in frantumi fece sobbalzare Elena, che gridò come se l'avessero punta. Si voltò verso la cameriera e poi rapidamente a sinistra e a destra.

«Elena... stai bene?» Daniel scrutò con aria preoccupata la sua faccia tesa.

«Sì... mi ha spaventata». Elena guardò Irina e poi di nuovo Daniel. «Vado a salutare Marta». Rimase stranamente ferma per qualche secondo, guardando in silenzio Daniel. «Abbi cura di te» sussurrò con emozione contenuta.

Daniel la seguì con lo sguardo mentre si allontanava.

Un paio d'ore dopo, Irina riaccompagnò Daniel a casa.

Alla riunione del Mensa non avevano più parlato con Elena. Si era tenuta in disparte, sempre con aria seria, e aveva lasciato il locale meno di un'ora dopo, in un momento in cui Daniel era andato in bagno, perciò non si erano nemmeno salutati. Daniel decise di dimenticarsi di Elena. Non gli sembrava giusto nei confronti di Irina continuare a pensare a lei.

La Toyota Prius arrivò davanti a casa sua, ma invece di fermarsi proseguì lentamente. Daniel girò la testa verso il portone e poi guardò Irina. Stava per dire qualcosa, ma notò il suo sorriso divertito e preferì lasciarsi sorprendere.

Irina parcheggiò qualche isolato più avanti, vicino a un'aiuola dove non passavano pedoni. Si slacciò la cintura di sicurezza, fece lo stesso con quella di Daniel e lo baciò. Quando Daniel cominciò ad accarezzarle il seno, lei si spostò per togliersi la canotta con le spalline sottili e il reggiseno.

Daniel rimase senza fiato vedendo il suo corpo nudo. I seni erano sodi e prosperosi, con i capezzoli turgidi come due nocciole.

Irina gli sussurrò all'orecchio: «Reclina lo schienale del tuo sedile».

Daniel si affrettò a obbedire. Quando lo schienale fu abbassato, Irina gli infilò un capezzolo in bocca.

«Non usare le mani» sussurrò.

Daniel leccò, baciò e succhiò con le labbra e con la lingua, assaporò la sua pelle liscia e sentì sul viso la consistenza morbida ed elastica della carne soda di lei. Irina gli passò le unghie sulla nuca, gli affondò le dita nei capelli e lo tirò a sé. Con l'altra mano gli accarezzò il rigonfiamento dei pantaloni. Tutt'a un tratto, Irina tirò indietro la testa di Daniel, lo guardò per un attimo con le labbra umide e socchiuse e cominciò a slacciargli i pantaloni. Daniel represse l'impulso di aiutarla, lo eccitava che fosse lei a dominare la situazione. Si limitò a sollevare il bacino quando lei gli tirò giù pantaloni e boxer insieme e, senza smettere di guardarlo negli occhi, afferrò il suo membro eretto e se lo infilò in bocca.

Daniel pensò che in un attimo sarebbe esploso, ma lei diminuì il ritmo al momento giusto. Le carezze si fecero deliziosamente lente, fino a portarlo di nuovo al punto di non ritorno, senza però superarlo. Irina controllava la marea del piacere del corpo di Daniel molto meglio di quanto avrebbe saputo fare lui. Lo fece supplicare e impazzire senza permettergli di esplodere, moltiplicando fino a livelli inconcepibili l'immenso godimento di mantenersi sull'orlo dell'orgasmo. Quel tormento celestiale si protrasse a lungo. Nel prolungato momento finale, Daniel sentì il corpo liquefarsi, la coscienza sciogliersi in sensazioni che andavano oltre l'immaginazione.

Daniel.

Sbatté lentamente le palpebre.

«Daniel».

Sollevò la testa e vide Irina che gli sorrideva con dolcezza.

«È stato incredibile». Non gli restavano quasi più forze per parlare. Chiuse di nuovo gli occhi. «Incredibile».

«Non addormentarti». Irina gli passò affettuosamente le dita tra i capelli.

Daniel girò la testa e aprì gli occhi.

«Grazie».

«Ah ah ah. Perché?»

«Per la magia».

Irina scoppiò di nuovo a ridere. Poi gli afferrò il mento con tenerezza e lo baciò.

«Grazie a te di essere così dolce».

Si infilò la canotta e Daniel ne approfittò per tirarsi su i pantaloni. Poi raddrizzò lo schienale del suo sedile e Irina guidò in silenzio. Daniel le appoggiò una mano sulla spalla nuda e le accarezzò il collo. Rimase assorto nel suo sguardo franco, nel suo profilo dolce e rilassato, nelle sue labbra generose leggermente incurvate in un sorriso... *Ti amo. Non te lo dirò per non spaventarti, non ancora, ma ti amo.*

Irina si voltò verso di lui e il suo sorriso si allargò vedendo che la fissava. Fermò l'auto davanti al portone e lo baciò teneramente.

«Dormi bene».

«Sì...» Daniel la guardò per un po' in silenzio. «A domani».

Irina aspettò che Daniel raggiungesse il portone. Poi, allontanandosi, digitò un numero di telefono. Attraverso il sistema di altoparlanti dell'auto si udirono due squilli prima che rispondessero.

«Sto arrivando» disse Irina.

«Tutto bene?» chiese una voce maschile.

Irina sospirò prima di rispondere: «Elena stava per rivelare la mia identità».

Capitolo 45

Cartagine, 507 a.C.

Glauco attraversava il cortile a passo spedito, lasciando dietro di sé un penetrante odore di sudore e olio di tuberosa. Per la maggior parte della gente sarebbe stato sgradevole, ma per Arianna era il profumo della speranza.

Imboccarono un corridoio poco illuminato e da lì entrarono in un'ampia sala. Il pavimento era ricoperto di tappeti e le pareti di arazzi; ad Arianna ricordò il salone in cui aveva trovato il cadavere di Eshdek.

Sulla destra c'era un tavolo apparecchiato con un servizio di vetro e argento decorato. L'aroma dei diversi piatti avvolse Arianna: agnello con una fumante salsa di burro, miele e vino, orata cotta nell'olio d'oliva con carciofi e cipolle, fette di tonno con aglio e contorno di piselli. C'erano anche vassoi con diversi formaggi, fichi, mele e lucenti chicchi di melograno. Davanti al tavolo c'era un triclinio, Glauco aveva mantenuto l'usanza greca di mangiare semisdraiato.

«Vuoi mangiare qualcosa?» chiese, indicando le pietanze.

Arianna rifiutò subito. Non aveva mangiato niente da mezzogiorno, ma aveva faccende più urgenti di cui occuparsi.

Glauco le indicò una massiccia poltrona di legno coperta di cuscini di piume.

«In ogni caso, siediti. Nel tuo stato devi riposare».

Arianna obbedì e il sibarita le si sedette davanti. Kush rimase in piedi, a pochi passi di distanza, cullando Sinuhe.

In quel momento entrò nella sala una guardia armata, che si appostò di fianco alla porta. Arianna lanciò a Glauco un'occhiata interrogativa.

«Non preoccuparti» disse il sibarita rispondendo al suo sguardo. «Puoi parlare in totale libertà».

Arianna prese fiato prima di tirare fuori le terribili notizie.

«Mio padre è stato assassinato». Le mancò la voce. «E anche Eshdek».

«Cosa?!» Glauco alzò le mani come se volesse fermare le parole di Arianna. «Com'è possibile? Quando...?»

«Oggi ci è giunto un messaggio da Metaponto. L'ha scritto mio padre dal letto di morte. Alcuni ribelli hanno attaccato la comunità pitagorica, ucciso diversi maestri e ferito lui a morte».

La faccia rotonda di Glauco si contrasse.

«Mi dispiace molto».

Arianna annuì. L'espressione dispiaciuta del sibarita sembrava sincera. In fin dei conti, Pitagora era stato il suo maestro quando Glauco faceva parte del governo aristocratico di Sibari. Lo aveva anche accolto e protetto a Crotone dopo la rivolta popolare che aveva decretato la fine di buona parte degli aristocratici sibariti.

«Meno di un'ora fa sono stata a casa di Eshdek» proseguì Arianna. «L'ho trovato seduto in una stanza, come se fosse rimasto addormentato sul tavolo, ma aveva un pentacolo capovolto inciso sulla fronte e un coltello conficcato nel cuore...» Esitò per un attimo, ma poi decise che Glauco avrebbe potuto aiutarli meglio se avesse conosciuto tutti i fatti. «In realtà era un mio coltello, che mi hanno rubato da casa. Per Apollo, cercano di farmi passare per l'assassina e la guardia urbana vorrà arrestarmi! Devi aiutarci, Glauco, devi proteggere la mia famiglia!»

«Ma certo, non preoccuparti». Il pasciuto sibarita le appoggiò le mani sulle ginocchia. «Dove si trova Akenon?»

«È andato al porto, a indagare... Il messaggio di mio padre indicava Khaos come responsabile dell'attacco alla comunità di Metaponto».

«Khaos?» Sul volto di Glauco si disegnò una smorfia scettica. «Ma... non è possibile».

«So che sembra impossibile, ma il messaggio di mio padre conteneva elementi che ci confermano il suo coinvolgimento. Khaos deve essere scappato... o in qualche modo, dalla prigionia, ha trasmesso l'ordine di uccidere mio padre ed Eshdek, e di certo non si fermerà lì».

Glauco guardava a terra, pensieroso.

Sta pensando se gli interessa di più aiutarci o denunciarci per conquistarsi il favore delle autorità. Arianna sentì una fitta di paura. *Devo convincerlo, non abbiamo nessun altro a cui rivolgerci.*

«Glauco, tu e mio marito siete i principali soci stranieri di Eshdek. I suoi soci cartaginesi cercheranno di appropriarsi di tutto e hai bisogno di Akenon per evitarlo». Il suo tono di voce era più duro di quanto avrebbe voluto. «Devi mandare i tuoi uomini al porto per proteggere mio marito!»

Glauco alzò la faccia. Dal suo sguardo fermo, Arianna capì che aveva preso una decisione. Il sibarita alzò un braccio tozzo e fece un cenno all'uomo di guardia vicino alla porta.

Akenon si mise in posizione d'attacco fronteggiando i suoi tre avversari.

La mia unica possibilità è rompere la loro formazione e fuggire. Non ce l'avrebbe fatta ad affrontarli tutti e tre insieme, anche se non erano armati di spade ma di bastoni di legno.

Si avventò su quello di destra, che alzò il bastone per proteggersi, ma poi cambiò rapidamente direzione e tirò un fendente a sinistra, prendendo di sorpresa gli altri due aggressori. Quello in mezzo fece un passo indietro e l'altro parò il colpo con il bastone. Akenon gli tirò un calcio al ginocchio e si infilò nello stretto spazio che si era aperto davanti alla porta.

Mentre stava per varcare la soglia, l'uomo di destra lo colpì sulla testa col bastone. Akenon fu sbalzato all'indietro. Se la parete del magazzino non avesse attutito il colpo, sarebbe finito a terra con il cranio spaccato.

Sono troppo veloci... o io troppo lento. Il lavoro di scaricatore di porto incrementava la forza a scapito dell'agilità, ma quegli uomini erano molto più giovani di lui. Tornarono a formare una linea serrata che bloccava l'uscita dal magazzino.

Akenon strinse disperatamente l'impugnatura della spada.

Non ho via di scampo.

Arianna si sentì sollevata quando Glauco chiamò la guardia. L'uomo abbandonò il suo posto accanto alla porta e li raggiunse.

Gli dirà di andare ad aiutare Akenon, tra qualche ora saremo insieme, lontano da Cartagine. Avrebbero dovuto nascondersi per un certo periodo, finché le cose si fossero chiarite con l'aiuto di Glauco. *E se non riusciremo a dimostrare che non siamo coinvolti nell'omicidio di Eshdek, non torneremo più.*

Glauco fece un cenno impercettibile e la guardia sguainò silenziosamente la spada dal fodero di cuoio. Un attimo dopo la affondò nella schiena di Kush, con tanta forza che dal petto dello schiavo spuntò un palmo di ferro.

Kush emise un rantolo soffocato, mostrando i denti bianchissimi così serrati che sembrava stessero per esplodere. Guardò la lama che gli usciva dal petto, a pochi centimetri dal piccolo Sinuhe. Rivolse uno sguardo implorante ad Arianna e tese le braccia cercando di passarle suo figlio.

Glauco era tutto concentrato a osservare la reazione di Arianna. La sua bocca carnosa si era allargata in un gran sorriso da cui colava una goccia di saliva. Contemplò estasiato la trasfigurazione del viso della figlia di Pitagora, dove lo sconcerto cedeva rapidamente il posto all'orrore.

Arianna si protese in avanti, consapevole di arrivare troppo tardi. Kush tossì sputando sangue sulla pelle nera e le braccia gli si afflosciarono come quelle di una bambola rotta. Sinuhe, ancora addormentato e con gli occhi socchiusi, gli scivolò dalle mani cadendo di testa sul pavimento.

Capitolo 46

Madrid, Spagna, oggi

L'assassino di Leonardo stava contemplando la seconda reliquia di quella stanza: il coltello di Arianna. Lo conservavano in un'urna simile a quella della spada di Akenon. Il cuoio del manico si era staccato in diversi punti, lasciando allo scoperto l'osso ingiallito che serviva da impugnatura. Gli occhi dell'assassino, però, erano fissi sulla lama arrugginita, con la punta spezzata, che tanti secoli prima aveva tracciato un pentacolo capovolto sulla fronte di un sufeta di Cartagine.

Proprio come ho fatto a Leonardo.

Sorrise senza staccare gli occhi dal coltello. Tutto andava secondo i piani, nessuno sospettava.

Ormai è solo questione di giorni.

Quando suonò la sveglia, a Daniel sembrava di essersi addormentato solo dieci minuti prima. Vide che erano le sette e nella sua testa una voce pigra gli disse che forse quel sabato poteva alzarsi un po' più tardi. Inspirò a fondo e si costrinse a trascinarsi dal letto alla sedia davanti ai monitor.

Con gli occhi socchiusi, controllò lo stato dell'ultima simulazione.

Ci vogliono ancora un paio d'ore, pensò, appoggiando la testa allo schienale e chiudendo gli occhi.

La sera prima, dopo aver salutato Irina, era rimasto imbambolato a guardare attraverso la porta a vetri del suo edificio la Toyota che spariva in fondo alla strada. Non poteva sapere che lei stava parlando al telefono con un uomo gli stava dicendo che Elena era stata sul punto di rivelare la sua identità.

Aprì gli occhi e si alzò. Tirò su la tapparella e la luce giallastra del mattino invase la stanza.

Una giornata magnifica per viaggiare. Guardò il cielo, sorridendo. Lui e Irina avrebbero passato il fine settimana in un albergo di Segovia. Ovviamente, lui non se lo poteva permettere, ma non poteva permettersi nemmeno i ristoranti e gli spettacoli a cui era andato con Irina. Lei pagava tutto con la carta di credito della ditta. Diceva che rientrava nelle spese della diaria.

Ho voglia di lavorare per la sua agenzia. A lui non avrebbero dato una carta di credito, ma lavorando lì avrebbe passato più tempo con lei. Si rallegrò a quell'idea. La capa di Irina sarebbe rientrata un paio di giorni dopo e supponeva che allora lo avrebbero assunto.

Tornò a sedersi. Ripensando a quello che Irina gli aveva fatto in macchina la sera prima, ebbe un'immediata erezione.

Non so nemmeno come abbia fatto.

Rimase a fissare il vuoto, pensando a Irina.

Sapeva che rischiava di essere troppo complicato quando parlava del suo progetto, perciò di solito evitava di farlo, ma anche questo era diverso con Irina. E non solo perché lei lavorava in un ambito collegato al suo lavoro, o perché aveva una formazione in una disciplina simile. Irina era così brillante che Daniel aveva modificato dietro suo suggerimento alcuni parametri dell'ultima simulazione che aveva lanciato.

Non sa quasi niente di informatica, ma quando le spiego quello che sto facendo assimila tutto a una velocità incredibile.

La simulazione procedeva, perciò si mise a progettare quella successiva. Voleva ritoccare certi algoritmi per migliorare l'efficienza di alcuni processi, seguendo un'idea di Irina.

Quando la simulazione fu terminata, Daniel diede il via a quella successiva e si dedicò ad analizzare i dati della precedente. Era immerso nel lavoro già da un po' quando squillò il telefono.

Sono già le due? Allungò la mano per rispondere. Irina lavorava quel sabato mattina ed erano rimasti d'accordo di telefonarsi dopo le due.

Sul display non compariva il chiamante. E poi, non erano le due ma le dodici e mezzo.

«Pronto?»

«Daniel...?»

A Daniel venne subito in mente un'immagine della sera prima: Elena che entrava nel bar, tesa e spaventata, come la sua voce in quel momento.

«Elena?»

«Sì...»

Daniel rimase in attesa. Per un attimo non si udì nient'altro che il suono vuoto che indicava che la chiamata era attiva.

«Daniel, mi dispiace... io ieri... quando ti ho visto ieri non sono riuscita a reagire...»

Calò di nuovo il silenzio.

«Elena, stai bene?» Daniel era confuso. Elena gli stava telefonando per scusarsi di essere stata scortese con Irina?

«Avrei dovuto parlarti ieri, ma... Ascolta, Daniel, ho poco tempo, devi fidarti di me».

Daniel cercò di deglutire. Aveva la gola improvvisamente secca.

«Elena, mi stai preoccupando, che succede?»

«Mi dispiace molto dovertelo dire, ma Irina non è quella che credi. Irina ti ha ingannato, Daniel».

Daniel si sentì sprofondare nella sedia.

«Cosa stai dicendo, Elena?»

«Chiediglielo. Ti hanno manipolato. Ma la cosa più importante è che stai correndo un grave pericolo».

Daniel si sentì rivoltare lo stomaco e gli venne la nausea. Elena si affrettò a continuare: «Dille che sai... che sai che ti ha ingannato».

«Come mi ha ingannato di preciso?» chiese Daniel in tono aggressivo.

Per qualche secondo non si udì più nulla, come se Elena si fosse allontanata dal telefono.

«Devo riattaccare. Non potremo parlare ancora. Non lasciarti ingannare, Daniel. Di' a Irina... Chiedile di raccontarti chi erano Arianna e Akenon».

Capitolo 47

Cartagine, 507 a.C.

Uno degli uomini di Sikar entrò al Cinghiale d'oro, si avvicinò a un tavolo e mormorò qualche parola all'orecchio di un marinaio seduto a bere da solo. Il marinaio si alzò e seguì l'uomo in un vicolo buio.

Lì c'erano alcuni uomini incappucciati. Uno di loro si scoprì il volto, segnato da due grosse cicatrici.

«Sikar» disse il marinaio, «cosa posso fare per te?»

«Sai chi è Akenon?»

Il marinaio annuì.

«Lo hai visto oggi?»

Il marinaio annuì di nuovo, senza cambiare espressione. Sikar tirò fuori due monete d'argento e gliele consegnò. L'uomo le guardò con un sorriso avido e cominciò a parlare: «Un'ora fa, Akenon è entrato in questa taverna. Ha parlato un attimo con Asdrubale, il comandante della *Melkart*, poi si sono alzati e sono usciti insieme». Sikar digrignò i denti, temendo che Akenon fosse riuscito a fuggire con la sua famiglia sulla nave di Eshdek. «Sulla porta, Asdrubale ha atterrato con un pugno Akenon ed è scappato via di corsa, urlando che lo uccidessero».

«Aspetta». Sikar non ci capiva nulla. «Perché Asdrubale si è comportato così?»

«Non ne ho idea». Il marinaio fece spallucce. «Il fatto è che gli uomini di Asdrubale hanno aggredito Akenon, ma l'egizio è riuscito a scappare ed è corso dietro al comandante della *Melkart*. Un attimo dopo, gli sgherri di Asdrubale si sono lanciati all'inseguimento di Akenon».

Sikar rimase in silenzio, sforzandosi di trovare un senso a quello che aveva appena sentito.

«Hai visto Arianna, la moglie dell'egizio?»

Il marinaio scosse la testa.

«Se c'era qualcuno con Akenon, io non l'ho visto. Nella taverna è entrato da solo».

«Sai dove può essere adesso?»

«Suppongo che Asdrubale sia andato a nascondersi da qualche parte nel porto. Akenon lo seguiva a breve distanza, ma sono corsi così tanti uomini dietro l'egizio che ormai sarà cibo per i pesci o si starà dissanguando in qualche vicolo».

Sikar si voltò verso il porto buio. *Per Baal, se non consegno Akenon vivo a Drogo, daranno me in pasto ai pesci.*

Nascose la faccia sotto il cappuccio e si inoltrò nei meandri del porto seguito dai suoi uomini.

Capitolo 48

Cartagine, 507 a.C.

Akenon guardò i suoi nemici. Erano tesi, con i bastoni a mezz'asta, sembravano aspettare che si muovesse lui per primo.

Decise di azzardare un altro attacco. Fece un balzo brandendo la spada davanti agli avversari. Quelli indietreggiarono, per poi avventarsi immediatamente su di lui. Era quello che aveva previsto. Con un salto verso destra, atterrò vicino alla parete. I tre uomini si mossero verso l'interno del magazzino e il più vicino vibrò un colpo con il bastone. Non aveva visto il movimento di Akenon, perciò l'arma colpì il muro. Akenon, accovacciato, si girò rapidamente e sferrò un fendente con tutte le forze. La lama colpì lo scaricatore a uno stinco. L'uomo cadde a terra, ringhiando di dolore. Il piede e un pezzo della gamba pendevano dal resto del corpo attaccati solo a una sottile striscia di muscolo.

Gli altri due si avventarono su di lui. Uno di loro dovette scavalcare il corpo del compagno caduto, pertanto l'attacco non fu simultaneo. Akenon, ancora accovacciato, balzò in avanti a spada tesa e la conficcò nella coscia dell'uomo più vicino. Non lo ferì profondamente, ma abbastanza da costringerlo a retrocedere. Poi alzò l'arma e intercettò il bastone dell'altro uomo. L'impatto gli provocò una fitta di dolore alla spalla.

Per Osiride, sono molto forti.

Aveva perso l'equilibrio, sprecando tempo prezioso. Il suo avversario era di nuovo pronto per attaccare e lo anticipò. Dovette di nuovo concentrarsi per parare la bastonata, trascurando la difesa. L'uomo che aveva colpito alla coscia si era ripreso e gli assestò una bastonata potentissima alle costole. Si udì uno scricchiolio spaventoso e Akenon rimase senza fiato.

Barcollò all'indietro, sforzandosi di tenere alta la spada. I polmoni erano collassati e non riusciva a prendere fiato. Aveva messo fuori gioco uno degli scaricatori, che si lamentava con gemiti sempre più flebili immerso in una pozza di sangue, ma gli altri due lo avevano circondato. Aprì la bocca e si sforzò di inspirare, senza riuscirci.

Se svengo mi faranno a pezzi, pensò, in preda al panico.

Alla sua destra c'era il muro, e uno degli scaricatori si era piazzato alla sua sinistra. Davanti, il più corpulento sollevò il bastone e si avventò con un grido di guerra. Con la coda dell'occhio, Akenon vide l'altro alzare l'arma. Si chinò lasciando andare la spada e balzò in avanti, scagliandosi sul suo aggressore e aggrappandosi alle sue gambe. L'uomo riuscì a dargli solo un debole colpo alla schiena. Akenon liberò una mano e cercò disperatamente la daga che aveva tolto ad Hannon. La impugnò e la conficcò freneticamente tra le gambe dell'uomo, da sotto in su, una volta, due, tre...

Lungo il suo braccio colò un fluido caldo. L'uomo urlò come un animale mentre la daga lo dilaniava. Colpì Akenon senza riuscire a fargli male e ostacolando le bastonate del compagno. Akenon mollò la presa sentendolo cadere e si voltò con la daga verso l'ultimo aggressore.

Lo scaricatore si fermò, indietreggiando di un passo e chinandosi. Nel magazzino buio, Akenon ci mise un po' a capire cosa aveva raccolto da terra.

La mia spada.

L'uomo passò il bastone nella mano sinistra e afferrò la spada ricurva di Akenon con la destra.

«Da qui non esci vivo» biascicò a denti stretti.

Akenon guardò il sangue che sgorgava dalla coscia del suo avversario. *Quella ferita non gli impedirà di correre e io mi reggo in piedi a stento.* Nel petto gli entrava solo un filo d'aria, doveva avere qualche costola conficcata nei polmoni.

Asciugò la lama della daga di Hannon e la afferrò per la punta, ma lo scaricatore gli si piazzò a fianco agitando il bastone come se fosse uno scudo. Akenon si voltò di scatto e si mise a correre. Dopo due passi, facendo perno su una gamba, si girò. Lo scaricatore aveva abbassato le braccia per corrergli dietro. Ignorando il dolore al costato, Akenon lanciò la daga con tutte le sue forze.

Si conficcò nel pettorale sinistro del suo nemico.

Lo scaricatore andò avanti per inerzia, ma il corpo non gli rispondeva più e stramazzò ai piedi dell'uomo che lo aveva ucciso.

È finita. Akenon si chinò a raccogliere la spada. Il dolore al costato si trasformò in un lampo di luce ardente e crollò a terra.

Devo alzarmi.

Si voltò e rimase disteso sulla schiena, sentendo che le forze lo abbandonavano. Girò la testa di lato e tossì debolmente con uno spasmo doloroso.

Da un angolo della bocca cominciò a colargli un filo di sangue.

Arianna tese le braccia verso il figlio.

«Nooo!»

Il suo grido disperato rimbombò con violenza nella sala, ma lei non lo udì. Le sembrava che tutto avvenisse in silenzio e con una strana lentezza. Kush cadde in ginocchio e si piegò in avanti, con gli occhi di un azzurro intenso fissi su Arianna. La guardia di Glauco continuava a tenere stretta l'impugnatura dell'arma, l'unica cosa che usciva dalla schiena corvina di Kush.

In mezzo alla stanza, volteggiando nell'aria, Sinuhe cadeva sempre più in fretta, troppo lontano dalle mani salvatrici di sua madre.

Batté la testa sul pavimento ricoperto di tappeti e il suo fragile collo si piegò con uno scricchiolio.

Sinuhe.

Nella mente di Akenon comparve il nome del figlio mentre il suo sguardo vagava sul soffitto del magazzino in penombra.

Sinuhe...

Era stata Arianna a insistere per dare al bambino il nome del padre di Akenon. Lui le aveva detto di scegliere il nome e lei aveva voluto che portasse quello del nonno paterno, come si usava in Grecia.

Akenon visualizzò il suo bambino, così simile a lui ma con gli stessi occhioni verdi di sua madre.

Devo salvarli.

Prese lentamente fiato e si sforzò di girarsi su un fianco. Prima di continuare a muoversi sputò il sangue che gli riempiva la bocca. Si mise carponi grugnendo di dolore e rimase in quella posizione con le braccia tremanti, temendo di cadere di nuovo.

Sinuhe, Arianna.

Raggiunse faticosamente la parete e vi si appoggiò per alzarsi. Si tirò su lentamente e rimase appoggiato ad aspettare che gli si schiarisse la vista.

Ai suoi piedi c'erano due scaricatori morti e un altro che ancora gemeva ma non si muoveva. Ricordò che in un angolo del magazzino c'era Asdrubale, incosciente o forse anche lui morto.

Devo fermare Glauco prima che si accorga che l'ho scoperto.

Uscì dal magazzino barcollando. Inspirare gli era così doloroso che riusciva a stento a far entrare aria nei polmoni. Gli si oscurò la vista, si sentì cadere e si ritrovò in ginocchio a lottare per respirare.

Capitolo 49

Cartagine, 507 a.C.

Sikar entrò nel magazzino sguainando la spada.

Aveva dovuto minacciare le due guardie che custodivano la merce. I suoi uomini, muniti di torce, perlustrarono l'interno in cerca di Akenon. Le fiamme rossastre illuminarono pile di lastre di piombo, pezze di lino pregiato, innumerevoli boccette di profumo ed enormi cataste di legno d'ebano.

Sikar osservò con avidità il prezioso ebano e i profumi pregiati. In certi magazzini del porto erano accumulate ingenti ricchezze. Si potevano trovare tesori maggiori solo nei sotterranei o nelle stanze interne con le pareti spesse delle ville di alcuni commercianti, dove erano custoditi oro, argento e pietre preziose. Sentì l'urgenza di continuare, ma lasciò che fossero i suoi uomini a ispezionare il resto del magazzino mentre lui sfiorava delicatamente una boccetta di profumo di cristallo di rocca.

Deve valere moltissimo. Accarezzò l'idea di portarsela via, ma rinunciò. Piuttosto, gli sarebbe piaciuto fare un'ispezione nei magazzini dei cambiavalute. Tuttavia, sebbene svolgessero la loro imprescindibile attività al porto, i cambiavalute tenevano al sicuro la maggior parte delle loro ricchezze, formate in buona parte dalle diverse monete che arrivavano in gran numero a Cartagine da tutto il mondo conosciuto: le tetradracme d'argento di Siracusa, con l'immagine di una quadriga in movimento; le dracme di Atene, più note come le civette del Laurion; le sottili monete dai bordi decorati della Magna Grecia, come la dracma di Metaponto con la spiga, quella di Crotone con l'aquila o quella di Sibari con il toro; i darici d'oro di Dario di Persia, che mostravano l'immagine del re arciere; le creseidi dello scomparso Creso di Lidia; e i sicli d'argento dei medi…

Smetti di sognare. Si voltò verso i suoi uomini che stavano ritornando rapidamente dalle profondità del magazzino.

«Passiamo al prossimo».

Uscirono nell'aria calda della notte e si diressero di corsa verso l'edificio adiacente. Avevano già controllato metà dei magazzini di quella zona del porto.

Sikar prese di nuovo in considerazione la possibilità di trovare Akenon morto.

Drogo si infurierebbe se non riuscisse ad ammazzarlo con le sue stesse mani, ma se non altro non potrà accusare me di averlo ucciso.

Il cadavere di Akenon forse sarebbe servito a placare Drogo, ma Sikar preferiva non rischiare di subire l'ira del comandante. Avrebbe fatto tutto il possibile per trovare l'egiziano e portarlo ai piedi di Drogo.

Akenon, inginocchiato a terra, apriva la bocca cercando di respirare ma riusciva a malapena a incamerare l'aria che gli serviva per rimanere cosciente. Alzò gli occhi al cielo. La luna era seminascosta dalle nuvole, ma la luce era sufficiente per vedere che aveva gli abiti e il corpo intrisi di sangue.

Qualcosa attirò la sua attenzione, a sinistra. Girò la testa e vide un gruppo di uomini illuminati dalle torce. Entrarono di corsa in un edificio a circa duecento passi di distanza.

Akenon si sforzò di pensare lucidamente. Quegli uomini non sembravano marinai, ma…

Uomini di Drogo!

Appoggiò una mano a terra e riuscì ad alzarsi, nonostante il dolore. Per lo sforzo, si ritrovò il volto madido di sudore. Raggiunse l'angolo più vicino, trascinando i piedi, e proseguì verso la parte posteriore dell'edificio.

Drogo vuole festeggiare la sua nomina vendicandosi di me. Proseguì premendosi una mano sul costato. Le costole scricchiolavano a ogni passo. *E se incontro un altro uomo di Asdrubale posso considerarmi morto.*

Il suo corpo gli urlava di fermarsi a riposare, ma sapeva che poi non sarebbe stato più in grado di rialzarsi. Attraversò il porto palmo a palmo, senza sollevare i piedi da terra, finché raggiunse la stalla dove aveva lasciato il cavallo.

«Aiutami a montare» chiese con un flebile sussurro allo stalliere.

Il ragazzo strabuzzò gli occhi vedendolo insanguinato, ma fece quello che gli chiedeva senza dire una parola. Quando uscì dalla stalla, Akenon voltò la testa e vide il ragazzo correre via.

Va a dirlo al padrone della stalla… o a una pattuglia.

Spronò il cavallo per allontanarsi al galoppo, ma dovette subito rallentare al trotto moderato. Ogni movimento dell'animale sottoponeva il suo costato a un supplizio intollerabile. Si sforzò di tenere i muscoli sempre tesi, perché aveva la sensazione che se li avesse rilassati anche solo per un attimo, il dondolio avrebbe fatto sì che le costole scheggiate gli dilaniassero gli organi interni.

Il dolore non gli permetteva di pensare mentre cavalcava, ma l'istinto lo guidava verso casa. Per prima cosa doveva mettere in salvo la sua famiglia, poi si sarebbe preoccupato di avvisare Eshdek per far arrestare Glauco. Kush era un'ottima protezione contro i ladruncoli del mercato, ma non poteva far niente contro assassini professionisti.

Il cavallo si fermò. Akenon aveva percorso in stato di incoscienza l'ultimo tratto, e ci mise qualche secondo per capire dove si trovava.

Casa mia. Le sue labbra si mossero senza emettere alcun suono.

Scese da cavallo e crollò a terra. Gemendo di dolore, gli si riempì la gola di sangue. Lo sputò e si alzò aggrappandosi all'animale.

«Arianna».

Udì appena la propria voce. Per lo sforzo di parlare gli sembrò che cento coltelli gli si conficcassero nel petto. Avanzò barcollando, piegato su se stesso, ed entrò nel cortile della sua villa.

«Sinuhe… Arianna…»

Il cortile era deserto, in casa non si percepiva alcun movimento. Era molto strano che Arianna non fosse uscita sentendo il cavallo. Akenon vacillò in mezzo al cortile, con gli abiti insanguinati illuminati dalle lampade a olio. Chiuse gli occhi, attento a qualunque rumore.

Silenzio.

Riaprì gli occhi in preda al panico e si precipitò dentro la casa.

«Arianna!»

Capitolo 50

Madrid, Spagna, oggi

Chiedile di raccontarti chi erano Arianna e Akenon...

Daniel osservò il display silenzioso del suo cellulare e cominciò a tremargli la mano.

Irina ti ha ingannato, Daniel.

Le parole di Elena continuavano a riecheggiare nella sua mente. Non voleva accettarlo, si diceva che non aveva motivo di credere a Elena, conoscendola appena... ma fu invaso da una sensazione di vertigine, di dolore, di paura.

Posò il telefono sul tavolo e rimase a fissare il vuoto. Ricordò il desiderio di baciare Irina la sera in cui si erano conosciuti, la gioia intensa ogni volta che la rivedeva, il piacere di abbracciarla, nudi... Ogni ricordo che gli veniva in mente perdeva lucentezza e si sfaldava.

Erano tutte bugie?

Fu sopraffatto da un'ondata di rabbia contro Irina, Elena... Prese il telefono, cercò il numero del cellulare di Elena e la chiamò.

Rispose la segreteria telefonica.

Pensò di chiamare Irina, ma prima voleva sapere tutto il possibile. Andò su Internet, entrò nell'area riservata ai soci del Mensa España e da lì passò alla sezione dei dati personali.

Eccolo.

Elena, come quasi tutti i soci, aveva dato il numero di telefono fisso. Si affrettò a comporlo, ma squillò diverse volte e poi scattò la segreteria.

«Merda!»

L'orologio sul display segnava le 12:44. Mancava ancora un'ora prima che Irina uscisse dal lavoro... *Sempre che stia davvero lavorando.*

Prese ancora una volta il telefono, lo tenne in mano ansimando e lo posò di nuovo sul tavolo.

Non voglio avvisarla, si disse, serrando le mascelle. Se l'avesse colta alla sprovvista, Irina avrebbe avuto più difficoltà a imbastire una bugia sul momento.

I minuti passavano con lentezza insopportabile. Daniel cercò di rilassarsi, ma non riuscì a far scendere le pulsazioni del suo cuore a meno di centoventi. A poco a poco si sentì invadere da una preoccupazione nuova. Era così angosciato dal fatto che Irina l'avesse ingannato, che quasi non aveva prestato attenzione all'altra cosa che gli aveva detto Elena:

Corri un grave pericolo...

Corrugò la fronte. *Cosa voleva dire? Irina vuole farmi del male?* Era una follia, e non aveva modo di chiarire se non parlando con Irina.

Cercò molte altre volte di mettersi in contatto con Elena, sia al fisso che al cellulare, ma scattava sempre la segreteria telefonica.

Alle due in punto gli telefonò Irina.

«Tesoro, sono appena uscita. Sarò lì tra dieci minuti».

«Benissimo». Daniel si sforzò di sembrare naturale. «Ti aspetto in strada».

«Non vedo l'ora di metterci in viaggio». Il lieve accento russo che piaceva tanto a Daniel si fece più marcato quando Irina continuò a bassa voce: «Sarà la nostra piccola luna di miele».

Daniel strinse le palpebre ed esitò qualche secondo a rispondere.

«Muoio dalla voglia. Ci vediamo tra dieci minuti. Un bacio, tesoro».

Si udì il suono di un bacio dall'altra parte e Irina terminò la chiamata.

Capitolo 51

Madrid, Spagna, oggi

Douglas Harper si accarezzò distrattamente la barba bianca ben curata. Da un po' stava riflettendo su Daniel Martín ed Elena Pastor. I due ragazzi erano destinati a svolgere un ruolo da protagonisti negli avvenimenti che si avvicinavano.

Si alzò dalla sedia e andò a chiudere la porta dell'ufficio dall'interno. Poi si avvicinò alla massiccia cassaforte incassata nella parete di pietra e gli si accentuarono le rughe intorno agli occhi. Era l'unico segno che rivelava l'agitazione che provava ogni volta che la apriva.

Digitò un codice di nove cifre. Si passò di nuovo la mano sulla barba, mentre ascoltava il rumore metallico del meccanismo di apertura. Dopo un secondo di silenzio, lo sportello si aprì con un leggero scatto.

Douglas tirò la maniglia ed espose alla luce il contenuto della cassaforte.

La storia della Confraternita.

Sul pavimento della cassaforte c'erano diversi astucci cilindrici di legno scuro. Avevano tutti oltre duemila anni. Sul ripiano centrale era appoggiato un grosso oggetto avvolto in una tela di lino. Douglas lo prese e lo posò con cura sulla scrivania. Tolse la tela e rimase per un attimo a contemplarne il contenuto, un grosso codice rilegato in legno screpolato.

«Il *Libro delle Cronache*» mormorò.

Dalla fondazione della Confraternita, tutti i leader che si erano succeduti avevano lasciato scritti i principali avvenimenti dell'epoca in cui avevano diretto l'organizzazione. Venticinque secoli di lotta contro i seguaci di Khaos erano narrati in centinaia di pergamene dalla fitta calligrafia, scritti nel greco antico che usava Pitagora, e che Douglas padroneggiava come i precedenti leader della Confraternita.

In un angolo della scrivania, una lampada da tavolo emanava una luce bianca e fioca illuminando il codice e lasciando in penombra il resto dell'ufficio. Prima di aprire il libro, Douglas diede un'occhiata ai cilindri di legno che erano rimasti nella cassaforte aperta. I primi sei secoli della guerra tra la Confraternita e i khaosiani erano stati raccolti su rotoli di pergamena conservati dentro quegli astucci. Nel primo erano narrati gli eventi che avevano dato luogo alla fondazione della Confraternita.

Dai primi scontri fino alla morte di Khaos, di Pitagora, di Arianna e di Akenon.

Conosceva il contenuto di ogni pergamena. Le cronache dei leader della Confraternita ne raccontavano la silenziosa espansione nel mondo antico per creare una rete di vigilanza, sempre attenti alla comparsa di nuovi gruppi di khaosiani. Gli eventi si ripetevano più e più volte in modo simile. D'improvviso comparivano uno o più khaosiani creando un conflitto o, approfittando di uno già esistente, per appoggiare una delle fazioni in lotta e conquistare il potere di un governo o di un'altra organizzazione influente.

Uno degli ultimi astucci cilindrici conteneva una pergamena scritta da Euticle, a capo della Confraternita nella prima metà del I secolo a.C. Euticle sospettava che alcuni seguaci di Khaos si fossero infiltrati nella rivolta degli schiavi guidata da Spartaco in territorio romano. Insieme ad altri uomini della Confraternita, si era mescolato agli schiavi che seguivano Spartaco e aveva scoperto che i khaosiani stavano già controllando la rivolta. Spartaco aveva condotto gli schiavi fino alle Alpi, con l'intenzione di attraversarle e scappare così da Roma, ottenendo la libertà definitiva, ma i khaosiani avevano convinto gli altri capi della ribellione a tornare indietro e ad attaccare la città di Roma frontalmente.

Centomila schiavi avrebbero potuto salvarsi, pensò Douglas.

I seguaci di Khaos riuscivano sempre a convincere grandi masse di uomini a rischiare la vita per conquistare un potere che sarebbe finito nelle loro mani. Nel corso del tempo, diversi leader della Confraternita erano stati testimoni di arringhe degli uomini di Khaos che sembravano ipnotizzare la folla che li ascoltava.

Osservando l'astuccio con la cronaca di Euticle, Douglas ricordò una sentenza attribuita a Pitagora: «Le parole magniloquenti infiammano le masse, ma rovinano i popoli».

In quell'occasione, la Confraternita aveva annientato i khaosiani prima che arrivassero a Roma, impedendo così all'esercito di schiavi di Spartaco di tentare una conquista della città che sarebbe stata un suicidio. Ma questo non era comunque bastato a salvare la vita di quei disgraziati. La decisione di non attraversare le Alpi aveva comportato lo sterminio di tutti gli uomini che seguivano

Spartaco, che, nonostante tutti i loro tentativi, non erano riusciti ad avere una seconda possibilità di abbandonare la penisola italica.

Douglas tornò a concentrarsi sullo spesso codice. Infilò un paio di guanti che tirò fuori dal primo cassetto della scrivania e aprì la copertina di legno usando entrambe le mani. Le pagine che aveva davanti, di color giallo scuro, erano pergamene realizzate con pelle di vitello appena nato, particolarmente lisce e sottili.

Sfogliò le prime e si fermò un attimo.

Lucinio.

Cominciò a leggere il testo, ma dovette prendere gli occhiali nella tasca della giacca. Benché avesse sessantadue anni e fosse in ottima forma, gli occhiali per vedere da vicino e la barba e i capelli bianchi gli davano un ingannevole aspetto da anziano.

Sulla pergamena si narrava uno degli omicidi perpetrati dai khaosiani. Nell'anno 363, l'imperatore romano Giuliano l'Apostata era impegnato nella campagna contro i persiani, dopo aver imposto come religione ufficiale dell'impero il culto dei vecchi dei greci. Giuliano era un ammiratore della filosofia di Pitagora. In una scaramuccia contro i persiani, uno dei suoi uomini, con le tasche piene d'oro dei khaosiani, aveva approfittato della confusione per pugnalarlo alle spalle con una lancia che aveva messo fine alla sua vita.

Douglas continuò a sfogliare le pagine con i guanti, maneggiando le pergamene con delicatezza. A volte passava solo qualche anno prima che i khaosiani ricomparissero. A volte, invece, passavano decenni, ma risorgevano invariabilmente. Il Documento che Khaos aveva inviato a Glauco di Sibari, pazientemente inciso su un migliaio di ciotole di legno, conservava il suo potere nel corso dei secoli.

La Confraternita non è mai riuscita a trovarlo.

Fino a quel momento erano stati in grado di fermare i khaosiani prima che accumulassero tanto potere da diventare invincibili, ma finché non avessero trovato e distrutto il Documento – tutte le copie che ne esistevano – la minaccia sarebbe stata sempre in agguato. I khaosiani e il loro abominevole simbolo del pentacolo capovolto sarebbero ricomparsi, come avevano sempre fatto nel corso della storia.

Douglas si soffermò sulla pergamena in cui iniziava la cronaca di Bernardo di Provenza. Era uno dei migliori esempi della strategia dell'organizzazione di Khaos, una strategia che incoraggiava le uccisioni come mezzo per ottenere influenza. I khaosiani sapevano che il modo migliore per controllare gli uomini è indurli a lasciarsi guidare dal lato selvaggio della loro natura. Erano consapevoli che la violenza risuona in modo assordante nello spirito umano, e che un uomo che ha già ucciso una volta è assai probabile che uccida di nuovo.

Quella cronaca esercitava un fascino speciale su Douglas. Il racconto di Bernardo abbracciava tutta la prima crociata. Nell'anno 1095, l'imperatore bizantino Alessio aveva chiesto aiuto al papa Urbano II contro i turchi. Il pontefice aveva risposto predicando a tutta la cristianità di mobilitarsi per strappare Gerusalemme al dominio musulmano. L'intenzione di Urbano era riparare lo scisma che nel 1054 aveva diviso in due la Chiesa cristiana. Lui era alla guida della Chiesa d'Occidente – la Chiesa di Roma –, ma voleva diventare anche il capo della Chiesa d'Oriente, fino ad allora governata dal patriarca di Costantinopoli.

Le reazioni all'appello del papa avevano superato tutte le aspettative. Decine di migliaia di persone si erano messe in marcia verso est, raggruppate in diverse ondate. Migliaia di cavalieri e piccoli nobili avevano abbandonato i luoghi d'origine, ma molti dei pellegrini erano soldati poveri e contadini con mogli e figli. La promessa di terre e ricchezze attraeva tutti, come il perdono dei peccati che il papa offriva a chiunque mettesse piede nel Santo Sepolcro di Gerusalemme o morisse in quella spedizione.

Bernardo di Provenza riteneva che quell'immane pellegrinaggio armato, per di più impregnato di fanatismo religioso, fosse il contesto ideale per un nuovo tentativo di conquistare il potere da parte dei khaosiani. Aveva mandato diversi membri della Confraternita a controllare gli uomini che comandavano ogni fazione dell'esercito cristiano. Dopo quasi due anni, aveva ricevuto una lettera da Antiochia che confermava i suoi sospetti. Allora si era messo in marcia con la maggior parte degli uomini della Confraternita.

Douglas si concentrò sulla pergamena ingiallita e lesse la fitta scrittura in caratteri greci.

> Arrivati ad Antiochia, scoprimmo che i nostri uomini erano partiti per Gerusalemme seguendo il grosso dell'esercito. Li raggiungemmo a Gerusalemme e trovammo la città assediata dai cristiani. Erano passati sei giorni dalle calende di luglio e il sole sembrava incendiare il disordinato ammasso di accampamenti – ogni nobile montava un accampamento separato dagli altri. Ogni giorno molti uomini morivano di fame e di sete.

Alcuni avevano sacrificato i cavalli per berne il sangue, e molti altri bevevano la loro stessa urina.

Quando rintracciammo i nostri uomini, ci informarono di aver identificato sette khaosiani, il cui capo era Enrico di Gand. Quell'uomo diceva di essere un sacerdote, e si era conquistato una posizione di fiducia tra i principali nobili che guidavano l'esercito cristiano. I nobili diffidavano gli uni degli altri, ma sembravano tutti rispettare il presunto sacerdote.

«Enrico di Gand» sussurrò Douglas nel silenzio del suo ufficio. Con un dito si sistemò gli occhiali sul naso e continuò a leggere la cronaca di Bernardo di Provenza con espressione corrucciata.

Uno dei miei uomini, in quell'esercito da due anni e mezzo, mi spiegò come aveva fatto Enrico a ottenere quella posizione privilegiata:

«C'era un uomo di nome Ademar de Monteil che tutti consideravano la massima autorità religiosa. Era il vescovo di Le Puy ed era stato inviato da papa Urbano, pertanto nessuno metteva in dubbio il suo ruolo di capo spirituale dei pellegrini. Tuttavia, è morto l'anno scorso, crediamo per colpa di Enrico di Gand. Nel mese precedente alla sua morte, Enrico si era conquistato la fiducia di Ademar e li si vedeva sempre insieme, al punto che molti avevano cominciato a pensare che anche lui fosse stato mandato dal papa. Ovviamente, gli altri khaosiani hanno fatto in modo di alimentare quell'idea. Con la morte di Ademar, pensiamo che se i cristiani riusciranno a conquistare Gerusalemme, Enrico sarà nominato patriarca della città».

Compresi subito le aspirazioni di Enrico. Dal patriarcato di Gerusalemme avrebbe potuto disputare al patriarca di Costantinopoli il ruolo di capo della Chiesa cristiana d'Oriente, per poi cercare di realizzare le aspirazioni di papa Urbano, ma in senso opposto: ovvero, unificare di nuovo le Chiese cristiane di tutto il mondo, ma a capo di tutti i cristiani non ci sarebbe stato papa Urbano bensì lo stesso Enrico. Non gli sarebbe stato facile riuscirci, ma le cronache dei grandi maestri che hanno guidato la Confraternita nel corso dei secoli ci hanno insegnato che la capacità di persuasione di alcuni seguaci di Khaos è quasi illimitata.

Douglas annuì senza cambiare espressione, ripensando al ruolo determinante dei khaosiani in rivoluzioni, rovesciamenti, delitti eccellenti e guerre, sempre allo scopo di controllare un governo, salire al trono o guidare un'altra potente organizzazione. Nel caso del khaosiano Enrico di Gand, l'intenzione di diventare il capo della Chiesa cristiana era doppiamente cinica, dal momento che il tipo di governo predicato da Gesù Cristo era molto simile a quello di Pitagora, ma l'esatto opposto di quello di Khaos.

Nella pagina successiva, Bernardo di Provenza raccontava che avevano sorvegliato Enrico per cercare di scoprire dove nascondesse il Documento, il testo che Khaos aveva fatto arrivare a Glauco.

Non potevamo avvicinarci troppo per non essere scoperti; tuttavia, quando ormai sorvegliavamo Enrico e i suoi uomini da alcuni giorni, uno di loro lasciò l'accampamento a cavallo. Riuscimmo a raggiungerlo e lo rinchiudemmo in una tenda. Lo legammo mani e piedi, completamente nudo, sapendo che i khaosiani preferiscono suicidarsi piuttosto che rivelare qualunque cosa e a tale scopo nascondono tra gli abiti una capsula di veleno.

Cercai di interrogarlo, ma aveva una volontà di ferro. Allora lo obbligammo a ingoiare un'infusione di erbe che indeboliscono le censure mentali. Uscii dalla tenda lasciando tre uomini di guardia e mezz'ora dopo tornai sperando che l'infusione avesse fatto effetto. Il prigioniero era in ginocchio sul pavimento, con le mani dietro la schiena e la testa china. Non si era mosso da quando me n'ero andato.

Vedendo che non rispondeva alle mie domande, gli sollevai la testa. Dalla bocca sgorgò un fiotto di sangue. Mollai la presa e lui stramazzò a terra, vomitando un'enorme quantità di sangue dallo stomaco. Senza un lamento, si era strappato la lingua con i denti e aveva inghiottito il sangue per non farsi sorprendere dagli uomini di guardia, che avrebbero cercato di fermare l'emorragia. Ci provammo in quel momento, ma ormai era troppo tardi e morì nell'ora successiva.

Un paio di giorni dopo, giunsero all'accampamento nuove truppe provenienti da Genova. Trasportavano le loro navi smontate, e con il legno costruirono torri da assedio. Quando le ebbero terminate, le piazzarono di notte sotto le mura di Gerusalemme. Il mattino dopo, i primi cavalieri penetrarono nella città dando inizio al massacro degli abitanti, senza distinzioni tra musulmani, ebrei o cristiani.

Entrammo in città seguendo Enrico e i suoi uomini con l'intenzione di affrontarli, ma erano sempre circondati da decine di cavalieri che, pur non essendo khaosiani, li proteggevano perché consideravano Enrico la guida legittima della loro religione.

Enrico sembrava un demonio, gli occhi gli brillavano di un odio smodato che sembrava non avere limiti. Correva per le strade con la spada insanguinata, seguito da una folla di uomini armati e infervorati dalle sue continue grida.

«*Deus vult!* (Dio lo vuole!)» era il grido di guerra dei cristiani. Avevano cominciato a gridarlo quattro anni prima, ascoltando il discorso di papa Urbano al Concilio di Clermont che incitava a riconquistare Gerusalemme.

«Dio lo vuole!» gridava Enrico assalendo un gruppo di musulmani che cercava di arrendersi.

«Dio lo vuole!» ripetevano i suoi uomini facendo irruzione in una casa e cacciando fuori uomini, donne e bambini per decapitarli in strada.

Era uno spettacolo tremendo e per noi era quasi impossibile contemplare azioni così vili senza intervenire. Il nostro spirito non smetterà mai di soffrire per questo, ma non potevamo dimenticare che la nostra missione consisteva nello sterminare i seguaci di Khaos e cercare di ritrovare il Documento. Altrimenti, le atrocità di cui eravamo testimoni si sarebbero moltiplicate in tutto il mondo finché tutta l'umanità non avesse adorato Khaos come unico dio, e i suoi discepoli come governanti supremi.

Dopo qualche ora, Enrico si fermò ansimando. Gli altri sei khaosiani e molti soldati cristiani si fermarono con lui. Noi ci tenemmo a un centinaio di passi di distanza. D'improvviso Enrico si ravvivò e indicò con la spada una grande sinagoga che si trovava proprio davanti a lui. Attraverso le porte aperte si vedeva una folla di ebrei, forse più di mille. I soldati cristiani passavano davanti alle porte senza attaccare i rifugiati.

«Dio lo vuole!»

Enrico urlò con fierezza, invocando senza dubbio il suo dio Khaos. Si lanciò verso la sinagoga trascinandosi dietro la folla armata che lo accompagnava. Ordinò che si sprangassero le porte e si desse fuoco all'edificio. Nessuno mise in discussione i suoi ordini. Poco dopo, insieme alle grida esaltate di *Dio lo vuole!*, si alzò verso il cielo un boato di terrore e di agonia, che si prolungò finché il tetto non fu crollato.

Douglas lesse il passo successivo, notando che la sua agitazione cresceva, nonostante avesse già letto le *Cronache* diverse volte. Bernardo raccontava che per il resto della giornata avevano seguito i khaosiani per tutta Gerusalemme. Le uccisioni e i saccheggi si erano susseguiti senza tregua. C'erano così tanti cadaveri per le strade che era impossibile camminare senza calpestarli. Al calar della notte, erano arrivati davanti a un'enorme moschea, costruita sulle rovine del tempio di Salomone, sul cui tetto si erano rifugiati centinaia di musulmani ed ebrei. Enrico si era avvicinato con l'intenzione di ripetere il massacro della sinagoga, ma in questo caso aveva trovato resistenza.

Alcuni capi cristiani cercarono di impedire la mattanza. Tra loro vi erano Tancredi di Hauteville e Gastone di Béarn. Per proteggere i cittadini che si erano rifugiati in cima alla moschea, gli affidarono gli stendardi e collocarono dei soldati intorno all'edificio, mettendosi loro stessi davanti alla porta. Enrico valutò la situazione e decise di non affrontarli, perché Tancredi e Gastone erano rispettati e potevano contare su molti uomini.

Al tramonto, riunì intorno a sé gli uomini che lo seguivano e si distesero a riposare nella spianata davanti alla moschea. Nel corso della giornata si erano uniti a lui altri soldati e adesso era circondato da circa duecento uomini. Noi ci sistemammo in un altro degli accampamenti improvvisati sorti in quella spianata, in attesa di un'occasione, ma Enrico organizzò turni di guardia. Nonostante in teoria fosse solo un sacerdote, i suoi ordini sembravano ipnotizzare chiunque li ascoltasse: quegli uomini gli obbedivano come se fosse il generale di un piccolo esercito.

Durante la notte, la grande spianata continuò a riempirsi di uomini armati, che finirono per diventare diverse migliaia. Quasi tutti portavano una croce cucita sugli abiti. Avevo sentito dire spesso che amavano farsi chiamare 'l'esercito di Cristo', ma pensavo con inquietudine che, se i piani dei khaosiani avessero avuto successo, con il tempo quella folla sarebbe stata ricordata come 'l'esercito di Khaos'.

Prima dell'alba, Enrico e gli altri sei khaosiani percorsero il piccolo accampamento parlando sottovoce agli uomini. A un ordine di Enrico, i duecento uomini si avviarono verso la moschea. Camminavano in silenzio, e quando si trovarono a cinquanta passi dal loro obiettivo, Enrico si voltò gridando: «Dio lo vuole!»

«Dio lo vuole!» risposero tutti in coro.

Si misero a correre ripetendo ossessivamente il loro grido di guerra. Gastone di Béarn e Tancredi di Hauteville si erano ritirati al calar della notte, e davanti alla porta della moschea c'erano solo una decina di soldati che furono travolti dagli uomini capeggiati da Enrico.

Trovarono le scale che portavano al tetto e fecero irruzione tra le famiglie terrorizzate, che esibivano gli stendardi di Tancredi e Gastone come se fossero scudi. Fu tutto invano. Le spade e i coltelli si abbatterono su di loro al grido di *Dio lo vuole!*

La massa dei rifugiati cercò di sfuggire agli aggressori. Quelli che arrivavano al bordo del tetto cercavano di fermarsi, ma la spinta della gente dietro gli faceva perdere l'equilibrio. La moschea in quel punto è alta come quattro o cinque uomini, e quelli che precipitavano perdevano la vita o restavano feriti. Tuttavia, ben presto si formò un mucchio di corpi che attutiva la caduta dei successivi, e alcuni rimanevano illesi e scappavano. Enrico se ne accorse e scese dal tetto con gli altri sei khaosiani e alcuni soldati, posizionandosi sotto la cascata di corpi che precipitavano. In quel momento ci scagliammo su di loro.

Enrico fuggì correndo e io mi lanciai al suo inseguimento, mentre i miei uomini e i suoi rimasero a combattere sotto la moschea. Si infilò in un vicolo e poco dopo dovette fermarsi. Le fiamme stavano devastando il quartiere. Non aveva altra scelta che addentrarsi nell'inferno o combattere con me.

Si voltò e mi rivolse un sorriso sprezzante.

«Sei Bernardo di Provenza, vero?» Ma prima che rispondessi, proseguì: «Credi di potermi affrontare, miserabile adoratore di Pitagora?»

Enrico non era un uomo robusto e non mi era sembrato abile a maneggiare la spada. Inoltre, ero più alto di lui, ma la sua espressione lasciava trapelare sicurezza e odio. Il suo profilo si stagliava contro le fiamme che divampavano furiosamente alle sue spalle, come se fosse un demonio. Alzai la spada e lui mi sorprese abbassando la sua. Con l'altra mano afferrò un coltello dalla cintola e sorrise digrignando i denti.

«Sei pronto per ricevere il simbolo del dio Khaos?»

Notai il suo corpo tendersi, deciso a lanciarsi su di me, ma d'improvviso sul suo volto affiorò un'espressione sconcertata. Guardò con stupore la freccia che gli spuntava dal centro del petto. Io mi girai e vidi uno dei miei uomini che si avvicinava impugnando un arco e preparando un'altra freccia.

Mi voltai di nuovo verso Enrico.

«Se ci dai quello che vogliamo forse avrai salva la vita».

Le case che bruciavano dietro di lui emanavano un calore insopportabile. La giubba di Enrico emetteva fili di fumo bianco. Mi guardò per un attimo con aria inespressiva e poi mi stupì con una smorfia sarcastica.

«Il Documento». La sua voce risuonò debole e cavernosa; la freccia doveva avergli perforato un polmone. «Forse lo tengo addosso. Vieni a prenderlo».

Indietreggiò rapidamente buttandosi tra le fiamme. Si fermò sulla soglia di un negozio di stoffe e si voltò a guardarci mentre il fuoco lo avvolgeva. La sua chioma lunga e arruffata esplose in una fiammata.

Sorrideva.

Douglas aveva il respiro affannoso. Bernardo di Provenza continuava a raccontare che avevano cercato di raggiungere il corpo di Enrico, i cui piedi erano rimasti fuori dal negozio quando era crollato, ma l'incendio aveva continuato a propagarsi ed erano stati costretti ad allontanarsi. In quella zona di Gerusalemme le fiamme erano così intense da fondere gli oggetti d'oro e d'argento. Due giorni dopo, frugando tra la cenere, avevano trovato solo le ossa carbonizzate e la spada di Enrico di Gand. Douglas passò alla pergamena successiva, poi a un'altra e a un'altra ancora. Vi si narrava l'appoggio decisivo dei khaosiani alla nomina dell'antipapa Anacleto II nel 1131. Anche in quell'occasione, la Confraternita era riuscita a vanificare le ambizioni dell'organizzazione di Khaos. Continuò a esaminare pergamene. Nei successivi duecento anni c'erano stati parecchi scontri, ma l'anno 1348 aveva segnato l'inizio di una nuova era tra la Confraternita e i khaosiani.

La peste nera cambiò tutto, pensò Douglas senza smettere di sfogliare pergamene.

Negli ultimi sette secoli c'erano stati pochissimi scontri diretti, e Khaos non si era più infiltrato in nessuna organizzazione di potere.

L'ultima pergamena era vuota.

«La cronaca di Douglas Harper».

Quella pagina del *Libro delle Cronache* era in bianco, ma Douglas intuiva che ben presto avrebbe avuto molto da scrivere.

«Forse l'ultima cronaca».

Avrebbe parlato di Elena Pastor e Daniel Martín. Sapeva come avrebbe cominciato il racconto e come avrebbe voluto che finisse, ma non l'avrebbe scritto finché tutto non fosse terminato.

Passò la mano inguantata sulla superficie della pergamena. A quel punto, il display del telefono che teneva sulla scrivania si illuminò.

«Ivan».

Rispose e per qualche secondo rimase ad ascoltare con aria preoccupata.

«Vieni a prendermi. Subito».

Capitolo 52

Madrid, Spagna, oggi

Daniel scese in strada e si appoggiò a un'auto, ad aspettare. Dopo un attimo, si raddrizzò e si mise a camminare. Arrivato all'angolo, tornò di nuovo al portone. Quando ebbe fatto quel percorso per quattro volte, comparve la Toyota azzurra di Irina.

Andò direttamente alla portiera del passeggero, la aprì e salì in auto. Irina si sporse verso di lui per baciarlo, sorridendo come se andasse tutto bene, come se non lo avesse ingannato.

«Cosa succede?» chiese, notando che Daniel manteneva una certa distanza. Allora vide i suoi occhi arrossati. «Daniel, che hai, cos'è successo?»

Sembra così sincera... Daniel scosse la testa lentamente.

«Chi sei?»

«Cosa... cosa vuoi dire?»

«Dimmi chi sei davvero, e a che gioco stai giocando con me».

«Tesoro...» Irina allungò una mano verso la sua guancia. Il suo tono affranto era convincente quanto la sua espressione costernata.

Daniel scostò la faccia e Irina ritrasse la mano.

«Dimmi chi erano Arianna e Akenon».

Irina si paralizzò. Abbassò lentamente lo sguardo e la sua faccia si fece inespressiva. Dopo un attimo, rialzò gli occhi su di lui.

«Daniel, ti ho nascosto alcune cose, ma ti giuro che sono stata completamente sincera nei miei sentimenti verso di te».

«Già». *Dio, come mi piacerebbe crederti.* «Sto aspettando una risposta».

Irina strinse le labbra e tacque, cercando una fessura nella sua espressione tesa. Annuì piano prima di rispondere:

«Arianna era figlia del filosofo Pitagora e Akenon era suo marito. Vissero duemilacinquecento anni fa... e furono i primi martiri dell'organizzazione alla quale appartengo».

Daniel ci mise un po' a reagire.

«Cosa...?» Scosse la testa. «Di che cazzo stai parlando? Che organizzazione?»

«La chiamiamo la Confraternita».

«La Confraternita? Cazzo, e che cos'è, un qualche tipo di setta?»

«No, Daniel, tutto il contrario. Noi lottiamo contro la società di Khaos... un gruppo di assassini».

Daniel accusò il colpo e rimase in silenzio.

Organizzazione di assassini. Socchiuse gli occhi guardandola. *Per questo Elena era così spaventata quando mi ha telefonato per avvertirmi.*

Irina sospirò e continuò con voce triste, consapevole che Daniel non l'avrebbe perdonata: «Khaos era il discepolo più brillante di Pitagora. Un uomo che, dietro l'apparente lealtà all'ordine pitagorico, nascondeva una natura mostruosa. In realtà, era un assassino spietato e pieno d'odio, con un'intelligenza incredibile e una smisurata ambizione di potere. Si diceva che il Maestro... Pitagora, intendo dire, avesse acquisito un tale controllo sul corpo e sulla mente da riuscire a leggere dentro le persone e a curare con l'imposizione delle mani. Le doti soprannaturali di Khaos gli permisero di superarlo e imparò a dominare la volontà degli uomini con la voce e con lo sguardo».

Daniel esitò a rispondere. Gli balenò nella mente l'idea che Irina fosse pazza.

«Mi stai parlando di... stregoneria?»

«No. Ti sto parlando di conoscenza e di carisma, dell'influenza naturale che certe persone esercitano su altre, a livelli che ti sembrerebbero inimmaginabili. Comunque, abbiamo pochissimi documenti di quell'epoca e a volte leggenda e realtà si confondono. Quello che sappiamo è che Khaos riuscì a rovesciare governi e a distruggere città, oltre a minacciare di annientare l'ordine pitagorico, prima che Akenon e Arianna lo catturassero. Khaos passò il resto della sua vita incatenato a un remo, con la lingua strappata e gli occhi bruciati». Irina arricciò le labbra prima di continuare. «Ma, nonostante questo, riuscì a portare a termine la sua opera più duratura».

«Imprigionato, cieco e muto?» Daniel aveva un tono beffardo, ma non poteva evitare un certo interesse per il racconto di Irina.

«Si dice che Khaos passò anni a incidere segni sulle ciotole in cui gli davano il cibo. Così scrisse la sua terribile opera suprema, quello che noi chiamiamo il Documento. Lo fece arrivare a un aristocratico di Sibari di nome Glauco. Non sappiamo se quell'uomo lavorasse già per Khaos o se diventò suo discepolo dopo aver letto il Documento. Quello che sappiamo è che il Documento raccoglieva nei dettagli i passi da compiere per portare a termine la vendetta di Khaos contro Pitagora e la sua cerchia... oltre alle istruzioni per il funzionamento della sua società di adepti attraverso i secoli».

«Stai dicendo che oggi, nel ventunesimo secolo, c'è una società segreta le cui azioni sono determinate dal documento scritto da un pazzo duemilacinquecento anni fa?»

Irina annuì con aria pensierosa. Si stava avvicinando a un punto della spiegazione in cui sapeva che Daniel si sarebbe arrabbiato ancor di più con lei.

«Il Documento fa molto di più che indicare ai seguaci di Khaos cosa devono fare. A volte lo chiamiamo documento di adduzione o documento di settarizzazione. Chiunque lo legge, se possiede determinate caratteristiche, si converte al credo di Khaos in modo inesorabile. Khaos ha creato un testo che attua un perfetto lavaggio del cervello, molto più profondo di quello di qualunque setta».

Daniel socchiuse gli occhi, cercando di tirare le fila di tutto quel discorso.

«Capisco... La nostra storia è stata pianificata fin dall'inizio. Sei venuta alla prima riunione del Mensa per metterti in contatto con me perché siete interessati al mio progetto sulla mente e sul cervello... Mi avete spiato attraverso Internet e tu sei incaricata di assicurarti che sviluppi il mio lavoro come serve a voi».

Appoggiò la mano sulla maniglia della portiera.

«Avete già il mio programma, non posso evitarlo, ma non voglio più sapere niente di te né della tua confraternita di pazzi».

«Daniel, aspetta». Irina gli mise una mano sulla gamba.

«Non toccarmi». Daniel aprì bruscamente la portiera. «Mi hai ingannato nel modo più infame». Posò un piede sull'asfalto e si voltò per scendere, ma poi si rivolse di nuovo a Irina. «E, facendomi lavorare per voi a mia insaputa, mi hai messo nel mirino dei tuoi nemici. Dici che ti importa di me e metti la mia vita in pericolo senza avvertirmi... o forse ero l'esca per catturarne uno?»

«Daniel, per favore».

«Vaffanculo».

Sbatté la portiera e si allontanò di corsa.

Organizzazioni millenarie di assassini, Pitagora, documenti che facevano il lavaggio del cervello... era tutta una follia assurda. Il problema era che sia Elena che Irina gliel'avevano fatto sembrare molto reale.

Daniel continuò ad allontanarsi senza sapere dove andava, per la pura necessità di sfuggire a Irina e al dolore che gli aveva provocato. Continuò a correre finché sentì che i polmoni gli bruciavano e allora si appoggiò a un albero cercando di riprendere fiato. Quando alzò lo sguardo si accorse con stupore di quanto si fosse allontanato da casa.

Dove vado adesso? Non intendeva tornare nel suo appartamento per tutto il giorno. L'ultima cosa che voleva era trovare Irina ad aspettarlo.

Camminò per un po' senza meta, finché decise dove voleva andare. Si rimise a correre e dieci minuti dopo si fermò davanti a un portone.

Eccomi.

Suonò diverse volte a un citofono e rimase a fissare la telecamera.

Forza, forza, forza...

Nessuno rispose, ma la porta si aprì con un ronzio.

Capitolo 53

Cartagine, 507 a.C.

Arianna inorridì sentendo il rumore del collo di suo figlio.

«Sinuhe!»

Mentre correva verso di lui notò che il piccino era congestionato. Un attimo dopo, lanciò un grido di dolore. Arianna si portò la mano alla cintola, senza smettere di correre, estrasse il coltello e quando raggiunse il bambino passò oltre. La guardia che aveva ucciso Kush la guardò allarmato e cercò di estrarre la spada dal corpo dello schiavo, ma senza riuscirci. Allora lasciò andare l'impugnatura e tentò di proteggersi, ma non abbastanza rapidamente perché Arianna gli conficcò il coltello nel pomo d'Adamo.

La guardia emise un suono rauco, scuotendo la testa. La laringe si spezzò in due contro la lama del coltello e l'uomo stramazzò a terra con l'arma conficcata nel collo.

Arianna si voltò e si chinò con un'agilità sorprendente, considerata l'avanzata gravidanza. Afferrò per la tunica il figlio, che continuava a strillare, e lo prese in braccio. Si precipitò verso la porta e vide Glauco con la coda dell'occhio. Il sibarita la guardava con aria stupita;

un attimo dopo si mise a gridare con voce che trasudava odio.

«Prendetela! Prendetela!»

All'ingresso della sala si affacciò un'ombra. Arianna strinse più forte Sinuhe e a testa bassa si avventò contro l'uomo che era entrato a spada sguainata, colpendolo alla bocca dello stomaco. La guardia si accasciò con un gemito sordo. Arianna svoltò a sinistra e si mise a correre, sentendo le urla di Sinuhe nelle orecchie e quelle di Glauco alle sue spalle, sempre più attutite.

Il corridoio era in penombra, ma in fondo si vedeva il cortile illuminato dalle torce e, poco più in là, la porta che dava sull'esterno, spalancata. Due guardie chiacchieravano distrattamente appoggiate al muro interno, a pochi passi dall'uscita. Con un barlume di speranza, Arianna si rese conto che non sarebbero riusciti a reagire in tempo per non farle guadagnare la strada.

Akenon entrò in casa vacillando.

Dove sono?!

In cucina trovò due lampade a olio accese e un'altra spenta ma ancora fumante, e sul tavolo di pietra del cibo preparato a metà. Prese una lampada e andò in camera da letto. Era tutto sottosopra, le loro cose sparse a terra: era evidente che qualcuno aveva perquisito la casa. Con ansia crescente, cercò segni di lotta, ma non ne trovò.

Uscì dalla camera da letto, controllò le altre stanze e alla fine si appoggiò a una parete.

Sono scappati o li hanno portati via?

Si immaginò suo figlio con un coltello puntato alla gola. Arianna e Kush non avrebbero opposto resistenza se qualcuno avesse minacciato di uccidere Sinuhe.

Strinse le palpebre per trattenere le lacrime. Non sapeva nemmeno chi fosse entrato lì: i soldati di Drogo, gli uomini di Glauco, altri complici di Khaos…

Uscì in cortile e dovette fermarsi per tossire. Cercò di non scuotere troppo il petto perché a ogni movimento gli sembrava che lo stessero dilaniando. Poi si pulì la bocca e alla luce oscillante delle lanterne notò il rosso vivo del sangue che gli colava sulla mano.

Alzò gli occhi e vide il cavallo fermo davanti alla porta. Chinò di nuovo il volto sudato e si obbligò a muovere una gamba dopo l'altra…

Devo arrivare a casa di Eshdek.

Arianna correva verso il cortile tenendo premuta la bocca di Sinuhe contro la sua clavicola per evitare che le urla del piccolo allertassero le guardie. Era terrorizzata all'idea che suo figlio potesse essersi spezzato il collo cadendo, ma la cosa più urgente era fuggire.

Quando stava per raggiungere la porta d'ingresso, si fermò di colpo sentendo un dolore lacerante alla mano e al petto.

Due guardie avevano sentito le grida di Glauco e accorrevano a soccorrerlo dal cortile. Una di loro era armata di una lancia e l'aveva alzata in modo istintivo vedendo qualcuno uscire di corsa dal corridoio. La punta di ferro aveva attraversato il dorso della mano sinistra di Arianna, andando a sbattere contro le costole della parte alta del suo petto.

Nel tragitto tra la mano e il petto di Arianna, aveva trapassato il torso di Sinuhe.

Il piccolo lanciò un grido così acuto che non sembrava umano. Un attimo dopo, mentre la guardia recuperava la lancia con il bambino infilzato, calò il silenzio. Sinuhe guardava sua madre senza respirare; anche Arianna non era in grado di prendere fiato, paralizzata dall'orrore di veder morire suo figlio.

Non si accorse che la sua mano si era lacerata quando la guardia aveva estratto la lancia, né che il secondo uomo le si avvicinava con una torcia in mano.

Questi fece ondeggiare la torcia e la scaraventò sulla tempia di Arianna.

Capitolo 54

Madrid, Spagna, oggi

Ivan aveva i sensi vigili, come ogni volta che era in modalità *caccia*. Le sue dita stringevano il volante e gli trasmettevano con precisione la flessibilità del cuoio. Era fermo a un semaforo e percepiva il peso delle due armi nelle fondine alle caviglie. Il suo istinto valutava all'istante ogni persona che attraversava la strada davanti a lui, che camminava sul marciapiede o che guidava un veicolo di quelli che lo circondavano.

Si sentiva intensamente vivo.

Paradossalmente, la prima volta che si era sentito così era stato quando aveva quindici anni, all'epoca in cui sua madre era stata uccisa. Era il 1993 e abitavano a Sarajevo. Ivan aveva la febbre da diversi giorni e sua madre aveva deciso di arrischiarsi a uscire dal palazzo in rovina dove vivevano per cercare di procurarsi degli antibiotici. Aveva sentito dire che un'infermiera era riuscita a trovarne diverse scatole in un ospedale bombardato, prima che fosse distrutto dalle fiamme.

Il problema era che quell'infermiera abitava dall'altra parte del viale dei cecchini.

Sua madre avrebbe già voluto andarci due giorni prima, ma Ivan glielo aveva impedito. Però la febbre era salita e in un momento di lucidità si era accorto che la donna al suo capezzale era una vicina.

«Dov'è mia madre?»

«Tranquillo, riposa, torna subito».

«Mamma!» Ivan si era alzato di scatto, ma era crollato a terra con la vista annebbiata.

«È uscita mezz'ora fa, Ivan. È meglio che la aspetti a letto. Fa molto freddo».

Ivan si era buttato singhiozzando sul materasso disteso a terra. Il Bulevar Meše Selimovića, ormai noto come viale dei cecchini, era una via ampia e centrale, quotidianamente invasa da centinaia di spari dall'alto dei palazzi e dalle colline circostanti. Una volta era un luogo piacevole per passeggiarci, adesso ci si avventurava solo se era assolutamente indispensabile, e in quel caso lo si faceva correndo il più in fretta possibile e percependo nel corpo, come un bruciore, i diversi punti in cui un proiettile poteva conficcarsi.

L'attesa si era prolungata, lenta e insopportabile. Ivan aveva vomitato diverse volte in un secchio che gli reggeva la vicina rimasta a fargli compagnia. Poi era caduto in un torpore popolato di incubi, e quando ne era riemerso aveva letto sul viso della vicina che sua madre era morta.

Tempo dopo, aveva scoperto che era riuscita a procurarsi gli antibiotici. Forse i cecchini non erano stati abbastanza attenti, ma dovevano aver tenuto il dito sul grilletto aspettando il suo ritorno. La madre di Ivan non aveva dato retta al consiglio di aspettare qualche ora, che facesse buio. Voleva che suo figlio prendesse le medicine al più presto. Non aveva fatto neanche dieci passi quando un proiettile di grosso calibro le aveva squarciato il petto.

Ivan era sopravvissuto grazie alle cure della vicina. Era stato fortunato, perché la pioggia inarrestabile di quei giorni gli aveva garantito un'alimentazione sostanziosa a base di lumache bollite nell'acqua piovana in aggiunta al solito riso. Una settimana dopo, aveva preso il pugnale a doppio taglio che si portava sempre dietro illudendosi di proteggere sua madre – lo stesso pugnale che adesso era legato alla sua caviglia destra –, e al calar della notte aveva lasciato il suo rifugio in rovina, accecato dal desiderio di vendetta.

Quella notte sono diventato un assassino.

La fortuna che era mancata a sua madre aveva assistito lui mentre strisciava metro dopo metro sulla collina più vicina, fino a raggiungere un cecchino in posizione più avanzata degli altri. L'uomo era seduto su una seggiola pieghevole con il sedile di tela. Era proteso in avanti, assorto a guardare nel mirino telescopico di un fucile appoggiato a un treppiede che a Ivan era sembrato enorme.

L'aveva osservato restando accucciato, mentre l'uomo muoveva l'arma lentamente, da una parte all'altra, scrutando il viale dei cecchini dalla sua posizione privilegiata. Un paio di volte aveva alzato la testa per guardarsi intorno, prima di chinarsi ancora sull'arma. D'improvviso si era irrigidito, mormorando qualcosa, e aveva appoggiato il dito sul grilletto. Ivan si era alzato trattenendo il respiro e si era mosso piano, con il coltello in pugno. Camminava a passi corti, con elasticità felina, fissando il punto della schiena in cui avrebbe conficcato il pugnale. Era risuonata una detonazione e il cecchino aveva aperto l'otturatore per mettere un altro colpo in canna. Ivan gli aveva piantato la lama nella schiena, sperando che arrivasse al cuore. Era esploso un altro colpo. Ivan aveva estratto il coltello per affondarlo di nuovo, ma l'uomo si stava già accasciando a terra, trascinandosi dietro il fucile.

Era rimasto come paralizzato. Il cecchino era morto senza dire una parola. Ivan si era guardato intorno e si era allontanato furtivo, in preda a una crescente euforia, sapendo che da quel momento si sarebbe dedicato a ciò che aveva fatto quella notte.

Douglas ha salvato la mia anima.

Guardò di sottecchi l'uomo seduto al posto del passeggero e fu invaso da un'ondata di rispetto e gratitudine. Douglas Harper, attraente ed energico, nonostante avesse superato la sessantina, stava osservando il display del suo cellulare. Parlò senza alzare la testa.

«Daniel Martín è appena arrivato a casa di Elena Pastor».

«Benissimo, signore». Ivan si concentrò sulla strada e pigiò con forza il pedale dell'acceleratore.

Capitolo 55

Madrid, Spagna, oggi

Daniel raggiunse il quarto piano salendo gli scalini a tre a tre. Arrivò ansimante a una porta che si aprì prima che suonasse il campanello.

«Ciao». Elena lo guardava dalla soglia con un'espressione triste e abbattuta. «Entra».

Senza una parola, Daniel entrò nel piccolo appartamento. Elena chiuse la porta dietro di lui e per un attimo i due si guardarono in silenzio, in piedi in mezzo al salotto.

«Come hai scoperto dove abito?»

«Ho cercato il tuo numero di telefono sul sito web del Mensa e c'era anche il tuo indirizzo».

Lei annuì senza replicare. Daniel continuò: «Ho appena parlato con Irina. Le ho chiesto quello che mi hai detto, chi erano Arianna e Akenon, e mi ha raccontato una storia assurda sulla confraternita a cui appartiene e sulla società di... Khaos contro cui lottano da secoli».

Lei distolse lo sguardo e Daniel fece un respiro profondo, cercando di calmarsi. «Come l'hai scoperto? Anche tu fai parte di quella confraternita?»

«No». La feriva il tono accusatorio della sua voce. «Mi hanno usata, proprio come te».

Daniel cercò di decifrare la sua espressione. Il suo sguardo sembrava supplicarlo di crederle. *Sembra sincera... come Irina stamattina.*

«Molto bene» disse, più seccamente di come avrebbe voluto. «Cos'altro sai di tutto questo?»

«Molto più di quello che vorrei». Elena sollevò la tazza vuota che teneva in mano. «Vado a farmi un'altra tisana. Ne vuoi?»

«No. Be', sì».

Andarono in cucina ed Elena cominciò a parlare mentre preparava l'infusione. «Qualche mese fa ho conosciuto un uomo di nome Leonardo Rossi». *Caspita*, pensò Daniel, *comincia parlando del suo fidanzato*. «Siamo usciti insieme per qualche settimana. Poi abbiamo rotto, ma nel suo palazzo c'è stato un incendio e io gli ho offerto di stare per qualche giorno a casa mia. Una settimana fa è stato assassinato».

«Cazzo!» Daniel fu assalito da una gelida sensazione di pericolo. Non si trattava più soltanto di sette ossessionate da antiche storie. «Mi... mi dispiace. Com'è successo?»

«È successo qui, in casa mia. L'ho trovato in camera mia, disteso sul letto. Aveva le mani legate dietro la schiena e un coltello piantato nel cuore. E poi, con il coltello, gli avevano inciso un pentacolo sulla fronte».

Daniel rabbrividì, sconvolto da quell'immagine cruenta.

«Hai detto che gli... hanno inciso un pentacolo. Intendi una stella a cinque punte?»

«Sì, proprio così». Elena lo guardò incuriosita. «Hai visto quel simbolo da qualche parte?»

«Qualche giorno fa qualcuno si è introdotto nei miei computer e ha fatto comparire un pentacolo».

«Aveva la punta verso l'alto o verso il basso?»

«Verso il basso». Daniel riusciva ancora a visualizzarlo quando chiudeva gli occhi. «Perché?»

Lei gli porse una tazza e bevve un sorso di tisana.

«Il pentacolo, con la punta verso l'alto, è il simbolo di Pitagora e della Confraternita. Quando è capovolto, con la punta verso il basso, rappresenta Khaos e la sua società di assassini. Temo che sia un brutto segno se ti hanno mandato un pentacolo capovolto. I seguaci di Khaos devono essere interessati a te, come sospettava la Confraternita». Daniel socchiuse gli occhi, mentre la ascoltava. «Per questo hanno fatto in modo che Irina ti contattasse».

«Come fai a saperlo?»

«So molte cose sulla Confraternita». Elena uscì dalla cucina. Andò a sedersi in un angolo del divano in salotto e Daniel si accomodò in una poltrona. Lei continuò senza guardarlo: «Il giorno dopo l'assassinio di Leonardo, ho preso un taxi per andare a casa di un'amica. Il taxi si è infilato in un garage, mi hanno tirata fuori a forza e caricata su un furgone».

Daniel era di nuovo sorpreso. Era venuto a cercare risposte sull'inganno di Irina, compiangendosi, ed Elena gli aveva raccontato che avevano ucciso il suo ex fidanzato e che lei era stata sequestrata. Sentì l'impulso di consolarla e allungò una mano verso di lei, ma si bloccò prima di toccarla vedendo la tensione sul suo volto mentre ricordava.

Elena, con una voce stanca che non tradiva quasi nessuna emozione, disse a Daniel che la prima cosa che aveva visto a bordo del furgone era un pentacolo che fluttuava all'interno del veicolo. Quando aveva smesso di divincolarsi, si era resa conto che stava osservando lo schermo di un computer portatile. Il pentacolo era l'immagine in pausa di un video.

«Elena» le aveva detto una voce grave e aspra, «per favore guarda questo video».

L'avevano aiutata a sedersi sul pavimento del furgone e qualcuno aveva premuto un tasto del computer portatile. Il pentacolo si era allontanato, rivelando che si trattava di un arazzo appeso alla parete di una grande sala. Davanti all'obiettivo erano apparsi due uomini, e uno aveva cominciato a parlare.

«Elena, se stai vedendo questo video, probabilmente è perché mi è successo qualcosa». Allibita, Elena si era resa conto che l'uomo che parlava sullo schermo era Leonardo. «Questo significa che anche tu potresti essere in pericolo, pertanto, d'ora in poi, ti prego di fidarti di Douglas, che per me è come un fratello».

Leonardo indicava con la mano l'uomo che aveva accanto. Aveva i capelli bianchi, un'ampia stempiatura e la barba bianca ben curata. In quel momento, sul furgone qualcuno aveva premuto un tasto del computer e l'immagine si era fermata.

«Elena, guardami».

Lei si era voltata verso l'uomo dalla voce grave, rendendosi conto che era la stessa persona che compariva nel video insieme a Leonardo.

«Sono Douglas Harper, e Leonardo era un mio confratello».

Elena si era addossata contro la parete metallica del furgone. Aveva osservato Douglas e poi l'uomo seduto accanto a lui. *È il conducente del taxi.*

«Lui è Ivan» aveva detto Douglas. «Anche lui è un

nostro confratello». Ivan aveva chinato il capo verso di lei in silenzio, senza toglierle di dosso gli occhi quasi trasparenti. «Siamo membri di un'organizzazione chiamata la Confraternita».

Nell'ora successiva erano rimasti a parlare dentro il furgone. Elena aveva capito che Douglas era il membro di grado più alto di quella confraternita. Douglas le aveva parlato di Pitagora, raccontandole che alla sua epoca il maestro greco aveva cercato di divulgare i suoi insegnamenti in modo che tutti gli stati fossero governati secondo principi di solidarietà e giustizia. Purtroppo, un discepolo traditore di nome Khaos l'aveva ostacolato. Era diventato il principale nemico dei pitagorici, vanificando quasi tutta la loro influenza, e prima di morire aveva redatto e diffuso il Documento.

«Si tratta di uno scritto con cui Khaos ha fondato un'organizzazione criminale che è rimasta attiva dall'epoca di Pitagora fino ai nostri giorni». La voce di Douglas riempiva l'atmosfera pesante del furgone. Ivan non aveva detto neanche una parola. «Un'organizzazione che ha due obiettivi: innanzitutto, annientare tutti i discendenti e i seguaci di Pitagora; in secondo luogo, continuare a sviluppare la capacità di controllo della volontà altrui, con il fine ultimo di sottomettere tutti gli esseri umani. Pitagora aspirava a creare un'élite di governanti giusti, Khaos voleva che la sua organizzazione rendesse tutti gli uomini schiavi».

Douglas si era proteso verso Elena.

«La Confraternita è il muro di contenimento della società di Khaos» aveva detto con enfasi esasperata. «Se fallissimo, i suoi seguaci si spargerebbero rapidamente e comincerebbero a prendere il controllo dei governi per instaurare le dittature più repressive che siano mai esistite. Alla fine, tutta l'umanità diventerebbe una grande setta di cui i khaosiani sarebbero gli dei».

«Perché mi racconti tutto questo?» aveva chiesto Elena.

«Perché i nostri nemici hanno ucciso Leonardo, il che significa che sei in pericolo». Douglas l'aveva fissata con i suoi occhi color ambra. «E perché abbiamo bisogno del tuo aiuto per catturare il suo assassino».

Daniel posò la tazza vuota sul tavolo.

«Come pensi di affrontare un assassino? È assurdo».

«Non volevano che lo affrontassi. Volevano che facessi da esca».

«Come?!» Daniel si fece rosso in volto. «Sono degli infami. Devi andare alla polizia a denunciarli».

«Daniel, ho già fatto da esca. L'altra sera, quando ci siamo visti alla riunione del Mensa».

Daniel aprì la bocca, ma non riuscì a dire niente ed Elena proseguì.

«Mi hanno chiesto di avvisare pubblicamente che avrei partecipato; speravano che l'assassino si presentasse. Sono sicuri che controlla tutte le mie comunicazioni».

«E chi ti avrebbe difeso se fosse spuntato l'assassino?» Prima che Elena rispondesse, Daniel trovò la risposta. «Irina, certo».

Irina, che poco fa mi ha detto che quello che prova per me è sincero... ma che mi mente da quando mi conosce.

Elena annuì.

«Mi hanno messo una microcamera e mi hanno detto che alla riunione avrebbe partecipato un membro della Confraternita. Mi hanno fatto vedere la foto di Irina... senza dirmi che stavate insieme. Quando vi ho visti, ho pensato a Leonardo e mi sono sentita ribollire il sangue. Stavo per dirti chi era Irina, lì sul posto. Forse avrei dovuto farlo, ma sono stata presa alla sprovvista e poi non volevo mandare a monte l'operazione per catturare l'assassino di Leonardo».

«L'assassino era alla riunione del Mensa?»

«No, credo di no».

Rimasero per un po' in silenzio. Daniel fissava la tazza vuota ed Elena lo guardava ogni tanto di sottecchi.

«Perché noi?» Daniel guardò di nuovo Elena. «Perché Leonardo e Irina si sono messi in contatto con te e con me e... suppongo che si possa dire che ci hanno sedotti? Capisco che la Confraternita possa nutrire interesse per il nostro lavoro, ma, a quanto pare, hanno ottimi hacker. Potendo rubarci tutto via Internet, che bisogno avevano di coinvolgerci di persona?»

Lei distolse lo sguardo, a disagio.

«Non credo che la loro missione fosse quella di sedurci». La infastidiva difendere Irina, anche se indirettamente. «Nel caso di Leonardo, penso che la sua attrazione per me fosse vera. Il suo compito era stabilire un rapporto personale, non di coppia. Hanno bisogno di conoscerci. A quanto mi ha detto Douglas, sia la Confraternita che la società di Khaos cercano continuamente candidati, nuovi membri. In entrambi i casi, selezionano persone con capacità intellettuali molto elevate, ma i khaosiani li scelgono con un certo profilo di personalità e la Confraternita con criteri molto diversi».

«Intelligenza molto sviluppata... ci hanno individuati tramite il Mensa?»

«Il Mensa è uno dei canali che usano per selezionare i candidati. Sia i khaosiani che i pitagorici approfittano volentieri di un'organizzazione che raccoglie oltre centomila superdotati in tutto il mondo, con nuovi iscritti ogni giorno. Per loro, il Mensa è un enorme filtro che, senza saperlo, indica loro quotidianamente potenziali candidati».

«Cazzo» mormorò Daniel. Non aveva più solo la sensazione che Irina l'avesse ingannato, ma che la vita come la conosceva fosse uno scenario che nascondeva una realtà molto più pericolosa. Si voltò verso Elena. «Cos'è successo dopo che ti hanno caricata sul furgone?»

«Be'... Mi hanno chiesto di collaborare con loro, e dopo averci pensato molto ho accettato». Una smorfia di dolore contrasse il viso di Elena nel ripensare al suo ex fidanzato. «Mi piacerebbe catturare l'assassino di Leonardo. E poi preferisco collaborare con loro se questo implica che mi proteggeranno».

«E la polizia?»

«Ci ho pensato, ovviamente. Tra l'altro, il mio vicino di casa è un poliziotto. Ma Douglas mi ha convinto che non sarebbero in grado di affrontare i seguaci di Khaos».

«No, certo, soprattutto se i nemici sono in grado di controllare la mente». Daniel aveva usato un tono sarcastico, ma in realtà non era così scettico. Il suo modello della mente e del cervello gli aveva insegnato che era possibile controllare e modellare le idee e il comportamento di chiunque, molto più di quanto immaginasse la maggior parte della gente.

«Non dico che abbiano poteri paranormali» rispose Elena, «ma possono avere capacità che dal nostro punto di vista occidentale è difficile comprendere. Le sviluppano da millenni, partendo da conoscenze che noi probabilmente non abbiamo. La scienza moderna ha appena cominciato a farsi delle domande sulla mente, non dobbiamo essere così arroganti da pensare di saperne di più di chiunque altro nel corso della storia». Elena gli indicò un documento rilegato ad anelli appoggiato sul tavolino basso. «I metodi di allenamento cognitivo che ho sviluppato hanno dimostrato che si può incrementare del dieci per cento il quoziente d'intelligenza di una persona. Se un individuo o un'organizzazione molto più capace di me avesse sviluppato un metodo di allenamento più efficace, e lo applicasse a persone già dotate in partenza di un'intelligenza eccezionale...»

Daniel si alzò dalla poltrona e si mise a camminare per il salotto.

«Scusa, ma l'ultima cosa che voglio adesso è mettermi a fare congetture. Quello che so è che Leonardo doveva essere una specie di spia superallenata per affrontare quei pazzi, e guarda che fine ha fatto. Irina mi ha detto che consideravano Akenon e Arianna i loro primi martiri; be', io non voglio essere il martire di nessuna setta. E poi, cosa possiamo fare io e te contro quella gente? E non vengano a dirmi che la Confraternita ci proteggerà, mentre chiedono a te di fare da esca. Direi che non gliene frega un cazzo di noi. E poi, come facciamo a sapere che Douglas e Irina...?» Daniel tacque. D'improvviso aveva visualizzato l'immagine di Irina che faceva l'amore con lui calcolando il passo successivo per manipolarlo. Scosse la testa con un senso di nausea. «Come facciamo a sapere che non appartengono anche loro alla società di Khaos?»

«Daniel, non credo...»

Lo squillo del campanello li fece voltare di scatto verso la porta.

Capitolo 56

Cartagine, 507 a.C.

Non svenire.

Akenon vide improvvisamente tutto nero. Chinò la testa e si mise le mani sulle ginocchia. Il suo corpo vacillò e la ghiaia del cortile della sua casa gli scricchiolò sotto i piedi, con un suono che gli parve provenire da molto lontano.

Dopo qualche secondo, recuperò la vista e ricominciò a camminare faticosamente verso il suo cavallo. La sagoma dell'animale si distingueva nella penombra mutevole formata dal gioco delle nuvole con la luna. Quando l'ebbe raggiunto, appoggiò entrambe le mani sul dorso del cavallo e cercò di montare in sella.

«Aaargh!»

Gli sembrava di avere il torace pieno di vetri rotti. Ci provò ancora una volta, aggrappandosi alla criniera dell'animale e trattenendo il respiro mentre tirava. Dopo un attimo desisté e rimase in piedi con la testa appoggiata al cavallo.

Devo arrivare a tutti i costi a casa di Eshdek. Doveva fermare Glauco prima che si accorgesse che l'aveva scoperto, e soprattutto doveva ritrovare la sua famiglia.

Alzò la testa e si voltò verso il viale buio, nella direzione della casa di Eshdek. Se non poteva montare a cavallo avrebbe dovuto andarci a piedi, ma sapeva che gli era impossibile. Appoggiò di nuovo la testa al dorso dell'animale, cercando di recuperare le forze.

«Posso aiutarvi, signore?»

Akenon si girò verso quella vocetta. Gli occhioni di Tarik, il fratello minore di una delle sue serve, lo guardavano dal basso verso l'alto.

«Tarik, ragazzo» il dolore indeboliva la voce di Akenon, «cos'è successo?»

«La signora Arianna ci ha ordinato di uscire. Poi mi ha chiesto di aspettare il vostro ritorno, e dirvi che lei è andata con Kush e il piccolo Sinuhe a casa di Eshdek». Akenon chiuse gli occhi, sollevato. «Più tardi è arrivato un gruppo di uomini e sono stati per un po' dentro la casa».

«Erano soldati?»

«Non lo so, signore, ma non erano vestiti da soldati, e poi erano tutti incappucciati, con il volto coperto. Quando sono usciti, sono rimontati a cavallo e si sono allontanati in direzione del porto».

Akenon rimase in silenzio e Tarik chinò la testa imbarazzato. Secondo le istruzioni di Arianna, avrebbe dovuto anche evitare che Akenon entrasse in casa, ma si era nascosto troppo lontano, e quando aveva capito che il cavaliere coperto di sangue era il suo signore non era riuscito a raggiungerlo prima che entrasse.

Sono andati a casa di Eshdek. Akenon si voltò e appoggiò le mani al cavallo.

«Aiutami a montare».

Tarik gli afferrò un piede e gemette per lo sforzo mentre Akenon montava in groppa al cavallo.

«Adesso devi andare a portare un messaggio a casa di Eshdek».

Il ragazzo annuì con aria molto seria.

«Devi dirgli da parte mia che deve arrestare Glauco immediatamente. Ma devi dirglielo quando siete soli, non deve sentirti nessun altro». Akenon si fermò un attimo a riflettere. «Digli che io vado a tenere d'occhio la porta di casa di Glauco, per seguirlo se cercasse di scappare prima che arrivino i soldati ad arrestarlo. E digli...» di questo non era così sicuro «... digli che credo che Drogo abbia inviato degli uomini ad arrestarmi. Che non si fidi del comandante Drogo, deve essere Eshdek a dirigere l'operazione personalmente». Tarik annuì di nuovo. «Voglio anche che parli con mia moglie, per dirle di rimanere a casa di Eshdek. E anche se te lo chiedesse, non dirle che sono ferito».

«Molto bene, signore».

Akenon osservò la sua aria sveglia. Tarik avrebbe svolto bene il compito che gli aveva affidato.

«Un'altra cosa. In caso Eshdek non ci sia, dai il messaggio a mia moglie, e a nessun altro. Lei ti dirà se ha bisogno che tu faccia ancora da messaggero o se potrai andartene».

«Lo farò, mio signore».

«Molto bene, Tarik, sei un bravo ragazzo. Adesso vai».

Tarik si mise in cammino correndo come una lepre. Akenon strinse i denti e spronò il cavallo. Nonostante procedesse a velocità ridotta, il dondolio gli era intollerabile. Si sdraiò sul dorso dell'animale, attorcigliandosi le redini alle mani.

Pochi minuti dopo, giunse in prossimità della villa di

Glauco. Si fermò in un angolo buio da cui riusciva a vedere l'ingresso della residenza senza essere visto. Scivolò giù dalla cavalcatura, si sedette a terra e appoggiò la schiena a un muro di pietra. Faticava a respirare, ma meno che in groppa al cavallo.

Diverse torce illuminavano il muro di cinta. All'esterno c'erano due guardie, che chiacchieravano spensieratamente davanti alla porta.

Sembrano molto tranquilli.

Akenon si asciugò il sudore dagli occhi e continuò a osservare. Per fortuna, il suo cavallo era molto calmo, anche se era difficile che li sentissero da dove si trovavano.

Tarik dev'essere ormai arrivato a casa di Eshdek. Era solo questione di minuti, il tempo di riunire una pattuglia e sarebbero venuti ad arrestare Glauco. *A meno che Eshdek non sia in casa.*

Gli venne in mente d'improvviso che Eshdek poteva trovarsi a casa di Glauco; forse il sibarita stava dando una delle sue famose feste. Cercò di cambiare posizione, scomoda per la durezza del terreno, e continuò a sorvegliare la porta.

Se Eshdek è lì dentro, sto facendo la figura dell'idiota. Si immaginò ad aspettare per ore, finché qualcuno non fosse arrivato dal porto ad avvisare il sibarita; forse lo stesso Asdrubale, se fosse riuscito a riprendere conoscenza. *Allora Glauco fuggirà... O prenderà Eshdek in ostaggio.*

Akenon girò la testa e scrutò nel buio in direzione della casa di Eshdek. Non vide traccia di pattuglie.

Ormai dovrebbero essere qui.

Il suo piano non stava funzionando; probabilmente Eshdek non era in casa. In quel caso, Tarik doveva aver dato il messaggio ad Arianna. Se così fosse stato, sua moglie avrebbe chiesto al segretario di Eshdek di mandare qualcuno a cercarlo. *E se Eshdek è a casa di Glauco, ormai sarebbe venuto qualcuno ad avvisarlo.*

Continuò ad aspettare nell'oscurità silenziosa, asciugandosi di tanto in tanto il sudore che gli colava negli occhi. Il cuore accelerava al ritmo della sua inquietudine.

D'improvviso rimase senza fiato.

E se Arianna non avesse trovato Eshdek in casa, e avesse deciso di venire da Glauco?

Akenon staccò la schiena dalla parete e fissò la villa del sibarita.

I rapporti con Glauco avevano subito alti e bassi e attualmente il minimo che si poteva dire è che erano tesi, ma Arianna non aveva motivo di considerare Glauco un nemico. Il sibarita era una persona potente e in caso di necessità non era assurdo che Arianna fosse ricorsa a lui. In fin dei conti, era stato discepolo di suo padre. Inoltre, adesso avevano interessi commerciali comuni tramite Eshdek.

Desiderò poter vedere attraverso i muri di pietra della villa. Sia la sua famiglia che Eshdek sarebbero potuti diventare ostaggi di Glauco se si fossero trovati lì dentro e dal porto fosse arrivato uno scagnozzo del sibarita ad avvisarlo che Akenon l'aveva smascherato.

Tornò a guardare la strada deserta e si appoggiò al muro per alzarsi. La sua mente era un turbinio di timori e congetture che non poteva risolvere stando lì seduto.

Afferrò le redini del cavallo e si sforzò di pensare lucidamente.

Devo montare in sella. Se le guardie lo avessero attaccato sarebbe stato difficile difendersi, ferito com'era. *Posso scappare al galoppo se la situazione si complica.*

Qualche passo più indietro, accanto al muro, c'era una roccia che gli arrivava all'altezza delle ginocchia. Condusse lì il cavallo e usò la roccia come gradino per montare in sella. Ci riuscì al terzo tentativo e rimase per un attimo immobile, tenendo sotto controllo il dolore. Poi spronò con i talloni il ventre dell'animale e si diresse verso la villa di Glauco.

Quando arrivò a metà strada, le guardie si accorsero della sua presenza e si voltarono verso di lui. La luce delle torce lo illuminò a poco a poco, rivelando le macchie di sangue mezzo secco che gli ricoprivano la tunica e la pelle.

Fecero un passo avanti, puntando le lance.

Capitolo 57

Cartagine, 507 a.C.

Arianna era angoscia e dolore.

Una nebulosa di disperazione, sprazzi di coscienza terrorizzata. Man mano che si riprendeva, la sofferenza aumentava. Il dolore acquisì nitidezza e la sua mente cominciò a gridare, pur essendo ancora svenuta.

Scosse la testa debolmente, da una parte all'altra. Rifiutava l'orrore che non riusciva ancora a concretizzare.

Cominciò a percepire le sensazioni del suo corpo. Era seduta. Le corde penetravano nella carne dei polsi, delle caviglie. La memoria le riportò il ricordo di un'altra occasione in cui era stata legata a una sedia. Una bestia immane, un mostro gigante, nudo e in erezione, che le strappava i vestiti con una delicatezza inquietante. Si chiamava Boreas e stava per violentarla. Lei era incinta.

Incinta di Sinuhe.

«SINUHE...!!!»

L'urlo di dolore le risuonò nelle orecchie mentre strillava e spalancava gli occhi, vedendo Sinuhe davanti a lei con il petto squarciato, morto.

«Oh, andiamo, andiamo». Glauco le si avvicinò. «Non riuscirai a resuscitarlo neanche a forza di gridare».

Arianna guardò il sibarita senza capire cos'era successo. Glauco, obeso come un enorme maiale, coperto da una tunica dalle frange dorate e porpora, le accarezzò il viso e le parlò come se si rivolgesse a una bambina.

«Guarda cosa ti sto preparando».

Si trovavano nella stessa sala in cui avevano ucciso Kush, ma il cadavere era stato portato via. Davanti alla sedia su cui era legata giaceva il corpo senza vita di Sinuhe. Accanto a lui, c'era il suo coltello, quello usato per uccidere Eshdek. Qualche passo più in là, c'era un braciere di bronzo di un metro di diametro, sorretto da tre zampe di leone. Dalle braci incandescenti spuntavano i manici di legno di spiedi lunghi come spade.

Glauco andò al braciere di bronzo. Uno schiavo soffiava sulle braci con un tubo di ferro. Ogni volta che lo faceva si udiva un crepitio.

«Continua a soffiare». Il sibarita diede una pacca sulla spalla robusta e sudata dello schiavo. Poi si voltò verso la porta chiusa, davanti alla quale erano appostate quattro guardie.

«Vieni».

Una delle guardie si staccò dalle altre e camminò sul pavimento ricoperto di tappeti fino a raggiungere Glauco. Il sibarita si voltò verso la sua prigioniera.

«Lo riconosci?»

Arianna lo guardò stordita. L'uomo era sull'attenti, con le spalle impettite e il mento sollevato. Aveva il naso gibboso, gli occhi molto vicini e una bocca triste dalle labbra carnose. Ad Arianna non sembrava di averlo mai visto.

«È la guardia che ha ucciso tuo figlio, l'uomo che ha infilzato con una lancia il tuo piccolo Sinuhe come se fosse un cane». Mentre parlava, Glauco si avvicinò ad

Arianna e lei distolse lo sguardo. «Tranquilla, Arianna, quest'uomo sarà punito».

Il sibarita si rivolse alla guardia.

«Dammi la spada».

L'uomo la sguainò e la porse al suo signore dalla parte dell'impugnatura. Lo fece senza esitare, pur impallidendo. Glauco prese l'arma, osservò la lama di ferro da entrambi i lati e parlò ancora.

«In ginocchio».

Arianna vide la guardia aprire la bocca e richiuderla di colpo, come se le avessero dato uno schiaffo. La temperatura della sala cominciò ad abbassarsi. L'uomo piegò un ginocchio e poi l'altro. Le sue labbra carnose cominciarono a tremare. Si piegò in avanti senza che Glauco dicesse nulla e chinò la testa offrendo il collo.

Glauco appoggiò la lama di ferro sulla nuca della guardia e guardò Arianna.

«Gli avevo detto che vi volevo tutti e tre vivi».

Alzò l'arma. Arianna vide le lacrime gocciolare dal volto della guardia. Tutti i muscoli vibravano per la tensione sotto la sua pelle scura. Glauco inarcò il corpo e assestò un colpo tremendo.

«Vi ho detto...» La guardia stramazzò a terra e Glauco continuò a infierire con la spada sul suo collo. «... che li volevo... tutti e tre... vivi».

Con l'ultimo colpo riuscì a staccare la testa dal tronco. Il sangue sgorgava dal corpo così copioso che il tappeto non riusciva ad assorbirlo. Una pozza color rosso vivo si sparse sul disegno bianco e verde del tessuto. Arianna abbassò la testa quando il sangue raggiunse un piede di Sinuhe.

Glauco lasciò cadere la spada e raccolse il coltello di

Arianna. Le si avvicinò e la afferrò per i capelli, costringendola a sollevare la testa.

«Non è affascinante il modo con cui mi obbediscono?»

Arianna chiuse gli occhi con forza. Glauco la osservò senza lasciar trapelare alcuna emozione sulla sua faccia flaccida. Poi sorrise e infilò la punta di un dito nella ferita che la lancia aveva inferto al petto di Arianna. Lei grugnì di dolore ma tenne le palpebre serrate. Glauco rimestò nella ferita, senza smettere di osservare da vicino il viso della sua prigioniera.

Arianna aprì gli occhi e fissò Glauco. Aveva la faccia congestionata e madida di sudore, ma non gridava. Tutta la sua sofferenza e la sua disperazione si trasformavano in odio e rabbia che le sprizzavano dagli occhi.

«Così mi piace». Glauco continuava a muovere il dito nella carne aperta di Arianna. «Lasciati trasportare dall'odio, goditi la sua forza, tradisci di nuovo i deboli insegnamenti di tuo padre».

Arianna infine gridò. Il suo corpo si agitò sulla sedia nel tentativo di liberarsi. Le corde sottili le entrarono ancora di più nella carne e si tinsero del suo sangue, ma continuò a tirare e a tirare. Aveva perso suo figlio, aveva perso suo padre, le sembrò di impazzire.

«Perché?» ruggì. «Perché? Perché?!»

«*Perché?*» Glauco vomitò quella parola come se fosse la più stupida che Arianna avesse potuto pronunciare. «Tuo padre era l'essere più meschino, avaro ed egoista che sia mai esistito. Trattava con disprezzo chi, come il grasso e povero Glauco, cercava solo conoscenza, saggezza… voleva solo quello che lui prometteva». Si allontanò di qualche passo e, calpestando la pozza di sangue, i suoi sandali producevano un rumore di risucchio. «Glauco era degno solo delle briciole che cadevano dalla tavola del *maestro*». Abbozzò un sorriso sprezzante. «Invece, tuo padre non era il vero maestro. Il suo unico merito è stato di far conoscere a tutto il mondo l'uomo che l'ha superato, l'autentico maestro, con il nome di Khaos, un nome appropriato alla sua natura divina. Khaos ha superato Pitagora molti anni fa e ha insegnato al povero Glauco conoscenze di cui tuo padre non era all'altezza. Poi l'avete rinchiuso a bordo di una nave affinché imputridisse, ma gli avete concesso tempo; gli avete tolto la vista e così avete aumentato la sua concentrazione. Gli avete dato odio e in questo modo avete affilato ancor di più la sua mente».

Glauco parlava camminando lentamente intorno ad Arianna. I suoi sandali lasciavano una scia di sangue sul tappeto.

«Khaos ha avuto accesso ai misteri più profondi e ha trovato il modo di comunicarli. Ovviamente, ha cercato un'anima gemella per continuare la sua missione e vendicare adeguatamente gli affronti subiti. Qualcuno le cui capacità non fossero state rispettate, tantomeno riconosciute. Qualcuno ambizioso, capace... e libero dall'intralcio degli scrupoli. Khaos ha scritto l'opera suprema dell'umanità, e adesso» si portò l'indice alla tempia «è tutto qui dentro».

«Hai venduto l'anima».

La voce roca di Arianna non scalfì Glauco che alzò il coltello, sorrise e continuò a parlare come se chiacchierasse con un amico.

«Sei stata molto gentile a portarmi il tuo coltello. Mi ci sono affezionato quando l'ho usato per uccidere Eshdek. A proposito, devo ringraziarti per essere passata di lì». Si toccò la fronte. «Il simbolo sacro e il tuo coltello erano indizi sufficienti per considerarvi colpevoli dell'omicidio, ma la tua presenza lì è ancora meglio. Non potranno far valere la giustizia contro di voi, me ne incaricherò io, ma ti assicuro che qualunque traccia di pitagorismo sarà estirpata alla radice da Cartagine».

Si piazzò dietro di lei.

«Arianna...» Le mise una mano sul collo, la fece scivolare tra i seni e continuò a scendere fino ad avvolgere la curva del suo ventre. «Prega che i miei piani seguano il loro corso, e tra qualche minuto vedrai entrare da quella porta il padre dei tuoi figli».

Arianna notò che la mano del sibarita emanava freddo. Il bambino che aveva in grembo si agitò come se cercasse di scostarsene, ma la mano continuò a raffreddarsi e lei inorridì mentre congelava dentro.

Capitolo 58

Madrid, Spagna, oggi

Elena e Daniel, immobili, fissavano la porta.

Il campanello suonò di nuovo.

«Elena?» Qualcuno bussò. «Elena, ci sei?»

Elena si avvicinò all'orecchio di Daniel.

«È il mio vicino poliziotto» sussurrò.

Alberto le aveva telefonato diverse volte. Sembrava interessato a qualcosa di più dell'amicizia, e lei aveva dovuto passare dal far finta di niente allo smettere di rispondere alle sue telefonate. Alberto era stato gentile con lei e a Elena sarebbe piaciuto mettere le cose in chiaro in una conversazione faccia a faccia, ma la Confraternita le aveva chiesto di stare lontana dalla polizia, il che includeva anche il suo vicino.

E poi, la cosa più sicura per Alberto è che io stia lontana da lui.

Alberto suonò di nuovo il campanello. A Elena fece l'effetto di un cavo elettrico collegato ai suoi nervi. Lanciò un'altra occhiata a Daniel, che fissava la porta con aria tesa.

Rimasero in silenzio finché non udirono una porta che sbatteva.

«È rientrato in casa» disse Elena sottovoce. «Abita nell'appartamento di fronte».

Daniel si alzò e andò alla porta d'ingresso, cercando di non fare rumore. Guardò dallo spioncino e tornò in salotto.

«Non si vede nessuno». Si sedette accanto a Elena. «Ma lo incontrerai, prima o poi... o non vivi più qui?»

«Douglas pensa che qui sia in pericolo, e sono d'accordo con lui. La Confraternita ha una casa nei dintorni di Madrid. Vivo lì da una settimana. Non so dove si trovi esattamente, perché mi ci hanno sempre portata a bordo del furgone, nella parte posteriore senza finestrini».

Abbassò lo sguardo a terra, amareggiata. Aveva detto a sua madre che sarebbe andata a passare qualche giorno di vacanza con le amiche. *Che vacanze!*

«Ma... sei loro prigioniera?»

Elena inspirò profondamente e lasciò uscire l'aria.

«Direi di no. Finora ci siamo trovati d'accordo su cosa potevo o non potevo fare. Capisco che vogliano mantenere segreta l'ubicazione della loro sede, e anche che controllino le mie comunicazioni».

L'espressione di Daniel si indurì, ma non fece commenti.

«Ho lasciato la sede solo due volte da quando mi sono trasferita lì, una settimana fa. La prima è stata ieri per partecipare alla riunione del Mensa, perché pensavano che avrebbe potuto presentarsi qualche membro dell'organizzazione di Khaos. La seconda è stata questa mattina. Gli ho detto che dovevo sbrigare delle pratiche all'università e mi ci hanno accompagnata senza obiezioni. Lì li ho seminati, ti ho telefonato e poi, non sapendo bene cosa fare, sono venuta qui quasi senza pensarci».

«Ho cercato di mettermi in contatto con te dopo che mi hai telefonato, ma non mi compariva il numero da cui mi avevi chiamato e il tuo telefono era staccato».

«Non ti ho chiamato dal mio telefono, ma da questo». Tirò fuori un cellulare e lo posò sul tavolino basso. «Me l'hanno dato loro. Hanno detto che è un telefono sicuro e che devo usarlo solo per comunicare con loro. Fino a stamattina gli ho dato retta, ma dovevo avvisarti di quello che stava succedendo. Poco dopo aver parlato con te ha smesso di funzionare, e la stessa cosa è successa al mio cellulare. Suppongo che volessero evitare che ci parlassimo ancora».

«Comunque, sai che ti troveranno, soprattutto qui. Vuoi che...?»

«No, Daniel». Elena abbozzò un sorriso triste. «Io rimango con loro. Sono scappata solo per telefonarti e rivelarti l'inganno». *E per farti mandare affanculo quella russa e ricordarti che ero io a piacerti.* «Tu cosa farai?»

«Non lo so. Vorrei poter restare in disparte». Lo sguardo di Daniel vagò per il salotto e si fermò sul documento appoggiato sul tavolo. Lo osservò per qualche istante e poi lo prese in mano. «*Allenamento cognitivo*» lesse. «Non sarà la tua tesi, vero?»

«No, è il libro che ho cominciato a scrivere partendo dal lavoro della tesi. Ho finito solo i primi capitoli».

«Posso averne una copia?»

«Certo, prendi questa». Poi proseguì in tono scherzoso: «Ma non cercare di pubblicarlo, l'ho già depositato».

Daniel sorrise sfogliando le prime pagine.

«Hai già scritto la dedica. Chi è Carmen Aroza?»

«È la relatrice della mia tesi. Siamo diventate grandi amiche. Tra l'altro, è una delle maggiori esperte al mondo di ipnosi».

Il telefono appoggiato sul tavolo si illuminò e cominciò a squillare.

«Sono loro?» chiese Daniel.

Elena guardò il display. Compariva solo un numero: 1.

«È Douglas».

«Non rispondere. Sei sicura di voler restare con loro?» Elena strinse le labbra e annuì guardandolo negli occhi. «D'accordo. Spero di rivederti presto». Daniel si allontanò con la copia di *Allenamento cognitivo* tra le mani. «Abbi cura di te».

«Anche tu».

Prima di mettere la mano sul pomello della porta d'ingresso, Daniel guardò dallo spioncino.

Il pianerottolo era deserto.

Aprì la porta e si precipitò giù per le scale facendo gli scalini a quattro a quattro.

Quando Daniel fu scomparso, il vicino poliziotto staccò l'occhio dal suo spioncino, aprì la porta e si avviò deciso verso l'appartamento di Elena.

Capitolo 59

Madrid, Spagna, oggi

Il cellulare della Confraternita smise di suonare quando Daniel uscì dall'appartamento. Qualche attimo dopo, Douglas insisté ed Elena rispose.

«Pronto?»

«Elena, non muoverti di lì, veniamo a prenderti».

«Come fate a sapere...?» *Dal telefono, certo*, si rispose ancor prima di completare la domanda.

«Elena, noi cerchiamo di proteggerti». Douglas aveva il solito tono serio e controllato. Difficile capire se era arrabbiato. «Scappando non fai che metterti in pericolo».

La risposta di Elena fu sovrastata dal campanello della porta. Si voltò allarmata.

«Siete voi?»

«Come...? No, siamo ancora in macchina».

Dall'altra parte della porta arrivò la voce di Alberto.

«Elena? Apri la porta, Elena, sono io».

«È il mio vicino poliziotto» sussurrò Elena al telefono.

«Non rispondere. Aspettaci, ce ne occupiamo noi».

«Va bene».

Per qualche secondo Elena rimase in silenzio. Attraverso il cellulare udì rumori che indicavano che Douglas era sceso dalla macchina e camminava per strada. Il leader della Confraternita riprese a parlare.

«Elena, non avresti dovuto smascherare Irina. Hai messo in pericolo lei e anche Daniel. Irina è in grado di proteggerlo e tu lo hai allontanato da lei».

Elena sbuffò. Un'altra scampanellata di Alberto la fece rispondere in tono irritato.

«Douglas, può darsi che rischiate le vostre vite per il bene dell'umanità e tutto il resto, ma quello che stava facendo Irina mi sembra altrettanto detestabile di quello che ha fatto Leonardo con me. Daniel era innamorato di Irina, come potete giocare così con la gente? E non venirmi a dire che era necessario, perché non lo era. Avrebbe potuto limitarsi a diventare sua amica».

Le parve di sentire un sospiro prima che Douglas rispondesse.

«I membri della Confraternita sono pur sempre delle persone e a volte hanno relazioni sentimentali. Di solito, i nostri partner non vengono a sapere che facciamo parte della Confraternita. Considera che erano quasi vent'anni che non veniva assassinato qualcuno».

Lei non rispose, sapeva che la Confraternita era arrivata a pensare che l'organizzazione di Khaos potesse essersi sciolta. Da quel punto di vista, era meno riprovevole che lo nascondessero ai partner, ma per lei era comunque difficile vederla così.

Squillò di nuovo il campanello ed Elena si avvicinò alla porta in punta di piedi. Mentre accostava l'occhio allo spioncino, un pugno scosse la porta. Balzò indietro spaventata.

«Elena, apri!»

Aveva sempre visto Alberto di buonumore. Adesso sembrava molto arrabbiato.

«Elena, so che ci sei. Ho visto un tipo uscire da casa tua». Alberto addolcì il tono della voce, il che lo fece sembrare anche più inquietante. «Apri, per favore».

«Non ti venga in mente di aprire». Elena trasalì sentendo la voce di Douglas. Si era quasi dimenticata di avere il telefono appiccicato all'orecchio. «Stiamo arrivando».

Dietro la porta si udì un rumore di passi che si allontanavano. Elena guardò dallo spioncino e vide Alberto andare nervosamente dall'altra parte del pianerottolo, per poi tornare.

Credo che abbia la pistola.

Si scostò dallo spioncino e trattenne il respiro. Alberto si attaccò al campanello, suonando come un pazzo. Elena indietreggiò portandosi nuovamente il telefono alla bocca.

«Sbrigatevi».

Douglas uscì dall'ascensore e vide Alberto appoggiato alla porta di Elena. Abbozzò un sorriso e gli si avvicinò, sapendo che Ivan era salito a piedi e li teneva d'occhio nascosto nella tromba delle scale.

Alberto si voltò sentendo i passi e vide un uomo sulla sessantina che camminava con l'elasticità di un ventenne e indossava un paio di jeans nuovi e una giacca sportiva marrone chiaro che gli dava un'aria da professore. Il sorriso radioso che accompagnava la sua barba bianca gli ricordò vagamente Babbo Natale, sebbene questi fosse magro.

«Salve, mi chiamo Walter». La voce allegra di Douglas dissolse in parte la tensione sulla faccia di Alberto. «Sono venuto a prendere mia nipote Elena».

Guardava Alberto senza smettere di sorridere, come se aspettasse una risposta dall'uomo appoggiato alla porta di sua nipote.

«Ehm… sono Alberto, il vicino di Elena… Stavo…»

La porta si aprì, interrompendo i tentennamenti di Alberto.

«Ciao, zio Walter». Elena diede due baci a Douglas. In spalla aveva una borsa da viaggio che aveva frettolosamente riempito di asciugamani. «Ho preso tutto quello che mi serviva, possiamo andare».

Alberto era stupito e imbarazzato. Era grato che Elena non dicesse davanti a suo zio che aveva preso a pugni la porta e suonato come un pazzo.

«Ciao, Alberto. Vado in vacanza per qualche giorno».

«Ciao… divertiti».

Alberto non si mosse mentre Elena e il suo elegante zio Walter entravano sorridenti in ascensore e le porte si chiudevano. Poi, a spalle curve, rientrò nel suo appartamento.

Sulle scale, Ivan si affrettò a raggiungere il portone. La giacca ripiegata che teneva sul braccio copriva la mano con cui impugnava la Glock 26.

Capitolo 60

Cartagine, 507 a.C.

Akenon fermò il cavallo a un paio di metri dalle lance delle guardie di Glauco.

«Sono Akenon di Menfi, socio e amico del vostro signore. Sto cercando il sufeta Eshdek, e a casa sua mi hanno detto che forse l'avrei trovato qui».

Le guardie si scambiarono un'occhiata. Uno era un omone dalle spalle larghe e con una lunga barba nera, l'altro un ragazzino magro, poco più che adolescente.

«Perché siete coperto di sangue?» L'omone fece un cenno con la testa verso di lui, senza smettere di puntargli contro la lancia. L'altro lo guardava di sottecchi, imitando il suo comportamento.

«Questo?» Akenon si guardò il braccio destro, coperto di sangue dal gomito alla punta delle dita. Il cavallo si mosse e il dolore lo paralizzò per un attimo, ma riuscì a riprendersi. «Due briganti hanno pensato che fossi troppo vecchio per difendere la borsa». Diede qualche colpetto alla borsa di monete sopra la tunica. «Quei due non penseranno più».

La guardia lo osservò in silenzio. Non credeva alla sua storia, ma sapeva chi era Akenon.

«Il sufeta non è con il nostro signore». Lo guardò con aria torva e poi continuò: «Ma c'è qui vostra moglie con vostro figlio. Volete che avvisi che siete arrivato?»

Akenon sentì che gli si seccava la gola.

«Sì. Dite che... voglio vederli».

L'uomo biascicò qualcosa di incomprensibile e scomparve oltre le mura della villa. Akenon rimase con la guardia più giovane, che cercava di incutere con lo sguardo il rispetto che il suo corpo mingherlino non incuteva.

«Sai da quanto tempo è arrivata mia moglie?»

La guardia arrossì scuotendo la testa.

Un ragazzo obbediente. Non riuscirò a tirargli fuori niente.

Akenon girò il cavallo e si voltò verso l'oscurità. Il costato gli faceva troppo male, non riusciva a continuare a fingere. Si asciugò il sudore sulla faccia e tossì sputando sangue nel palmo della mano.

Mi si sta riempiendo il torace di sangue. Si pulì la mano sulla tunica e inspirò un paio di volte più profondamente che poteva. Poi riuscì a stamparsi un sorriso tranquillo sulla faccia e si voltò di nuovo verso la guardia di Glauco.

La villa di Eshdek era una baraonda di gente che correva e urlava, e le grida si udivano fin sulla strada.

«L'hanno assassinato!»

«... immediatamente...!»

Tarik ascoltava, al riparo dell'ombra. Si era fermato a una cinquantina di passi, appena aveva sentito le prime grida. Non era una buona idea entrare di corsa in una bolgia.

«... morto... il sufeta e il segretario...!»

Si addossò al muro di pietra e sporse la testa. Non riusciva a capire cosa stesse succedendo, ma se si fosse avvicinato di più sarebbe entrato nel cerchio di luce delle torce della facciata. Le porte si aprirono di colpo. Due guardie si appostarono davanti all'ingresso principale, parlando tra loro concitatamente.

Non riesco a sentirli.

Si sforzò per un po', ma non riusciva a distinguere abbastanza da capire la situazione. Era impaziente di trasmettere il messaggio. Ripensò a com'era malridotto il suo signore Akenon, all'urgenza della sua voce, e rimase a fissare la villa di Eshdek mordendosi il labbro.

Infine prese una decisione. Raccolse due manciate di terra che si sparse sulla testa e si strofinò sui capelli e sulla faccia. Poi si sporcò di terra anche la tunica e uscì nel viale principale.

Le guardie continuarono a parlare tra loro, senza accorgersi che Tarik si avvicinava. Camminava lentamente, a testa bassa, ma con lo sguardo fisso sui due uomini. Riusciva a capire sempre meglio cosa si dicevano.

Hanno assassinato il sufeta Eshdek! Capì finalmente. Continuò ad avvicinarsi, spaventato, e una delle guardie gli lanciò un'occhiata senza smettere di parlare con il suo collega. *Incolpano dell'omicidio la mia signora Arianna!*

La guardia tacque e si voltò verso Tarik.

«Cosa ci fai qui?» Era nervosa e stava diventando aggressiva.

Tarik tese una mano sporca e scarna.

«Una moneta... Per carità, una moneta».

«Sparisci!» La guardia brandì la lancia e Tarik scappò correndo a tutta velocità.

Ben presto non fu più alla portata dell'arma, ma continuò a correre senza fermarsi.

Devo avvertire la mia famiglia. Aveva ascoltato quanto bastava per sapere che volevano arrestare Arianna per l'omicidio del sufeta Eshdek. *Mia sorella lavora da tre anni a casa sua, la cercheranno per interrogarla, la violenteranno e uccideranno i miei genitori.* Era quello che succedeva spesso quando i soldati della guardia urbana facevano irruzione nei quartieri poveri, per cercare delinquenti o semplicemente informazioni.

Il vento trascinava via le lacrime di Tarik. Correva morto di paura, lui era a piedi mentre i soldati avevano i cavalli. D'improvviso sentì un colpo allo stomaco. Un braccio d'acciaio lo sollevò di peso e lo trascinò in un vicolo. Si vide circondato da un gruppo di spettri, ombre senza volto; un attimo dopo, si rese conto che erano uomini incappucciati.

«Cerchiamo Akenon e Arianna, e tu ci dirai tutto quello che sai».

Arianna tremava sotto la mano gelida di Glauco. I calci del bambino si erano affievoliti a poco a poco e ormai il piccolo non si muoveva più.

In quel momento, si udì bussare alla porta della sala. Una guardia aprì e bisbigliò per qualche istante con l'uomo che aveva bussato. Poi richiuse la porta e si avvicinò a Glauco.

Il sibarita si allontanò da Arianna per ascoltare quello che gli diceva la guardia sottovoce. Annuì sorridendo, tornò a piazzarsi dietro la prigioniera e avvicinò la bocca al suo orecchio. Arianna cercò di scostarsi, ma Glauco le puntò la lama del coltello sotto il mento, costringendola a sollevare la testa.

«È arrivato l'ultimo invitato».

Arianna si riempì i polmoni.

«Akenon, è una trappola! È una...!»

Glauco la tirò per i capelli, brutalmente, piegandole il collo all'indietro fin quasi ad asfissiarla.

«Non vorrai che la festa finisca prima del tempo». Puntò di nuovo il coltello al collo di Arianna. «Sarà una bellissima serata». Con la lama le fece un lungo taglio superficiale nella carne tenera. Ne sgorgò immediatamente una linea di sangue che si estese sulla pelle. «E il meglio è che non mi limiterò a uccidervi».

Si rivolse allo schiavo.

«Imbavagliala».

Glauco tenne la testa di Arianna rovesciata all'indietro finché lo schiavo le mise in bocca un fazzoletto di seta. Poi la lasciò andare e lo schiavo usò un altro fazzoletto per completare il bavaglio.

Il sibarita nascose il coltello in una tasca della tunica. Il suo sguardo cadde sul cadavere di Sinuhe e sorrise. Poi si guardò in uno specchio d'argento per assicurarsi di non avere macchie di sangue troppo evidenti.

Il bavaglio soffocò il grido di Arianna quando Glauco abbandonò la sala per andare dal marito della donna.

Akenon aspettava impaziente davanti alla villa di Glauco.

Osservò la giovane guardia che aveva davanti e poi controllò la strada buia. *Spero che gli uomini di Eshdek non arrivino proprio adesso.* La sua famiglia era da Glauco e il sibarita poteva prenderli in ostaggio se si fosse trovato con le spalle al muro.

La porta si aprì con un cigolio. Comparve Glauco facendo svolazzare le maniche della sua tunica chiassosa.

«Akenon, per tutti gli dei, cosa ti è successo?»

Guardalo, pensò Akenon dall'alto del suo cavallo. *In-*

nocente come una sacerdotessa vergine.

«Non preoccuparti, Glauco, il sangue è di due briganti». Cercò di smontare da cavallo, senza riuscirci. «Mi aiuti a scendere? Sono un po' dolorante».

Glauco si mise accanto a lui con aria preoccupata. Akenon si appoggiò alle sue spalle e si lasciò scivolare giù trattenendo un grido di dolore. Quando i suoi piedi toccarono terra, gli ci volle un po' prima di riuscire a parlare.

«Mi hanno detto che mia moglie e mio figlio sono a casa tua».

«È così. Sono arrivati un po' di tempo fa con quell'enorme schiavo kushita. A quanto pare, cercavano Eshdek e, non trovandolo a casa sua, sono venuti a vedere se fosse da me. Prego, entra, andiamo da loro».

Ecco, andiamo da loro, maledetto commediante. Sperava di riuscire a fingere in modo convincente come il sibarita. *Se vengono ad arrestarti quando siamo dentro, almeno sarò insieme alla mia famiglia per cercare di difenderli.*

Glauco si voltò verso di lui vedendo che rallentava.

«Sei sicuro di star bene?» Benché cercasse di seguire il suo ritmo, Akenon riusciva a malapena a trascinare i piedi. «Vuoi appoggiarti alla mia spalla?»

Akenon si mise alla destra di Glauco per avere libero accesso alla spada. Si appoggiò con la mano sinistra alla sua spalla e così attraversarono il cortile, si addentrarono in un corridoio buio e si fermarono davanti a una porta.

«Sono qui». Glauco sorrise affabile, portandosi un dito alle labbra. «Ma facciamo piano, perché il tuo piccolo Sinuhe sta dormendo».

Il sibarita aprì la porta e Akenon rimase indietro per assicurarsi che Glauco entrasse per primo. Con la coda dell'occhio vide che all'interno c'erano delle guardie, accanto all'ingresso. Mise la mano intorno all'impugnatura della spada ed entrò nella sala.

«Ecco tua moglie».

Tutti i muscoli di Akenon si tesero all'istante. Dall'altra parte della sala c'era Arianna, legata a una sedia. Aveva il petto e il collo insanguinati e gemeva sotto un bavaglio. Uno schiavo corpulento le teneva la testa con entrambe le mani.

«Se non vuoi che il mio schiavo le spezzi il collo, getta le armi».

Capitolo 61

Madrid, Spagna, oggi

Quel gioco di scacchi aveva più di trecento anni.

I pezzi bianchi erano fatti di alabastro orientale e quelli neri di ossidiana. I due eserciti erano allineati nelle loro posizioni mentre l'assassino di Leonardo li contemplava.

La guerra è durata duemilacinquecento anni.

Rivolse una lunga occhiata all'esercito bianco senza che il suo volto tradisse alcuna espressione. Poi passò ai pezzi neri, prese il re e lo piazzò davanti alla sua linea di pedoni.

Non dovrebbe essere un re, pensò osservando il pezzo scuro, *ma un dio*. Lo spostò avanti di un'altra casella, al centro della scacchiera. *Il dio Khaos.*

Osservò di nuovo i pezzi bianchi.

Deboli e arroganti.

Prese il re bianco e lo piazzò davanti a quello nero. Poi mise la regina bianca e un cavallo dello stesso esercito ai due lati del re bianco.

Pitagora scortato da Arianna e Akenon. Contemplò i quattro pezzi opposti al centro della scacchiera. *Così è cominciata la guerra.*

Erano morti migliaia di combattenti nel corso dei secoli, ma quelli che adesso si stavano affrontando sarebbero stati gli ultimi.

La guerra sta per finire.

L'assassino prese un pedone tra le dita e lo sistemò lontano dalle altre figure.

«Daniel» mormorò sorridendo. «Il guerriero solitario».

Dopo essere uscito da casa di Elena, Daniel si era chiuso a lavorare nel suo appartamento. Da una settimana lavorava senza tregua.

Anche se non mi lascia vedere cosa sta facendo.

Per tutta la settimana non si era connesso a Internet neanche una volta, per cui il trojan non era riuscito a mandare nessuna informazione.

Passa troppo tempo isolato. Daniel aveva respinto i tentativi di comunicazione dell'affranta Irina, e da una settimana non aveva più parlato con Elena.

Ma le cose sarebbero cambiate presto.

Elena... L'assassino piazzò un altro pedone bianco dietro quello che rappresentava Daniel. *Povera Elena.* Non era più uscita dalla sede della Confraternita da quando Ivan e Douglas avevano escogitato una manovra diversiva per portarla via dalla sua casa senza che il vicino poliziotto interferisse.

Credi di essere al sicuro nella sede, mia piccola Elena?

Riportò il pedone nella posizione originale e vi sistemò anche quello di Daniel; poi mise le mani ai due lati dell'esercito bianco e le unì ammucchiando i pezzi.

Questa notte sarete tutti insieme.

Spinse il mucchio sulla scacchiera fino a far cadere i pezzi bianchi oltre il bordo.

Questa notte morirete tutti.

Capitolo 62

Cartagine, 507 a.C.

Akenon rimase immobile all'ingresso della sala, con gli occhi fissi su Arianna.

«Getta le armi» insisté Glauco.

Arianna piangeva e scuoteva la testa da una parte all'altra, per quel poco che glielo permettevano le mani dello schiavo.

Non vuole che obbedisca, pensò Akenon, *ma se non lo faccio le spezzeranno il collo.*

Sua moglie stava sanguinando, ma non tanto da temere per la sua vita; tuttavia, la sua espressione disperata gli procurò una fitta allo stomaco.

«Dov'è mio figlio?» chiese a Glauco, con un brutto presentimento.

Per tutta risposta, il sibarita si avvicinò ad Arianna, tirò fuori un coltello e glielo puntò al collo.

«Getta le armi e te lo farò vedere».

Una guardia stava vicino a Glauco con la spada sguainata. Altre tre circondavano Akenon puntandogli contro le lance.

Dov'è Sinuhe? Akenon guardò di nuovo Arianna; aveva gli occhi arrossati e gonfi e piangeva più forte. Il bavaglio soffocava i suoi gemiti, ma il petto e le spalle erano scossi da forti singhiozzi.

«Glauco, Khaos è morto. Non otterrai più niente da lui. Liberaci e ti prometto che nessuno ti impedirà di lasciare la città. Puoi tenermi come ostaggio finché...»

«Lo so che Khaos è morto» lo interruppe Glauco. «E non cambia niente».

Akenon rimase per un attimo senza parole.

«So che Khaos ti mandava le sue ciotole...»

«Tu non sai niente» lo interruppe di nuovo Glauco. «Ma getta le armi e parleremo quanto vuoi».

Akenon strinse la mano intorno all'impugnatura della spada. Tra lui e Arianna c'era un grande braciere di bronzo con alcuni spiedi infilati nelle braci. Oltre il braciere, riverso sui tappeti, c'era il corpo di un uomo adulto. Il braciere lo nascondeva parzialmente e si vedeva solo la metà inferiore del corpo, ma dagli abiti si rese conto che si trattava di una guardia.

L'avrà ucciso Arianna?

Estrasse la spada dal fodero, a poco a poco, e la tenne in mano senza buttarla a terra come gli chiedeva Glauco. Una delle guardie lo punse con la lancia sulla spalla destra. Lui aveva percepito il movimento ed ebbe l'istinto di deviare il colpo con la spada, ma il dolore alle costole rotte lo paralizzò appena cercò di sollevare l'arma.

Il sibarita scoppiò a ridere mentre dalla spalla di Akenon colava una goccia di sangue.

«Ah, ah, ah! Non riesci nemmeno a difenderti, Akenon. Getta la spada, una volta per tutte, o le mie guardie continueranno a punzecchiarti finché ti dissanguerai in piedi».

Devo prendere tempo. La nostra unica opportunità è che arrivi Eshdek.

Con la mano sinistra estrasse la daga di Hannon e scrutò le facce delle guardie. In nessuna vide segni di indecisione.

«Molto bene, Akenon, non gettare le armi» disse Glauco in tono irritato, «ma avvicinati per vedere tuo figlio».

Akenon gli rivolse uno sguardo intenso. Poi guardò intorno al sibarita. L'unico punto della stanza che non riusciva a vedere era il pezzo di tappeto nascosto dal braciere. Avanzò lentamente e le guardie si mossero con lui, tenendo le lance a pochi centimetri dal suo corpo.

Arianna lo osservava con l'orrore di sapere quello che sarebbe successo. Singhiozzava così forte che il fazzoletto le si infilava in gola a ogni inspirazione. Accanto a lei, Glauco ansimava per l'impazienza.

Quello che nascondeva il braciere cominciò a rivelarsi ad Akenon.

È una guardia... decapitata!

Sotto il corpo dell'uomo si era formata un'enorme pozza di sangue. Akenon fece un altro passo e lo vide.

«Sinuhe!!!»

Si lanciò verso il figlio. Una lancia gli fece uno squarcio nella spalla. Lui non se ne accorse neppure.

«Sinuhe! Sinuhe!»

Inginocchiandosi accanto a lui vide la terribile ferita al petto che lo aveva ucciso. Gli occhi spalancati di Sinuhe sembravano supplicare di aiutarlo.

«Nooo!» Si voltò verso Arianna e poi di nuovo verso Sinuhe. «Nooo!»

Si chinò su suo figlio con un ululato cupo e prolungato. Gli circondò il faccino con le mani e accostò la fronte a quella del suo bimbo.

Nella sala calò il silenzio.

Le guardie continuavano a puntargli contro le lance. Dopo un po', cominciarono a guardarsi tra loro di sottecchi. Akenon avvolgeva il figlio come una corazza protettiva, silenzioso e immobile, come se il tempo si fosse fermato.

Qualche minuto dopo, si rialzò. Stringeva al petto il figlio morto e la sua bocca era così aperta da deformare il volto, ma non proferiva alcun suono. Per qualche secondo lanciò il suo grido muto al cielo. Poi inspirò e dalla sua gola uscì un urlo di dolore primordiale, un ruggito interminabile che schizzò fuori il sangue dei suoi polmoni lacerati.

Glauco scoppiò in una risata sguaiata. Aveva collegato la sua mente a quella di Akenon e ne assorbiva estasiato ogni goccia di sofferenza. La risata profonda gli faceva tremare la mano che impugnava il coltello, infliggendo altre ferite sul collo di Arianna. Poi inspirò a fondo, come per riempirsi i polmoni di un aroma delizioso, e fece un cenno a uno dei suoi uomini.

Arianna vide una guardia abbassare la lancia e sguainare la spada corta. L'uomo si avvicinò ad Akenon da dietro e sollevò l'arma. Arianna gridò con tutte le forze, ma il bavaglio impedì a suo marito di sentirla.

La guardia colpì Akenon alla nuca con l'impugnatura, facendolo stramazzare su suo figlio.

Lo schiavo lasciò andare la testa di Arianna. Il mento sul petto, lei continuò a piangere a occhi chiusi. D'improvviso sentì delle dita che le si infilavano tra i capelli risalendo lungo il cuoio capelluto.

«Arianna» la mano di Glauco si strinse intorno ai suoi capelli obbligandola ad alzare gli occhi, «figlia di Pitagora, stai attenta». Le labbra carnose e umide le sfiorarono l'orecchio sussurrando: «Adesso viene il meglio».

Capitolo 63

Madrid, Spagna, oggi

Le dita di Daniel volavano sulla tastiera.

Le ultime simulazioni erano state le più proficue da quando aveva cominciato a sviluppare il suo lavoro. Gli avevano aperto nuovi orizzonti, più ambiziosi, e questo lo stimolava al punto che non aveva praticamente dormito da quando era uscito da casa di Elena, una settimana prima. La sua creatività era al culmine. Lavorava in stato di trance, assorto in un flusso di immagini, concetti e idee che si associavano senza tregua nella complessa trama della sua mente.

Poi, di botto, i suoi pensieri si fermarono. Non identificò la causa di quella interruzione, finché non lo udì di nuovo.

Il campanello.

Sentì aprirsi la porta dell'appartamento e delle voci che non riuscì a distinguere. Le voci cessarono e udì un rumore di passi che si avvicinavano in corridoio. Si fermarono davanti alla porta della sua stanza e qualcuno bussò.

«Daniel?»

Trattenne il respiro.

«Daniel, sono io. Apri, per favore».

Sentendo l'inconfondibile accento russo, gli si rizzarono i peli sulle braccia. Irina gli aveva telefonato un paio di volte durante la settimana, ma lui non aveva risposto. Gli mancava terribilmente quello che aveva creduto ci fosse tra loro, ma era stata tutta una farsa.

Andò alla porta con il cuore che batteva più forte a ogni passo. Mise la mano sul chiavistello e si fermò.

Dai, dille di andarsene. Che se ne torni da dove è venuta. Era combattuto tra il Daniel infuriato e il Daniel che voleva vederla almeno per un attimo, anche solo per dirle di andarsene.

Aprì il chiavistello e socchiuse la porta.

«Posso entrare? Solo per un attimo, poi me ne vado».

Daniel la ammirò in silenzio. Indossava una camicetta senza maniche, a righe orizzontali bianche e nere, e una gonna pantalone corta di colore nero.

È così bella... Ma non si spostò, che parlasse dalla porta.

Fu allora che vide Pablo in corridoio, che squadrava Irina dalla testa ai piedi, strabuzzando gli occhi. Anche Cristina si era affacciata dalla porta della sua camera da letto.

«Entra».

Daniel si spostò per far entrare Irina e chiuse la porta. Si sedette sulla sedia e lei sul bordo del letto. In corridoio si udirono le voci esasperate dei suoi coinquilini; Cristina strillò, si udì sbattere la porta e nella casa calò il silenzio.

Irina abbozzò un sorriso timido, ma lui non ricambiò e lei abbassò gli occhi.

«Daniel, mi dispiace moltissimo di averti fatto soffrire. Non perdonarmi se non vuoi, ma per favore lasciami spiegare».

Lui rimase in silenzio, cercando di restare impassibile alla voce supplicante di Irina.

«Quando sono entrata a far parte della Confraternita, era da tempo che non avvenivano delitti. So che negli anni Settanta e Ottanta del ventesimo secolo ci sono stati diversi morti, ma per me era una cosa ormai lontana. L'organizzazione di Khaos non ha dato praticamente segni di vita negli ultimi vent'anni. Non pensavo che iniziando una relazione con te ti avrei messo in pericolo. Leonardo Rossi è stato ucciso la notte in cui io e te abbiamo fatto l'amore per la prima volta, e l'ho saputo solo il mattino dopo».

Daniel si protese bruscamente in avanti.

«Non si tratta solo di mettermi in pericolo. Si tratta di amicizia, di complicità, di fiducia... quelle cose che mi hai fatto credere che avevamo. Mi hai fatto credere a una grossa bugia, mentre in realtà mi stavi ingannando per avere accesso al mio lavoro».

Irina corrugò la fronte e abbassò lo sguardo, ma poi rispose guardandolo negli occhi.

«Daniel, della Confraternita si dice che è il braccio armato del pitagorismo, ma in realtà combattiamo per salvare l'umanità dal nemico più subdolo, sconosciuto e pericoloso che sia mai esistito. Da migliaia di anni teniamo a freno uomini che ambiscono a sottomettere tutti gli esseri umani, come se fossero degli dei...»

«Aspetta» la interruppe lui con aria scettica, «non parlerai di poteri soprannaturali?»

«Daniel, ci sono conoscenze...»

«Conoscenze esoteriche che conferiscono capacità straordinarie, sì, ne ho già sentito parlare. Se vuoi che continui ad ascoltare cose di questo genere, prima dovrai darmi una dimostrazione di quelle... *facoltà prodigiose*».

Irina rimase in silenzio, osservandolo con aria pensierosa. Dopo un po', Daniel cominciò a innervosirsi.

«D'accordo» disse infine lei.

Si tolse i sandali, si sedette sul letto a gambe incrociate e appoggiò le mani sulle ginocchia. Poi chiuse gli occhi e fece qualche respiro profondo.

Guardandola, Daniel deglutì.

«Adesso» disse Irina riaprendo gli occhi, «pensa a un numero da uno a cento».

Vuole leggermi nel pensiero? Benissimo... novantasette virgola ventitré; non glielo rendo facile.

Gli si strinse lo stomaco mentre sosteneva lo sguardo grigioverde di Irina, ma riuscì a non farlo trapelare dall'espressione del volto. Il respiro di Irina si fece profondo e pesante. Le sue labbra si tesero e la fronte le si imperlò di piccole gocce di sudore.

Daniel sentì un leggero formicolio dentro la testa, all'altezza della fronte, che a poco a poco si estese all'indietro.

Irina rilassò il corpo e abbassò la testa ansimando come se avesse raggiunto il traguardo di una maratona. Poi guardò Daniel sorridendo.

«Novantasette virgola ventitré».

Daniel continuò a fissare Irina, ma era rimasto senza fiato.

Come...?

«Come hai fatto?» riuscì a sussurrare. Si toccò la fronte. «Ho sentito... come se mi sfiorassi da dentro».

Irina distese le gambe fuori dal letto e si protese verso Daniel.

«La Confraternita sviluppa da migliaia di anni il meraviglioso lascito di Pitagora». Si asciugò il sudore della fronte con il dorso di una mano. «Ma c'è una guerra in corso, Daniel, e se vincono i nostri nemici inizierà un'era di oscurità. Lavori come il tuo possono aiutarci a fare un passo avanti». Il suo tono divenne anelante. «Capisci adesso il dilemma in cui mi trovavo? Avrei voluto dirti la verità, mi sentivo da schifo ogni giorno che passava senza dirtelo, ma non potevo mettere a rischio la mia missione». Abbassò lo sguardo prima di continuare. «Ti ho tenuto nascosto che faccio parte della Confraternita, ma ti assicuro che non ho mai finto riguardo alla nostra relazione».

Daniel rifletteva in silenzio.

«Puoi leggermi nel pensiero senza che io me ne accorga?» chiese dopo un po'.

Irina scosse la testa. Daniel si alzò e andò a sedersi sul letto accanto a lei.

«Allora dovrò dirtelo». Scostò delicatamente i capelli dal viso di Irina. «Mi sei mancata molto».

Irina aveva gli occhi lucidi. Le sue labbra si allargarono in un sorriso tremulo e su una guancia scivolò una lacrima. Daniel le si avvicinò e la baciò sulla bocca. Lei ricambiò il bacio, ma dopo un attimo si staccò.

«Devo dirti un'altra cosa». Sospirò e Daniel la baciò ancora. Lei lo allontanò con dolcezza. «Volevo chiederti scusa, innanzitutto, ma devo anche trasmetterti un messaggio a nome della Confraternita».

«Scuse accettate». La baciò di nuovo. «E il messaggio della Confraternita me lo dici dopo».

Le mise un braccio intorno alle spalle e la attrasse verso di sé. Lei chiuse gli occhi e si baciarono languidamente.

«Daniel...»

Il respiro di entrambi accelerò e il bacio si fece più profondo. Le lingue iniziarono una danza lenta e umida. Daniel accarezzò i seni di Irina attraverso la camicia e le baciò la pelle morbida del collo. Irina sospirò vicino al suo orecchio, poi gli appoggiò una mano sulla coscia e cominciò ad accarezzarlo, risalendo a poco a poco, fino ad arrivare all'inguine. L'erezione di Daniel era così intensa che la pressione dei pantaloni era quasi dolorosa. Irina gli passò le unghie su e giù, lentamente, e a lui sembrò di impazzire.

«Spogliamoci» gli sussurrò Irina all'orecchio.

Daniel si staccò da lei e la guardò, ansimando. Lo sguardo di Irina bruciava di un desiderio che andava oltre il fisico. Si alzarono e lui le tolse la camicia e il reggiseno. Lei gli sfilò la maglietta e rimase a contemplarlo.

«Mi piace il tuo corpo».

Mise le mani sulle spalle di Daniel e le fece scendere lentamente, assaporando la tonicità dei suoi muscoli. Poi gli passò la punta delle dita sui pettorali, baciandoglieli. Gli solleticò un capezzolo con la punta della lingua. Daniel fremette. Lei lo leccò con maggiore impeto e poi lo mordicchiò dolcemente, facendolo gemere.

Fece la stessa cosa all'altro capezzolo. Nel frattempo, slacciò la cintura di Daniel e i bottoni dei jeans. Poi gli abbassò i pantaloni e si inginocchiò. Gli sfiorò con i denti il rigonfiamento nascosto dai boxer, mordicchiandolo delicatamente dall'alto in basso, e poi glielo scoprì. L'erezione di Daniel saltò fuori come una molla e Irina la accolse in bocca.

«Ahhh...» Daniel chiuse gli occhi, ansimando. «Aspetta, aspetta» esclamò a un certo punto.

Si staccò da quell'umidità tiepida e fece rialzare Irina.

E questa volta fu lui ad abbassarsi per toglierle la gonna pantalone e il tanga. Irina aveva il monte di Venere depilato, tranne un piccolo triangolo di peli corti, biondissimi.

Daniel si alzò, la baciò e la fece distendere sul letto. Si chinò su di lei e le succhiò i capezzoli come aveva fatto lei con lui. Irina gli infilò le dita tra i capelli mentre lui la faceva fremere baciandole il ventre, aprendole le gambe e cominciando a mordicchiarla nella parte interna delle cosce, dove la pelle era deliziosamente morbida.

Esitò un attimo prima di proseguire. Non aveva esperienza in quello che stava per fare. Guardò in su, tra i seni di Irina, e vide che aveva gli occhi chiusi e respirava affannosamente con la bocca aperta. Teneva le braccia abbandonate ai lati del corpo, in posizione di resa. Daniel abbassò la testa e baciò la carne tenera tra le sue cosce. Poi passò delicatamente la lingua al centro. L'interno era setoso e caldo. La infilò più in profondità e sentì che era molto bagnata. Il sapore dolce e delicato lo eccitò. Continuò a leccarla, aiutandosi con un dito per stimolarle delicatamente il clitoride inturgidito.

«Ahhh... Daniel, Daniel...»

Lui la guardò, senza smettere di stimolarla. Irina si afferrava i seni, accarezzandoseli energicamente. Si pizzicò i capezzoli e li tirò gemendo e sollevando i fianchi verso la sua bocca. Daniel aumentò il ritmo della lingua e notò che la fessura di Irina si contraeva in una successione di spasmi. Il suo corpo si inarcò e tremò per qualche secondo. Poi si rilassò e Daniel la sentì emettere un profondo sospiro.

Non sapeva se continuare. Gli sarebbe piaciuto prolungare il piacere di Irina come lei sapeva fare con lui. Lei gli mise una mano sul viso e lo fece distendere accanto a sé.

«È stato...» Irina sospirò di nuovo «... incredibile».

«Non sono andato troppo in fretta? Tu mi fai durare molto di più».

Lei scoppiò in una risata allegra.

«Farti durare di più prolunga anche il mio piacere». Lo baciò appassionatamente e poi disse con voce roca: «Proprio come faremo adesso».

Si sedette a cavalcioni su Daniel. Gli afferrò il membro e se lo infilò tra le cosce. Poi si abbassò lentamente, chiudendo gli occhi, fremendo di piacere finché non rimase neanche un centimetro fuori dal suo corpo.

Lui la sentì più bagnata di altre volte. Era entrato in lei con la facilità di un pesce che guizza tra le mani. Irina contraeva i muscoli ogni volta che saliva e scendeva, avvolgendo la sua erezione in un modo sublime.

Daniel svuotò la mente, abbandonandosi al piacere che riceveva e alla sensazione di stare con Irina, con la donna... *la donna che amo.* Le prese il viso tra le mani e la attirò a sé guardandola intensamente negli occhi. Lei ricambiò il suo sguardo con la stessa avidità, mentre il piacere cresceva nei loro corpi. Si strinsero fino a sfiorarsi la fronte, accarezzandosi con la punta del naso e fondendosi in un solo respiro. Lei segnava il ritmo con i fianchi, portandolo di nuovo a quella frontiera impossibile di piacere infinito. Daniel si lasciava guidare, aveva imparato che tanto maggiore era il piacere finale quanto più indugiava nella vastità controllata di quell'intensa sensazione.

Accarezzò teneramente il viso di Irina, i suoi zigomi eleganti, il profilo delle sue labbra generose...

«Ti amo».

«Ti amo» rispose lei. «Ti amo, ti amo».

Continuarono a fare l'amore, con i corpi madidi di sudore. Dopo un po', le lenzuola erano fradice. Daniel sentì che Irina aumentava leggermente la pressione, le sensazioni che gli provocava si amplificarono e cominciò a gemere. La sentì che allungava le gambe, sdraiandosi sopra di lui e infilandogli la lingua in bocca. Le afferrò le natiche mentre lei si strusciava su di lui, pelle contro pelle, i seni che gli si schiacciavano sul petto, cercando con i capezzoli turgidi il contatto dei suoi. Il ritmo continuò a crescere, il piacere a espandersi. Daniel stringeva il corpo di Irina come se volesse fondersi con lei. Si sentì squassare da uno spasmo di piacere, poi da un altro ancora più intenso e il successivo fu come un lampo di luce bianca che fece dissolvere il mondo.

Capitolo 64

Madrid, Spagna, oggi

Daniel rimase abbracciato a Irina, assaporando il peso del suo corpo snello sulle gambe, il pube, il petto.

Mi ama anche lei.

Irina gli aveva detto a parole che lo amava, ma lui l'aveva *percepito* prima. Quando gli aveva letto nella mente il numero che stava pensando, lui era riuscito a scorgere qualche bagliore della sua interiorità, dei suoi sentimenti. Era una sensazione strana, una consapevolezza che non aveva acquisito grazie alle parole, vaga ma al contempo sicura. Adesso sapeva senza ombra di dubbio che Irina era innamorata di lui. E questo gli provocava una sensazione di serenità e di unione incredibilmente gratificante.

Irina respirava come se fosse addormentata. Daniel chiuse gli occhi e lasciò vagare la mente. Ricordò diversi momenti della loro relazione e poi gli tornarono alla memoria ricordi del passato. Vide una faccia uguale alla sua quando era bambino, ma così magra che gli occhi sembravano enormi. Cercò di ricordare i dettagli di quel volto, sempre allegro ma anche stanco, che a volte si sforzava di trattenere e a volte di lasciar andare.

«Irina» sussurrò.

«Mm?»

«Ricordi la prima volta che abbiamo parlato?»

Irina emise un lieve gemito di assenso.

«Mi hai chiesto perché passavo tutto il mio tempo a lavorare».

«Sì, ricordo» mormorò Irina, assonnata. «Mi hai risposto citando Sartre... Com'era la citazione?»

«*Esistere è creare la propria esistenza*». Daniel girò la testa verso Irina. «Penso davvero che siamo i principali responsabili di quello che ci succede, ma c'è un altro motivo per cui mi impegno tanto. Un motivo più personale».

Incuriosita dal tono di Daniel, Irina sollevò la testa e lo guardò negli occhi, completamente sveglia. Daniel fece un profondo respiro, non ne aveva mai parlato prima con nessuno.

«Avevo una sorella gemella. Si chiamava Sara. È morta di leucemia quando avevamo dieci anni».

«Oh. Mi dispiace molto, Daniel».

Lui rimase un attimo in silenzio, serrando le labbra, e vide gli occhi di Irina riempirsi di lacrime. Le accarezzò una guancia, con aria rassegnata.

«Non preoccuparti. Immagino che il senso di vuoto mi accompagnerà sempre, ma ormai ho superato il dolore». Deglutì e continuò a parlare. «I miei genitori erano distrutti, e io mi sono sentito in obbligo di dargli le soddisfazioni che mia sorella non avrebbe più potuto dargli. Fino a quel momento non facevo nessuno sforzo a scuola, anche se la trovavo così facile che mi avevano fatto saltare un anno. Dopo la morte di Sara, vedendo i miei genitori disperati, mi sono messo a studiare come un pazzo. Non solo a scuola, ma anche altre materie come l'informatica, che mio padre adorava e infatti avevamo la casa piena di riviste». Si riempì i polmoni, sollevando Irina di qualche centimetro, e poi buttò fuori l'aria in silenzio. «So che il mio comportamento è diventato un po' ossessivo, ma non riesco a evitare di essere ancora influenzato dalla morte di mia sorella. Per lo stesso motivo, non potrei sopportare di tornare a vivere a casa dei miei genitori. Avrei la sensazione che l'unico figlio che gli è rimasto li abbia delusi».

«Daniel, credo che i tuoi genitori siano i più orgogliosi del mondo». La voce di Irina vibrava leggermente. «Qualunque cosa accada, niente potrà fargli cambiare idea. Lo sai, vero?»

Daniel fece spallucce.

«Suppongo di sì, ma una cosa è pensarlo, un'altra convincersene». Irina lo baciò con dolcezza sulla punta del naso e lo guardò con un sorriso tenero. «Be', non voglio farti preoccupare, ormai non sono più ossessionato come da bambino. Ma volevo dirtelo».

Irina gli accarezzò la linea della mascella. Poi appoggiò la fronte sulla sua.

«Grazie» sussurrò.

Si baciarono, abbracciandosi languidamente.

Dopo essersi rivestito, Daniel diede un'occhiata all'ultima simulazione che stava programmando. Irina era rimasta a letto.

«Dobbiamo parlare del messaggio che ti porto da parte della Confraternita».

Daniel si alzò dalla sedia e si appoggiò al bordo della scrivania.

«Bene. Cosa vogliono dirmi? O cosa volete dirmi?»

«Il nostro superiore, Douglas Harper, ti ha invitato

alla sede della Confraternita oggi stesso. Vorrebbe che collaborassi con noi… e vuole anche proteggerti».

«Proteggermi?»

«I seguaci di Khaos probabilmente vogliono evitare che tu collabori con noi. Il tuo lavoro ha un grande potenziale che potrebbe rivelarsi decisivo nella guerra che stiamo combattendo. I khaosiani preferirebbero che ti unissi a loro, ma pensiamo che abbiano analizzato il tuo profilo e ti abbiano scartato. La loro prossima mossa probabilmente sarà cercare di eliminarti per impedirti di aiutarci».

«*Eliminarmi*… Vuoi dire uccidermi».

Irina annuì. Daniel era pensieroso, con l'aria accigliata.

«Mi hai detto che l'organizzazione di Khaos non dava segni di vita da più di vent'anni. Due settimane fa hanno ucciso uno dei vostri, non credi che possano accontentarsi di questo per altri vent'anni?»

«Temo di no. Non sempre sappiamo perché compaiono e scompaiono, ma sappiamo che quando agiscono cercano di assestare colpi il più possibile devastanti. La prima volta che hanno attaccato dopo la morte di Khaos, il mostro che ha dato inizio a tutto questo, hanno cercato di sterminare in un colpo solo tutti i parenti e i seguaci di Pitagora. E non gli tremava certo la mano; la leggenda racconta che hanno ucciso perfino il nipote di Pitagora, un bambino di due o tre anni di nome Sinuhe. Era il figlio di Arianna e Akenon, e si pensa che l'abbiano ammazzato sotto gli occhi della madre». Il tono di Irina si incupì. «Douglas è convinto che siamo tutti in pericolo. Ha convocato i principali membri della Confraternita per un'assemblea generale. Comincerà questa sera e Douglas vorrebbe che partecipassi anche tu».

Daniel scosse la testa.

«Benissimo, ci verrò, non voglio certo restarmene qui ad aspettare che mi ammazzino».

Si voltò serrando le mascelle, e cominciò a chiudere le applicazioni in corso sui suoi computer, preparando il trasferimento. Rifiutarsi di andare alla Confraternita probabilmente significava farsi ammazzare, ma l'alternativa che gli lasciavano era consegnare il suo programma e restare senza niente. *Quattro anni di lavoro sprecati, e non ho un soldo con cui pagare il prossimo mese di affitto.*

«Daniel».

«Sì?» disse senza staccare le mani dalla tastiera.

«Douglas mi ha anche detto che ti pagherà cinquecento euro per ogni giorno di collaborazione con noi, e studierà un risarcimento adeguato per il mancato sfruttamento commerciale del tuo programma».

Daniel si voltò verso di lei, a bocca aperta.

«Perché non me l'hai detto prima?»

«Mi dispiace, ma Douglas ha insistito perché aspettassi la tua risposta all'invito alla sede della Confraternita prima di parlarti di soldi».

Cinquecento euro al giorno!

Era rimasta solo un'altra questione importante.

«Nella vostra sede dormiremo insieme?»

«Certo». Irina gli rivolse un sorriso radioso. «Tra l'altro, ho una stanza in una torre di pietra che potrebbe essere la suite di un albergo a cinque stelle: camino, letto *king size*, bagno con idromassaggio...»

Il sorriso di Daniel andava da un orecchio all'altro.

Mentre Daniel finiva i preparativi, Irina lo osservava seduta sul letto. Sorrise ripensando ai parallelismi con la sua vita prima che entrasse nella Confraternita. All'epoca aveva ventitré anni – uno più di Daniel adesso – e stava finendo il dottorato in Sociologia. La sua famiglia era agiata per degli immigrati russi in Germania, ma lei non voleva continuare a essere di peso per i suoi genitori. La sua maggiore preoccupazione era trovare un lavoro, ma non poteva certo immaginare che qualche mese dopo la sua esistenza sarebbe cambiata radicalmente e sarebbe andata a vivere nella sede di un'organizzazione segreta.

Ricordò l'impressione che le aveva fatto Douglas quando l'aveva conosciuto. Il leader della Confraternita trasmetteva un'immagine pulita, un'eleganza semplice e discreta. La sobrietà del suo carattere era conseguenza di un autocontrollo allenato a lungo, ma a volte, quando parlava degli argomenti che più gli stavano a cuore, il suo sguardo e i suoi gesti acquisivano una veemenza che rivelava il fuoco intenso che ardeva dentro di lui.

Daniel chiuse la seconda borsa da viaggio, dove aveva messo i computer portatili e diversi hard disk. Mordendosi il labbro inferiore, osservò i dispositivi che non si sarebbe portato dietro.

Irina si alzò e si mise accanto a lui.

«Daniel» lo guardò negli occhi sorridendo, «non preoccuparti. Andrà tutto bene».

Daniel inspirò e buttò fuori l'aria di getto.

«Uff». Diede una rapida occhiata alla stanza. «Bene, c'è tutto. Andiamo».

Uscirono dalla stanza e Daniel chiuse con due mandate. Attraversarono il corridoio e raggiunsero l'ingresso. Daniel esitò un attimo, indeciso se dire qualcosa ai suoi coinquilini, ma alla fine se ne andarono senza salutare.

Sul pianerottolo, mentre aspettavano l'ascensore, Daniel rimase assorto a fissare il pavimento. Irina pensò che c'erano parecchie similitudini tra Daniel e Douglas. Erano entrambi riflessivi e riservati, cosa che poteva farli considerare freddi da chi non li conosceva, ma avevano una natura incredibilmente generosa; entrambi erano disciplinati e avevano una capacità di lavoro impressionante; e tutti e due erano dotati di una mente privilegiata, che nel caso di Daniel era ancora un'energia grezza che Douglas non vedeva l'ora di plasmare.

Douglas è nato per fare il maestro, si disse Irina.

I membri della Confraternita non ascoltavano il loro leader con un'attenzione particolare perché era a capo dell'organizzazione, ma per la profondità e la misura con cui ponderava qualunque faccenda. Tutti loro pensavano che, così come guidava da oltre due decenni la Confraternita, Douglas sarebbe stato un'ottima guida per Daniel.

Capitolo 65

Madrid, Spagna, oggi

Douglas finì di esaminare con Ivan il muro di metallo che circondava la sede della Confraternita. Dall'esterno si vedeva solo una fila compatta di cipressi alti e polverosi. Da dentro si vedeva il filo spinato che correva in cima al muro per tutto il perimetro, ma le telecamere e i sensori di movimento erano nascosti.

Si scambiarono una rapida occhiata e, mentre Ivan saliva a bordo di un fuoristrada, Douglas si diresse verso la casa. Era un edificio lungo, a due piani, costruito con grandi blocchi di pietra scura che gli conferivano un aspetto antico e imponente. Parte della facciata era rivestita da un'edera rada e quasi completamente secca. Le finestre erano dotate di robuste inferriate e vetri che permettevano di vedere solo dall'interno. Sul lato sinistro della casa c'era un portico di pietra che comunicava con un torrione rotondo e massiccio di una decina di metri d'altezza.

Douglas si voltò a guardare la porta scorrevole del muro di cinta che si chiudeva dopo il passaggio di Ivan. La sede era ubicata al centro di una proprietà di quattrocento ettari, perciò i sentieri forestali più vicini in cui poteva circolare qualcuno estraneo alla Confraternita distavano oltre un chilometro dal muro che circondava l'edificio. Inoltre, la conformazione dei rilievi della zona li rendeva invisibili dall'esterno della proprietà.

Percorse gli ottanta metri di terreno sgombro che separavano il muro metallico dalla casa ed entrò. Varcando la soglia si percepiva lo spessore dei muri perimetrali, che davano l'impressione di entrare in una fortezza. Douglas spalancò istintivamente gli occhi per adattarsi alla brusca diminuzione di luce. La sua pelle apprezzò la temperatura più bassa, mentre attraversava l'ampio ingresso. Nell'ala destra del pianoterra c'erano la cucina, la dispensa e alcune camere da letto. Alla sinistra si apriva un lungo corridoio in fondo al quale cominciava il passaggio coperto che collegava il torrione. All'inizio del corridoio, sulla parete di sinistra, una porta a due ante dava accesso al salone principale dell'edificio, dove avrebbe avuto luogo il vertice di quella sera. Dalla porta aperta proveniva l'eco di alcune conversazioni. Douglas passò oltre e scese due rampe di scale.

Al piano di sotto la temperatura era inferiore di un altro paio di gradi. Le pareti di mattoni consumati che circondavano Douglas sembravano quelle di una vecchia cantina, ma davanti a lui c'era una porta laccata di bianco con un pannello numerico vicino allo stipite. Introdusse il codice e la porta si aprì silenziosamente.

La sala era profonda, con il soffitto a volta e completamente dipinta di un bianco luminoso. La parete di destra era coperta da armadi metallici, al cui interno centinaia di calcolatori integrati formavano un supercomputer. Sul lato sinistro c'era un lungo tavolo da lavoro con diversi monitor, e sulla parete tre schermi UHD di settanta pollici. Delle quattro postazioni di lavoro abilitate, solo due erano occupate.

«Natalia, Ander, buongiorno» salutò Douglas.

«Buongiorno». Natalia sollevò appena lo sguardo per tornare subito a concentrarsi sui dati che aveva davanti.

«Douglas, buongiorno». Ander si alzò e gli andò incontro. Aveva i capelli lunghi sulle spalle e sul suo volto affilato affiorava un mezzo sorriso che gli dava un'aria cinica.

«Funzionano tutte le telecamere?»

Con un cenno della testa, Ander indicò gli schermi alle pareti, con immagini divise in numerosi riquadri. Due di questi riprendevano da diverse angolazioni il fuoristrada di Ivan che percorreva la proprietà.

«La sicurezza è attiva al cento per cento».

Ander lanciò un'occhiata al monitor a cui stava lavorando, poi guardò di nuovo Douglas. Sembrava agitato.

Douglas segnalò il monitor.

«Qualcosa di interessante?»

Di solito non parlava con Ander dei dettagli del suo lavoro, ma solo di obiettivi e risultati. Lui si perdeva nei particolari tecnici dell'informatica, ma Ander era il migliore informatico della Confraternita per il compito di individuare e analizzare candidati.

«Effettivamente sì». Il suo sorriso si allargò con una sfumatura d'orgoglio. «Ho sviluppato una versione più silenziosa del mio trojan per smartphone, ed è già installata sui dispositivi di oltre metà dei membri del Mensa di tutto il mondo».

«Come sei riuscito a infiltrarti così velocemente?»

«È sempre più semplice. Più usano i telefoni, più occasioni mi danno di intrufolarmi, e grazie alle applicazioni di messaggeria istantanea la gente non fa altro che mandare e ricevere dati in continuazione».

«Controlli anche le loro webcam?»

«Sì, non è così utile come nei computer, ma usiamo lo stesso sistema. Attiviamo la webcam e il microfono senza che l'utente se ne accorga, e così riceviamo tutto quello che registrano i due dispositivi».

Douglas annuì. Erano un passo avanti rispetto agli hacker professionisti, ma lo spionaggio di massa era ormai alla portata di chiunque avesse qualche minima nozione di informatica. Era davvero semplice attivare la webcam del tablet o del computer di chiunque e registrare tutto quello che succedeva davanti a quella telecamera. La maggior parte degli hacker amatoriali lo faceva per cercare di riprendere una bella donna che usciva dalla doccia e poi tenersi il video o caricarlo su Internet. Erano usciti sui giornali diversi casi di persone che filmavano ragazze per poi molestarle o ricattarle. Quanto allo spionaggio professionale, registrare eventuali infedeltà attraverso il microfono o la webcam era alla portata di qualunque investigatore privato, e non era un segreto che certi governi disponessero di video dell'intimità di milioni di cittadini.

L'incubo di Orwell è diventato realtà, si disse Douglas. Nel romanzo *1984*, George Orwell aveva immaginato una Psicopolizia che lavorava per un presunto leader – il Grande Fratello –, controllando le azioni e le intenzioni dei cittadini attraverso teleschermi. Attualmente, migliaia di persone avevano introdotto volontariamente nelle loro case microfoni e telecamere – spesso già integrati nei loro computer fissi, portatili, tablet o smartphone –, oltre a connessioni Internet sempre attive. Erano ormai rare le abitazioni che non contenessero uno o più occhi elettronici predisposti per trasmettere tutto quello che vedevano. Si era creata un'immensa rete di raccolta di informazioni, particolarmente efficace perché il cittadino medio non immaginava neppure lontanamente che in ogni momento i microfoni potessero ascoltare e le telecamere osservare.

«Sei sicuro che non possono scoprirci?»

«È quasi impossibile, e in ogni caso non saprebbero chi è penetrato nel loro sistema. Prima mando un miniprogramma che mi dice quale sistema operativo e quali programmi di sicurezza usano; a quel punto decido qual è il trojan più adatto per aprire la strada, introdurre e installare il programma che mi dà il controllo su quell'apparecchio. È un processo molto rapido, e appena concluso posso già accendere il microfono e la webcam, senza che il proprietario se ne accorga».

Ander indicò gli armadi pieni di calcolatori.

«Per ricevere meno dati inutili, possiamo fare in modo che le webcam registrino solo quando avvertono un movimento. Ma anche così, non potremmo elaborare una quantità così massiccia di informazioni se non fosse per Arianna».

Douglas aggrottò le sopracciglia. Non aveva sollevato obiezioni quando l'altro aveva deciso di chiamare Arianna il supercomputer, ma non ne era entusiasta.

Ander si voltò verso di lui.

«Sappiamo già se viene Daniel Martín?»

«Non ho ancora avuto conferma» rispose Douglas. Dal suo volto non trapelò alcuna reazione mentre pensava che Irina non lo aveva ancora chiamato, nonostante fosse uscita già da diverse ore per cercare di parlare con Daniel.

Si congedò da Ander con un cenno della testa e si girò

per andarsene. Prima di lasciare la sala, i suoi occhi si soffermarono per un attimo sul supercomputer che occupava tutta la parete di destra.

Arianna...

Capitolo 66

Cartagine, 507 a.C.

L'immagine emerge dai miei ricordi, vivida e luminosa. Il sole splende sulle lievi increspature del mare che ci circonda. Sto parlando con Eshdek sul ponte di coperta della *Melkart*, ormeggiata nel porto di Crotone. Siamo partiti un paio di giorni fa da Metaponto, dove abbiamo lasciato Pitagora a riprendersi dalle ferite subite due settimane prima durante l'attacco alla casa di Milone. Domani torneremo a Cartagine.

Eshdek indossa una tunica corta gialla con un'alta cintura di cuoio. Mi sta consigliando alcune spedizioni commerciali in cui posso investire parte dell'oro ottenuto con la cattura di Khaos, ma non gli presto molta attenzione.

«Akenon, mi stai ascoltando?» mi chiede con un sorriso ironico. Si è accorto che i miei occhi sono irresistibilmente attratti da Arianna, che si trova qualche metro più in là e guarda verso Crotone.

«Scusa».

Giro la testa verso Arianna e la vedo incamminarsi verso la passerella per sbarcare. Cammina piano, facendo scivolare una mano sulla balaustra, con aria triste. Mi si stringe il cuore al pensiero di non rivederla e vado verso di lei senza pensarci.

Arianna mette un piede sul bordo della passerella. La raggiungo e le appoggio le mani sulle spalle nude. Lei si ferma senza voltarsi, con il corpo teso. La relazione tra noi è stata difficile fin dall'inizio e non so come reagirà, so soltanto che non voglio perderla.

Mi chino su di lei e la abbraccio lentamente da dietro, temendo che mi respinga. Avvolgo il suo corpo e accarezzo la pelle abbronzata delle sue braccia, che freme sotto le mie dita. Avvicino la faccia ai suoi capelli, respiro il suo odore, arrivo a sfiorarla e parlo sentendo che mi trema la voce:

«Vieni con me a Cartagine».

Il suo corpo freme tra le mie braccia. La stringo più forte. Se mi dice di no, voglio poter ricordare quest'ultimo abbraccio.

Arianna si muove e mi stacco da lei permettendole di voltarsi, cerco il suo sguardo. I nostri occhi si incontrano. Sta piangendo e sorride.

L'immagine cambia.

Sono passati diversi giorni, la *Melkart* è appena arrivata a Cartagine. Continuo a detestare i viaggi in nave, ma questo non ha impedito che gli ultimi giorni siano stati i più belli della mia vita. Arianna è accanto a me, sul ponte di coperta, a osservare l'attività del porto di Cartagine. Da qualche ora la percepisco assente. Forse sta pensando a suo padre.

La prendo per mano per scendere a terra e mi avvio, ma lei mi tira per farmi voltare. Vedendo la sua espressione, impallidisco. *Ha cambiato idea*, è la prima cosa che penso, *ha deciso di tornare in Magna Grecia.*

«Akenon, prima di sbarcare devo dirti una cosa».

Annuisco, in attesa. Il silenzio si prolunga mentre cerco di decifrare la sua espressione con un nodo allo stomaco.

«Sono incinta».

Rimango paralizzato, così sorpreso che neanche sbatto le palpebre. A poco a poco la mente si rimette in moto; allora capisco che è proprio perché sapeva di essere incinta che Arianna si è tenuta lontana da me nelle settimane precedenti alla partenza per Cartagine.

Sul suo viso affiorano i muscoli delle mascelle. Ha un'espressione decisa, ma nei suoi occhi intuisco una scintilla di paura. Mi affretto ad abbracciarla, sentendo espandersi nel mio corpo una sensazione calda, e la sollevo da terra ridendo.

«Arianna, sono l'uomo più felice del mondo».

L'immagine cambia di nuovo.

Sono nel cortile della villa che abbiamo appena comprato. È notte. Cammino da un muro all'altro, facendo scricchiolare la ghiaia, nervoso, terrorizzato. Guardo verso la porta senza fermarmi, mi porto le mani alla testa.

Si sente un grido acuto.

Aspetto trattenendo il respiro. Il grido si ripete, si trasforma in un pianto. Mi volto verso la porta con il corpo teso, voglio entrare. Gli uomini che conosco si comporterebbero in un altro modo, ma adesso non mi importa. Infine entro in casa e mi precipito nella stanza in cui Arianna ha appena partorito.

Ignoro gli sguardi di rimprovero delle due donne che sono con lei, e mi avvicino al letto. Arianna ha il viso congestionato, ma sorride guardando il fagotto che stringe al petto. Vedendomi lo gira verso di me.

«È un maschio». La sua voce è esausta e soddisfatta.

Mi siedo sul bordo del letto, la bacio sulla fronte e guardo il neonato. Sto piangendo, è la prima volta da quando hanno ucciso mio padre. Arianna aveva proposto che se fosse stato un maschio si sarebbe chiamato Sinuhe, come lui. Penso che sia un nome molto grande per una cosa così piccola, ma in quel momento apre gli occhi, verdi come quelli di Arianna, e quando mi fissa rimango impressionato dalla saggezza che sembrano contenere.

Sveglia!

L'immagine diventa sfocata e percepisco una ventata di dolore che invade la stanza. D'improvviso, qualcosa di freddo mi colpisce in faccia strappandomi da mia moglie e mio figlio appena nato.

«Sveglia».

Akenon mosse la testa a occhi chiusi mentre Glauco lo schiaffeggiava.

«Sveglia, Akenon, devi stare vicino a tua moglie in momenti così difficili».

Akenon scosse la testa schizzando acqua e aprì gli occhi, stordito. Era seduto, con le mani legate dietro lo schienale della sedia. Glauco l'aveva messo vicino ad Arianna, seduti uno davanti all'altra per vedersi bene. Sua moglie era ancora imbavagliata e i suoi occhi erano colmi di un dolore immenso.

Sinuhe!

Akenon si guardò intorno e vide quello che avrebbe tanto voluto fosse solo un incubo. Suo figlio era sempre riverso sul pavimento, morto, nella pozza di sangue che colava da un uomo decapitato.

Serrò gli occhi e gemette. Poi li riaprì e guardò intensamente Arianna. *Lo supereremo insieme*, le disse senza parole. *Abbi fiducia, Eshdek verrà a salvarci da un momento all'altro.*

Lei sosteneva il suo sguardo, ma era come se fosse morta dentro. Nella sua espressione c'era qualcosa che Akenon non aveva mai visto. *Per Osiride, spero che Eshdek arrivi in fretta o non si riprenderà più.*

Glauco era rimasto a osservare Akenon da quando l'aveva svegliato. Poi voltò le spalle ai suoi prigionieri e si diresse verso il braciere. Akenon diede un'occhiata alla porta. Il sibarita aveva piazzato tre guardie. Dovevano essercene altrettante tra il cortile e l'ingresso principale. *Eshdek porterà almeno una decina di soldati.* Bisognava anche tenere conto dell'enorme schiavo accanto al braciere che soffiava in un tubo di ferro per ravvivare le braci.

Glauco estrasse uno dei due spiedi e ne osservò la punta incandescente.

«Akenon» disse senza voltarsi, «devo ammettere che mi hai impressionato». Sorrise soddisfatto, affondò di nuovo il ferro nelle braci e si diresse verso di lui. «Sei ferito, legato, hai appena scoperto che tuo figlio è morto… eppure sembri invulnerabile e pronto a combattere. Da quando ti ho conosciuto nel mio palazzo di Sibari è sempre stato così, e mi chiedo…» Sul suo viso grasso la facciata di cortesia si trasformò in un'espressione crudele. «… mi chiedo se non sarà perché credi di poter sfuggire al tuo destino».

Akenon non rispose, ma era preoccupato per il tono arrogante del sibarita.

«Passeremo una lunga serata insieme» proseguì Glauco, «e non mi piacerebbe che fosse turbata da una cosa così assurda come… la speranza». Si chinò a raccogliere dal pavimento il coltello di Arianna. «Devi sapere che stasera, un paio d'ore fa, ho usato questo coltello per ammazzare il tuo amico Eshdek».

No! Akenon sentì il gelo invadergli il petto. Scrutò in volto il sibarita cercando di cogliere qualche indizio che mentisse. *Per tutti gli dei, è vero, ha ucciso Eshdek.* Si sforzò di nascondere quello che provava, consapevole che Arianna lo stava guardando. Alla fine chiuse gli occhi, angosciato, e abbassò la testa.

Glauco era in piedi davanti a lui. Si chinò, avvicinò la faccia alla testa di Akenon e annusò l'aria.

«Bene, molto bene. Sento l'odore della tua disperazione…» Annusò ancora. «… e della tua paura».

Akenon alzò la testa e sputò in faccia a Glauco. Il sibarita si raddrizzò lentamente, passandosi una mano sulla guancia. Poi esaminò con aria divertita la saliva rossa di Akenon.

«Sembra proprio che non ne avrai per molto anche se io non la facessi finita con te».

Si infilò il coltello di Arianna in una tasca della tunica e si chinò a raccogliere un altro oggetto dal pavimento.

Erano delle tenaglie.

«Avete commesso il sacrilegio di ordinare che a Khaos fossero bruciati gli occhi con ferri incandescenti e strappata la lingua». Aprì e chiuse le tenaglie con uno schiocco metallico. «È la stessa cosa che intendo fare a voi».

Akenon tirò le corde con tutte le sue forze. Sentì un dolore lancinante ai polsi, ma non riuscì a liberarsi. Guardò Glauco con la mente che ribolliva alla ricerca di una via di fuga. Dallo sguardo del sibarita era chiaro che gli avrebbe inflitto tutta la sofferenza che poteva.

«Combatti, Akenon, combatti». La voce intensa di Glauco grondava odio. Il sibarita stringeva i manici delle tenaglie con tanta forza che il pugno vibrava. «Combatti e aumenta il mio piacere».

Si avvicinò fino ad arrivare a un passo dai suoi prigionieri e li guardò entrambi. Lasciò cadere le tenaglie e tirò fuori dalla tunica il coltello di Arianna.

«Prima di usare il fuoco e le tenaglie, vi marchierò con il simbolo sacro, come ho fatto a Eshdek». Fissò gli occhi su Arianna e poi si voltò verso Akenon. «Chi vuole avere l'onore di essere il primo?»

Akenon sostenne il suo sguardo e rabbrividì sentendo fisicamente il suo odio sconfinato. Tirò di nuovo le corde e Glauco mostrò i denti in un sorriso da iena.

«Tienigli la testa!» urlò senza levargli gli occhi di dosso.

Lo schiavo si allontanò dal braciere e andò a piazzarsi dietro Akenon. Lo afferrò per i capelli da entrambi i lati della testa e premette con tanta forza che Akenon temette che gli scoppiasse il cranio.

Glauco si sedette a cavalcioni sulle cosce del prigioniero e puntò il coltello a pochi centimetri dalla faccia di Akenon, che faceva sforzi disperati per liberarsi dalla presa ferrea dello schiavo.

«Che non si muova!»

Lo schiavo strinse ancora più forte. Akenon aveva la punta del coltello così vicina agli occhi da vederla sdoppiata; dietro, c'era la faccia arrossata e sudata del sibarita, concentrato sulla sua fronte.

Glauco gridò sputando saliva.

«Ricevi il simbolo del dio Khaos!»

Il coltello penetrò all'altezza dell'attaccatura dei capelli di Akenon. Poi Glauco incise verso il basso, tagliandogli la fronte fino alle sopracciglia. Akenon urlò mentre il sibarita continuava a seviziarlo. Il coltello tagliò in diagonale verso l'alto e Arianna vide sgorgare immediatamente un fiotto di sangue dalla carne bianca di suo marito. Strillò sotto il bavaglio e si agitò con tanta forza da far saltare la sedia sulle gambe. Glauco le lanciò un'occhiata prima di praticare il terzo taglio. La testa di Akenon vibrava tra le mani dello schiavo. Il sangue gli copriva gli occhi. Glauco afferrò l'impugnatura con entrambe le mani per tagliare ancora la carne. Ad Arianna parve di sentire il ferro che raschiava l'osso e percepì suo figlio non ancora nato che scalciava nel suo ventre come se sentisse l'agonia del padre.

Glauco completò il pentacolo capovolto con l'ultimo taglio. Poi staccò il coltello e guardò estasiato la figura sanguinante.

Akenon aveva smesso di gridare.

Arianna ammutolì vedendo il volto di suo marito livido e immobile. Si accorse che erano cessati anche i movimenti nel suo ventre. L'unica cosa che sentiva era lo stesso freddo glaciale che le aveva provocato la mano di Glauco quando l'aveva toccata.

Il tempo continuava a scorrere mentre tutti erano come sospesi. A muoversi era solo il sangue di Akenon, che gli colava sul volto e gocciolava dal mento formando lunghi fili densi.

Glauco, seduto sulle gambe del prigioniero, ansimava tenendo il coltello sollevato. Si chinò e baciò la fronte insanguinata di Akenon.

«Sììì...» grugnì con le labbra intrise di sangue.

Contemplò ancora per un attimo la sua opera e si alzò pesantemente. La testa di Akenon cadde in avanti come un peso morto quando lo schiavo la lasciò andare. Glauco, con il coltello in mano, si piazzò di fronte ad Arianna e il suo respiro si fece ancora più affannoso mentre la guardava.

«Tienile la testa» ordinò senza toglierle gli occhi di dosso.

Capitolo 67

Madrid, Spagna, oggi

Elena era in preda a un misto di sensazioni diverse. La trattavano con gentilezza e in svariate occasioni le avevano detto che poteva lasciare la sede della Confraternita quando voleva, ma al contempo le ricordavano che fuori c'era un'organizzazione di assassini che voleva ucciderla.

È come se fossi in carcere e mi avessero convinto che sono un'ospite. Le permettevano di uscire a passeggiare in giardino, ma l'intero perimetro era circondato da un muro impossibile da scalare. In cima c'era il filo spinato e sapeva che l'area era controllata da telecamere di sicurezza.

Si suppone che se decidessi di andarmene dovrei solo dirgli dove voglio che mi portino e mi ci accompagnerebbero a bordo del furgone, alla cieca. A volte aveva la tentazione di fare una prova e dire che voleva andarsene, ma in fondo sapeva che non l'avrebbe fatto. Il sogno in cui l'assassino di Leonardo le faceva la stessa cosa che aveva fatto a lui era ormai ricorrente. Aveva paura.

Ed era anche arrabbiata. Abituata a decidere liberamente ogni passo che faceva, adesso si trovava incastrata in una situazione di cui non era responsabile e che sfuggiva totalmente al suo controllo.

Sospirò e continuò a osservare l'enorme pentacolo che aveva davanti.

Si trattava di un arazzo del nono secolo realizzato in lana e seta. Era alto come la parete, i bordi erano decorati con arabeschi e la figura centrale del pentacolo aveva una lettera greca su ogni punta. Le lettere erano state ricamate con fili metallici e spiccavano sull'arazzo scolorito.

Douglas le aveva spiegato che in greco significava 'salute', ma a Elena quella figura risvegliava ricordi sgradevoli.

Si voltò a guardare il camino situato sulla parete opposta di quello spazioso salone.

Lì hanno piazzato la videocamera. Il pentacolo sull'arazzo era la figura che faceva da sfondo al video che aveva visto a bordo del furgone, quando Leonardo era tornato dal mondo dei morti grazie alla tecnologia per chiederle di fidarsi di Douglas.

Si girò verso la porta della sala. Douglas era lì, serio come sempre, vestito con una giacca di tweed verde. Stava salutando una donna sulla sessantina, appena arrivata. Davano l'impressione di conoscersi bene, perché Douglas teneva una mano della donna tra le sue, ascoltandola con molta attenzione.

Sembra che parlino in tedesco. Li osservò per un po' e poi esaminò la sala. *Ci sono già più di venti persone, devono mancarne solo cinque o sei.*

Intorno al grande tavolo ovale al centro c'erano trenta sedie. Douglas le aveva spiegato che all'assemblea che iniziava quella sera avrebbero partecipato trenta persone.

E io sarò una di loro.

Si voltò di nuovo verso il pentacolo. Notò che l'atmosfera acquisiva maggiore intensità a ogni persona che arrivava. Viveva in quella villa da due settimane e l'ambiente era stato quasi monacale fino al giorno prima. Di solito non c'erano più di sette persone in casa e passavano la maggior parte del tempo a lavorare in silenzio. Ma il giorno precedente avevano cominciato ad arrivare membri della Confraternita dai quattro angoli del pianeta. Avevano tutti un'espressione grave e salutavano Douglas con rispetto. Salutavano anche lei e poi invariabilmente le dicevano che trovavano molto interessante il suo lavoro. Elena non sapeva se ringraziarli o urlargli con quale diritto la spiavano da anni.

Douglas le si avvicinò con la tedesca. Era grassoccia e intorno al collo portava un foulard rosso e dorato che dava fastidio agli occhi. Si chiamava Livia, e in uno spagnolo più che accettabile le disse che il suo lavoro sull'allenamento cognitivo era molto interessante. Elena la ringraziò senza un sorriso e Livia si allontanò per andare a salutare i presenti.

«Stai bene?» Douglas sembrava preoccupato.

Elena annuì in silenzio e lui continuò.

«Ho appena avuto conferma che verrà Daniel Martín. Tra mezz'ora sarà qui».

La prima reazione di Elena fu di gioia. Poi si preoccupò per Daniel e infine si rabbuiò. *Forse ha perdonato Irina ed è la russa che lo ha convinto a venire.*

«Bene, mi farà piacere vedere una faccia conosciuta» rispose in tono neutro.

Sperava che Daniel e Irina non si fossero riconciliati, ma non l'avrebbe certo chiesto a Douglas.

Il leader della Confraternita la guardò perplesso prima di allontanarsi per andare ad accogliere qualcuno appena arrivato. Ivan lo seguiva come un'ombra, come un cane da guardia. Era l'unico dei frequentatori abituali della casa a non aver parlato con Elena nei giorni precedenti. A volte l'aveva sorpreso a fissarla con quegli occhi di ghiaccio. In quei casi, lui non distoglieva lo sguardo, inespressivo come una statua. Elena non aveva mai resistito più di due secondi senza abbassare il suo.

Negli ultimi giorni, aveva incontrato spesso Irina nella sede della Confraternita. La russa aveva cercato di chiacchierare con lei un paio di volte, ma Elena le aveva risposto seccamente e l'altra non ci aveva più riprovato.

I due membri con cui aveva avuto più contatti erano Ander e Natalia, entrambi esperti di informatica. Con Natalia aveva passato diverse ore a parlare del suo lavoro. Volevano che applicasse i suoi procedimenti di analisi di allenamento cognitivo ai metodi di allenamento della Confraternita.

Anche se sono sicura che mi hanno lasciato intravedere solo le fasi iniziali dei loro metodi. E comunque erano più complessi e rigorosi di qualunque altra tecnica conoscesse.

Sia Natalia che Ander passavano quasi tutto il loro tempo rinchiusi in una vecchia cantina sotterranea riconvertita in sala computer. Elena pensava che uno dei loro compiti fosse la ricerca di candidati attraverso Internet, usando tra gli altri canali anche il Mensa. *E quando trovano qualcuno con il potenziale sufficiente, mandano i loro... agenti sul campo a mettersi in contatto con lui. Come Leonardo. O Irina.*

Si allontanò dall'arazzo con il pentacolo e andò al tavolo ovale a prendere una tartina al formaggio con le noci. Avevano collocato diversi vassoi sul tavolo perché ciascuno si servisse. L'inizio della grande assemblea era previsto per le ventuno, quando fosse arrivato dall'aeroporto l'ultimo invitato, e non l'avrebbero interrotta per cenare.

Ma spero proprio che ci fermeremo per dormire. Si infilò la tartina in bocca ma faticò a mandarla giù, aveva lo stomaco chiuso. Non le avevano fornito dettagli sul tema dell'assemblea della Confraternita, sapeva solo che la consideravano molto urgente, che era previsto che durasse per diversi giorni e che lei doveva partecipare almeno alla riunione di quella sera.

E adesso so che ci sarà anche Daniel.

Natalia e Ander non parlavano con lei di quello che facevano in sala computer, ma Elena sapeva che ultimamente si stavano concentrando sul lavoro di Daniel.

La Confraternita sembra molto interessata al suo lavoro, si disse mentre si avvicinava al camino spento. Il giorno prima aveva colto qualche scampolo di una conversazione tra Irina e Douglas. Un paio di volte lui aveva fatto riferimento al *programma di Daniel*, e nel parlarne gli brillavano gli occhi.

In quel momento udì la sua voce dall'altra parte della sala.

«Molte grazie di essere venuti».

Elena si voltò, incuriosita dal saluto del leader della Confraternita. Era vicino alla porta, con la mano tesa. A stringergliela fu Daniel.

Elena si illuminò in viso e aspettò senza muoversi che lui la vedesse. Daniel finì di salutare Douglas e poi si voltò con un sorriso allegro.

Accanto a lui, con lo stesso sorriso, c'era Irina.

Capitolo 68

Madrid, Spagna, oggi

Per qualche minuto, Elena non poté nemmeno avvicinarsi a Daniel. Tutti i membri della Confraternita presenti andarono a salutarlo e a scambiare qualche parola con lui.

Sembra un personaggio famoso.

Si sentì ancora più sola di prima. Rimase in disparte, osservando il gruppo di sottecchi. Quando la gente si fu un po' allontanata, Daniel notò la sua presenza.

«Elena!» La raggiunse. Era allegro e vivace. «Non sapevo che ci fossi anche tu».

Ma guarda, strano che la tua amica Irina non te l'abbia detto.

Elena sorrise e decise di risparmiargli l'ironia.

«Dopo che ci siamo visti a casa mia mi hanno riportata qui». Aveva acconsentito, ma l'aveva fatto costretta dalle circostanze e dire *mi hanno riportata* era il modo migliore di esprimere come si sentiva. «Avrei voluto chiamarti, ma mi hanno tolto il telefono e posso solo chiamare da un fisso e con *uno di loro* che ascolta tutto quello che dico».

Daniel arricciò le labbra e annuì con aria rassegnata.

«Anche a me hanno chiesto di consegnare il telefono.

E mi hanno portato qui su un furgone senza finestrini».

Elena annuì, conosceva bene quel furgone. «Be', meglio così, più prendono seriamente la sicurezza, più saremo al sicuro anche noi».

Prima che Elena potesse rispondere, Douglas finì di parlare con Irina e li raggiunse.

«Daniel, mi piacerebbe farti vedere una cosa. È un simbolo molto importante per noi, e credo che ti aiuterà a conoscerci meglio».

«Benissimo». Daniel fece il gesto di cedere il passo a Elena.

«No, andate voi, io vorrei parlare con Natalia».

Aveva appena visto la giovane informatica entrare nella sala e si diresse verso di lei. *Immagino che Douglas racconterà a Daniel la storia della Confraternita.* Elena l'aveva già sentita un paio di volte, e vedere Daniel con Irina aveva gettato una nuova ombra sul suo animo. Non aveva voglia di ascoltare Douglas in quel momento.

Douglas si avviò verso un'estremità della sala rettangolare seguito da Daniel. Si fermò davanti a una teca che spuntava dalla parete a un metro d'altezza. Tre uomini ne stavano guardando in silenzio il contenuto: un oggetto adagiato su un panno di velluto porpora.

I tre uomini si spostarono per lasciare più spazio a Douglas. Daniel aveva notato che tutti lo trattavano in modo quasi reverenziale.

«Questa è la spada di Akenon» disse Douglas con voce grave.

Daniel si sporse a guardarla. Era un'antica spada a lama ricurva, scheggiata e ricoperta da uno strato di ossido nero screziato di verde chiaro.

«È la spada originale, quella che usava Akenon… duemilacinquecento anni fa?»

«Sì». Gli occhi di Douglas erano fissi sulla spada. «La Confraternita l'ha conservata dalle nostre origini. Per noi è un simbolo del carattere battagliero del nostro ordine». Sospirò continuando a fissare la spada. «Vorrei che non fosse necessario il nostro ordine, Daniel. Il nostro sogno da millenni è sciogliere la Confraternita, che vi siano le condizioni per poterlo fare».

Douglas rimase per un attimo in silenzio, poi si voltò verso Daniel.

«Suppongo che dell'uomo che ha creato la nostra confraternita, Pitagora, non saprai molto a parte il suo teorema matematico».

Daniel annuì e Douglas fece una smorfia prima di continuare.

«Al giorno d'oggi lo si conosce appena. E tuttavia era l'uomo più straordinario del suo tempo. Un genio paragonabile a Newton o a Leonardo da Vinci per il dominio delle conoscenze della sua epoca, ma anche per i progressi raggiunti in molte aree del sapere. E, comunque, indubbiamente la sua dottrina ha rappresentato un progresso ancora più grande nelle questioni morali, sociali e spirituali. In questi campi è possibile trovare un paragone solo con figure come Buddha o Gesù Cristo». Il suo sguardo tornò a posarsi sul contenuto della teca e la sua voce si fece più greve. «Khaos è quasi riuscito a farci perdere tutto questo per sempre».

Daniel osservò di nuovo l'arma di bronzo ossidato.

«È stato Akenon a fermare Khaos?»

Douglas appoggiò una mano sulla teca infrangibile che conteneva la spada.

«Ci sono riusciti Akenon e Arianna, la figlia di Pitagora. Senza di loro, in pochi anni Khaos avrebbe fatto cadere ai suoi piedi tutti i popoli dell'antichità, e tutti noi continueremmo a adorare e a temere i suoi successori come divinità crudeli». Si voltò verso la parete opposta. «Seguimi».

Attraversarono la sala e Douglas si fermò davanti a un'altra teca, identica a quella della spada di Akenon. Anche lì c'erano altri membri della Confraternita che ne contemplavano il contenuto: un coltello con il manico di osso e cuoio e la lama mezzo sbriciolata dalla ruggine.

Ha la punta rotta, notò Daniel.

«Questo è il coltello di Arianna, un altro simbolo del carattere della Confraternita». Douglas si voltò verso il centro della stanza. «In questa sala sono rappresentate le nostre origini: Akenon» indicò l'urna con la sua arma, «Arianna» indicò il coltello, «e Pitagora» concluse indicando l'arazzo con il pentacolo.

Daniel osservò i simboli che dominavano la sala e fu percorso da un brivido.

Pitagora, Arianna e Akenon. Per la Confraternita sono come una trinità divina.

Douglas continuò il racconto.

«Akenon e Arianna fermarono Khaos e lo incarcerarono. Inoltre lo... privarono della capacità di usare il potere dello sguardo e della voce. Purtroppo, Khaos trovò il modo di trasmettere il suo pensiero. Non sappiamo se comunicò con un'organizzazione che aveva già costituito o se ne creò una nuova grazie al documento che trasmise a un uomo di nome Glauco. Il fatto è che innanzitutto si liberarono di Pitagora, Arianna e Akenon». Indicò di nuovo gli oggetti che li rappresentavano. «Queste armi hanno assaggiato il sangue dei nemici, purtroppo Glauco ne ha sporcato la lama con il sangue di Akenon e di Arianna».

Daniel osservò il coltello di Arianna pensando alle parole di Douglas.

Queste armi hanno assaggiato il sangue dei nemici... E anche quello di Akenon e Arianna. Gli venne la pelle d'oca al pensiero di come era morto Leonardo Rossi, con un coltello piantato nel petto e un pentacolo capovolto inciso sulla fronte.

Si voltò verso Douglas e lo sorprese a guardare dietro di lui a occhi socchiusi. Seguì la direzione del suo sguardo e scoprì che stava osservando Irina.

Un pensiero lo folgorò: *Anche Douglas deve vivere in questa casa.*

Guardò di nuovo Douglas e poi Irina.

Forse in passato sono stati insieme? si chiese, con una sgradevole fitta allo stomaco.

Capitolo 69

Cartagine, 507 a.C.

L'enorme schiavo si piazzò dietro Arianna, immobilizzandole la testa.

Lei cercò di guardare verso suo marito, ma le grosse mani dello schiavo glielo impedivano. Davanti ad Arianna, Glauco era in piedi a contemplarla con le labbra socchiuse. Impugnava ancora il coltello, con la lama di ferro sporca del sangue di Akenon.

«Toglile il bavaglio».

Lo schiavo afferrò con una mano i capelli di Arianna e con l'altra le tolse il fazzoletto dalla bocca. Glauco si avvicinò fino ad avere le gambe di Arianna tra le sue.

«Guardami, figlia di Pitagora».

Il sibarita piegò le ginocchia lasciando cadere il suo enorme peso sulla donna.

«Aaah!» Arianna non riuscì a evitare di gridare. La fitta di dolore nelle cosce le fece temere che Glauco le avesse rotto le gambe.

Akenon reagì al grido di sua moglie. Alzò la testa di qualche centimetro e si dondolò da una parte all'altra. Aprì e chiuse le palpebre più volte, con il sangue che gli inondava gli occhi.

Glauco percepì i suoi sforzi e grugnì soddisfatto.

«Arianna, guarda tuo marito. Sembra che voglia aiutarti».

Lo schiavo le girò la testa verso Akenon e Arianna vide il marito aprire le labbra, ma senza emettere alcun suono. Dalla sua bocca usciva soltanto sangue che si univa a quello che gli colava dalla fronte. A un certo, punto la testa di Akenon si afflosciò sul petto.

«Oh, che sgarbato». Glauco si accomodò meglio sulle gambe di Arianna provocandole un'altra fitta di dolore. L'addome obeso del sibarita le schiacciava il ventre. «Akenon non vedrà che ti marchio con il simbolo sacro, ma tu sì che vedrai come mi occuperò di lui dopo. Ti terrò cosciente mentre gli strapperò la lingua con le tenaglie». Glauco le era così vicino che Arianna non riusciva a metterlo a fuoco. «Poi prenderò un ferro rovente dalle braci e glielo avvicinerò agli occhi finché li sentiremo sfrigolare. Sono sicuro che con tante attenzioni si risveglierà, non credi?»

Arianna avrebbe voluto svenire, sfuggire a quell'orrore a qualunque costo, ma l'istinto di sopravvivenza, per lei e per il bambino che portava in grembo, la costringeva a restare all'erta. Percepiva gli occhi spietati di Glauco fissi su di sé, il sudore che gli colava sulla pelle flaccida della faccia, il suo alito acido che si mescolava ai profumi pregiati e sentiva l'odio che emanava come un vento gelido.

Glauco aprì la mano e la richiuse lentamente, stringendo il manico d'osso e cuoio del coltello di Arianna.

«Figlia di Pitagora...»

Quelle parole sembravano suscitargli un particolare piacere. Si leccò le labbra carnose e si rivolse allo schiavo.

«Tienile ferma la testa».

Lo schiavo aumentò la pressione. Glauco alzò il coltello tenendo lo sguardo fisso sulla fronte di Arianna. Gli occhi di lei seguirono la punta affilata fino a quando non si fermò per un attimo sopra la sua testa. La bocca del sibarita si allargò in un sorriso crudele. Poi, d'improvviso, il grassone voltò la testa.

«Cosa succede?»

Aveva sentito un suono metallico. Il rumore si ripeté un paio di volte e si udì un grido soffocato.

«Sembra una rissa, mio signore» disse uno degli uomini di guardia alla porta. «Volete che usciamo?»

«Tu resta qui. Voi due, andate a vedere cosa sta succedendo. Se qualcuno cerca di entrare nella sala, uccidetelo».

Due guardie si precipitarono fuori. La terza sprangò la porta infilando una trave di legno in alcuni anelli di metallo. Glauco si voltò di nuovo verso Arianna.

«Figlia di Pitagora, spero che questa piccola interruzione abbia alimentato le tue speranze».

Arianna ansimava cercando di allontanare la faccia, ma la stretta d'acciaio dello schiavo non glielo permetteva.

«Eppure» continuò Glauco, «hai visto con i tuoi occhi Eshdek morto, e sai che nessun altro cartaginese abbastanza potente cercherebbe di aiutarvi».

Arianna si sforzò di distinguere i suoni provenienti dall'esterno. Si udirono grida di dolore e altri colpi metallici.

«Dal tuo sguardo vedo che non ti arrendi, Arianna. Ma sai che lo farai, e sono curioso di sapere quanto resisterai. Forse cederai quando darò il colpo di grazia ad Akenon, o magari quando ti sventrerò per strapparti l'altro figlio?»

Glauco passò la lama del coltello sul ventre di Arianna. Poi ne appoggiò la punta sull'ombelico e premette. Arianna chiuse gli occhi e gemette in preda al panico.

Si udì un colpo alla porta. Glauco gridò un ordine senza togliere gli occhi di dosso ad Arianna.

«Guardia, assicurati che non entri nessuno!» Poi continuò a sussurrare. «E se entrassero, Arianna, gli farei la stessa cosa che mi hai visto fare alla guardia che mi ha tolto il piacere di uccidere il tuo piccolo Sinuhe. Dominerei la loro volontà facendoli prostrare davanti a me, e gli taglierei la testa». Alzò lo sguardo verso lo schiavo e annuì brevemente.

Lo schiavo afferrò la testa di Arianna con la potenza di una morsa. Lei chiuse gli occhi, ma li riaprì sentendo il ruggito demoniaco di Glauco: «Ricevi il simbolo del dio Khaos!»

Il coltello fendette l'aria e Arianna sentì un'esplosione di dolore quando la punta di ferro le si conficcò nella fronte.

Capitolo 70

Madrid, Spagna, oggi

Elena era davanti all'arazzo con il pentacolo insieme a Natalia e a Ander, che in quel momento parlavano tra loro. Si voltò verso l'ingresso della sala, dove Irina stava chiacchierando con due donne anziane.

Devo ammettere che è molto attraente.

La russa annuì a qualcosa che diceva una delle due donne, poi guardò dall'altra parte della sala e sorrise. Elena si accorse che stava guardando Daniel, e la dolcezza di quel sorriso le fece abbassare lo sguardo. Lo rialzò verso Daniel. Era ancora insieme a Douglas, e contemplava il coltello di Arianna.

Daniel girò la testa e sorprese Elena a osservarlo. Sulle sue labbra affiorò un sorriso, ma Elena distolse rapidamente lo sguardo. Deluso, lui riprese a parlare con Douglas.

«Com'è possibile che in duemilacinquecento anni nessuna delle due fazioni sia mai riuscita a ottenere la vittoria?»

Douglas sospirò prima di rispondere.

«Se non vedi il tuo nemico è molto difficile colpirlo, ed entrambe le organizzazioni sono sempre rimaste nascoste». Il suo sguardo si rivolse al contenuto della teca. «Dopo la morte di Pitagora, i discepoli che gli sopravvissero si dispersero e in molti casi si allontanarono dalla società, ma i nostri nemici sono potenti e molto pazienti. Potevano passare decenni senza dare segni di vita, e d'improvviso scatenare una rivolta contro una delle piccole comunità rimaste, causandone la completa estinzione».

Daniel rimase in attesa che Douglas proseguisse il racconto.

«Nel corso dei secoli abbiamo subito amare sconfitte rischiando di estinguerci, ma siamo anche riusciti ad annientare potenti successori di Khaos che avevano acquisito un peso politico pericoloso. Comunque, il colpo più grave alla loro organizzazione forse non è arrivato da noi, ma per colpa della peste nera».

«Sono morti a causa della peste?»

«Pensiamo di sì. Considera che tra il 1348 e il 1350 morì più di un terzo della popolazione europea. Anche noi subimmo molte perdite, circa la metà dei nostri membri. Nei decenni successivi, Khaos non diede segni di vita. Arrivammo a pensare che la peste li avesse colti in una delle città in cui erano morti quasi tutti gli abitanti. Quando stavamo prendendo in considerazione la possibilità di scioglierci, uno dei nostri fu trovato assassinato con un pentacolo capovolto sulla fronte. Da allora, l'attività dei khaosiani è molto ridotta, senza dubbio la peste nera li ha molto indeboliti, ma finiscono sempre per ricomparire».

«Perché incidono il pentacolo capovolto sulle loro vittime?» chiese Daniel.

«Non sappiamo se per loro ha un significato rituale o se è soltanto un segno di arroganza, o forse di disprezzo». Douglas studiò per un attimo il pentacolo dell'arazzo. «Per Pitagora simboleggiava salute e armonia, oltre a contenere nelle sue proporzioni geometriche i segreti su alcune chiavi matematiche dell'ordine che regnava nella natura. Khaos ha capovolto il pentacolo, rappresentandolo con la punta verso il basso, e l'ha associato ai suoi atti di distruzione e di morte. Da lì deriva l'uso dello stesso simbolo a scopi malvagi nella magia nera e nelle cerimonie di invocazione del demonio. Invece, la magia bianca ha adottato il simbolo come lo rappresentava Pitagora». Allungò una mano verso l'arazzo. «Daniel, il pentacolo rappresenta il potere della scienza e al contempo racchiude in sé un insieme di potenti conoscenze per chi sappia interpretarle».

«Un potere che può essere usato sia per fare il bene che per fare il male» disse Daniel sottovoce, pensando al suo lavoro sul cervello e sulla mente.

«È quello che succede sempre con il potere. Pitagora voleva che i più capaci sviluppassero tutto il loro potenziale per metterlo al servizio dei meno dotati. Khaos, invece, voleva che lui e i suoi discepoli accumulassero il potere sufficiente a sottomettere l'intera umanità».

Daniel ascoltava Douglas guardando attentamente l'arazzo. Le lettere sulle punte riflettevano la luce e sembravano in rilievo rispetto al pentacolo, creando un effetto ipnotico. Socchiuse gli occhi e d'improvviso gli tornò in mente il pentacolo capovolto che aveva visto sullo schermo del suo computer. Con la sua luminosità, si sovrapponeva al pentacolo di Pitagora, che scomparve completamente alla sua vista.

Sbatté le palpebre più volte e tornò a vedere solo il pentacolo sull'arazzo.

«Perché io ed Elena ci troviamo qui?» chiese, voltandosi verso Douglas. «Ci saranno molte altre persone che sviluppano lavori che vi interessano. Perché ci siamo solo noi due qui, nella vostra sede segreta, durante la riunione più importante che avete organizzato da non so quanti anni?»

Prima che Douglas potesse rispondere, si avvicinò un uomo con gli occhi così chiari che sembravano non avere l'iride. Era l'unico dei presenti con l'aria da militare. Sussurrò qualche parola all'orecchio di Douglas e poi si allontanò. Daniel notò che aveva un piccolo auricolare all'orecchio.

«Ivan mi ha appena confermato che è atterrato l'aereo dei due membri che mancano». Douglas diede un'occhiata all'orologio da polso. «Saranno qui verso le otto e un quarto; perfetto, potremo cominciare l'assemblea alle nove».

Il leader della Confraternita riprese la conversazione rispondendo all'ultima domanda di Daniel.

«Hai ragione, siamo interessati al lavoro di molte persone, ma abbiamo portato solo voi due in sede. Nel caso di Elena, Leonardo è stato assassinato in casa sua, e non possiamo escludere la possibilità che volessero uccidere anche lei. Era indispensabile isolarla per un certo periodo, finché non fossimo stati sicuri di poterla rimandare in tutta sicurezza al suo ambiente abituale. Nel tuo caso... be', pensiamo che tu sia la causa della ripresa della guerra».

Daniel era sconcertato.

«Come...? Vuoi dire che Leonardo è stato ucciso per qualcosa che ho fatto io?»

«Tu non hai nessuna colpa, naturalmente, ma pensiamo che tutto sia iniziato per quello che hai fatto e per quello che sei». Daniel si incupì. «Lasciami spiegare. Sia noi che i seguaci di Khaos cerchiamo due cose: conoscenze che ci permettano di aumentare le nostre capacità, e candidati per unirsi alle nostre file. Giriamo il mondo senza posa, fisicamente e attraverso Internet, per arrivare prima dei nostri nemici ai lavori o ai candidati che sembrano avere un potenziale sufficiente. Ci avvaliamo di società che ottengono i brevetti per controllare lo sviluppo di certe conoscenze. Abbiamo assunto anche i loro creatori, assicurandoci che i khaosiani non potessero accedere al loro lavoro. Ma, come ti ho detto, oltre alla conoscenza cerchiamo persone con un determinato profilo. Se ne trova solo una ogni tre o quattro anni, perché deve avere un potenziale minimo equivalente a quello degli antichi grandi maestri».

«Stai dicendo che pensate io abbia quel potenziale?»

«Sì, Daniel. Siamo convinti che sia così. E se lo siamo noi, i khaosiani saranno arrivati alla stessa conclusione. E non solo questo, ma probabilmente saranno riusciti a farti un'analisi della personalità simile a quella che abbiamo fatto noi, anche se in questo caso noi siamo in vantaggio, avendoti contattato di persona».

«Mi avete fatto un profilo della personalità?» Daniel inarcò le sopracciglia.

«È determinante per capire se potresti identificarti con i principi di Pitagora o con quelli di Khaos».

«Ma guarda un po', e ho superato il vostro esame o mi rinchiuderete in una cella sotterranea?»

«Non credo ci sia bisogno che te lo dica. Potresti diventare uno dei nostri... ed è questo a metterti in pericolo. Se i khaosiani sono arrivati alla stessa conclusione, sapranno che non ti unirai mai a loro e che puoi diventare un nemico pericoloso. È successo tutto molto in fretta, perché ti abbiamo scoperto dopo il tuo ingresso nel Mensa, un mese e mezzo fa, ma non possiamo correre rischi. Ci sono stati casi simili in passato, e quando i khaosiani sono arrivati prima di noi, i candidati sono finiti con un pentacolo capovolto sulla fronte e un coltello nel cuore».

Daniel deglutì. Il buonumore con cui era arrivato alla sede della Confraternita era svanito.

«Il tuo potenziale ti mette in pericolo, Daniel, ma a precipitare gli avvenimenti è stato il tuo lavoro. La scienza attuale, scettica, cieca e fiduciosa solo nel potere della tecnologia, sta iniziando soltanto adesso a dare contributi nel campo della mente che possano equipararsi a quello che Pitagora aveva cominciato a sviluppare molto tempo fa. Crediamo che lavori come quello di Elena sull'allenamento cognitivo possano arrivare a migliorare l'efficienza dei nostri processi di sviluppo, ma che non abbiano un grosso impatto sulla loro efficacia, sul risultato finale».

«E il mio lavoro sì?» Daniel corrugò la fronte. Non capiva come il suo lavoro potesse far sì che qualcuno acquisisse la capacità di leggere nel pensiero come aveva fatto Irina.

Douglas annuì sorridendo.

«Daniel, il tuo quoziente intellettivo è astronomico, secondo i nostri calcoli è superiore a 190, ma sei figlio della società in cui sei cresciuto. Il tuo cervello lavora come se fossi un computer. Tuttavia, sono convinto che riuscirai ad ampliare la tua prospettiva. Il tuo lavoro lo dimostra. È un prodigio di logica, programmazione e matematica, ma al contempo hai avuto l'intuizione di concentrarti sul rapporto tra i processi fisici del cervello e i processi di coscienza della mente. La scienza orientale e i grandi maestri si sono concentrati sulla mente e sulla potenza dell'intuizione. La scienza occidentale e gli scienziati studiano il cervello e possono contare su una tecnologia sempre più precisa. Tu racchiudi in te entrambi gli approcci e disponi degli strumenti di ognuno, ma non sei consapevole di quello che potresti ottenere, non ancora».

Gli occhi di Douglas sembravano scintillare.

«Daniel, sotto la nostra guida potresti far diventare il tuo lavoro l'arma definitiva contro i seguaci di Khaos. Si avvicina la battaglia finale, l'Armageddon. Se annienteremo i khaosiani o se loro annienteranno noi, schiacciando poi tutta l'umanità, probabilmente dipenderà da te».

Daniel distolse lo sguardo per cercare di schiarirsi le idee, quelle parole l'avevano sconvolto. Douglas gli mise una mano sulla spalla.

«Immagino che quello che ti sto dicendo non sia facile da digerire. Mi sarebbe piaciuto avere più tempo in modo da procedere per gradi». Daniel annuì senza guardarlo e Douglas gli diede una leggera stretta prima di togliere la mano. «Adesso, se vuoi scusarmi, devo parlare un attimo con Irina».

Daniel annuì di nuovo e Douglas se ne andò, lasciandolo pensieroso davanti al coltello di Arianna.

Elena era rimasta a osservare Daniel e vide Douglas allontanarsi.

«Scusate» disse a Natalia e a Ander. Attraversò la sala dirigendosi verso Daniel.

«Ciao».

Daniel trasalì, vedendola.

«Ciao, Elena».

«Sembra che tu abbia visto un fantasma. Stai bene?»

«Sì» rispose Daniel rapidamente, «è solo... be', tutto quello che mi ha raccontato Douglas...»

Tacque. Poco più in là c'era un gruppo che parlava animatamente della teca. Fece un cenno con la testa a Elena e si diressero verso il punto meno affollato della sala, vicino all'enorme camino.

«Cosa ti ha detto?» chiese Elena.

«Mi ha parlato di assassini, di strani poteri, di battaglie imminenti...» Daniel rimase in silenzio per qualche istante, arricciando le labbra. «E ha anche detto che è convinto che il mio lavoro potrebbe essere un'arma per diventare più...» gli sembrava così strano parlare di quelle cose «... potenti e riuscire a sconfiggere i khaosiani».

«Se ti può consolare, anch'io sono un po' spaventata. Non mi diverte affatto essere coinvolta in una simile follia. Ma sono convinta che aiutandoli faremo la cosa giusta».

«Sì» Daniel fissava il vuoto, «credo di sì».

Dall'altra parte della stanza, Irina ascoltava Douglas e Daniel corrugò la fronte vedendoli insieme.

Elena notò come Daniel guardava Irina e sentì una fitta di gelosia. *Farò meglio ad abituarmici.* Concentrò la sua attenzione sugli oggetti appoggiati sulla mensola del camino: un antico orologio a un'estremità, un astrolabio all'altra e in mezzo una scacchiera. Prese la regina bianca e ne accarezzò distrattamente la superficie levigata.

Daniel tornò a dedicarsi a lei.

«Sembra molto antica. Sai di che materiale sono fatti i pezzi?»

«No» rispose Elena, «ma i pezzi bianchi sembrano di alabastro».

Daniel sfiorò con un dito un pedone bianco e poi esaminò l'intenso luccichio dei pezzi neri.

«Sono belli. Suppongo che la Confraternita abbia accumulato un sacco di oggetti d'antiquariato. Se un giorno non saranno più necessari, potranno riciclarsi come antiquari».

Risero insieme, ma fu una risata breve.

A un certo punto arrivò Irina.

«Daniel, andiamo?»

«Sì». Daniel si rivolse a Elena. «Ci vediamo dopo».

A Elena parve che Daniel fosse arrossito.

«A dopo». Il suo sorriso svanì mentre li guardava allontanarsi.

Daniel attraversò la sala con Irina, sentendosi osservato da molti dei presenti. Douglas era accanto alla porta, intento a controllare il display del cellulare. Avvicinandosi, Daniel credette di vedere tante piccole immagini in bianco e nero. *Sono telecamere di sicurezza?* Ma prima che Daniel riuscisse a vederle meglio, Douglas alzò la testa e si infilò il telefono in tasca.

«Andiamo a sistemarci e a riposare un po'» disse Irina.

«Molto bene». Le labbra di Douglas abbozzarono un sorriso.

Uscirono dalla sala e svoltarono a sinistra. Quando stavano per entrare nel passaggio coperto che portava alla torre, udirono la voce di Douglas alle loro spalle.

«Non dimenticate che dovete essere qui prima che inizi l'assemblea. Alle nove in punto» ribadì.

Capitolo 71

Madrid, Spagna, oggi

Irina e Daniel percorsero i venti metri di passaggio coperto che separavano l'edificio principale dalla torre. Arrivarono a una porta metallica dall'aspetto pesante e antico. Irina la aprì con una chiave che tirò fuori dalla tasca e davanti a loro comparve una scala che saliva a spirale addossata alla parete. Gli scalini erano blocchi di granito larghi un metro e c'era una balaustra per non cadere nel vuoto.

«Sono venti scalini». Irina si voltò verso Daniel con un sorriso. «Immagino che non resterai senza energia una volta arrivati in cima».

Daniel sorrise senza dire niente e salì dietro di lei. Alla fine della scala trovarono una porta di legno scuro. Sembrava molto vecchia, ma al posto della serratura c'era una fessura in cui Irina introdusse una tessera magnetica. La porta si aprì con un clic verso l'interno.

Daniel osservò la stanza sgranando gli occhi. Non era mai stato in un albergo di lusso, ma di sicuro quella stanza non aveva niente da invidiare a un'ottima suite. Era grande almeno cinquanta metri quadrati e aveva il pavimento di legno chiaro. Erano state conservate le pareti originali della torre, costruite con grosse pietre di granito dalla superficie rugosa, a cui erano appesi due arazzi. Alla destra di Daniel c'era un caminetto e dall'altra parte della stanza alcuni pannelli divisori nascondevano il bagno. Seguendo la parete c'era un cassettone, un enorme letto con uno spesso piumino bianco e un armadio antico.

Irina andò lentamente verso il letto togliendosi la camicia. La lasciò cadere a terra e poi fece la stessa cosa con il reggiseno. Senza voltarsi verso Daniel, si tolse la gonna e rimase solo con il tanga e un paio di scarpe nere dal tacco medio. Daniel cominciò a respirare a bocca aperta. Irina salì sul letto a quattro zampe con l'elasticità di una gatta. Poi si voltò verso di lui.

«Cosa stai aspettando?» gli chiese, facendo le fusa.

Venti minuti dopo, Daniel era disteso a letto con Irina rannicchiata accanto. Guardava le travi di legno del soffitto e la sua mente vagava ripensando ai recenti avvenimenti.

«Anche Ivan ha le tue stesse capacità?» chiese a un certo punto.

Irina gli accarezzò il petto con le unghie ed emise un gemito che suonava come una protesta, ma alla fine rispose.

«Ivan è diverso dagli altri. È l'unico membro della Confraternita che non ha dovuto superare nessuna prova attitudinale. Ed è stato iniziato solo alle questioni meno complesse della dottrina».

«Perché?»

«Douglas ha portato Ivan quando era già il leader della Confraternita. È successo nel 1995 o '96. Era in missione a Sarajevo, per cercare una giovane promessa degli scacchi, ed è stato ferito. Ivan l'ha trascinato fuori dalla portata dei proiettili, rischiando la vita. Era solo un adolescente, orfano di guerra. Hanno passato diversi giorni chiusi in una cantina e da quel momento Douglas ha deciso di occuparsi di lui. La sua fiducia in Ivan è totale, e nessuno ha sollevato obiezioni al suo ingresso nella Confraternita». Irina appoggiò il mento sul petto di Daniel e rimase a guardarlo. «Perché ti interessa Ivan?»

«Lo trovo inquietante. Mentre parlavo con Douglas è venuto a dirgli qualcosa all'orecchio, e mi ha guardato di sfuggita senza dirmi niente».

«Non preoccuparti, è rarissimo che parli con qualcuno che non sia Douglas».

Irina tacque, si staccò da Daniel e scese dal letto. Attraversò nuda la stanza, si chinò davanti a un minifrigo e ne tirò fuori una bottiglietta di champagne.

«Cosa te ne pare se brindiamo? Non ho calici, ma questi andranno bene».

Prese due bicchieri di vetro, aprì la bottiglia e versò lo champagne. Poi tornò a letto, porse un bicchiere a Daniel e si sedette accanto a lui.

«A cosa brindiamo?» chiese Daniel.

Irina lo guardò negli occhi, facendosi seria.

«A noi».

Daniel toccò con il suo bicchiere quello di Irina e rispose sottovoce: «A noi».

Bevve un sorso e guardò il bicchiere.

«Che buono! È francese?» Irina annuì e Daniel ne bevve un sorso più lungo; poi posò il bicchiere sul tavolino da notte, prese quello di Irina e fece altrettanto. «Ho sentito dire che lo champagne è afrodisiaco».

Circondò con un braccio le spalle di Irina e la baciò.

La lingua di Irina era fresca e sapeva di champagne. Daniel cominciò ad accarezzarle un seno. Gli piaceva sentirne il peso e la morbidezza. Quando le loro bocche si staccarono, lui chinò la testa per succhiarle con delicatezza un capezzolo, che si inturgidì subito tra le sue labbra.

Irina gli mise le mani sulla testa.

«Daniel…»

Lui passò all'altro seno e leccò l'altro capezzolo, che reagì come il suo gemello.

«Daniel».

«Sì?» disse senza interrompere quello che stava facendo.

Con un profondo sospiro, Irina gli allontanò la testa.

«Daniel, devo fare la doccia».

Gli occhi di Irina brillavano e le pupille erano dilatate. Aveva il respiro affannoso e le guance arrossate.

Non sembra che tu abbia voglia di andartene. Daniel guardò i capezzoli dritti di quei seni perfetti e si chinò di nuovo.

«Daniel, faremo tardi». Irina lo allontanò di nuovo. «Douglas è un fanatico della puntualità e ha insistito perché fossimo lì alle nove precise».

«Oh, d'accordo».

Daniel si lasciò cadere sul cuscino, ma poi si tirò su per guardare Irina nuda che andava in bagno. Quando lei entrò, tornò a sdraiarsi.

Che spreco, pensò guardandosi tra le gambe la potente erezione.

Si accorse che non riusciva a smettere di sorridere. *Fuori da questa stanza siamo in mezzo a una guerra, ma qui dentro è come essere in paradiso.* Si guardò intorno. *Come vorrei che questo fosse un albergo con il servizio in camera e potessimo passare un mese senza uscire.*

Ma non era un albergo e doveva alzarsi. Si sedette sul bordo del letto e guardò i bicchieri di champagne; prese il suo e lo finì.

«Potrei abituarmici» borbottò.

Ai piedi del letto c'erano i suoi boxer neri. Se li infilò e andò alla porta del bagno, che era socchiusa.

«Irina». Affacciò la testa. Lei era sotto l'acqua, dentro un box doccia trasparente e molto largo. «Irina, mi senti?»

«Sì, dimmi».

«Stavo pensando ai vostri eroi dell'antichità, Akenon e Arianna. Sono stati i primi combattenti in questa guerra ed erano una coppia». D'improvviso si sentì in imbarazzo a tradurre in parole quel pensiero. «Be', anche noi siamo una coppia e magari la Confraternita sta per vincere e saremo gli ultimi combattenti. Saremmo gli Akenon e Arianna del ventunesimo secolo».

«Sì, sono i nostri eroi» il vetro della doccia si stava appannando e Irina si vedeva appena, «ma è meglio non desiderare di essere come loro, non vorrei fare la stessa fine».

Daniel uscì dal bagno corrugando la fronte. Non sapeva cosa fosse successo ad Arianna e Akenon, ma adesso gli sembrava che paragonarsi a loro fosse stata una romanticheria un po' puerile, perciò preferì non tornare sull'argomento.

Mentre stava per raccogliere i pantaloni dal pavimento, i suoi occhi si soffermarono sulla borsa di Irina. Era appoggiata sulla scrivania vicino alla porta, accanto al minifrigo. Lanciò un'occhiata verso il bagno. Irina era ancora sotto la doccia. Andò alla scrivania e vide che la borsa era aperta. All'interno, spuntava uno smartphone.

È come quello di Douglas.

Aveva visto il telefono di Irina altre volte, ma in quel momento si ricordò che quando erano usciti dalla sala in cui stava per avere luogo l'assemblea, Douglas stava osservando sul suo telefono quelle che gli erano sembrate telecamere di vigilanza.

Si girò di nuovo verso il bagno.

Si sentiva sempre scorrere l'acqua della doccia.

Afferrò il telefono con due dita e lo estrasse dalla borsa. Quando cercò di sbloccarlo gli fu chiesta una password. Premette tutti i numeri dallo 0 al 9, ascoltando il suono che facevano. Poi chiuse gli occhi e ricordò la frequenza di suoni che aveva sentito diverse volte quando Irina sbloccava il telefono.

Zero, due, sette, nove.

Digitò la combinazione e il telefono si sbloccò. In bagno continuava a sentire scorrere l'acqua.

Sentì il battito cardiaco accelerare mentre navigava a tutta velocità tra i diversi menu. Provò un paio di icone, e alla terza ebbe accesso a una schermata che gli sembrò quella che univa le immagini delle diverse telecamere. Premette una delle opzioni e comparve un messaggio che chiedeva un'altra password.

Merda.

Chiuse gli occhi e ripensò al momento in cui uscivano dalla sala. L'immagine e il suono fluirono nella sua mente come una moviola: si stavano dirigendo verso l'uscita, ma quando Douglas entrava nel suo campo visivo stava già guardando le telecamere. *Un po' prima.* L'immagine tornò indietro, Douglas scomparve dall'inquadratura. *Adesso.* Si concentrò solo sul suono e sentì sei toni un paio di secondi prima di vedere Douglas.

È la password.

La digitò rapidamente. Al sesto numero esitò, qualcuno aveva tossito nel momento in cui Douglas lo digitava, poteva essere il tono corrispondente a un due o a un tre.

Due.

Lo digitò e all'istante comparve un messaggio di errore.

Merda, merda.

Si rimise in ascolto, trattenendo il respiro. Irina era uscita dalla doccia?... No, sentiva sempre l'acqua.

Ripeté la combinazione con il tre come numero finale. Apparve un'immagine in bianco e nero. Non sapeva cosa fosse, forse l'esterno della casa poco illuminato. Toccando il display, scoprì come cambiare telecamera. Vide una grande sala con parecchi computer e un uomo al lavoro. Cambiò l'immagine e comparvero diversi corridoi. Per la maggior parte erano deserti, ma in uno vide due donne che rapidamente scomparvero dalla portata della telecamera. Cambiò ancora immagine.

Elena...

Era un'immagine della sala principale. C'era meno gente di quando lui e Irina erano andati via. Quelli rimasti erano raggruppati intorno alle teche, tranne Elena, che era accanto al camino. In quel momento Douglas le si avvicinò. Prese la scacchiera dalla mensola di legno e la posò sul tavolo. Fece un cenno a Elena invitandola a sedersi e lui prese posto di fronte.

Si mettono a giocare?

Daniel si rese subito conto che non era quella l'intenzione di Douglas, perché cominciò a spostare alcuni pezzi mentre parlava a Elena, molto attenta a tutto quello che le diceva il leader della Confraternita.

Alle spalle di Daniel, Irina uscì dal bagno senza che lui se ne accorgesse.

Ma cosa…? Rimase un attimo ferma a osservarlo in silenzio. *È il mio telefono…* Gli si avvicinò aggrottando la fronte. *È riuscito ad accedere alle telecamere.*

Daniel continuava a guardare l'immagine di Douglas ed Elena. C'era qualcosa in quella scena che trovava stranamente ipnotico.

Posso ingrandirla?

Passò due dita sul display e ingrandì l'immagine fino a inquadrare solo i corpi di Elena e Douglas. Nel momento in cui stava cercando di indovinare quello che diceva Douglas, sobbalzò sentendo la voce arrabbiata di Irina.

Capitolo 72

Cartagine, 507 a.C.

Arianna urlò di dolore quando il coltello fece pressione sul cranio. Le grosse mani dello schiavo le impedivano di muoversi anche solo di un millimetro. Glauco si fermò un istante per ascoltare il suo grido e per vedere gli occhi che le si riempivano di lacrime. Poi tese i muscoli del braccio e si accinse a incidere il pentacolo capovolto.

Si udì un forte colpo alle sue spalle, seguito da uno scricchiolio. Glauco si voltò a guardare, senza staccare il coltello dalla fronte di Arianna. Il palo di legno che sprangava la porta si era spezzato. Due uomini incappucciati fecero irruzione nella stanza e si avventarono sull'unica guardia rimasta.

«Maledizione!» ruggì Glauco.

Guardò la fronte di Arianna, titubante. Non voleva essere interrotto mentre tracciava il simbolo sacro. Si voltò di nuovo e vide la sua guardia perdere terreno.

«Vai ad aiutarlo» ordinò allo schiavo. «Prendi un ferro rovente dal braciere».

Arianna scosse la testa appena lo schiavo la lasciò andare. Un filo di sangue cominciò a sgorgarle dall'incisione sulla fronte.

Glauco la afferrò per i capelli cercando di immobilizzarla, ma lei continuò a scuotere la testa a costo di farsi strappare ciocche di capelli da quella mano grassa. Il sibarita cercò di infilare di nuovo la punta del coltello nella ferita, senza riuscirci. Dall'altra parte della sala si udiva lo strepito delle armi.

Glauco si girò di nuovo. Uno degli incappucciati era imponente e combatteva con energia. La guardia faticava a tenerlo a bada. L'altro incappucciato era meno corpulento e sembrava ferito. Lo schiavo si era lanciato su di lui e lo spingeva contro la parete, menando colpi con un ferro incandescente che l'incappucciato parava con difficoltà.

Glauco lasciò andare la testa di Arianna e si alzò con un grugnito rabbioso. Sollevò il coltello e lo piantò con forza, attraversando la tunica della prigioniera e conficcandolo tra le sue gambe. Mentre si voltava verso il combattimento ricevette uno sputo sanguinolento sul braccio. Akenon aveva alzato la testa e guardava verso di lui, distinguendolo a stento. Glauco si fermò un attimo e lo afferrò per i capelli, tirandoli con tutte le sue forze. La sedia si rovesciò in avanti, senza che Akenon riuscisse ad attutire il colpo con le mani. Sbatté la testa contro il tappeto con un rumore sordo.

Glauco si allontanò dai prigionieri per avvicinarsi al braciere, da cui estrasse uno spiedo. La punta era incandescente.

In quel momento, qualcuno gridò. L'incappucciato più robusto aveva trapassato il ventre della guardia con la spada. Poi si voltò per aiutare l'altro incappucciato che combatteva contro lo schiavo, ma Glauco lo intercettò scagliandogli addosso il ferro incandescente. L'uomo incappucciato era molto più forte e veloce di Glauco e parò l'attacco senza difficoltà. Recuperò la posizione e tese il braccio indietro per affondare la spada.

«Fermo!»

L'avversario di Glauco si paralizzò un istante al grido del sibarita. Poi cercò di riprendersi per continuare l'attacco, ma il ferro incandescente del suo nemico gli si conficcò in gola. L'incappucciato lasciò cadere la spada e afferrò lo spiedo. All'inquietante sfrigolio della carne bruciata del collo si unì quello delle sue mani. Glauco spinse e la punta del ferro gli uscì dalla nuca. L'uomo cadde all'indietro con il fumo che gli usciva dal buco nel collo.

L'atmosfera della sala si impregnò dalla puzza di carne bruciata.

Glauco indietreggiò con lo spiedo in mano. Lo schiavo continuava a incalzare l'incappucciato ferito, ma, pur essendo grosso il doppio di lui, non aveva esperienza di combattimento e l'incappucciato riusciva a tenerlo a distanza con la spada.

Lo spiedo di Glauco si era raffreddato a contatto con il collo del suo avversario. Lo gettò a terra e andò al braciere a prenderne un altro. Mentre lo tirava fuori, vide Arianna, con il cadavere del figlio ai piedi, che chiamava il marito. Akenon sembrava morto, legato alla sedia rovesciata, con la testa piegata in un'angolazione innaturale e il volto coperto di sangue.

Il sibarita si girò verso i combattenti e vide lo schiavo lasciar cadere l'arma. L'incappucciato era riuscito a piantargli la spada sotto le costole. Con un breve lamento, lo schiavo stramazzò a terra.

Nella sala calò il silenzio. Anche da fuori non proveniva più alcun rumore. L'incappucciato indietreggiò barcollando fino ad appoggiarsi alla parete e si piegò ansimando.

Glauco alzò lo spiedo incandescente e si avventò sull'uomo, caricando come un rinoceronte. Aveva la faccia rossa come il ferro che impugnava. Il suo nemico si addossò alla parete e alzò l'arma.

Il ferro incandescente descrisse un arco veloce e andò a cozzare contro la spada. L'incappucciato gemette, ma riuscì a evitare il colpo. Glauco alzò l'arma e affondò di nuovo con veemenza. Questa volta l'incappucciato riuscì a deviarla: il ferro colpì la parete sprizzando scintille.

Glauco grugnì e il suo avversario indietreggiò saltando su una gamba. Ansimava sempre più forte.

È ferito e stremato.

Glauco si piazzò davanti a lui, costringendolo in un angolo.

«Ti pentirai di avermi interrotto».

Il sibarita fece un passo avanti e affondò lo spiedo per infilzare il rivale. Questi fece un balzo di lato e riuscì a colpire il ferro, che gli sfiorò il bordo della cotta di cuoio, sprigionando un filo di fumo. Poi si allontanò vacillando con la schiena appoggiata alla parete.

Glauco lo seguì a pochi passi di distanza. *È ferito ma è agile, non voglio rischiare.*

L'incappucciato si stava avvicinando ad Akenon e ad Arianna, che adesso osservava la lotta con attenzione.

Glauco si piazzò davanti al nemico e sul suo volto affiorò un sorriso sprezzante. La smorfia si allargò a poco a poco e dalla sua gola proruppe una risata crudele. Quando finì di ridere, i lineamenti gli si indurirono e fissò il suo avversario con uno sguardo intenso.

«Hai interrotto una cerimonia sacra e hai perfino l'ardire di batterti con me. Questa è l'ultima volta che alzi la tua arma contro di me. Morirai, ma prima che la tua miserabile vita abbia fine, anche tu riceverai il simbolo del dio Khaos». Strinse forte l'impugnatura della sua arma. «Abbassa la spada e ricevi il tuo castigo!»

La voce ipnotica e lo sguardo gelido fecero effetto sull'incappucciato. L'uomo lasciò cadere le braccia e Glauco si lanciò in avanti. La punta rovente della sua arma si diresse come una saetta verso lo stomaco del rivale. Mentre stava per trapassarlo, la spada dell'incappucciato colpì lo spiedo con forza. Glauco sentì un dolore acuto al polso. Incredulo, vide l'avversario alzare l'arma e calargliela sulla testa.

Il sibarita brandì lo spiedo come poté, abbassando la testa e frenando quasi completamente la potenza della spada, che gli fece un taglio poco profondo sulla sommità del capo. Indietreggiò a testa china, sferrando colpi alla cieca davanti a sé. Quando andò a sbattere contro la sedia di Akenon si fermò e alzò la faccia che trasudava odio.

Il suo nemico non era ancora riuscito a indietreggiare e si trovava a pochi passi da lui, con la spada in pugno. Il cappuccio gli era scivolato giù nell'ultimo attacco e lo si vedeva in faccia.

L'espressione di Glauco si trasformò in una maschera di stupore.

«Pitagora!»

Capitolo 73

Madrid, Spagna, oggi

Elena ascoltava Douglas con crescente inquietudine.

Il leader della Confraternita, fino a quel momento serio e controllato, le parlava di scacchi con un fuoco febbrile nello sguardo. Era chiaro che per lui quella era molto più che una semplice scacchiera per giocare.

L'aveva avvicinata qualche minuto prima, mentre lei osservava distrattamente gli oggetti sulla mensola del camino. La sala si stava svuotando perché la maggior parte degli invitati voleva passare in camera prima che cominciasse l'assemblea. Erano rimaste solo poche persone intorno alle teche.

Elena guardava la scacchiera, ma in realtà pensava a Daniel e Irina. Ci era rimasta male vedendoli insieme, ed era irritata con se stessa per non riuscire a evitare quella sensazione negativa.

«Ti piacciono gli scacchi?»

Voltandosi, vide Douglas che le sorrideva.

«Sì, ma non ci gioco da quando ero piccola».

«Questa scacchiera è speciale, come tutti gli oggetti di questa stanza». Douglas prese la scacchiera e con cautela la spostò sul tavolo. «Qui la vediamo meglio».

Si sedette in poltrona ed Elena prese posto davanti a lui.

«È una scacchiera del diciassettesimo secolo» esordì Douglas. «La comprò nel diciannovesimo secolo l'uomo che a quell'epoca guidava la nostra organizzazione. Era spagnolo e fu lui a lasciare in eredità questa casa alla Confraternita. Da allora, la nostra sede centrale è qui». Douglas abbassò lo sguardo sulla scacchiera. «Quell'uomo era un grande appassionato di scacchi e pensava che la nostra guerra contro i khaosiani fosse come una partita».

Tacque fissando la scacchiera e dopo un po' Elena parlò per rompere il silenzio.

«Di cosa sono fatti i pezzi?» chiese, ricordando che Daniel le aveva posto la stessa domanda.

«Quelli bianchi sono di alabastro orientale, e quelli neri di ossidiana». Sul volto di Douglas affiorò un leggero sorriso. «Osserva la scacchiera, il campo di battaglia; l'alternanza continua di caselle bianche e nere rappresenta l'essenza duale del mondo. Gli scacchi hanno avuto origine in India e simboleggiano la lotta tra il bene e il male, la battaglia mitica tra i *deva* e gli *asura*, la lotta delle forze della luce contro le forze delle tenebre. Tuttavia, anche se spesso i pezzi scuri sono completamente neri, come in questo caso, raramente quelli chiari sono totalmente bianchi».

È vero, pensò Elena, ricordando altre scacchiere. In quella che aveva davanti i pezzi bianchi avevano una sfumatura color crema.

«In questo possiamo vedere un certo simbolismo» proseguì Douglas. «È più frequente che un uomo virtuoso si corrompa piuttosto che il contrario. È nella natura dell'uomo essere attratto dalle tentazioni delle forze oscure. Per questo, anche l'individuo più virtuoso non deve mai abbassare la guardia».

Prese in mano un alfiere bianco.

«L'alfiere in origine era un elefante, che rappresenta la saggezza. Nel Medioevo, in Europa fu identificato con il clero; rappresenta anche la lealtà e la disciplina nel mantenersi sempre nelle caselle di un solo colore. Al contrario del cavallo, più aggressivo e passionale». Posò l'alfiere bianco al suo posto e prese un pedone dello stesso esercito. «L'avanzare del pedone simboleggia lo sviluppo dell'essere umano. Se riesce ad attraversare tutta la scacchiera si libererà dei suoi limiti ristretti e tornerà purificato e potente per aiutare i suoi fratelli in lotta. Pitagora ci ha insegnato che tutti gli uomini hanno il potenziale per trascendere e così riconoscere la nostra natura divina». Posò il pedone, concentrando lo sguardo sull'esercito nero. «Khaos mostra un cammino parallelo in cui gli uomini si identificano con la divinità oscura».

L'intensità con cui Douglas parlava cominciò a mettere a disagio Elena.

«A volte guardo questi scacchi e penso a Khaos come al re nero». Elena provò la brusca sensazione che in quel momento Douglas non stesse parlando con lei. I suoi occhi sembravano essere passati dal solito color miele alla sfumatura arancione di un tramonto infuocato. «Khaos è morto duemilacinquecento anni fa, ma le sue parole continuano a guidare gli uomini che lo seguono. Il Documento mantiene vive le sue idee, nutre la forza del suo esercito». Douglas afferrò il re nero con due dita e se lo tenne davanti agli occhi. «A volte invece penso che forse il re scuro è solo un uomo, il leader che guida l'esercito verso la battaglia». Rimise il re al suo posto e prese la regina nera. «Fino al quindicesimo secolo questo pezzo non era una regina, ma un consigliere: la persona che nell'ombra suggeriva opinioni e consigli all'orecchio del re». Serrò il pugno intorno al pezzo e contemplò la scacchiera. «Forse il principale combattente non è sul campo di battaglia, ma lo sorvola come un dio».

Il dio Khaos. Elena deglutì. Si sentiva in gola i battiti violenti del cuore.

D'improvviso, Douglas fissò un punto al di sopra della sua testa.

«Ti stavo aspettando».

Elena si voltò e vide Ivan alle sue spalle.

«Il perimetro è assicurato» disse lui con un forte accento.

Douglas annuì senza dire nulla e rimise la regina nera al suo posto.

Capitolo 74

Cartagine, 507 a.C.

Glauco guardava Pitagora a bocca aperta.

Il filosofo indossava una cotta di cuoio e, sopra, una cappa corta col cappuccio. Calato il cappuccio, si vedeva che si era tagliato i capelli e rasato la caratteristica barba bianca. Ma, nonostante questo, i suoi occhi erano inconfondibili: un fuoco dorato che osservava Glauco con severità.

Il sibarita digrignò i denti.

«Pitagora, cane rognoso» grugnì senza muoversi. «Il maestro dei pusillanimi, il grande fantoccio».

Arianna era alle spalle di Glauco, legata alla sedia a un solo passo del sibarita. Era rimasta allibita vedendo suo padre vivo. Si obbligò a concentrarsi sulla situazione; il suo coltello era conficcato nel legno della sedia in mezzo alle sue gambe. Se piegava in avanti la testa, l'impugnatura di osso e cuoio distava meno di un palmo dalla sua faccia. Tirò le braccia con tutte le forze. Le corde che le stringevano i polsi le penetrarono ancora di più nella carne, senza consentirle di raggiungere il coltello.

Glauco passò lo spiedo nella mano sinistra e mosse la destra per controllare se avesse qualcosa di rotto. Poi tornò ad afferrare l'arma con la destra.

«È stato un buon trucco, Pitagora. Il tuo ultimo trucco».

Si avventò sul filosofo e assestò un colpo con tutte le sue forze. Pitagora lo parò, ma il sibarita tornò all'attacco con rabbia, più volte. La spada parava tutti i colpi. Glauco indietreggiò e guardò Pitagora boccheggiando. Il filosofo continuava ad appoggiarsi alla parete. Benché la sua espressione fosse impenetrabile, il suo viso era madido di sudore.

«Deve farti molto male». Glauco socchiuse gli occhi. «So che ti reggi in piedi a stento da quando una lancia ti ha rotto l'anca tre anni fa. Avresti dovuto morire in quell'assalto, e anche in quello che ho organizzato un mese fa per ucciderti a Metaponto». Lo assalì di nuovo, ma Pitagora lo respinse. «Ti ostini troppo a vivere, quando l'unica cosa che hai da offrire al mondo è la tua patetica dottrina codarda e sbagliata».

Arianna guardò Glauco, che adesso era a qualche passo da lei, e poi la sedia rovesciata di suo marito. La testa di Akenon era rimasta girata verso i combattenti, perciò non riusciva a vederlo in faccia. Non era nemmeno sicura che respirasse ancora.

Camminando all'indietro, Glauco lasciò cadere lo spiedo e ne estrasse un altro dalle braci incandescenti. Poi si avvicinò a Pitagora e concentrò l'energia nello sguardo.

«Sai che, prima che lo imprigionaste, Khaos ti aveva già superato. E nei tre anni di prigionia, le sue conoscenze hanno raggiunto vette che non puoi nemmeno immaginare». Il sibarita si toccò la testa. «Adesso, è tutto qui. Non puoi competere con me».

Si avventò di nuovo contro Pitagora. Il filosofo si

lanciò in avanti, anticipandolo. Il sibarita si fermò per parare la stoccata e Pitagora affondò ancora. Le armi si scontrarono con uno strepito metallico. Pitagora si gettò su Glauco senza smettere di assestare colpi di spada. Il sibarita riuscì a tenerlo a freno per qualche istante e poi fece un passo indietro.

Arianna aprì la bocca senza accorgersene mentre Glauco indietreggiava. Suo padre era anziano, ma conservava ancora parte della sua forza leggendaria. I suoi colpi erano vigorosi e si succedevano senza tregua. Glauco sembrava pararli con sempre maggior difficoltà. Fece altri due passi indietro e Pitagora si avventò su di lui. Glauco si spostò di lato con una velocità sorprendente per la sua stazza. Pitagora dovette girare per raggiungerlo con la spada e Glauco neutralizzò l'affondo senza problemi. Subito dopo, il sibarita attaccò con tanto ardore che Arianna capì che fino a quel momento aveva solo risparmiato le energie.

«Padre!»

Pitagora riuscì a reggersi in piedi a fatica sotto i primi colpi. Glauco brandiva lo spiedo con entrambe le mani e le braccia del filosofo tremavano ogni volta che il ferro del suo avversario si scontrava con la sua spada. Perse l'equilibrio e spalancò le braccia per non cadere. Glauco lo incalzò con foga. Pitagora riuscì a fermarlo solo alzando il braccio sinistro, che scricchiolò per l'impatto. Il sibarita gli diede un calcio alla gamba sana e il ginocchio si piegò con uno schiocco.

«NO!»

Arianna, inorridita, vide suo padre crollare ai piedi di Glauco. Il sibarita brandì il ferro affilato e contemplò Pitagora con un folle sguardo di trionfo. Arianna si agitò sulla sedia mentre suo padre si raddrizzava lentamente fino a trovarsi in ginocchio davanti al suo nemico. Le braccia gli pendevano ai lati del corpo in segno di sconfitta.

Glauco sollevò le sue per prendere lo slancio e abbassò lo spiedo con tutta la rabbia che aveva in corpo.

Capitolo 75

Madrid, Spagna, oggi

«Cosa fai con il mio telefono?!»

Daniel trasalì sentendosi scoperto da Irina. Il telefono gli scivolò di mano, rimbalzò sulla sua gamba nuda e cadde a terra.

«Irina…»

«Si può sapere cosa stai facendo?»

Irina lo guardava con le braccia sui fianchi e un'espressione offesa. Indossava un accappatoio nero con la cintura slacciata e aveva i capelli bagnati.

«Stavo… Ho visto il tuo cellulare e ho pensato…» Mentre parlava si chinò a raccogliere il telefono dal pavimento, ma Irina lo precedette, afferrandolo con un gesto brusco.

Daniel rimase in silenzio mentre Irina controllava il display. Nell'immagine si vedeva Douglas seduto vicino a Elena. In mezzo a loro c'era la scacchiera e dietro Elena c'era Ivan.

«Sei riuscito ad accedere alle telecamere di sicurezza» mormorò Irina, fulminando Daniel con un'occhiataccia. Poi annuì lentamente. «Hai memorizzato la sequenza di toni per le telecamere… e anche quella per sbloccare il mio telefono».

Si allacciò l'accappatoio e rimase davanti a Daniel a braccia conserte.

«Scusa». Daniel si alzò. Voleva cancellare l'espressione diffidente dal volto di Irina. «Giù, in sala, mi è sembrato che Douglas stesse guardando le telecamere di sicurezza attraverso il suo telefono, e poi ho visto il tuo che spuntava dalla borsa e non ho saputo resistere alla curiosità. Devi capire…»

Irina alzò una mano.

«Aspetta, mi dispiace, hai ragione. Ho reagito così perché sono nervosa, ma sono io a dovermi scusare. Ti abbiamo coinvolto in una guerra di cui non sapevi niente, ti abbiamo portato alla cieca nella nostra sede, che non sai nemmeno dove si trova… capisco perfettamente che volessi dare un'occhiata alle telecamere».

Daniel sorrise e le si avvicinò.

«Grazie».

Si protese per darle un bacio e lei ricambiò, ma poi indietreggiò leggermente.

«Comunque, dobbiamo mettere in chiaro certe regole». Quando Irina mosse le braccia, l'accappatoio si riaprì. «È un'eccezione senza precedenti che abbia accesso alla sede qualcuno che non faccia parte della Confraternita. Le nostre norme di sicurezza sono molto rigorose, e adesso devono esserlo più che mai. Di fronte alla Confraternita io sono responsabile per te. Ti chiedo per favore di non cercare di scoprire più di quanto io possa raccontarti. Se a un certo punto decidessi di non volerci aiutare, dillo e ti lasceremo andare… invece non potremmo farlo se sapessi dove siamo».

Daniel la guardò in silenzio. *Se mi lasciassero andare probabilmente mi userebbero come esca, perché sanno che i khaosiani cercherebbero di mettersi in contatto con me.* Ma non voleva parlare di questo. La spugna nera dell'accappatoio contrastava vistosamente con il grigioverde degli occhi di Irina e con i capelli biondo platino. Fece un passo verso di lei e furono così vicini che i loro corpi quasi si sfioravano.

«Ti sta molto bene questo accappatoio».

Irina scoppiò a ridere e lui le sfiorò con due dita il ventre piatto. Poi scostò i lembi dell'accappatoio e le passò il dorso delle dita sulla parte inferiore dei seni. Irina aveva concluso la doccia con un getto di acqua fredda, e la sua pelle liscia era fresca. Daniel strinse tra le mani la vita sottile di Irina. Il suo respiro si fece pesante mentre la contemplava. Le si avvicinò ancora di più e le baciò dolcemente la pelle morbida del collo con le labbra, la lingua, i denti.

Irina gemette mentre lui risaliva lungo la sua gola. Le labbra di Daniel arrivarono al mento e quando raggiunsero la bocca indugiarono in un lungo bacio appassionato. Irina si separò e lo guardò negli occhi, così vicina da sfiorare con la punta del naso quella di Daniel.

«Sembra che lo champagne abbia fatto effetto».

Era proprio così. Daniel si sentiva girare un po' la testa ed era molto eccitato. Per tutta risposta, la baciò ancora. Le sue mani accarezzarono la schiena di Irina scendendo fino alle natiche sode. Lo faceva impazzire avere la lingua di lei in bocca e intensificò le carezze, sentendosi più unito che mai a Irina. Afferrò avidamente il suo sedere e lo premette a sé sollevandola leggermente. I seni nudi di Irina premevano contro i suoi pettorali, la sua potente erezione era separata dalla carne di lei solo dalla sottile stoffa dei boxer.

Il contatto fisico era delizioso, ma la sensazione di un

legame tra loro superava qualunque percezione. Aprì gli occhi per un attimo, quasi spaventato da quello che provava. Irina li aveva chiusi, abbandonata a lui. Daniel la imitò e avvertì una nuova ondata di desiderio. Risalì con la mano lungo la sua schiena e le affondò le dita nei capelli bagnati. Lei gli graffiò il torace e gli pizzicò un capezzolo facendolo gemere. Poi gli appoggiò il palmo della mano sui pettorali e spinse lentamente ma con fermezza, separandosi da lui.

«Sei pronto».

Daniel la afferrò per la vita e la guardò sorridendo. *Certo che sono pronto.* Non era mai stato così eccitato in vita sua. Nonostante questo, gli si gelò il sorriso in faccia vedendo che l'espressione di Irina non era di desiderio, ma di disprezzo.

«Cosa vuoi dire?» chiese in tono incerto.

Il sorriso di Irina si allargò in una smorfia deforme, che le scoprì i denti. Gli occhi si ridussero a fessure da cui trapelava uno sguardo spietato.

«Non hai ancora capito chi sono» sussurrò.

Daniel indietreggiò incespicando, sentendo le viscere attanagliate da una morsa di ghiaccio che gli impediva di respirare. Quando lei riprese a parlare, la sua voce era un grugnito roco e potente: «Sono Khaos!»

Capitolo 76

Cartagine, 507 a.C.

Pitagora, inginocchiato sulle gambe ferite, fissava lo spiedo che Glauco aveva sollevato per infilzarlo. Il sibarita affondò l'arma con forza. Pitagora si lasciò cadere, allungando il braccio che impugnava la spada.

Glauco si accorse che il filosofo cercava di sottrarsi, ma sapeva che non sarebbe riuscito a evitare di essere trapassato dal suo ferro. La punta incandescente penetrò nell'incavo della clavicola di Pitagora. Nello stesso istante, la lama affilata dell'arma del filosofo colpì il tallone sinistro di Glauco sezionandogli il tendine di Achille. Il sibarita sentì un dolore acuto e la gamba gli cedette bruscamente, facendogli perdere slancio.

Glauco barcollò all'indietro rischiando di cadere, ma riuscì a rimettersi in equilibrio sulla gamba destra. Strinse lo spiedo con rabbia. Pitagora era disteso davanti a lui e cercava di rialzarsi. Aveva mollato la spada e sulla clavicola si vedeva un foro scuro profondo circa due dita.

Il sibarita fece un piccolo saltello per puntellarsi sull'unica gamba utile prima di infilzare definitivamente Pitagora. Dietro di lui, Akenon, che da terra era stato testimone semincosciente del combattimento, si accorse che, con l'ultimo salto, Glauco gli era arrivato vicinissimo. Allungò la testa e conficcò i denti nel tallone sano del sibarita.

Ci fu un crepitio. Glauco gridò, balzando di lato per allontanarsi da Akenon. Ma quando si appoggiò sulla gamba sinistra si rese conto che non lo reggeva. Spalancò le braccia come un enorme uccello multicolore e crollò sul braciere.

Le braci sfrigolarono a contatto con la schiena di Glauco. Con uno spasmo, il sibarita stramazzò a terra trascinandosi dietro il braciere. Un manto di brace si sparse come una colata di lava sul suo corpo e sui tappeti. Glauco strillò e si contorse cercando di liberarsi, ma ottenne solo che le braci si incrostassero più a fondo nei tappeti, nella tunica e nelle sue carni. Lo sfrigolio del suo strato adiposo si unì alle sue urla frenetiche. Glauco fece uno sforzo titanico per dominare il dolore, si mise a quattro zampe e cercò di rialzarsi, ma le gambe gli cedettero e cadde di nuovo.

Dai tappeti cominciò a sprigionarsi un fumo bianco e denso. Arianna vide le fiamme divampare in vari punti.

«Padre, liberami!»

Pitagora aveva raccolto uno spiedo caduto e, con la spada nell'altra mano, si allontanava carponi dalle braci. Guardò Arianna e poi si voltò verso Glauco. Il sibarita era riuscito a rimettersi a quattro zampe, con una smorfia raccapricciante di dolore e odio. Il suo corpo sfrigolava e fumava dove le braci avevano aderito alla carne. Con una mano scorticata afferrò l'impugnatura di uno spiedo e si voltò verso Pitagora. Il filosofo si drizzò sulle ginocchia, tenendo saldamente un'arma in ogni mano.

Glauco lasciò cadere lo spiedo.

«Guardie!» gridò, pazzo di rabbia. «Guardie!»

Si appoggiò a una parete per alzarsi e si avviò verso l'uscita saltellando sul piede morsicato da Akenon. Continuava a urlare chiamando le guardie, strappandosi via le braci dalla carne.

Arianna lo fissava.

«Padre, taglia le corde!»

Pitagora avanzò faticosamente verso la figlia. Intorno al mucchio principale delle braci c'era una striscia di fuoco che si estendeva lentamente. Il filosofo passò accanto ad Akenon e si piazzò alle spalle di Arianna.

«Presto!»

Arianna si sforzò di separare le mani. Pitagora vi infilò in mezzo la spada e si accinse a tagliare le corde. I nodi erano molto stretti e la lama feriva la carne, ma Arianna non lo avvertiva. Tutta la sua attenzione era concentrata sul sibarita, che in quel momento raggiunse la porta della sala e scomparve.

Un attimo dopo, le mani di Arianna erano libere. Estrasse immediatamente il coltello conficcato nella sedia in mezzo alle sue gambe e lo usò per tagliare le corde alle caviglie. Si alzò ignorando il dolore alle gambe e si precipitò verso la porta della sala, scavalcando il figlio morto e correndo sulle braci.

Glauco avanzava lungo il corridoio appoggiandosi alle pareti. La casa sembrava un campo di battaglia. Ogni due passi c'era un cadavere, di una delle sue guardie o di un incappucciato. In cortile trovò lo stesso panorama di silenzio e di morte. D'improvviso, udì un movimento alle sue spalle. Si voltò e vide Arianna correre verso di lui con espressione concentrata e fredda. Era così veloce che sembrava impossibile che fosse incinta.

Arrivata al punto in cui le guardie avevano infilzato suo figlio, Arianna saltò addosso a Glauco. Lo raggiunse con il ginocchio alla bocca dello stomaco e il sibarita cadde di schiena con lei addosso. Arianna affondò il coltello con tutte le sue forze; Glauco si difese con un braccio e la lama colpì uno dei suoi braccialetti d'oro e pietre preziose. Si staccò un rubino e la punta del coltello si spezzò. Con l'altro braccio, Glauco tirò un pugno in faccia ad Arianna. Lei parve non accorgersene e affondò di nuovo il coltello. Questa volta riuscì a conficcarglielo nell'avambraccio. Ruggendo di rabbia, Glauco cercò di colpirla in faccia con più forza, ma il coltello di lei si trasformò in un animale rapido e feroce; il sibarita dovette proteggersi con entrambe le braccia per evitare che la lama lo colpisse in faccia.

Le coltellate si succedevano implacabili lacerando le braccia e le mani di Glauco. Il sangue cominciò a tingere di rosso la tunica di Arianna che, con il braccio libero, respingeva i tentativi del sibarita di afferrarla. Si accorse che le difese del suo nemico si allentavano e raddoppiò l'intensità degli attacchi. La punta spezzata gli squarciò una guancia. Glauco gridò e provò di nuovo ad afferrare il braccio che lo stava uccidendo, ma i tendini recisi impedivano alle sue mani di obbedirgli. Arianna respinse il braccio maciullato con una manata e gli conficcò il coltello nella pappagorgia, poi di nuovo nella guancia e nello zigomo.

Le grida di Glauco si fecero lancinanti. Quando la lama spezzata gli si conficcò nell'occhio, smise di difendersi.

Arianna allora afferrò il coltello con entrambe le mani e proseguì lo scempio.

Capitolo 77

Madrid, Spagna, oggi

«Sono Khaos!»

Daniel rimase paralizzato. Il tono aggressivo della voce di Irina e il freddo disprezzo con cui lei lo guardava gli provocarono un brivido lungo la spina dorsale. Il suo sorriso si smorzò insieme alla sua erezione. Davanti a lui c'era sempre Irina, con il corpo di donna sotto l'accappatoio aperto, ma non *sentiva* più che fosse lei.

A un certo punto si rese anche conto che Irina impugnava nella mano destra una piccola pistola.

«Cosa… cosa fai?» mormorò con un filo di voce.

«Siediti». Irina indicò con l'arma la poltrona dietro di lui.

Daniel si voltò e poi tornò a guardare Irina senza muoversi.

Non è possibile. Gli occhi erano quelli di Irina, ma non lo sguardo. Quella donna, che aveva tenuto la lingua nella sua bocca fino a pochi secondi prima, si era trasformata in un essere sconosciuto e malvagio.

D'improvviso, come se un fulmine avesse attraversato la sua mente intorpidita, capì che se non l'avesse disarmata subito sarebbe stato spacciato.

Guardò la pistola, ma nello stesso istante lei gridò: «Siediti!»

L'ordine colpì Daniel come un'onda d'urto. La sua volontà si piegò dolorosamente e il suo corpo cadde all'indietro sulla poltrona. Ansimava e aveva la pelle d'oca su tutto il corpo; aveva percepito la natura di quell'essere quando le loro volontà si erano scontrate.

Irina lo guardava sprezzante, senza nemmeno prendersi il disturbo di puntargli addosso la pistola. Daniel distolse lo sguardo.

Avrò solo una possibilità.

Si buttò in avanti per atterrarla... ma non riuscì ad alzarsi. I muscoli vibravano per la tensione, ricevendo al contempo l'ordine di avventarsi su Irina e di restare seduto.

Posso... farcela... Percepiva un freddo sempre più intenso mentre lottava.

Poi, improvvisa, una detonazione. Un dolore acuto al piede lo ributtò indietro contro lo schienale della poltrona. Daniel guardò in basso e vide un buco nel pavimento di legno; dal suo alluce sgorgavano piccole gocce di sangue dove si era conficcata qualche scheggia.

«La prossima pallottola te la ficcherò in corpo». Irina gli puntò la pistola al petto e Daniel si rannicchiò nella poltrona. «Hai una forza mentale insolita, Daniel. Dovrei sprecare molta energia per dominarti». Abbassò l'arma e sorrise divertita. «Per questo ti ho drogato».

Daniel guardò il comodino da notte su cui c'erano i bicchieri, quello di Irina pieno e il suo vuoto.

«Lo champagne, sì». Irina, senza prendersi la briga di chiudere l'accappatoio nero, lo osservava come se fosse un animale. «Conteneva il siero della verità, che ti manterrà cosciente ma privo di volontà. Tra venti minuti, il suo effetto raggiungerà il culmine. Sarà il momento di scoprire cosa nascondi in quella testolina».

Daniel notò che Irina aveva sempre il solito tono di voce, ma aveva perso l'accento russo. Per qualche motivo, quel particolare accrebbe la sua angoscia. Fu assalito dalle vertigini. Si afferrò ai braccioli della poltrona, senza riuscire a capire se fosse effetto della droga o della sensazione di irrealtà e di pericolo. Scrutò l'espressione della donna cercando qualcosa che lo aiutasse a riconoscerla. Tutta la dolcezza e l'affetto nei suoi confronti si erano trasformati in un sorriso che grondava crudele compiacimento.

«Cosa vuoi?» Notò il panico nella sua stessa voce.

«Su, Daniel, ormai ne sai abbastanza per rispondere da solo a questa domanda». Lei lo fissò per qualche istante con quel sorriso agghiacciante. «Sei spaventato e non riesci ad accettare la realtà. Benissimo, sarò lieta di dirti in anteprima quello che sta per succedere».

Tirò fuori il telefono dalla tasca dell'accappatoio. Con la pistola nell'altra mano, esaminò l'immagine usando il pollice per interagire con lo schermo tattile.

«Ecco una vista generale della sala». Si sedette su una sedia davanti a Daniel e posò il telefono sul tavolo, in piedi, in modo che entrambi potessero vedere il display. «Grazie all'ossessione del vecchio Douglas per la puntualità, possiamo essere sicuri che alle nove, le nove e cinque al massimo, tutti i membri importanti della Confraternita, oltre alla tua amica Elena, saranno seduti intorno a quel tavolo». Indicò il display. «In quel momento, le leggendarie armi di Akenon e Arianna li stermineranno tutti».

Daniel osservò l'immagine sul display del telefono. A un'estremità si vedeva la teca con la spada ricurva e all'altra quella che conteneva il coltello spuntato di Arianna. Scosse la testa e si voltò verso Irina.

«Proprio così, Daniel. All'interno di ogni teca c'è esplosivo sufficiente per polverizzare tutti quegli illusi. Allo stesso modo, altro esplosivo disintegrerà la sala dei computer in cantina». Indicò un piccolo riquadro in un angolo inferiore dello schermo. «Infine, un'altra bomba farà sparire i backup che la Confraternita aggiorna periodicamente e tiene nascosti in un ufficio di Londra».

Si protese verso Daniel. Le brillavano gli occhi.

«La Confraternita considera l'anno 507 a.C., il giorno in cui Arianna uccise Glauco, il momento della sua fondazione». Lanciò un'occhiata al telefono e poi si rivolse a Daniel. «Stai per assistere alla cerimonia di chiusura».

Capitolo 78

Cartagine, 507 a.C.

Il comandante Drogo camminava avanti e indietro nella sua tenda come un animale in gabbia.

Dov'è andato a cacciarsi il maledetto Sikar?

Quella doveva essere la sua notte di gloria, ma Sikar era andato via con cinque uomini tre ore prima e non aveva ancora sue notizie.

Si fermò e batté un pugno sulla mappa di Cartagine. *Voglio aver finito con Akenon prima dell'alba, altrimenti Eshdek potrebbe rovinare la mia vendetta.* Mancavano ancora diverse ore all'alba, ma ogni minuto di ritardo di Sikar era un minuto in meno del suo godimento nel fare a pezzi il corpo dell'egizio.

La pelle che chiudeva la tenda si aprì e Drogo sollevò lo sguardo speranzoso. Entrò uno dei suoi capitani che si mise sull'attenti davanti a lui con aria preoccupata.

«Cosa succede?»

«Comandante, mi hanno appena informato che il sufeta Eshdek è stato assassinato».

Drogo sentì una pugnalata gelida nel petto. Solo un evento di quella portata poteva mettere in pericolo la sua posizione.

Il capitano continuò: «È successo a casa sua, l'hanno accoltellato al cuore e gli hanno inciso un simbolo sulla fronte. Secondo le prime indagini, si ritiene che l'assassina sia Arianna, la moglie di Akenon l'egizio».

Drogo serrò i pugni come se volesse afferrare l'aria.

«Akenon era con lei?» ruggì a denti stretti.

«No...» Il capitano deglutì. «No, signore. Arianna è arrivata a casa di Eshdek con il figlio e uno schiavo. È entrata insieme a un segretario nella sala in cui si trovava il sufeta e dopo un po' se n'è andata, a quanto pare precipitosamente. Più tardi, un servo è entrato nella sala e ha trovato morti il segretario e il sufeta Eshdek».

Drogo si portò le mani alla faccia premendole sulle palpebre. *Quei cani ci hanno giocato.* Sentiva la rabbia che gli saliva gorgogliando in gola. *Ci ingannano tutti da anni e adesso ci hanno preceduto per poche ore.*

Aprì gli occhi e li fissò sul capitano.

«Che simbolo ha inciso quella cagna sulla fronte del sufeta?»

«Una stella a cinque punte, signore. Uno dei nostri soldati dice che è un simbolo della setta pitagorica. Il padre della greca è Pitagora, signore».

Drogo aggrottò le sopracciglia. Aveva sempre pensato che Eshdek fosse amico dei pitagorici, ma doveva esserci un conflitto di cui non era a conoscenza. *E hanno osato uccidere Eshdek a Cartagine, sotto il mio naso, pochi giorni dopo la mia nomina a comandante.*

L'odio trasformò la voce di Drogo in un sussurro roco e concentrato.

«Catturateli. Da' ordine a tutti i soldati di trovare Arianna e Akenon. Svegliate gli uomini che non sono di guardia. Voglio ogni nostro soldato impegnato nella ricerca. Chiudete la città e il porto, che nessuno lasci Cartagine; e, nel caso fossero già fuggiti, mandate delle pattuglie a esplorare i dintorni». Il capitano si girò per trasmettere gli ordini, ma si voltò di nuovo sentendo che Drogo non aveva finito. «Un'altra cosa. Quei bastardi li voglio vivi».

Rimasto solo, Drogo batté entrambi i pugni sul tavolo. Il suo sguardo si posò sulla coppa d'argento di cui si era tanto compiaciuto qualche ora prima e con una manata la scagliò dall'altra parte della tenda.

Sikar, immonda serpe, dove diavolo sei? Il capitano avrebbe dovuto uccidere Arianna, e invece Arianna aveva assassinato Eshdek.

Andò all'entrata della tenda e scostò la pelle. Nell'accampamento ferveva un'attività insolita per quell'ora tarda, gli ordini venivano urlati da una parte all'altra. In una notte normale ci sarebbero stati una ventina di soldati di guardia e un centinaio di uomini di pattuglia in città. Drogo ne aveva appena mandato un altro migliaio alla ricerca di Akenon e di Arianna.

Trascinandosi nel salone di Glauco, Pitagora raggiunse la sedia rovesciata di Akenon. Con la spada tagliò le corde che gli immobilizzavano le mani, poi spinse la sedia per girarla e gli liberò le caviglie.

Akenon rimase immobile sul tappeto, con la testa immersa in una piccola pozza di sangue.

Il filosofo lo afferrò per un braccio e, procedendo carponi, trascinò il corpo verso l'uscita, ma fu costretto a fermarsi per un attacco di tosse. Quando riuscì a tenere sotto controllo il respiro, si rimise all'opera, facendo un giro largo per evitare le braci sparse sul pavimento.

Arianna entrò correndo nella sala e si avvicinò a Pitagora.

«Padre, lascia che ti aiuti». Chinandosi su Akenon, notò la sua spada a terra e la raccolse, rimettendogliela alla cintola. Poi lo afferrò per i polsi e cominciò a trascinarlo. «Pensaci tu a Sinuhe» disse a Pitagora in tono sommesso.

Il filosofo si accorse che il viso di Arianna era macchiato di gocce rosse e le braccia erano sporche di sangue. Sua figlia aveva una ferita al petto e un'altra più profonda alla mano sinistra, ma non sembrava accorgersene. Pitagora indugiò a osservarla per un attimo, preoccupato per il suo sguardo teso, poi raccolse una lancia da terra e la usò come stampella per rimettersi in piedi. Il ginocchio destro e l'anca sinistra sembravano fare a gara per vedere quale potesse fargli più male.

Avanzò barcollando fino al corpo di Sinuhe. I tappeti in fiamme circondavano l'enorme pozza di sangue in mezzo alla quale giaceva suo nipote. Era riverso supino e sul suo petto spiccava una ferita orribile, nera e rossa come il cratere di un vulcano.

Sinuhe...

Sentì bruciare gli occhi. Durante la lotta con Glauco aveva notato di sfuggita il cadavere del nipote, ma soltanto in quel momento fu colpito dall'impatto della sua morte.

Lo sollevò con la mano sinistra e se lo caricò in spalla. Gli servivano le mani libere per appoggiarsi alla lancia e riuscire a camminare.

Quando uscì nel corridoio, vide che Arianna aveva già raggiunto la porta principale. La seguì, schivando i cadaveri, e arrivato in cortile vide il corpo di Glauco. Era riconoscibile dalla tunica dorata e porpora e dalla stazza, ma al posto della faccia c'era una massa rossastra. Si fermò un istante accanto al sibarita e si chinò con una smorfia di dolore per estrargli dal petto il coltello di Arianna. Se lo infilò tra i vestiti e raggiunse la figlia che si era fermata all'ingresso principale.

Con un gesto, Arianna gli intimò di fare silenzio. Fuori si udivano zoccoli di cavalli. Il rumore aumentò per poi diminuire progressivamente.

«Glauco ha ucciso Eshdek» disse Arianna voltandosi verso suo padre. Il suo sguardo si posò sul cadavere del figlio e sul suo viso affiorò una smorfia di dolore. Distolse lo sguardo e dopo un profondo sospiro proseguì: «Dagli indizi lasciati da Glauco, la guardia urbana incolperà noi dell'omicidio. Inoltre, il comandante Drogo è un vecchio nemico di Akenon. Se cadiamo nelle mani di una pattuglia, possiamo considerarci morti».

«Non lontano da qui ci aspetta un uomo con un carro». Pitagora si reggeva in piedi a fatica. «Dovrai andare da sola a cercarlo. Appena fuori, vai a sinistra, all'angolo gira di nuovo a sinistra e lo troverai al secondo incrocio».

Arianna annuì e aprì la pesante porta di legno. Si affacciò con cautela e scorse in lontananza il bagliore delle torce di una pattuglia che si allontanava. Guardò dall'altra parte e si mise a correre seguendo il muro della villa di Glauco.

Arrivata all'angolo, svoltò e continuò a correre nell'oscurità quasi totale. Non sentiva altro che i suoi passi e il suo respiro affannoso. Quando raggiunse il secondo incrocio si fermò e scrutò nel buio.

Non c'era nessuno.

Capitolo 79

Cartagine, 507 a.C.

Arianna si guardò intorno cercando l'uomo che avrebbe dovuto essere lì ad aspettarli con un carro. Non c'era altro che buio e si rammaricò di aver lasciato il coltello piantato nel corpo di Glauco.

D'improvviso udì un rumore alle sue spalle. Si voltò e scrutò nel silenzio senza vedere nulla.

Nel buio si udì un fischio breve, tre toni in scala che riconobbe all'istante. Era l'inizio di una musica che Pitagora usava negli esercizi di meditazione per calmare la mente. Arianna rispose fischiando le tre note successive e proseguì in direzione del fischio udito prima.

Un uomo incappucciato teneva le redini di un cavallo legato a un lungo carro a due ruote. L'animale non faceva rumore grazie agli spessi stracci avvolti intorno agli zoccoli.

«Sei la figlia di Pitagora, vero? Io sono Cefeo». L'uomo si abbassò il cappuccio. Arianna non lo conosceva.

«Sì, sono Arianna». Prese le redini dell'animale. «Dobbiamo portare il carro alla villa di Glauco».

Cefeo non replicò e si incamminarono nel vicolo fino a raggiungere l'incrocio con il viale principale. Nella direzione della casa di Eshdek si vedeva un bagliore in lontananza.

Torce. Arianna cercò di calcolare la velocità a cui si avvicinavano. *Possiamo riuscirci.* La luna era ancora coperta dalle nuvole, perciò le pattuglie dovevano usare torce o lanterne. *Così sono visibili a distanza. Loro invece non vedranno noi finché non saremo vicini.*

Avanzarono in fretta, quasi senza far rumore. Prima che avessero raggiunto l'entrata, Pitagora aprì la porta.

«Cefeo, prendi Akenon». Il filosofo si avvicinò al carro con il corpo del piccolo Sinuhe in spalla. «Siamo rimasti solo noi, gli altri sono morti».

Cefeo si occupò di Akenon con l'aiuto di Arianna. Lo sollevarono per le gambe e le ascelle e lo caricarono sul pianale di legno senza che desse segni di vita.

Drogo era rimasto nella sua tenda. Voleva assicurarsi che non perdessero tempo a cercarlo nel caso ci fossero novità. Continuava a rimuginare freneticamente sulle informazioni che aveva a disposizione, ma i conti non quadravano.

Un uomo incappucciato entrò nella tenda.

«Sikar, dove ti eri cacciato?!»

Il capitano si fermò a qualche passo da Drogo. Attraversando l'accampamento aveva sentito la notizia dell'omicidio di Eshdek per mano di Arianna e sapeva che avrebbe trovato Drogo furibondo; adesso, vedendo lo sguardo furente del comandante, temette di essere aggredito.

«Siamo andati a casa di Akenon, ma era deserta. Non c'erano nemmeno i servi. L'abbiamo perquisita in cerca di qualche indizio per capire dove fossero andati, ma non abbiamo trovato nulla. Ho pensato che forse sospettavano qualcosa e avevano intenzione di lasciare la città, perciò siamo andati al porto. Lì mi hanno detto che avevano visto Akenon...»

«Hai preso Akenon?» Drogo si concesse un barlume di speranza... finché Sikar scosse la testa.

«No. Abbiamo scoperto che Akenon ha combattuto contro Asdrubale, il comandante della *Melkart*, la nave ammiraglia di Eshdek. Poi il comandante è fuggito e Akenon gli è corso dietro, inseguito a sua volta da diversi scagnozzi di Asdrubale. Abbiamo perlustrato il porto alla sua ricerca. In un magazzino, abbiamo trovato morti tre uomini di Asdrubale e lui in stato di incoscienza».

«Siete riusciti a farlo parlare?» Drogo dovette appoggiarsi al tavolo. Era una follia senza capo né coda.

«Asdrubale ha ricevuto una botta in testa da cui non credo si riprenderà. Però sappiamo che dal porto non è salpata nessuna nave, stanotte, e Akenon è ferito. Ho chiesto nelle stalle più vicine al porto e in una mi hanno detto che un uomo che coincide con la descrizione dell'egizio ha lasciato il cavallo per un paio d'ore, e quando è tornato a riprenderlo era coperto di sangue e stentava a reggersi in piedi».

Arianna uccide Eshdek, e Akenon il comandante della sua nave principale. Drogo scosse la testa e rimase assorto a fissare il pavimento. *Questa storia ha sempre meno senso.* L'unica buona notizia era che Akenon fosse ferito. *Dovremmo riuscire a trovarlo.*

Alzò la testa per parlare con Sikar, ma nella tenda entrò un capopattuglia con aria spaventata.

«Ho notizie di Arianna, mio comandante».

«Parla!»

Il capopattuglia guardò di sottecchi Sikar prima di rispondere.

«Mentre facevamo la ronda, abbiamo visto Arianna con uno schiavo che portava in braccio un bambino piccolo. Volevano entrare a casa di Glauco il sibarita, ma mi è sembrato strano che fossero soli dopo il calar della notte e ho pensato di arrestarli».

«Ma non l'hai fatto». Drogo chiuse gli occhi, sbuffò e chinò la testa. *Arianna avrà ucciso anche Glauco? Forse la greca ha finto di essere una gattamorta nei tre anni che ha passato a Cartagine, e adesso si scopre che è più pericolosa di uno qualunque dei miei uomini?*

«No… No, signore. Quando stavo per arrestarli, è uscito Glauco e ci ha detto che Arianna era sua ospite». Il capopattuglia fece una pausa, guardando intimorito il suo comandante che continuava a tenere gli occhi chiusi. «Mi è sembrato un po' strano, signore, ma Glauco è un uomo importante e ha insistito affinché la lasciassimo entrare».

Drogo alzò una mano e disse in tono conciliante: «Va bene. Quanto tempo fa hai visto Arianna?»

«Circa… circa un'ora fa, signore. Ma non ho saputo che la cercavate finché non ho incontrato un'altra pattuglia, poco fa…»

Il pugno di Drogo gli fece scrocchiare la mascella. Il capopattuglia adde all'indietro e rimase a terra svenuto. Drogo afferrò l'impugnatura della spada, sguainandola bruscamente. Sikar indietreggiò, vedendo lo sguardo furibondo del comandante Drogo fulminare il soldato caduto per poi posarsi su di lui.

Il furore negli occhi di Drogo sembrò placarsi leggermente.

«Sikar, vieni con me. Andiamo subito alla villa di Glauco».

Capitolo 80

Cartagine, 507 a.C.

Pitagora adagiò il corpo di Sinuhe sul carro, vicino a quello di Akenon. Quest'ultimo aveva la fronte fasciata con una benda che il filosofo aveva improvvisato con un pezzo di tunica nel cortile della villa di Glauco.

«Togli gli stracci dalle zampe del cavallo, Cefeo, e aiutami a montare in sella». Pitagora si appoggiò al fianco dell'animale. «Poi sali anche tu sul carro e copritevi con il telo».

«Ma, maestro…»

«Obbedisci, Cefeo».

Pitagora attese che il suo discepolo togliesse gli stracci. Poi lasciò andare la lancia per montare in groppa al cavallo, si accomodò in sella, scosse le redini e si misero in cammino. Sul carro, Cefeo e Arianna si sdraiarono nascondendosi sotto il telo.

Per un po', Arianna udì solo il rumore delle ruote di legno sulla strada sterrata. Notò anche che cambiavano direzione più volte. Era distesa su un fianco, con il viso vicino a quello di Akenon, attentissima al suo respiro quasi impercettibile.

«Attenti!» sussurrò Pitagora.

Arianna si irrigidì. Il carro continuava ad andare avanti e non si sentiva niente. Sotto il telo, l'oscurità era totale. D'improvviso, udì dei cavalli che si avvicinavano.

«Alt!» esclamò una voce dura.

Il carro si fermò. Arianna cercò a tentoni la spada di Akenon. Afferrò l'impugnatura e rimase in attesa.

«Dove vai a quest'ora, vecchio, e cosa c'è sul carro?»

«Sto tornando a casa, nobile soldato. Ho fatto tardi perché mi è uscita una ruota del carro e con le mie vecchie mani ci ho messo ore ad aggiustarla. Il carro è vuoto, oggi il mercato è andato molto bene e sono riuscito a vendere tutta la merce».

Arianna trattenne il respiro. Aveva notato che Cefeo aveva una spada corta, e immaginò che la stesse impugnando come faceva lei con quella di Akenon. Si udì qualcuno scendere da cavallo e avvicinarsi a piedi al carro.

«Prima che oltrepassi le mura, vediamo cosa c'è sotto quel telo».

Arianna scorse una luminosità crescente attraverso il telo.

«Puoi controllare tu stesso che non c'è niente». La voce di Pitagora si fece densa e penetrante. «Non c'è niente sotto il telo».

Una mano afferrò il telo vicino alla faccia di Arianna.

«È solo un telo sgualcito» insisté la voce grave di suo padre.

La mano rimase ferma per qualche istante.

«Non c'è niente. Andiamocene».

I passi si allontanarono portandosi dietro la luce. Un attimo dopo, Arianna udì i cavalli passarle accanto. Il carro riprese la marcia e Arianna lasciò uscire l'aria che tratteneva nei polmoni, ma continuò a tenere stretta l'impugnatura della spada.

Pitagora guidò il carro senza impedimenti per un lungo tratto, e a un certo punto si fermò.

«Potete uscire».

Cefeo reagì immediatamente alla voce del maestro. Scostò il telo e saltò giù dal carro. Arianna si tirò su e vide che non si trovavano più in città, ma in riva al mare, in un'insenatura. La luna faceva capolino tra le nuvole, permettendole di distinguere il luccichio spettrale delle onde che si frangevano a riva. Una piccola imbarcazione li aspettava poco distante, e Cefeo era entrato in acqua facendo cenni verso la barca. Arianna si chinò a osservare il volto del marito alla debole luce della luna. La pelle era cerea nei pochi punti in cui non era coperta di un sangue che sembrava nero. Gli baciò la guancia. Era madida di sudore freddo.

«Vado a seppellire nostro figlio» sussurrò, con la voce rotta dal dolore.

Il corpo di Sinuhe era disteso supino. Il bambino aveva gli occhi chiusi e sembrava addormentato. Arianna evitò di guardargli la ferita al petto e lo baciò teneramente sulla fronte. *Sinuhe...* Le si riempirono gli occhi di lacrime. Con la spada di Akenon tagliò un lembo del telo del carro e vi avvolse suo figlio, senza smettere di piangere.

Pitagora, ancora in groppa al cavallo, accompagnava con lacrime silenziose quelle della figlia. Voltò la testa verso il mare e vide Cefeo che tornava sulla spiaggia. Dalla barca erano saltati giù due uomini che procedevano lentamente immersi nell'acqua fino all'altezza del petto. L'anziano filosofo mise le braccia intorno al collo del cavallo e si lasciò scivolare a terra.

«Ti aiuto a seppellirlo».

Arianna si avvicinò a suo padre stringendo tra le braccia il bambino. Pitagora si appoggiò alla sua spalla e si allontanarono di qualche passo dalla riva, camminando lentamente sulla sabbia morbida. Depositarono Sinuhe sulla sabbia e cominciarono a scavare usando le mani e la spada.

Il braccio sinistro di Pitagora, con cui aveva parato uno dei colpi di Glauco, scricchiolava ogni volta che spostava un mucchio di sabbia. *Devo essermi rotto un osso dell'avambraccio.* Ma non poteva rallentare, da un momento all'altro potevano arrivare i soldati di Cartagine. *E non possiamo portarci dietro il corpo per seppellirlo in un altro posto.* Dovevano arrivare in mare aperto al più presto e avrebbero trascorso diversi giorni senza toccare terra. Se fossero rimasti vicino alla costa, le veloci navi cartaginesi li avrebbero raggiunti.

Cefeo si unì a loro e la buca diventò rapidamente più profonda. Poco dopo, arrivarono anche i due uomini della barca. Pitagora mise una mano sulla spalla di sua figlia.

«Dobbiamo andare».

Arianna si fermò, a labbra strette. Prese il figlio avvolto nel telo e lo adagiò delicatamente in fondo alla buca.

«Addio» sussurrò senza farsi sentire da nessuno.

Spinse uno dei mucchi di sabbia accumulati sul bordo della buca. Gli altri la imitarono e dopo pochi secondi il corpo di Sinuhe era coperto da un palmo di sabbia.

«Metteteci sopra quelle pietre». Pitagora indicò due grossi massi a pochi metri di distanza. «Cefeo, nascondi il carro dietro quegli alberi e sgancia il cavallo».

Tutti si affrettarono a ubbidire al maestro. Quando ebbero finito, gli uomini della barca trasportarono il corpo di Akenon mentre Cefeo e Arianna aiutavano Pitagora a raggiungere l'imbarcazione.

Sulla spiaggia, il cavallo si allontanò di qualche passo dal carro e si mise a brucare l'erba vicino alla tomba di Sinuhe.

Capitolo 81

Cartagine, 507 a.C.

Drogo seppe prima di smontare da cavallo che anche lì non avrebbe avuto buone notizie. Davanti alla villa di Glauco si erano radunate diverse pattuglie e dall'edificio si levava una colonna di fumo.

Il comandante smontò da cavallo e si rivolse al capopattuglia più vicino, che si mise immediatamente sull'attenti.

«Cos'è successo?»

«Qualche minuto fa, ci siamo accorti che dalla villa di Glauco usciva del fumo. Entrando, abbiamo trovato diversi cadaveri, signore. Crediamo che uno di loro sia Glauco».

«Non siete sicuri che sia lui?»

«È meglio che lo vediate voi stesso, signore».

«Sapete qualcosa di Arianna e di Akenon?»

«No, signore».

Drogo sospirò e con la testa gli fece cenno di avanzare. Il capopattuglia varcò la soglia e lui lo seguì.

Per Baal...

Le lampade a stelo illuminavano otto cadaveri. Drogo avanzò lentamente, esaminandoli con lo sguardo. Quattro di loro sembravano guardie del sibarita. Altri tre dovevano essere aggressori. L'ultimo corpo...

È Glauco. Drogo osservò la mole immensa, la lussuosa tunica giallo oro e porpora, lo scempio di carne sanguinolenta dove doveva esserci stata la sua faccia. *Per Glauco non è bastata una stella a cinque punte.*

Distolse lo sguardo e si rivolse al capopattuglia.

«Cos'altro avete trovato?»

«Ci sono altri sei corpi nel corridoio». Il soldato indicò l'interno della villa, da cui usciva un fumo denso, ma non si vedevano fiamme, solo il bagliore delle lampade a olio. «In una stanza abbiamo trovato il cadavere di uno schiavo negro che crediamo appartenesse ad Akenon». Drogo annuì, ricordando il kushita che aveva visto quel pomeriggio con il figlio di Akenon in braccio. «Ci sono altri cadaveri nel salone principale, ma non sappiamo quanti, perché la stanza ha preso fuoco. Siamo riusciti solo ad affacciarci alla porta e vicino all'entrata abbiamo visto due o tre corpi. Stiamo cercando di spegnere l'incendio, ma non so se ci riusciremo».

Drogo rimase in silenzio a fissare il corridoio invaso dal fumo. Gli lacrimavano gli occhi, ma non sembrava accorgersene. Uscì di nuovo fuori.

«Sikar, ordina alle nostre pattuglie di estendere la ricerca fuori dalle mura della città. E manda quattro triremi a perlustrare la costa». La marina non era sotto il suo comando, ma in quel caso gli avrebbero obbedito, anche se in seguito avrebbe dovuto fare rapporto. «Cerchiamo gli assassini del sufeta Eshdek. Qualunque imbarcazione deve essere intercettata e l'equipaggio arrestato».

Mentre la barca si allontanava dalla baia, Pitagora tolse la benda insanguinata dalla fronte di Akenon. Lavò le profonde ferite con vino forte e gli fece una fasciatura pulita. Si trovavano in una piccola cabina, sotto una lampada appesa a un anello, la cui luce vacillante illuminava la faccia pallida e tesa di Akenon.

Cefeo entrò nella cabina.

«Maestro, se non ci localizzano, calcolo che in un paio d'ore saremo in salvo».

Viaggiavano a bordo di una piccola imbarcazione con una grande vela quadrata che le permetteva di navigare veloce quando soffiava il vento. Le triremi di Cartagine erano dotate di centosettanta rematori disposti su tre livelli, che le rendevano velocissime, cosa che però non serviva a nulla se non erano in grado di localizzare il nemico. In una notte buia come quella, se la barca di Pitagora fosse riuscita ad allontanarsi dalla costa, sarebbe stato quasi impossibile trovarla.

Cefeo si ritirò e Pitagora appoggiò le mani sul torso di Akenon. Chiuse gli occhi e lo palpò dolcemente per individuare le fratture di quel torace in cui l'aria entrava a stento. Poi, intonò un lungo canto senza parole, emettendo un suono vibrante dal fondo della gola.

I lineamenti di Akenon si rilassarono a poco a poco.

Allora Pitagora prese una ciotola e la riempì di vino fino a metà. Vi aggiunse mezzo formaggio di capra a pezzi e lo schiacciò con un cucchiaio di legno fino a formare un liquido denso e forte. Passò una mano dietro la testa di Akenon, sollevandola un po' per permettergli di bere. Parte del liquido gli colò dagli angoli delle labbra, ma dopo un po' la gola di Akenon si mosse lentamente. Al primo sorso ne seguirono altri e la ciotola fu vuotata per metà. Poi Akenon si rilassò con un respiro più regolare.

Pitagora vide le sue labbra muoversi.

«Shhh, non parlare. Riposa».

Le labbra si fermarono. Poi ricominciarono a muoversi in silenzio, senza che Akenon aprisse gli occhi. Pitagora avvicinò l'orecchio alla bocca e cercò di capire quello che dicevano.

Capitolo 82

Cartagine, 507 a.C.

Un'ora dopo, il filosofo risalì in coperta. Anche se, fino a quel momento, non c'era traccia delle temibili triremi di Cartagine, avrebbero potuto comparire da un momento all'altro. Appoggiandosi a una stampella si avvicinò a sua figlia, assorta a guardare l'instabile oscurità del mare.

«Arianna». Pitagora si appoggiò al parapetto e sua figlia si voltò verso di lui trattenendo il respiro. «Credo che Akenon sopravvivrà. Ha ripreso conoscenza per un attimo e adesso sta dormendo».

Arianna chiuse gli occhi.

«Grazie». Sospirò profondamente, guardò suo padre e ripeté con un filo di voce: «Grazie».

Appoggiò la testa sul petto di Pitagora. Lui le mise un braccio intorno alle spalle e le accarezzò i capelli come quando era piccola. Arianna sentì che le si riempivano di nuovo gli occhi di lacrime e le lasciò scorrere sul viso, pur non potendo ancora abbandonarsi al lutto per il figlio. Se si fosse lasciata travolgere dal dolore atroce che le pulsava dentro, sarebbe crollata al punto da non riuscire più a riprendersi. E altre persone che amava avevano bisogno di lei.

Dopo qualche minuto, sollevò la testa e guardò il volto di suo padre, così diverso senza barba e con i capelli corti. Non l'aveva mai visto sbarbato; sembrava più fragile, anche se la sua voce e i suoi occhi erano fermi come sempre.

«Sei ferito» disse vedendo il foro sulla clavicola. «Lascia che ti medichi».

«Il ferro era caldo e la ferita non ha quasi sanguinato. E l'ho già lavata con il vino. Adesso è meglio lasciarla respirare». Indicò la benda che fasciava il petto e la mano sinistra di Arianna. «Hai pulito le ferite?»

Arianna annuì. Nella comunità pitagorica di Crotone aveva imparato tecniche curative con sua madre Teano e sua sorella Damo.

«Ti cambio la benda». Pitagora cominciò a togliere la fasciatura che avvolgeva la mano di Arianna.

«Padre, ho così tante cose da chiederti che non so da dove cominciare» disse lei mentre Pitagora le esaminava la ferita alla mano. «Oggi pomeriggio abbiamo ricevuto una tua lettera che ci ha fatto pensare che fossi morto, e d'improvviso...» Arianna fece un gesto vago.

«Sì, suppongo che ci sia molto da spiegare». Pitagora annuì lentamente, con un sorriso triste e stanco. Poi cominciò a riavvolgere la benda. «Nel messaggio che vi ho mandato vi dicevo che avevano attaccato la comunità di Metaponto. L'assalto ci ha colti alla sprovvista, non avevamo nemici in città che ci facessero sospettare un attacco di tale portata. Per fortuna, siamo riusciti a prendere un prigioniero. Un mercenario spartano. Il primo maestro che l'ha interrogato ha scoperto che era stato addestrato per nascondere il nome della persona a cui ubbidiva. Quando sono venuti ad avvisarmi perché lo interrogassi anch'io, lo spartano ha approfittato di una distrazione dei sorveglianti per suicidarsi. Questo mi ha fatto pensare a Khaos; soltanto lui, o un discepolo molto abile nelle sue tecniche, poteva addestrare qualcuno in modo simile».

«E hai fatto finta di essere morto per coglierlo di sorpresa».

«Esatto, dovevo introdurre un fattore che non fosse previsto nei suoi piani, che senza dubbio dovevano essere minuziosi. Per questo ho fatto credere di essere in punto di morte e vi ho mandato un messaggio con il simbolo del pentacolo, ma capovolto. Se qualcuno avesse intercettato e letto il messaggio, avrebbe visto solo la notizia della mia morte e il fatto che io la attribuissi a nemici politici, senza accorgersi del dettaglio del pentacolo capovolto, o lo avrebbe attribuito a una svista dovuta al mio stato di moribondo».

In effetti, eravamo tutti convinti che fossi morto. Arianna ripensò all'enorme sorpresa sua e di Glauco nel vedere Pitagora vivo.

Pitagora finì la fasciatura e continuò a parlare.

«Chiunque avesse letto il messaggio avrebbe permesso che arrivasse a destinazione, pensando che vi avrebbe fatto credere che l'attacco era stato puramente politico e che Khaos non era coinvolto. Invece, confidavo nel fatto che voi vi sareste accorti che il pentacolo era capovolto e avreste capito cosa significava». Arianna annuì, il pentacolo capovolto li aveva condotti immediatamente a Khaos. «Così vi avvertivo che dietro l'attacco di Metaponto sembrava esserci Khaos. Al contempo, facevo in modo che il nemico abbassasse la guardia, convinto che fossi morto».

Pitagora rimase per un attimo in silenzio e scosse la testa. Aveva salvato sua figlia e Akenon, ma avevano perso molte vite. Alzò di nuovo lo sguardo verso Arianna.

«Vi ho spedito la lettera con la prima nave disponibile. Il giorno dopo l'attacco alla nostra comunità, partiva da Metaponto un'imbarcazione che percorre la rotta tra la Magna Grecia e Cartagine. Il proprietario si guadagna da vivere trasportando passeggeri e posta, e abbiamo affidato a lui il messaggio. Poi ho comprato subito quest'altra barca e sono salpato con i pochi uomini in grado di combattere che c'erano nella comunità. Abbiamo navigato il più in fretta possibile fino a Cartagine, siamo sbarcati qualche ora fa e per prima cosa siamo andati a casa vostra, ma non vi abbiamo trovati».

«Akenon era sceso al porto a controllare se Khaos fosse riuscito a scappare, e io ero andata a casa di Eshdek». L'espressione di Arianna si incupì. «Non so ancora se Khaos è scappato».

«Sono riuscito a parlare un istante con Akenon, quando ha ripreso conoscenza» disse Pitagora, «e mi ha detto che Khaos è morto diverse settimane fa, ma per tre anni ha comunicato con Glauco».

«Allora Glauco era un discepolo di Khaos?»

Pitagora esitò un attimo prima di rispondere.

«Glauco è sempre stato un enigma. Come Khaos, era molto più dotato di quello che sembrava, e aveva anche un lato oscuro, ma credo fosse sincero quando voleva seguire i miei insegnamenti... almeno fino a qualche anno fa. Probabilmente non lo sapremo mai, ma penso che Glauco sia diventato discepolo di Khaos quando ha cominciato a ricevere i messaggi che lui gli mandava dalla prigionia».

* * *

Drogo continuava a camminare avanti e indietro nella sua tenda.

A un certo punto, si lasciò cadere su una sedia e posò gli occhi stanchi sulle mappe allargate sul tavolo.

Sono fuggiti.

Le pattuglie di ritorno all'accampamento gli avevano portato solo notizie negative, e ormai non mancava molto all'alba.

Chiuse gli occhi, in preda a una cupa disperazione. L'ultima decisione della notte che sembrava poter portare a qualcosa l'aveva presa un'ora prima, quando si era ricordato che a bordo della *Melkart*, la nave ammiraglia di Eshdek, era rinchiuso un prigioniero portato da Akenon e da Arianna dalla Magna Grecia. Aveva ordinato che glielo consegnassero, e così aveva scoperto che anche lui era morto. Un marinaio della *Melkart* gli aveva mostrato la testa del prigioniero – un uomo chiamato Khaos – in un'anfora d'olio.

Non ci capisco niente.

E non ci avrebbe mai capito niente, con Akenon e Arianna fuori dalla sua portata, Asdrubale – il comandante della *Melkart* – privo di conoscenza e in fin di vita, e Glauco ed Eshdek assassinati.

Eshdek assassinato, si ripeté come se stentasse a crederci. Quant'erano crudeli gli dei a permettergli sogni di gloria, potere e vendetta e in poche ore far sfumare tutto.

Il senato impazzirà alla notizia. Sguainò la spada e la posò su una mappa di cuoio.

Sapeva che non avrebbe trovato alleati. La sua posizione dipendeva dal prestigio di Eshdek, ma senza l'appoggio del sufeta lui era solo un meticcio che era arrivato troppo in alto, un bastardo di madre libica il cui suocero era stato giustiziato per aver rubato soldi pubblici.

Non faranno che rivangare quella storia, pensò con una smorfia amara. Nessuno si sarebbe ricordato degli anni in cui arrestava criminali facendoli confessare ed estorcendogli le informazioni fino all'ultima goccia. Non avrebbero nemmeno tenuto conto della sua partecipazione alla spedizione che, due anni prima, aveva concluso l'accordo con Roma.

Una coltre di immagini del passato invase la sua mente affaticata. Ripensò a sua moglie. Gli sarebbe piaciuto ricordarla sorridente, sapeva che a volte rideva, ma la sua memoria si ostinava a riproporgli il momento in cui si erano separati, con lo sguardo sprezzante di lei. Aveva ripudiato la donna che amava per proteggere una carriera che stava per essere distrutta.

I senatori chiederanno la mia testa, e i generali appoggeranno la decisione. Mi faranno crocifiggere sotto gli occhi di tutta la città. Si girò e il suo sguardo si posò sulla punta della spada. Se le triremi fossero tornate indietro senza aver catturato Akenon, il senato di Cartagine avrebbe dovuto accontentarsi di infierire sul suo cadavere.

Arianna chiuse la mano lentamente per controllare la tenuta della fasciatura che le aveva fatto suo padre. Poi alzò gli occhi verso il volto in penombra di Pitagora.

«Padre, come hai capito di dover andare a casa di Glauco?»

Pitagora, con aria affranta, guardò Arianna. Aveva intuito che si sforzava di parlare per non lasciarsi sopraffare dal dolore.

«È stato grazie ad Akenon». Spostò una ciocca di capelli dal viso della figlia. «Come sai, per prima cosa, quando siamo arrivati a Cartagine siamo andati a casa vostra. Trovandola vuota, e con evidenti segni di una fuga precipitosa, ho deciso di andare a parlare con il vostro amico Eshdek. Quando siamo arrivati alla sua villa, abbiamo sentito delle urla che dicevano che era stato assassinato. Mentre eravamo nascosti a osservare cosa succedeva, abbiamo visto un ragazzino avvicinarsi alla casa, parlare con le guardie alla porta e andarsene via di corsa. Ci è sembrato sospetto e l'abbiamo seguito. Poi abbiamo scoperto che era uno dei vostri servi».

«Tarik?»

«Sì, Tarik. Ci ha detto che Akenon l'aveva mandato a casa di Eshdek per chiedergli di inviare dei soldati ad arrestare Glauco; e anche che Akenon li aveva preceduti andando a sorvegliare la residenza del sibarita in modo che non scappasse. E così ci siamo precipitati a casa di Glauco e, non trovando Akenon nei paraggi, abbiamo deciso di entrare».

Il viso di Arianna si contrasse in una smorfia di dolore. Si era salvata per una manciata di minuti, ma sempre per pochi minuti non si era salvato il suo piccolo Sinuhe. Né Eshdek… né il povero Kush…

Strinse gli occhi con forza e si sforzò di allontanare quei pensieri.

«Credi che ci siano altri discepoli di Khaos?»

Pitagora rispose in tono grave: «Credo che il problema più grave sia che la parola di Khaos è ancora viva».

«Cosa intendi dire?»

«Khaos incideva ogni giorno un messaggio in una ciotola di cibo. Poi la faceva arrivare a Glauco, che suppongo trascrivesse i messaggi su una pergamena. L'ha fatto per tre anni, pertanto il documento che ne risulta dev'essere incredibilmente lungo, ma non sappiamo dove si trova. Pensa a cos'è riuscito a fare Khaos, tre anni fa, con la lettera che ha mandato ad Aristomaco. Con un'unica pergamena, ha fatto in modo che uno dei miei grandi maestri più avanzati si suicidasse subito dopo averla letta». Pitagora sospirò. «È stato allora che ho capito di avere davanti un nemico superiore alle mie forze».

Arianna se ne ricordava perfettamente. Suo padre aveva conservato quella lettera, impedendo a chiunque altro di leggerla.

Pitagora continuò a ricordare: «A Khaos è bastato poco tempo per persuadere la gente comune di Sibari a ribellarsi ai governanti. Poi, con la sua incredibile capacità di convinzione ha messo contro di noi il governo di Crotone, inducendo l'esercito ad attaccare l'assemblea pitagorica. E gli è bastato un pomeriggio per ingannare i miei stessi discepoli e convincerli che il grande maestro Oreste fosse un traditore». Raccontando quegli eventi, la sua voce aveva perso vigore. «I miei discepoli hanno ucciso Oreste con le loro stesse mani. Khaos aveva il dono terribile di conferire un enorme potere alle sue parole, anche se non erano trasmesse attraverso la sua voce». Il suo sguardo si incupì. «E negli ultimi tre anni ha creato la sua opera più estesa, più avanzata... Più spaventosa».

Uno scricchiolio li fece voltare. Cefeo si avvicinò.

«Maestro, il vento a favore ci ha messi in salvo dalle triremi di Cartagine. Ci siamo allontanati abbastanza dalla costa, e le nuvole ridurranno la visibilità dell'alba».

«Sono buone notizie. Grazie, Cefeo».

Il discepolo chinò la testa e si ritirò. Arianna provò

un agrodolce senso di sollievo. Con lo sguardo perso nel vuoto, meditò sulle ultime parole del padre.

«Tre anni fa» disse infine, «quando ho affrontato Glauco, mi ha stupito l'intensità della sua forza. Oggi, invece, l'ho sentito cento volte più potente e depravato di allora. Con la forza della mente ha costretto una delle sue guardie a inginocchiarsi davanti a lui per farsi tagliare la testa. La guardia tremava e piangeva mentre si chinava davanti a Glauco, ma non ha nemmeno aperto bocca per lamentarsi. Credi che sia stato il documento di Khaos a dare a Glauco quella forza?»

«Penso di sì». La voce di Pitagora era ferma, ma aveva una sfumatura amara. «Anch'io ho notato una forza enorme in Glauco. Ha ucciso l'uomo che era entrato con me nella sala paralizzandolo, benché fosse un discepolo iniziato. E per poco non è riuscito a piegare anche me. Ci ho riflettuto e credo che il documento di Khaos possa conferire un potere immenso a qualcuno già dotato di capacità notevoli. Probabilmente ci riesce potenziandone il lato oscuro. Khaos aveva bisogno di qualcuno così, molto abile, molto ambizioso e senza scrupoli, e l'ha trovato in Glauco. Inoltre, il documento deve convincere chi lo legge a perseguire gli stessi obiettivi che aveva Khaos: accumulare potere, sottomettere tutti gli uomini e distruggere me e voi due, e forse tutti i pitagorici».

«Allora dobbiamo distruggere quel documento a tutti i costi».

«Non sarà facile. Khaos era un mostro, ma anche un genio superiore al resto degli uomini. Il documento è la sua eredità vitale e il suo strumento di vendetta, e sono sicuro che contiene istruzioni per nasconderlo in modo che non dipenda dalla vita di un unico uomo. Glauco l'avrà nascosto molto bene, potrebbe averne fatto qualche copia e addirittura aver trovato qualcuno adatto a leggerlo, creando così un'organizzazione di seguaci di Khaos».

Arianna rabbrividì al solo pensiero.

«Credi che esistano altri uomini come il Glauco che abbiamo affrontato oggi?»

«Fortunatamente è esistito soltanto un Khaos, e non credo che la natura genererà un altro mostro simile. Ma, come ti ho detto, la parola di Khaos vive nel suo documento, e può dar vita a discepoli terribili. È successo con Glauco, e non so se adesso ci sia un altro discepolo di Khaos da qualche parte, ma finché esisterà il documento, l'umanità sarà in pericolo».

Arianna intuì dallo sguardo del padre che i suoi pensieri erano andati più lontano delle sue parole.

«Cosa facciamo, padre?»

«Innanzitutto, ci trasferiamo in un posto sicuro. Da lì, convocherò gli uomini adatti alla missione che ci aspetta. Il documento di Khaos è il seme del male, dobbiamo evitare che germogli di nuovo. E se non ci riusciamo, dobbiamo distruggere l'organizzazione di Khaos. Creeremo una nuova confraternita, con un carattere molto diverso dall'ordine che ho guidato per metà della mia vita. Dobbiamo prepararci alla lotta, diventare aggressivi e implacabili con i nostri nemici».

Lo sguardo di Pitagora si perse all'orizzonte. *Se non troviamo il documento, la lotta può andare avanti per secoli.* Il suo sguardo tornò a posarsi sulla figlia e nei suoi occhi lesse una preoccupazione diversa.

«Vieni, figlia mia».

Prese Arianna per le spalle e la fece voltare delicatamente. La strinse a sé, facendole appoggiare la schiena al suo petto, e poi le circondò con le mani il ventre fecondato.

Arianna rimase in attesa, sempre più inquieta per il prolungarsi del silenzio del padre. La stava toccando nello stesso punto in cui Glauco le aveva fatto sentire il ventre congelarsi. D'improvviso, le mani di Pitagora emanarono una corrente calda che si diffuse dentro di lei, rilassandola.

Il bambino rispose con un leggero calcio.

«Tuo figlio sta bene, Arianna». Nella voce grave di suo padre aleggiava un sorriso. «È un maschio».

Capitolo 83

Madrid, Spagna, oggi

Irina, tenendo sempre sotto tiro Daniel con la pistola, si appoggiò allo schienale della sedia.

«Pitagora, Akenon e Arianna non tornarono mai a Cartagine né in Magna Grecia. Si nascosero proprio qui, nella penisola iberica».

Daniel si rannicchiò nella poltrona senza staccare gli occhi dalla canna della pistola, sentendosi ancora più vulnerabile per il fatto di essere in mutande e scalzo. L'accappatoio nero di Irina si era aperto mostrando il suo corpo. Lei accavallò le gambe adottando una postura confortevole e continuò a rievocare il passato con quella voce così diversa.

«Arianna partorì suo figlio e Pitagora convocò alcuni discepoli per creare la sua ridicola Confraternita. Il grande fantoccio abbandonò tutti i suoi progetti politici e diffuse la voce di essere morto a Metaponto».

Lanciò un'occhiata al telefono e Daniel seguì il suo sguardo. Sul display era visualizzata la sala riunioni dove sarebbero esplose due bombe quando da quel telefono fosse stato digitato un determinato numero. Elena, Douglas e Ivan erano al centro della sala e si vedevano alcune persone che prendevano posto, ma mancavano ancora diversi ospiti che erano andati in camera a rinfrescarsi o a riposare.

La riunione doveva cominciare alle nove, e in un angolo del display un orologio indicava che mancavano venticinque minuti. Daniel si ricordò che Irina gli aveva detto che sarebbe passata una ventina di minuti prima che la droga nello champagne facesse tutto il suo effetto.

Prima delle nove mi leggerà nel pensiero e mi ucciderà.

«Devo ammettere» continuò Irina «che mi hanno assestato un duro colpo uccidendo Glauco. Ma al contempo mi hanno fatto un grande favore fondando la Confraternita su premesse errate».

Daniel guardò Irina senza capire.

«Povero Daniel, ti ostini a non voler accettare la realtà. Eppure, nessuno può capirla meglio di te». Irina inarcò le sopracciglia in attesa di una risposta che Daniel non le diede. «Il Documento che ho mandato a Glauco attraverso le ciotole di cibo non è un documento di settarizzazione, come ha sempre creduto la Confraternita. Non è un documento che trasforma chiunque lo legge in un discepolo dell'organizzazione di Khaos. No, Daniel; è un documento di replicazione». Daniel aggrottò la fronte. Un attimo dopo, strabuzzò gli occhi. «Proprio così, Daniel. Il Documento trasforma chi lo legge in Khaos».

«No… Non è possibile».

Irina scoppiò in una risata sprezzante.

«Come siete limitati: riuscite a vedere solo mezze verità. Nemmeno Pitagora l'aveva capito, si era solo reso conto che, perché il Documento avesse effetto, il lettore doveva avere un'intelligenza molto sviluppata, una grande ambizione e una personalità priva di scrupoli. Tuttavia, proprio come a te, a Pitagora è sfuggito il punto più alto di questa realtà». Irina gli fece l'occhiolino. «Tranquillo, tu hai la fortuna di avere me a spiegartelo».

Irina, o chiunque fosse, era rilassata e allegra. Daniel, invece, sentiva il cuore battergli dolorosamente in petto. *Mi sta parlando per distrarmi e impedirmi di combattere contro la droga.* Doveva fare qualcosa prima che lo stordimento aumentasse, ma aveva sempre una pistola puntata addosso e ormai faceva fatica a pensare con chiarezza.

Irina gli sorrise come se sapesse cosa stava pensando e continuò a parlare, catturando l'attenzione di Daniel come il canto di una sirena.

«Daniel, io sono l'esempio perfetto del fatto che il tuo lavoro sul cervello e la mente sta andando nella direzione giusta. Il cervello non è altro che una rete di neuroni... potremmo dire che è come un libro. La mente è il lettore di quel libro, e diventa cosciente del contenuto a mano a mano che lo scorre. Ma la mente non si limita a leggere, bensì scrive nel cervello». Daniel non poteva non prestare attenzione alle parole di Irina. «Come ben sai, ogni pensiero produce un leggero cambiamento nella rete di neuroni. Ogni volta che pensiamo, il nostro cervello subisce una piccola trasformazione che ci rende un po' diversi. Tu stesso mi hai fatto un semplice esempio il giorno in cui ci siamo conosciuti, ricordi? La pubblicità si rivolge alla nostra mente per indurci a pensare, per qualche secondo, in un certo modo, creando così piccole alterazioni durature nella rete di neuroni del cervello. Queste alterazioni a loro volta si trasformeranno in determinati pensieri quando la mente tornerà a leggere quelle aree del cervello. Così, vedere adesso una pubblicità farà in modo che tra un mese compreremo un determinato prodotto».

Daniel si prese la testa fra le mani.

«Cosa diavolo stai dicendo? Manipolare le tendenze di acquisto di una persona è molto diverso dal trasformare una persona in un'altra».

«Ma certo, Daniel, è diverso, ma la differenza è solo quantitativa. Sai meglio di chiunque altro che la tecnologia per manipolare le persone ha un potenziale enorme. Nelle simulazioni con il tuo programma hai ottenuto cambiamenti molto profondi nella condotta dei soggetti controllando gli stimoli che ricevono».

Daniel esitò. *È vero, il mio programma ha dimostrato che la personalità si può modellare a piacimento.* Nei suoi esperimenti teorici era arrivato a produrre alterazioni permanenti nei tratti della personalità di un individuo. Il suo programma calcolava quali stimoli erano necessari per ottenere i cambiamenti desiderati nel cervello, e di conseguenza nella persona.

«Tutto questo è lontano anni luce da quello che dici». Daniel scosse la testa. «È impossibile replicare una persona in un'altra. Non si possono produrre cambiamenti così profondi, né manipolare istinti così basilari, no... Non ha senso!»

«Ah, ah, ah». La risata di Irina si diffuse nella stanza con una risonanza tenebrosa. «Anche se ti fa paura, in fondo sai che ha senso. Il Documento che ho creato non sostituisce il contenuto della mente del recettore, ma lo modella e lo integra fino a trasformarlo in me». Il suo sorriso feroce fece rabbrividire Daniel. «Quello che non puoi immaginare è il piacere indescrivibile che si prova a rinascere».

Daniel distolse lo sguardo, sentiva girare la testa. Il suo sguardo cadde sull'orologio del telefono.

Le nove meno venti.

Chiuse gli occhi mentre Irina continuava a parlare.

«Di sicuro capisci che il processo di replicazione attivato dal Documento è più facile quanto più il recettore è simile a me; è più semplice quanto più simili sono le nostre strutture neuronali. Non vengono distrutte quelle esistenti, ma solo modificate per lo stretto necessario; per questo si mantiene la maggior parte dei ricordi del recettore, ma solo come nozioni asettiche. E, ovviamente, nella memoria vengono immessi tutti i ricordi importanti di Khaos».

«I ricordi sono fondamentali» obiettò Daniel. «Non puoi trasferirli. La tua prossima replica non ricorderà la mia faccia, né...» Tacque di colpo.

«Non importa». Irina sogghignò. «Non ricordo nemmeno la faccia delle migliaia di persone che ho conosciuto nel corso dei secoli. In ogni replica aggiorno il Documento, perciò ricordo solo quello che mi interessa, e mi dispiace dirti che la tua faccia, piccolo Daniel, non mi interessa. Di te mi interessa solo il tuo lavoro, e ti assicuro che me lo *ricorderò* fino all'ultima virgola».

Daniel sentì una fitta di dolore al pensiero di aver raccontato a Irina quanto avesse sofferto per la morte di Sara, la sua sorella gemella. Irina era l'unica persona a cui ne aveva parlato. Cercò sul suo viso qualche traccia della donna con cui aveva condiviso momenti così intimi.

Quella Irina era scomparsa.

«Non fare troppo il romantico, Daniel. Se Irina non fosse stata tanto simile a me negli aspetti fondamentali, non avrei potuto replicarmi in lei. Irina era materiale di prima qualità. Alla mia precedente replica nella Confraternita, un informatico di cinquant'anni, hanno diagnosticato un cancro al pancreas e ha avuto meno di un anno per selezionare un sostituto. Per fortuna, da mesi seguiva una candidata promettente, che stava finendo il dottorato in Sociologia all'Università di Berlino. La nostra piccola Irina, come avrai indovinato. La trasformazione dei tratti della sua personalità e dei suoi valori nei miei è avvenuta in meno di un mese, e ti assicuro che è un tempo brevissimo». Si diede un colpetto in fronte con la mano che non impugnava la pistola. «Qui conservo il ricordo di com'era lei, e temo che non somigliasse affatto alla Irina che credevi di conoscere. Quella era solo la facciata più adatta a sedurre te… e parecchi altri». Scavallò le gambe tornite e si protese verso Daniel per parlargli in tono confidenziale. «Detto tra noi, Daniel, Irina era piuttosto troia».

Daniel fissò quegli occhi crudeli, ma distolse immediatamente lo sguardo rendendosi conto del piacere che il suo dolore suscitava in quell'essere malvagio.

Capitolo 84

Madrid, Spagna, oggi

Irina proseguì in tono di scherno.

«Daniel, Daniel, tanto sentimentalismo ti rende debole. È un peccato, perché anche se Irina era molto più forte di te, il vostro intelletto era alla pari. Non fraintendermi, l'intelligenza di Irina forse non era superiore alla tua, ma c'è un abisso tra la potenza attuale di questa mente e la tua. Il Documento altera anche le capacità. Sviluppa le strutture esistenti compiendo progressi straordinari. È questa la cosa più allettante per chi comincia a leggerlo. Per questo accettano entusiasti la conversione sublime che li trasforma da miseri mortali nella reincarnazione di un dio. Se ci pensi bene, nel corso della storia milioni di persone hanno cercato la stessa cosa: trascendere, fondersi con la divinità, dissolvere la loro coscienza individuale per far parte di qualcosa di infinitamente più grande».

«Se tutto quello che dici fosse vero, Irina non avrebbe trasceso, ma sarebbe morta».

«No, Daniel, no. Irina ha rinunciato volontariamente a quello che era per diventare me, o perché io diventassi lei; proprio come ha fatto Glauco. Proprio come hanno fatto decine di recettori nel corso della storia. Ho dato loro qualcosa di molto più prezioso della coscienza e dell'identità che hanno sacrificato».

«Hai strappato loro l'anima e ti sei tenuto il loro corpo».

«Sai che non è così; ma, nonostante questo, è ovvio che di loro mi importa solo per i miei scopi. Mi servono per portare a termine i miei piani, perché senza di loro devo aspettare in stato latente nel Documento».

Daniel scosse la testa.

«Se io elaborassi un documento di replicazione di me stesso e morissi, si potrebbe creare una copia di qualcuno che pensa esattamente come me, ma non sarei io, io smetterei di esistere».

«Forse non sai che quando ho creato il Documento non esistevo più come persona, ma solo come un insieme di idee. Il mio corpo era incatenato a un remo in fin di vita, cieco, senza lingua... Quelle sono le condizioni a cui ho rinunciato in cambio dell'eternità, della vendetta, della speranza di ottenere il potere assoluto...»

«Ma adesso sei Irina, quel corpo» Daniel lo indicò con le mani aperte, «quella coscienza; non è possibile che non ti importi perdere tutto questo anche se il Documento replicherà Khaos in un altro essere umano».

«Continui a non capire, non voglio niente di materiale, nemmeno questo corpo o la vita che contiene. Voglio l'immortalità e il potere, e ogni corpo che occuperò lavorerà affinché questo accada». Irina scosse lentamente la testa. «Non stai pensando in modo libero, Daniel. I tuoi argomenti non sono altro che la razionalizzazione dell'istinto di sopravvivenza che ti impongono i tuoi geni. Non sei libero come lo sono io. Rinchiuso a bordo di quella nave sono riuscito a trascendere la mia natura materiale, a sublimarmi in un'idea e a usare altre coscienze per reincarnarmi continuamente».

«Sei un mostro».

Lei scoppiò nella sua nuova risata, rude e secca. Daniel si protese in avanti, appoggiò i gomiti alle ginocchia e affondò la faccia tra le mani. Stentava ancora a credere a quella follia e gli girava sempre di più la testa. Guardò il telefono. *Le nove meno un quarto.* Doveva fare qualcosa, sottrarsi all'incantesimo di quella voce.

«Non distrarti, Daniel. Vuoi sapere come ho fatto a replicarmi di nuovo quando Pitagora, Akenon e Arianna hanno ucciso Glauco? Il Documento è sempre al sicuro, ne esiste più di una copia e diversi indizi per raggiungerlo. Dopo la morte di Glauco, passarono diversi anni prima che mi reincarnassi di nuovo». Irina piegò la testa da un lato, osservando lo sguardo offuscato di Daniel. «Ci rimasi male scoprendo che Pitagora era morto. In un'altra occasione sono passati quasi cinquant'anni, ma alla fine spunta sempre fuori qualcuno adatto che trova il Documento».

«E se lo trovasse qualcuno che non vuole diventare te?»

«Qualcuno come te?» Abbozzò una smorfia ironica. «Nessuno distrugge il Documento per fermare il processo. La prima parte del Documento mostra un esempio delle capacità che si acquisiscono. È come una potente droga a cui nessuno è in grado di resistere; quando la si assaggia, non si riesce a fare a meno di volerne di più, non si può smettere di leggere. Ma, nonostante questo, se il recettore è troppo diverso da me, per esempio un illuso idealista come te, allora il processo di trasformazione cambia. Anche se la persona smette di leggere in quel momento, non può più fermare l'avanzata dei nuovi pensieri che ormai hanno attecchito nella sua mente. In pochi giorni impazzisce e si suicida».

Daniel la guardò in silenzio. Avrebbe voluto rispondere che tutta quella storia era incredibile, ma ormai niente gli sembrava più incredibile.

«Come hai fatto a introdurti nella Confraternita?»

Nell'espressione malvagia di Irina affiorò una smorfia compiaciuta.

«È stato grazie alla peste nera. In quegli anni è morta la metà dei membri della Confraternita. Erano disorganizzati e indeboliti, e ansiosi di rinforzarsi. E così ho messo in atto una strategia che progettavo da tempo. Mi ero replicato in uno studente di teologia dell'Università di Parigi, un ragazzo con un grande potenziale e altrettanti dubbi sui suoi studi ufficiali. Ho fatto in modo di farlo conoscere per la sua intelligenza e per il suo carattere compassionevole, e la Confraternita ha finito per mettersi in contatto con lui».

«Perché non hai approfittato per distruggerli allora? Di sicuro hai avuto altre occasioni prima di adesso».

«Molto semplice: ho preferito far lavorare gli altri per me. La Confraternita è sempre stata abile a scovare gli individui con un maggior potenziale. Vogliono integrarli nella loro organizzazione e farli diventare soldati contro l'organizzazione di Khaos». Scoppiò a ridere con allegria perversa. «Invece, io li voglio per reincarnarmi in loro. Come ti ho già detto, le nostre necessità per quanto riguarda il profilo della personalità sono diverse, ma cerchiamo le stesse caratteristiche intellettuali».

«E cosa fai se la Confraternita individua qualcuno che va bene per loro e che a te non serve?» *Come nel mio caso.*

«Di solito lascio che entri a far parte della Confraternita. Così lo tengo sotto controllo e inoltre lavora per me senza saperlo. Ma se ritengo che possa essere troppo pericoloso, lo elimino». Mosse la mano che impugnava la pistola. «Comunque, tutto questo ormai appartiene al passato».

«Il… l'ex fidanzato di Elena, Leonardo. Perché l'hai ucciso?»

«Mio caro, in gran parte l'ho fatto per te, come quasi tutto quello che ho fatto ultimamente». Lo guardò sgranando gli occhi e sbatté più volte le palpebre imitando l'espressione di una ragazza innamorata. Poi sghignazzò con la sua risata aspra e sgradevole. «Quando passano molti anni senza morti, la Confraternita si rilassa, e a me interessa che sia sempre molto attiva. Per questo, ogni dieci o vent'anni ne uccido un membro incidendogli il mio simbolo sulla fronte. Era arrivato il momento di rifarlo, ma ho scelto Leonardo, e l'ho fatto quella sera, perché Elena non andasse alla riunione del Mensa dove aveva appuntamento con te. A Elena piaci molto, e io avevo bisogno che Irina avesse via libera per sedurti».

Daniel guardò il telefono, che era rimasto in piedi sul tavolo. Elena era al centro del display, seduta accanto a Douglas. Quasi tutti i membri della Confraternita avevano preso posto sulle sedie intorno al grande tavolo ovale.

Le nove meno dieci.

Fece un cenno con la testa indicando il telefono.

«Cos'è cambiato da non farti più aver bisogno della Confraternita?»

Irina lo indicò con la pistola.

«Stanno tutti per morire per colpa tua. Sia io che la Confraternita cerchiamo nuovi lavori utili a sviluppare le nostre capacità. Ovviamente, quando scoprivo qualcosa di molto interessante lo nascondevo alla Confraternita e lo aggiungevo al Documento. Grazie a questo, e al fatto che elimino i suoi candidati più dotati, la Confraternita rimane pateticamente debole mentre io sono sempre più potente. Era inevitabile che arrivasse questo momento, ma tu l'hai accelerato».

«A causa del mio lavoro...»

Proprio come suppone Douglas. Daniel abbozzò un sorriso triste. *Morirà senza sapere che aveva ragione.*

«Sì, Daniel, il tuo programma di simulazione del cervello e della mente è ancora in stato embrionale, ma ha un potenziale enorme. Non potevo permettere che la Confraternita se ne approfittasse, e con le nuove tecnologie sarebbe impossibile nascondergliela. Da quando è nato Internet, la Confraternita lo usa per monitorare i candidati più brillanti. Quando sei entrato a far parte del Mensa, la Confraternita ha avuto accesso al tuo progetto. Immediatamente, tutti gli sguardi si sono posati su di te. L'unica opzione che mi resta per evitare che sviluppino le loro capacità grazie al tuo lavoro è ucciderli tutti».

«Ma allora non potrai più continuare a servirti di loro».

«Non ne ho più bisogno. Con i loro sistemi di ricerca via Internet continuerò a individuare candidati, e continuerò a sviluppare il tuo programma finché darà i suoi frutti». Irina socchiuse gli occhi, belli e maliziosi. «Grazie a te, Daniel, il Documento sperimenterà i primi rilevanti miglioramenti da duemilacinquecento anni e il mio potere si moltiplicherà. A ogni reincarnazione sarò dieci volte più forte, finché arriverà il giorno in cui rivelerò la mia presenza e tutti i popoli della terra si prostreranno ai miei piedi».

Daniel rabbrividì sotto quello sguardo. Irina rimase in silenzio per qualche secondo, poi il suo viso si rilassò. Infilò la mano libera nella tasca dell'accappatoio e ne estrasse un oggetto che posò sul tavolo, vicino al telefono. Era un coltello militare a serramanico, di colore nero.

«Me l'ha regalato Douglas». Avvicinò la testa e abbassò la voce. «Come avrai già immaginato, me lo sono scopato per un certo periodo. Il sesso rende sempre le cose più facili, vero?» Osservò il coltello e poi sorrise a Daniel. «Quando ti avrò letto nella mente, userò questo coltello per inciderti il pentacolo capovolto. Poi ti farò vedere come faccio esplodere le bombe e infine ti sparerò».

Daniel la fissava, respirando a denti stretti. Cercava di accumulare energia per reagire, ma il suo corpo sembrava di cotone e sentiva girare la testa al punto da vederci doppio.

«Povero Daniel, così giovane, così inesperto nel sesso. Adesso ti penti di essere venuto a letto con me?» Irina si alzò e si tolse l'accappatoio, passando la pistola da una mano all'altra per sfilare le braccia. L'accappatoio cadde ai suoi piedi e rimase nuda.

Daniel distolse lo sguardo.

«Sei un mostro».

La risata di Irina stridette alle orecchie di Daniel.

«Non la pensavi così quando mi baciavi, né quando te lo succhiavo...» Appoggiò sulla coscia di Daniel la mano che impugnava la pistola e la fece scivolare verso l'inguine tenendo un dito sul grilletto. «Né tantomeno quando mi venivi dentro».

La canna della pistola premette sui genitali di Daniel attraverso la stoffa dei boxer. Daniel sussultò, con la pelle d'oca.

«Non vuoi più scoparmi, Daniel?»

Irina avvicinò il viso a quello di Daniel, senza diminuire la pressione della pistola sull'inguine. Lui chiuse gli occhi in attesa di sentire una detonazione e un proiettile che lo maciullava.

«Daniel...» sussurrò Irina sfiorandogli l'orecchio con le labbra. «Mio piccolo Daniel, patetico animaletto, Irina ti ha rimpinzato di sesso e tu hai confuso l'innamoramento con l'infoiamento. Com'è stato facile manipolarti!»

Tolse la pistola dall'inguine di Daniel e gliela puntò sotto il mento. Poi si sedette a cavalcioni sulle sue gambe, mettendogli i seni davanti alla faccia.

«Guarda, Daniel, il corpo di Irina si eccita al pensiero di quello che sto per farti».

I capezzoli di Irina si erano induriti e si protendevano turgidi. L'areola si era ristretta. Irina si afferrò il capezzolo sinistro e lo tirò come se le fosse estraneo.

«Un corpo, Daniel, soltanto un corpo. Adesso occupiamoci della mente». Si voltò verso il telefono, senza smettere di tenere premuta la pistola sotto il mento di Daniel. «Sono tutti nella sala, manchiamo solo noi». Si girò di nuovo verso il suo prigioniero. «Tra qualche minuto, l'impaziente Douglas mi avrebbe telefonato, ma non succederà perché a quel punto saranno tutti morti. Mi bastano un paio di minuti per analizzare la tua mente, e altrettanti per inciderti il simbolo sacro e... addio. Cominciamo».

In quel preciso istante Daniel ebbe la stessa sensazione di quando Irina gli aveva letto nel pensiero nella sua stanza: un leggero formicolio sulla fronte che si estendeva sotto il cranio. La sensazione diventò rapidamente più aggressiva e profonda. Faceva sempre più freddo. Daniel chiuse gli occhi e l'impressione di avere Irina su di sé scomparve. Chi gli respirava in faccia era Khaos, chi gli si era intrufolato nella mente era il demonio malvagio e potente contro cui la Confraternita lottava da duemilacinquecento anni.

Fece appello a tutte le sue capacità di concentrazione e gli parve di riuscire a bloccare l'avanzata di Khaos.

Un attimo dopo, quell'essere tenebroso annientò la sua volontà con una forza infinita.

Capitolo 85

Madrid, Spagna, oggi

Elena si accorse che Douglas, seduto alla sua sinistra, tirava fuori il telefono da sotto il tavolo e dava un'occhiata al display. Con la coda dell'occhio, vide i grossi numeri nella parte inferiore che indicavano l'ora.

Le nove in punto.

Tutti i partecipanti al vertice della Confraternita avevano preso posto intorno al grande tavolo. Chiacchieravano tra loro e ogni tanto prendevano una tartina dai vassoi che avevano davanti, ma l'atmosfera era tesa e le conversazioni stavano languendo. Elena unì le punte delle dita e osservò il tavolo. Sotto uno strato di vernice scura si intravedeva il disegno sinuoso dei nodi del legno. Posò le mani in grembo, alzò gli occhi al di sopra dei pitagorici seduti davanti a lei e osservò l'arazzo con il pentacolo.

Mi ricorderà sempre Leo. La prima volta che aveva guardato un pentacolo era stata quando aveva visto riflesso nella finestra del suo salotto quello che Leonardo aveva sul suo portatile: una foto di lei con quel simbolo in un angolo.

La volta successiva è stata quando l'ho visto capovolto e grondante sangue sulla fronte di Leonardo.

Chinò la testa e chiuse gli occhi, ma li riaprì un attimo dopo per scacciare la sensazione di avere anche lei un pentacolo capovolto inciso sulla fronte. Si voltò alla sua destra e lo sguardo le cadde sulla teca con il coltello di Arianna.

Arianna e Akenon hanno passato metà della loro vita a combattere contro i khaosiani. È quello che mi aspetta? Notò i due unici posti vuoti al tavolo e abbozzò un sorriso triste. *Almeno loro due erano insieme, come Daniel e Irina.*

Serrò la mascella e cercò di non pensare al motivo per cui Daniel e l'attraente russa fossero in ritardo. Al suo fianco, Douglas guardò di nuovo il telefono con aria sempre imperturbabile.

Ai due lati della sala, nascosti nelle teche, gli esplosivi aspettavano la chiamata di Irina.

Daniel sentiva la mente andare in pezzi.

Dentro di lui convivevano due coscienze: la sua che assisteva impotente a quello che stava succedendo, e quella di Khaos che, come un violento tornado, irrompeva in ogni anfratto della sua mente esaminandone il contenuto a una velocità indiavolata. Le conoscenze, le emozioni e i ricordi di Daniel gli turbinavano nella testa in un vortice impazzito che tuttavia Khaos assimilava senza problemi.

D'improvviso, tutto si fermò. Daniel inspirò bruscamente, prendendo fiato per la prima volta da quando quel processo era cominciato. Aprì gli occhi e si stupì di vedere il viso di Irina. Era ancora seduta a cavalcioni su di lui, completamente nuda. Il corpo di Daniel era madido di sudore e tremava.

«Adesso viene la parte più interessante» grugnì lei.

Premette la pistola sotto il mento di Daniel perché non si muovesse. Lui cercò di opporsi, ma la droga gli impediva di concentrarsi. Sentì che la presenza di Khaos diventava più forte nella sua testa e a un certo punto il mostro cominciò a penetrare nel suo subconscio.

Daniel gridò e il suo volto si contorse dal dolore mentre un milione di aghi gli si conficcavano nel cervello. Il cuore cominciò a battergli all'impazzata, a duecento pulsazioni al minuto. Khaos forzava i suoi limiti senza pietà, obbligandolo ad affrontare un'alluvione di ricordi perduti o repressi, embrioni di idee, concetti vaghi e percezioni che non erano mai passati attraverso la sua coscienza.

Khaos scese ancora più in profondità e temette che Daniel stesse per avere un arresto cardiaco. *Non prima di darmi quello che voglio.* Trovò un nuovo insieme di dati collegati al lavoro di Daniel e lo analizzò freneticamente.

A un certo punto, Daniel percepì uno squarcio nella parte più profonda della sua mente. Un'esplosione di sofferenza accompagnò la sensazione di un Khaos che si ritirava violentemente, come un demonio esorcizzato.

Irina.

Daniel sbatté le palpebre, stordito. Nel momento in cui Khaos usciva dalla sua mente, aveva percepito Irina confondersi con il mostro.

Aveva la vista sfocata e sbatté di nuovo le palpebre. Quando riuscì a mettere a fuoco vide davanti a sé il viso sconcertato della donna. Lei aprì le labbra come se stesse per parlare, ma non emise alcun suono. Continuava a tenergli la pistola puntata sotto il mento, ma aveva smesso di esercitare pressione.

Il documento di settarizzazione... La registrazione... Carmen Aroza... Daniel ricordò una serie di eventi che fino a quel momento erano rimasti nascosti nel suo subconscio e capì cos'era successo.

Gli occhi di Irina smisero di guardare l'infinito e si fissarono nei suoi. La sua espressione cominciò a indurirsi.

Sta riprendendo il controllo!

Daniel le diede uno schiaffo che la fece cadere. Irina crollò a terra e lasciò andare la pistola. Si voltò immediatamente nel tentativo di afferrarla, ma Daniel si lanciò dalla poltrona e la precedette.

«Ferma!»

Si alzò puntando la pistola. Lei lo guardava dal pavimento, a quattro zampe. Con la vista che gli si oscurava, Daniel dovette appoggiarsi allo schienale della poltrona per non cadere. D'improvviso avvertì che Khaos irrompeva di nuovo nella sua mente, sentì il suo odio e la sua forza che schiacciavano la sua volontà intorpidita dalla droga. Ma un attimo dopo udì un grido di rabbia dentro la sua testa e di nuovo la sensazione che Khaos uscisse da lui, insieme alla certezza che Irina e il mostro non formassero un'unica essenza.

Il corpo di Irina stramazzò a terra e rimase disteso vicino all'accappatoio. La faccia le si contraeva in una rapida successione di spasmi. Daniel si precipitò a prendere il telefono dal tavolo e poi indietreggiò. Sul display vide che nella sala dove li stavano aspettando erano rimaste solo due sedie vuote.

«Molto astuto, Daniel, molto astuto». Il corpo di Irina si mise a sedere con un grugnito roco. Rivolse a Daniel un sorriso che lo fece rabbrividire. «Supponevo che fossi andato più avanti di quanto si evince dal tuo programma, ma devo ammettere che mi hai stupito».

Daniel si accorse che gli tremava la mano che impugnava la pistola e strinse più forte l'arma. Anche lui era stupito di quello che Khaos aveva fatto emergere dal suo subconscio.

Elena mi aveva detto che Carmen Aroza era la sua mentore, e una delle migliori esperte di ipnosi al mondo. Ricordò di essere andato da Carmen e di averle chiesto di imprimere qualcosa nel suo subconscio e poi fargli dimenticare di averlo registrato.

«Documento di dissociazione» disse Irina, «gli hai messo un nome adatto». Era ancora seduta per terra, sudata e con il respiro affannoso come se avesse corso per chilometri.

Un documento di dissociazione per combattere il documento di settarizzazione. Daniel fece un passo indietro, mentre assimilava l'accaduto. La stessa Irina, una settimana prima, gli aveva parlato del Documento creato da Khaos, il documento di settarizzazione, con cui l'organizzazione di Khaos trasformava in ferventi seguaci i candidati idonei che lo leggevano. Da allora, Daniel aveva lavorato con il suo programma per creare un insieme di idee – che aveva chiamato documento di dissociazione –, utile per evitare di diventare un seguace di Khaos nel caso in cui qualcuno lo avesse obbligato a leggere il suo Documento.

Fece un altro passo indietro. Carmen Aroza gli aveva indotto uno stato di trance per poter accedere al suo subconscio. In quello stato, lui aveva ascoltato una registrazione con il suo documento di dissociazione, e poi Carmen, seguendo le sue istruzioni, aveva cancellato l'evento dalla sua coscienza.

Irina sembrava seguire il filo dei suoi pensieri.

«Il problema, Daniel, è che io non ho creato un Documento di settarizzazione, come ha sempre creduto la Confraternita, ma di replicazione, contro il quale il tuo ingegnoso esercizio di manipolazione non può fare nulla».

Daniel alzò l'arma.

«Puoi dire quello che vuoi, ma guarda cos'è successo quando l'hai trovato. Ho notato che la tua mente si dissociava da quella di Irina». Fissò intensamente quegli occhi verdi. «Puoi sentirmi, Irina? Cerca di liberarti di Khaos, usa quello che hai visto nella mia mente».

«Irina non esiste, Daniel. Quella che hai sentito come Irina non era una mente viva, ma un supporto morto».

«Stai mentendo!»

«Sai che non è così». Il corpo di Irina si alzò lentamente, appoggiandosi al tavolo. «E non mento nemmeno quando ti dico che mi ci vorrebbero solo pochi minuti per smontare il tuo piccolo artificio mentale e controllarti». Fece un passo verso Daniel. «Ma possiamo trovare un accordo. Abbassa l'arma e lasciami andare». Fece un altro passo e Daniel si rese conto di non riuscire a distogliere lo sguardo da quegli occhi intensi. «Posso scomparire dalla tua vita, perfino da quella della Confraternita per un secolo».

«No...» Daniel ammutolì.

Mi sta ipnotizzando. Sentiva la volontà indebolirsi. *Mi sta controllando senza bisogno di entrare dentro di me.*

«Abbassa l'arma, Daniel. È meglio per tutti». Il corpo di Irina fece un altro passo verso di lui. «Abbassa l'arma...» Quella voce suadente si insinuava nelle orecchie di Daniel, risuonando in un modo strano nella sua testa: «Abbassa l'arma...»

La mano di Irina si posò sulla pistola e premette leggermente verso il basso. I loro corpi erano sempre più vicini. Daniel riuscì a distogliere lo sguardo e a fissarlo sul pavimento, ma la sua volontà era ormai quasi scomparsa. La mano non oppose resistenza alla pressione di Irina e si abbassò a poco a poco.

«Molto bene, Daniel, molto bene...»

Sentì che Irina gli stringeva più forte la mano che impugnava la pistola. Percepì anche il delicato profumo del suo shampoo.

«Così, Daniel...»

Daniel piegò la testa verso Irina. Il telefono che teneva nell'altra mano cadde a terra. Con la coda dell'occhio vide il proprio riflesso in uno specchio alla parete. Il suo sguardo si spostò meccanicamente sull'immagine di Irina. Contemplò il suo profilo nudo, i seni abbondanti che quasi gli sfioravano il petto, il ventre piatto e il braccio con la mano che impugnava il coltello militare a serramanico.

Irina spostò all'indietro la mano che impugnava il coltello senza che Daniel reagisse.

«Shhh, tranquillo, tranquillo...»

Daniel vide il coltello puntare verso la sua pancia.

«Ahhh!»

Irina gridò quando il proiettile le spappolò il ginocchio. Cadde di lato, afferrandosi la gamba. Daniel la guardava, stordito dalla detonazione e dalla strana trance in cui era caduto. Per un attimo guardò la pistola fumante, con il dito ancora premuto sul grilletto; poi si chinò e raccolse il telefono.

«Maledetto!» ruggì la voce di Irina.

Daniel percepì l'impatto della mente di Khaos e vacillò all'indietro.

«Aargh!» Il grido di rabbia di Irina fu simultaneo alla sensazione di Daniel che il mostro uscisse dalla sua testa.

Lei si contorse sul pavimento insanguinato, senza smettere di ringhiare. Daniel sbloccò il telefono e si sforzò di ricordare il numero di Douglas. Aveva sentito Irina comporlo, doveva essere in grado di ricordare la sequenza di toni.

Andiamo, andiamo! Osservò il display con la mente annebbiata. La droga dello champagne gli impediva di concentrarsi. Notò che il corpo di Irina aveva smesso di contorcersi, ma tenne lo sguardo fisso sul display. D'improvviso, la sequenza comparve nella sua mente e lui cominciò a digitarla freneticamente...

«Se telefoni, te ne pentirai».

Daniel alzò lo sguardo, impressionato dalla fredda sicurezza della voce di Irina. Benché fosse riversa a terra con una tremenda ferita alla gamba, aveva un'espressione calma e fiduciosa.

Vuole spaventarmi con la storia degli esplosivi.

Daniel avvicinò il pollice al tasto di chiamata. Guardò di nuovo Irina ed esitò.

Deglutì e premette il pulsante.

Capitolo 86

Madrid, Spagna, oggi

Elena girò la testa vedendo lampeggiare il telefono di Douglas. Lesse il nome di Irina sul display e si incupì.

Chiamerà per avvisare che hanno intenzione di passare un'altra ora a letto?

Douglas aggrottò la fronte e si portò il telefono all'orecchio. I membri della Confraternita lo osservavano in silenzio.

«Irina...? Cosa...? Daniel, cosa stai dicendo?!»

L'atmosfera della sala si fece improvvisamente tesa al grido di Douglas. Lui allontanò il telefono dalla faccia e attivò la funzione di videochiamata. Comparve la faccia sconvolta di Daniel e si udì la sua voce alterata:

«... dovete uscire di lì. Ha messo delle bombe nelle teche, e anche in cantina».

Nella sala serpeggiò un brusio nervoso, mentre tutti si voltavano verso la spada di Akenon e il coltello di Arianna, restando però seduti in attesa delle istruzioni di Douglas.

«Daniel, dov'è Irina?»

In risposta alla domanda imperativa di Douglas, l'immagine si mosse bruscamente. In primo piano c'era la mano di Daniel che impugnava una pistola. L'arma era puntata su Irina, distesa a terra, nuda e con una gamba insanguinata.

Douglas balzò in piedi come una molla e fece un cenno a Ivan, che si alzò estraendo la Glock dalla fondina. Il leader della Confraternita si appoggiò il telefono al petto e si rivolse a bassa voce a un altro dei suoi uomini.

«Ander, porta tutti fuori in giardino e allontanatevi dalla casa. Edgar, Hugo, venite con noi». Si precipitò verso la porta, parlando di nuovo al telefono. «Daniel, calmati e non fare altre sciocchezze. Saremo lì in un attimo».

Uscì di corsa dalla sala, seguito dai suoi uomini. Erano tutti armati di pistole.

Daniel si avvicinò il telefono alla faccia.

«Non mi hai sentito? Ti dico che Irina è Khaos!»

Vide l'immagine nel telefono ondeggiare bruscamente.

Sta correndo qui, e non mi ascolta.

Si voltò verso l'essere che giaceva a terra. Il corpo e la faccia erano quelli di Irina, ma l'espressione malvagia apparteneva a un demonio. Sentì un'improvvisa vertigine e rischiò di cadere.

«Douglas, Irina mi ha...» Scosse la testa e si corresse. «Khaos mi ha drogato. Dovete salire al più presto».

D'improvviso si udirono dei colpi lontani. Daniel si girò e quando si voltò di nuovo verso Irina, sul viso di lei il sorriso si era allargato.

«Mio piccolo Daniel, non riusciranno ad aprire in tempo la porta della torre». Il corpo insanguinato si protese verso il coltello a serramanico e lo afferrò. Poi si alzò appoggiandosi alla gamba sana. «Dovrai affrontarmi da solo».

Capitolo 87

Madrid, Spagna, oggi

Elena si precipitò fuori dalla sala. Si trovava in mezzo al gruppo principale, ma quando arrivò al corridoio cambiò direzione e seguì quella presa da Douglas e i suoi uomini armati. Percorse il corridoio a denti stretti, temendo che dietro di lei esplodessero le bombe di cui aveva parlato Daniel, e imboccò il passaggio coperto che portava al torrione di pietra. In fondo c'erano i quattro uomini. Ivan stava prendendo brutalmente a calci una massiccia porta di ferro battuto.

«Adesso basta» disse Douglas. «Cerca una copia della chiave o procurati una leva».

Ivan si voltò e passò di corsa accanto a Elena. Fu allora che Douglas la vide.

«Cosa ci fai qui? Devi andare in giardino con gli altri».

«Non vado da nessuna parte».

Elena sostenne lo sguardo del leader della Confraternita. Douglas aveva la faccia tirata. Lanciò un'occhiata al display del suo telefono, poi i suoi occhi tornarono a posarsi su di lei.

«D'accordo, ma quando riusciremo ad aprire la porta tu resterai qui sotto». *Questo si vedrà*, pensò Elena mentre lui continuava a parlare. «Daniel ha una pistola e ha già sparato a Irina».

Mostrò il telefono a Elena. Sul display si vedeva la mano di Daniel che impugnava una pistola. Davanti a lui c'era Irina, nuda e insanguinata, che si reggeva su una gamba brandendo un coltello a serramanico.

«Daniel, sono Elena, siamo alla porta della torre!»

Daniel rispose continuando a inquadrare Irina.

«Elena, Irina è Khaos. Il Documento che ha creato non fa diventare chiunque lo legga un suo discepolo. Non è un documento di settarizzazione, è un documento per *replicarsi*». Sul display Elena vide Irina fare un balzo verso Daniel, che indietreggiò continuando a parlare a gran voce. «Chi lo legge si trasforma in lui, in Khaos. È sempre stato così, fin dai tempi di Glauco».

Elena aggrottò le sopracciglia. *Un documento di replicazione?* Le era incomprensibile come la scena che stava osservando.

Daniel continuava a urlare.

«Elena, Douglas, ascoltatemi. Credo che possiamo invertire il processo e salvare Irina. Dovete aiutarmi a fermare Khaos».

L'immagine sul telefono cominciò a ondeggiare. Irina inseguiva Daniel saltellando e brandendo il coltello. Daniel indietreggiò lungo la parete circolare di pietra, dirigendosi senza accorgersene verso il letto. Inciampò, cadde di schiena sul materasso e gli sfuggì il telefono di mano.

Elena e Douglas videro un'immagine sfocata di Irina che si avventava su Daniel. Poi il display inquadrò le travi di legno del soffitto della stanza.

Si udì uno sparo.

* * *

Daniel avvertì una sensazione di calore al braccio sinistro. Ignorando il dolore, rotolò sul materasso respingendo il suo nemico. Quando cadde a terra si rialzò subito e si allontanò dal letto. Una profonda ferita alla spalla sinistra sanguinava copiosamente. Con l'altra mano continuava a impugnare la pistola. Il corpo di Irina era supino sul letto e impregnava di sangue le lenzuola bianche. Il secondo sparo l'aveva colpita alla coscia destra.

Irina girò lentamente la testa verso Daniel e rimase a fissarlo con aria perplessa.

«Daniel?»

La voce era debole e dolce; Daniel ebbe un tuffo al cuore.

«Irina, sei tu?»

«Daniel… aiutami». La voce aveva perso il tono roco, ma non era nemmeno quella della Irina che aveva conosciuto. Non aveva l'accento russo e sembrava quella di una bambina spaventata.

Daniel esitò. I suoi occhi supplicanti si inumidirono e Irina cominciò a piangere in silenzio. Lui si avvicinò al letto. Il corpo di Irina non si muoveva e non sembrava consapevole delle tremende ferite al ginocchio sinistro e alla coscia destra. Daniel allungò una mano tremante. La sua spalla ferita urlò di dolore, ma lui lo ignorò e prese dolcemente la mano di Irina. Era abbandonata come quella di un morto.

Le labbra di Irina si curvarono a poco a poco in un sorriso timido e trepidante. Daniel le strinse leggermente la mano.

«Irina…»

La mano di lei reagì con una contrazione quasi impercettibile. Daniel le accarezzò il dorso con il pollice. D'improvviso, la mano diventò un artiglio d'acciaio che afferrò quella di Daniel.

«Nooo!»

Il grido di Irina vibrava di sofferenza e di paura. Il braccio libero della russa si scagliò contro di lui. Daniel riuscì a liberare la mano tirando con tutte le sue forze, ma il coltello gli fece un lungo taglio nell'avambraccio. Si gettò all'indietro per allontanarsi dalla lama, che continuava a fendere l'aria in modo frenetico.

«Nooo! Aiutami, Daniel!»

Irina era sempre distesa sul letto. L'unica cosa che si muoveva erano le sue braccia, che sembravano i tentacoli di un polpo impazzito. Il suo viso rifletteva un terrore così profondo che Daniel si sentì gelare il sangue.

«Daniel, per favore, Daniel, è lui, è LUI!» Irina scuoteva la testa da una parte all'altra, frustandosi il viso con le ciocche bionde, mentre le braccia non smettevano di agitarsi. «Non lasciarglielo fare, Daniel, non permetterglielo!»

La mano che impugnava il coltello si fermò. Poi cominciò a vibrare come se fosse sottoposta a uno sforzo immane. D'improvviso si abbatté con forza e la lama affilata si conficcò nel collo di Irina.

«Ahhh!»

Irina urlò mentre il suo stesso braccio infieriva su di lei, squarciandole il collo con inusitata violenza. Il sangue sgorgò a fiotti, al ritmo dei battiti del suo cuore. La mano assassina si sollevò e tornò a colpire, affondando con facilità la lama nella carne morbida della gola.

Daniel scagliò via la pistola e si gettò su Irina. La afferrò per i polsi, allontanandole le mani dal collo. Il coltello a serramanico le rimase conficcato in gola. Daniel lo estrasse e lo lanciò dall'altra parte della stanza, poi premette le ferite del collo, ma era come mettere la mano su una fontana di sangue.

«Irina!»

Gli occhi verdi della donna incontrarono quelli di Daniel.

«Daniel, avresti potuto sconfiggerlo...» La sua voce dolce e flebile emanava una tristezza infinita. «Avresti potuto... salvarmi».

Il suo sguardo si perse nel vuoto e il sangue smise di scorrere.

Irina... No...

I pensieri si interruppero. Daniel chiuse gli occhi e crollò lentamente sul cadavere di Irina.

Capitolo 88

Madrid, Spagna, oggi

La porta del torrione cedette sotto la pressione della leva di Ivan. Douglas la aprì con una spinta e si precipitò sulle scale circolari di granito. Alla fine dei venti scalini sparò due volte contro la serratura della porta della stanza di Irina e la spalancò con un calcio.

Sul pavimento di legno c'era una scia di sangue che arrivava fino al letto su cui diverse volte aveva fatto sesso con Irina. A un lato del letto c'era il telefono di lei e dall'altro la pistola che aveva impugnato Daniel. Sulle lenzuola inzuppate di sangue, Daniel e Irina erano immobili.

«Allontanati da lei!»

Douglas avanzò verso il letto, impugnando la pistola con entrambe le mani. Vide la faccia di Irina, il suo sguardo vitreo, il collo maciullato sotto le mani di Daniel.

«Allontanati da lei!»

Daniel non si mosse. Douglas gli puntò la pistola alla testa e il dito gli tremò sul grilletto. D'improvviso, una mano afferrò l'arma e la puntò al soffitto.

«Douglas. Douglas!»

Ivan prese la faccia di Douglas tra le mani e riuscì a

farsi guardare negli occhi. Il leader della Confraternita strinse forte la pistola, sostenendo lo sguardo di Ivan.

Poi chiuse gli occhi e lasciò andare l'arma.

Epilogo

Madrid, Spagna, oggi

Ti troverò.

Gli occhi di Daniel, arrossati e secchi, osservavano senza batter ciglio gli elenchi di risultati che riempivano i tre monitor della sua stanza.

No... no... no... Si fermò un attimo su uno degli indirizzi URL, lo scartò e continuò a scorrere l'elenco. *No... no... niente.*

Mise le mani sulla tastiera, fece qualche modifica al crawler e lo lanciò di nuovo. Il programma cominciò a scansionare Internet alla velocità della luce, andando a frugare in ogni angolo del cyberspazio alla ricerca di qualche indizio del documento di replicazione.

Dopo un po', cominciarono ad apparire nuovi risultati. Daniel, il volto segnato da profonde occhiaie, osservò gli schermi serrando le labbra. Da quando aveva lasciato la sede della Confraternita, una settimana prima, quasi non mangiava e dormiva solo due ore per notte.

Il crawler terminò il lavoro senza risultati soddisfacenti. Daniel modificò gli algoritmi e lo lanciò di nuovo.

«Ti troverò, figlio di puttana».

Douglas e i suoi uomini erano riusciti ad aprire la porta del torrione quando Irina era ormai morta. L'avevano staccato da lei a forza, immobilizzato a terra e ammanettato. Non erano riusciti a vedere chiaramente quello che succedeva attraverso la videocamera del telefono, ma avevano analizzato le immagini registrate e infine l'avevano lasciato libero. Il fattore decisivo per la sua liberazione era stato la conferma della presenza dell'esplosivo nelle teche in cui erano conservate le armi di Arianna e di Akenon.

Nei due giorni successivi avevano cercato di convincere Daniel a collaborare con loro. L'unica cosa che avevano ottenuto era che gli raccontasse cos'era successo e desse la sua parola di non parlare a nessuno della Confraternita.

Non capiscono niente; non sanno com'è Khaos, né chi era Irina. Lui sì che lo sapeva: li aveva sentiti entrambi nella sua testa. *Credono che Irina fosse la donna sofisticata e determinata che hanno conosciuto. Nessuno di loro ha sentito la voce e visto lo sguardo della bambina dolce e spaventata degli ultimi istanti.*

Senza staccare gli occhi dai monitor, si sforzò di allontanare dalla mente l'immagine di Irina che urlava mentre Khaos usava il suo stesso corpo per accoltellarla. La voce di Irina emanava un terrore così profondo che Daniel tremava ogni volta che ci ripensava.

Lo schermo si riempì ancora di dati. Daniel sapeva che la Confraternita voleva essere tenuta al corrente di quello che faceva. Il giorno in cui aveva lasciato la sede, per prima cosa aveva analizzato il suo computer. Aveva scoperto un nuovo trojan della Confraternita e l'aveva manipolato affinché inviasse sempre l'informazione che era connesso a Internet ma che non stava navigando.

«Questo devo farlo da solo» borbottò all'aria viziata della stanza.

I suoi occhi indugiarono su uno dei risultati. Il respiro accelerò. Lanciò subito un altro programma che aveva creato con cui poteva esplorare più in profondità il sito web senza essere scoperto.

Mentre aspettava, sentì una fitta lancinante. Si portò la mano al petto; le sue pulsazioni erano così rapide che, più che battere, il suo cuore vibrava. Guardò la tazza vuota appoggiata lì vicino. Stava prendendo una decina di caffè al giorno per tenersi sveglio. Chiuse gli occhi e cercò di respirare con calma.

Dopo un minuto, le pulsazioni rallentarono e riaprì gli occhi. Uno dei monitor era pieno di informazioni sul sito sospetto.

«Nozioni esoteriche… potere… rivelazione…» Le sue labbra bisbigliavano mentre leggeva le informazioni. «Apoteosi… elevazione…»

Premette nervosamente un tasto, i dati scomparvero e rilanciò il crawler.

Stupidi. Aveva già individuato diverse organizzazioni che cercavano conoscenze segrete che permettessero di ottenere qualche tipo di trascendenza spirituale. Alcuni gruppi credevano addirittura di possedere già quelle conoscenze e le sperimentavano. In realtà, si limitavano a recitare mantra e a volte a usare droghe per rituali in cui raggiungevano una trance collettiva. *Spero per loro che non trovino il documento di replicazione.* Probabilmente nessuno sarebbe stato in grado di capirlo, ma se qualcuno ci fosse riuscito era molto probabile che avrebbe finito per suicidarsi.

Scartò un nuovo elenco di risultati, riconfigurò il programma di ricerca e lo lanciò su Internet.

Sei lì, Khaos. So che sei lì.

Appena avesse trovato una copia del documento di replicazione, avrebbe estratto alcune sequenze di dati per lanciare una ricerca molto più precisa. In quel modo avrebbe rintracciato tutte le copie esistenti su Internet e le avrebbe distrutte.

Prima di cancellarle, me ne terrò una. Irina gli aveva detto che avrebbe potuto sconfiggerlo, ed era quello che aveva intenzione di fare.

«Ha detto che avrei potuto salvarla.» La sua voce si incrinò trasformandosi in un singhiozzo. Si portò le mani alla faccia e le premette sulle palpebre.

Quando riaprì gli occhi, esaminò tutti i monitor. Aveva diversi motivi per voler leggere il documento di replicazione.

Il Documento deve contenere tutto quello che Khaos ha bisogno di sapere ogni volta che si reincarna. Era sicuro che il Documento conteneva l'ubicazione delle copie cartacee esistenti. *Khaos ha bisogno di controllare le copie, deve poterle modificare tutte contemporaneamente se scopre un modo per migliorarle.*

Inoltre, nel caso fossero esistite altre reincarnazioni di Khaos in quel momento, era possibile che nel Documento fosse indicato chi erano. E, pur non avendone la certezza assoluta, era sicuro che prima o poi avrebbe rivisto Khaos incarnato in un altro corpo mortale.

La prossima volta sarò pronto. Lo espellerò dalla persona in cui si è replicato prima che possa farle del male.

Palpò la benda che gli fasciava la ferita sull'avambraccio, trattenendo l'impulso di grattarsi. C'erano voluti otto punti di sutura alla spalla e diciannove all'avambraccio, ma per fortuna il coltello non aveva leso nervi né tendini. Si appoggiò allo schienale della sedia e continuò a riflettere. Avrebbe usato il suo programma di simulazione del cervello e della mente per creare uno strumento di dissociazione molto più potente del precedente, quello che si era fatto imprimere da Carmen Aroza con l'ipnosi.

Analizzerò ogni parola del tuo Documento, Khaos. Pensava di dividerlo in parti ed esaminarle separatamente. Sapeva che anche così avrebbe corso un pericolo mortale, ma era disposto ad affrontarlo. *Tu stesso hai detto che il mio programma poteva servire a rendere più potenti le tue prossime reincarnazioni. Se è così, potrà anche servire a distruggerti.* In quel momento non era in grado di ipotizzare come ci sarebbe riuscito, ma se era necessario avrebbe dedicato a quello scopo il resto della sua vita.

I tre monitor si riempirono di risultati. Di nuovo, uno di questi richiamò la sua attenzione. Spostò il cursore per selezionarlo, ma prima che potesse farlo alzò bruscamente la testa e rimase immobile.

Gli era sembrato di sentire lo squillo del citofono.

Si voltò verso la porta della sua stanza. La vedeva a stento. Le tapparelle erano abbassate e l'unica fonte luminosa era quella di una lampada da tavolo il cui cono di luce non andava oltre il piano della scrivania.

Il citofono suonò ancora.

Pensò che avrebbero aperto Cristina e Pablo, ma un attimo dopo si ricordò che i suoi coinquilini erano partiti il giorno dopo il suo ritorno dalla Confraternita. Aggrottò la fronte ripensando alla loro espressione l'ultima volta che li aveva visti. *Mi guardavano terrorizzati.*

Un altro squillo.

Serrò le mascelle e cercò di concentrarsi sui risultati del crawler. Al centro di uno schermo spiccava un indirizzo promettente. Daniel lo guardò per un attimo, ma poi distolse lo sguardo e si voltò verso la porta, aspettando con il respiro affannoso che il citofono suonasse di nuovo. Quando accadde, trasalì violentemente.

Aprì una finestra sul monitor, digitò un codice e premette Enter. Sullo schermo comparve un messaggio che gli chiedeva se voleva cancellare tutti i dati. Posizionò il cursore sul 'Sì' senza premerlo, poi si alzò e andò alla porta.

La maniglia non girava.

Si accorse che il chiavistello era chiuso. Mentre lo apriva, la sua ansia aumentò constatando quanto gli tremasse la mano. Aprì la porta e uscì nel corridoio buio. Nell'ombra fluttuava un pentacolo capovolto, che svanì appena sbatté le palpebre. Da quando quel simbolo era comparso sul suo computer, spesso sembrava materializzarglisi davanti quando guardava nel buio.

Mi succede più spesso da quando Khaos mi ha detto che me l'avrebbe inciso sulla fronte.

Arrivò alla porta d'ingresso dell'appartamento. In un silenzio quasi solido, il videocitofono emanava un bagliore spettrale.

Daniel vide chi stava suonando e non si mosse.

Elena…

L'immagine sul display era in bianco e nero. Elena guardava verso il portone, e aveva i capelli raccolti in una lunga coda liscia.

Sembra triste. Di solito era sorridente, ma in quel momento non c'era traccia di sorriso sulle sue labbra e gli occhi tradivano stanchezza.

Elena guardò nella telecamera, alzò una mano e l'aria vibrò con lo stridore di un'altra scampanellata. Daniel reagì premendo violentemente il pulsante della comunicazione.

«Vattene» grugnì con voce roca.

Elena guardò ansiosa verso la telecamera.

«Daniel? Daniel, sei tu?»

Daniel rimase a fissare lo schermo senza rispondere.

«Daniel, apri, devo parlarti». Silenzio. «Sono sola, apri, per favore».

Lui continuò a guardarla, senza muoversi.

«Devi aprirmi, Daniel». Elena osservò il portone per qualche secondo, poi si voltò di nuovo verso la telecamera. «Ho passato tutta la settimana a lavorare con la Confraternita. Pensano che tu stia cercando Khaos per conto tuo. È troppo pericoloso, Daniel». Fissò intensamente la telecamera. «Douglas dice che l'unico modo di affrontare il documento di replicazione è dividerlo in pezzi piccoli, e che ogni membro della Confraternita lavori su una parte. Dice anche che prima devono imprimersi nella mente una versione evoluta del tuo documento di dissociazione, e per questo hanno bisogno del tuo aiuto».

Loro hanno bisogno di me, ma io non ho bisogno di loro. Daniel abbassò gli occhi a terra. *Neanche loro sono stati in grado di aiutare Irina.*

«Abbiamo parlato con Carmen Aroza». Daniel alzò la testa. «Ci ha raccontato di averti ipnotizzato per imprimerti delle informazioni nel subconscio, ma non sa esattamente di cosa si tratti. Dice che le avevi registrate su un cd, e lei ha seguito le tue istruzioni facendotele ascoltare nelle cuffie mentre eri in trance, per poi cancellarle dalla tua coscienza e distruggere la registrazione. Si è offerta di collaborare con noi».

Noi... Daniel fece una smorfia infastidita. *Adesso anche tu ti consideri parte della Confraternita.*

Elena si voltò verso la strada e poi continuò a parlare.

«La collaborazione di Carmen non serve a niente se tu non ci aiuti. La Confraternita impiegherebbe anni a sviluppare uno strumento di dissociazione come quello che hai creato in una settimana con il tuo programma. E per combattere il documento di replicazione serve un'arma molto più potente di quella che hai creato».

Daniel abbozzò un sorriso amaro. *Questo lo so.*

«La Confraternita non può affrontare Khaos senza il tuo aiuto, ma neanche tu puoi riuscirci senza l'aiuto della Confraternita. Se incontrassi Khaos, ti dominerebbe e finiresti per suicidarti».

Non credo.

«Stai facendo quello che voleva Khaos, allontanarti dalla Confraternita e cercarlo da solo. Voleva che ti suicidassi perché se lavorassi con la Confraternita diventeresti il suo nemico più pericoloso».

Elena si avvicinò alla telecamera. Daniel riuscì a percepire che aveva il respiro affannoso. Lei attese per qualche secondo, per vedere se rispondeva, poi continuò: «Khaos si è suicidato nel corpo di Irina perché per lui era la scelta migliore. Non poteva fuggire ferito, c'erano prove della sua colpevolezza e non poteva rischiare che la Confraternita esaminasse la sua mente con gli strumenti che tu avresti potuto sviluppare con il tuo programma. Avrebbe rappresentato un grosso vantaggio per la Confraternita nella lotta contro altre repliche, e adesso sappiamo che suicidarsi per Khaos non è tanto negativo, è semplicemente una fuga, un piccolo sacrificio che gli permette di scappare».

Daniel chiuse gli occhi e scosse la testa.

«Daniel, Khaos voleva farti credere di essere in grado

di fargli prendere vita nella tua coscienza, di tenerlo a bada grazie al documento di dissociazione e di sconfiggerlo; ma sarebbe lui a dominarti. Ti spingerebbe al suicidio o qualcosa di ancora peggio. Douglas dice che se ti lasciassi trascinare dal desiderio di vendetta e dall'odio, finiresti per cedergli la tua coscienza e ti trasformeresti in un nuovo Khaos».

Sul volto di Daniel affiorò una smorfia amara. Il giovane scosse di nuovo la testa. Elena aspettò invano una risposta, fissando angosciata la telecamera.

«Hai avuto un'esperienza terribile, Daniel, sei in stato di shock. Devi sforzarti di capire che stai negando la realtà. Khaos ti ha manipolato fin dall'inizio e continua a farlo. Ti spinge ad agire facendo leva sul tuo forte senso di colpa; stai cercando di espiare cambiando il passato, ma è impossibile. Daniel, non era possibile recuperare Irina».

Non è vero.

«La Irina che hai conosciuto alla riunione del Mensa, quella che ti ha fatto innamorare, era sempre Khaos». Elena continuò a parlare con voce rotta. «I tuoi ricordi non sono reali, Irina non è mai stata una persona di cui valesse la pena innamorarsi. Se è diventata Khaos anni fa è perché era una persona senza scrupoli e con un'ambizione smisurata».

Non è vero. Daniel si allontanò di un passo dal citofono.

«In fondo sai che chi accetta che la propria coscienza adotti la forma di Khaos annulla l'individuo che era prima. Se riuscissi a strappare via Khaos dalla mente di una replica, sarebbe come se gli estirpassi la maggior parte del cervello. Rimarrebbe solo un essere privo di volontà e senza la capacità di ragionare: un vegetale».

Non è vero! Daniel rivedeva la Irina degli ultimi istanti in modo così vivido come se l'avesse davanti. *Era la* vera *Irina*.

Voltò le spalle all'immagine di Elena e si allontanò nel corridoio buio. Le sue labbra si muovevano senza emettere alcun suono. Entrò nella sua stanza e si sedette davanti ai monitor. Fece scomparire l'opzione di cancellare gli hard disk ed esaminò l'elenco degli ultimi risultati del crawler. Tra i primi c'era quello che gli era sembrato promettente.

L'intuizione gli diceva che se fosse andato in quella direzione avrebbe trovato Khaos.

La voce di Elena al citofono gli giungeva attutita attraverso la porta aperta della sua stanza. Si sentiva che stava piangendo.

«Daniel, devi ascoltarmi. Anche alla fine Irina era Khaos». Daniel scosse la testa, stringendosela tra le mani. «Si è mostrata indifesa e si è accoltellata perché il senso di colpa ti portasse ad affrontare da solo il suo Documento. Ha fatto scempio del suo corpo in modo così orribile per traumatizzarti». Daniel rivide davanti a sé le carni straziate, il sangue che gli scorreva tra le mani. «È stata un'azione calcolata come tutte le altre, e anche crudele e vendicativa. La Irina dolce che hai creduto di intravedere era un mostro che ha martoriato il proprio corpo per accrescere la tua sofferenza».

Daniel si alzò scaraventando la sedia all'indietro. Uscì dalla stanza, attraversò il corridoio in quattro falcate e diede un pugno al tasto di comunicazione del citofono.

«È falso!» Continuò a colpire, più e più volte. «Falso! Falso!»

Elena alzò una mano verso la telecamera. Il suo viso era rigato di lacrime.

«Daniel...»

Daniel appoggiò la fronte alla parete e chiuse gli occhi.

«No...»

Il suo lamento si trasformò in un gemito prolungato che sgorgava dalle profondità della gola. Scivolò a terra, graffiandosi la fronte contro la parete, cullato dal pianto che proveniva dall'altoparlante del citofono.

Prima che le ginocchia toccassero il pavimento, la sua mano premette il pulsante che apriva la porta a Elena.

Lettera ai lettori

Madrid, 1° settembre 2014 d.C.

Nel corso della mia vita di scrittore, una delle domande che mi hanno fatto più spesso è come mi vengono le idee per i romanzi. Cercherò di rispondere per quanto riguarda *Il teorema delle menti*.

Una ventina d'anni fa, quando studiavo Psicologia all'università, analizzai un evento che ebbe su di me un profondo impatto. Si trattava della storia della setta Tempio del Popolo, fondata e diretta da un uomo di nome Jim Jones. Quell'uomo, senz'altro dotato di enorme carisma, il pomeriggio del 18 novembre 1978 portò al suicidio i suoi oltre novecento seguaci, un terzo dei quali erano bambini. Il metodo fu l'ingestione o l'iniezione di cianuro, e coloro che non erano d'accordo furono assassinati dai compagni.

Quando conobbi questa storia terribile, approfondii lo studio delle sette e dei processi mentali che possono annullare la personalità di un individuo. Senza dubbio, i casi più eclatanti sono quelli che sfociano nella morte, ma può essere altrettanto tragico vivere seguendo le regole dettate da un'altra persona considerata superiore. È un argomento che mi interessa molto in quanto psicologo, e come scrittore ha continuato a ossessionarmi fin da quando ho studiato il caso di Jim Jones.

Questo è stato uno dei semi del romanzo, ora vediamo l'altro. Da molto tempo ho deciso di annotare in un file tutte le idee che mi vengono e che ritengo interessanti per sviluppare una storia. A oggi avrò all'incirca duecento annotazioni, e quando le riguardo mi rendo conto che in realtà molte non le trasformerò mai in una storia, altre probabilmente sì, e qualcuna mette in moto i miei processi mentali ogni volta che la leggo, al punto che non riesco a togliermela dalla testa per parecchio tempo. Con quelle idee *ho bisogno* di scrivere una storia. Ebbene, dopo aver studiato il mondo delle sette e altri casi estremi di manipolazione, mi è venuta una di queste idee: una persona con intelligenza e capacità di seduzione sufficienti potrebbe scrivere un documento che manipolasse i suoi lettori proprio come lo farebbe la stessa persona parlando. Poi ho immaginato che quell'individuo voglia che chi legge il documento commetta un delitto che lui non può mettere in atto, sia per circostanze fisiche – per esempio, la prigionia – sia per questioni di tempo – potrebbe essere moribondo, volersi vendicare dei discendenti di qualcuno, e via dicendo. L'idea è rimasta annotata nel mio file delle idee, e tra tutte era quella che più mi stimolava ogni volta che le riguardavo. Anni dopo, mentre stavo scrivendo la trama dell'*Assassinio di Pitagora* e del *Teorema delle menti* – le ho scritte una di seguito all'altra – d'improvviso quell'idea mi è tornata in mente come un lampo, dotata di un nome proprio:

Khaos!

In quel preciso istante ho saputo che il discepolo traditore avrebbe creato un Documento in grado di ottenere totale obbedienza da chiunque lo leggesse. Il lettore del Documento si sarebbe sentito così identificato in Khaos da sentire e pensare esattamente come lui. Ma andai oltre e concepii una delle idee centrali del *Teorema delle menti*: il lettore del Documento non solo avrebbe pensato e si sarebbe sentito come Khaos, ma il Documento lo avrebbe manipolato – plasmando il suo cervello – al punto da far scomparire la sua personalità precedente e trasformarlo in Khaos, *sarebbe diventato* Khaos (spero che vi sia piaciuta la scena di *Sono Khaos!*, a me sono venuti i brividi al solo immaginarla). Ovviamente è un elemento di finzione, ma si tratta solo di andare un po' più in là nei processi reali di lavaggio del cervello, che purtroppo sono abituali nelle sette e in altri programmi radicali di formazione come quelli a cui vengono sottoposti i terroristi suicidi.

Concepire Khaos trasformato in un insieme di idee e dati scritti in un Documento, e in questo modo perpetuati attraverso le successive reincarnazioni rese possibili dal Documento stesso, mi ha portato in modo naturale a inserire nel romanzo una trama nel presente dove avvenisse l'epilogo della storia. Il motivo è, come dico nel libro, che al giorno d'oggi la scienza sta compiendo passi da gigante nello studio del cervello – un altro argomento che mi affascina. La capacità di manipolazione (in alcuni contesti nota come *riprogrammazione di cervelli*) si basa sulla plasticità neuronale o sulla capacità di plasmare il cervello. Sviluppando la trama nel presente, potevo esporre la base scientifica di quanto succede nel romanzo. Ho deciso di farlo pensando che molti lettori potessero essere interessati come me al tema della mente, del cervello e delle sue capacità.

Ecco come è nata l'idea del *Teorema delle menti*. Ma adesso consentitemi di parlare di altri aspetti del romanzo.

* * *

Elena, la protagonista del presente, studia da anni il potenziale di allenamento intellettuale per incrementare le capacità del nostro cervello. Come abbiamo visto, sta sviluppando un metodo di allenamento con risultati molto promettenti. Da parte mia, mi limito a esaminare con interesse tutto quello che mi capita tra le mani sulla materia, ma condivido con lei le principali conclusioni a cui arriva. Credo che tutti i metodi di allenamento cognitivo che stanno nascendo – caschi e occhiali a stimoli visivi e uditivi, metodi di biofeedback, giochi per 'allenare il cervello' – suscitino aspettative superiori ai risultati reali. Ma sono altresì convinto che i progressi nello studio del cervello porteranno a metodi sempre più efficaci per potenziarne le capacità.

Quanto all'ipnosi, tutto quello che dico nel romanzo rientra nei limiti scientificamente provati. L'ipnosi è uno stato di rilassamento profondo in cui si mantiene un livello di allerta superiore a quando si è addormentati. In questo stato si può accedere al subconscio dell'ipnotizzato, portare in superficie elementi nascosti – dimenticati, repressi – ma anche imprimere messaggi o intenzioni in un modo più efficace che lavorando solo con la coscienza. L'efficacia dell'ipnosi dipende dall'abilità personale dell'ipnotizzatore. Come il personaggio di Carmen Aroza, un bravo esperto può ottenere notevoli margini di successo nei metodi per smettere di fumare, e addirittura indurre uno stato di analgesia che permetta di effettuare interventi chirurgici senza anestesia sull'ipnotizzato. Non si tratta solo di una possibilità teorica, ma di una realtà messa in pratica in numerose occasioni.

Il Mensa, l'organizzazione di menti superdotate di cui si avvalgono sia la Confraternita che Khaos per cercare candidati, è un'organizzazione vera, come lo sono tutti i dati al riguardo citati nel romanzo. In effetti, le informazioni fornite, così come le descrizioni delle procedure di ammissione e del funzionamento dell'organizzazione, sono di prima mano, perché anch'io sono membro del Mensa. L'unica cosa che ho omesso volontariamente è il nome del bar di Madrid dove hanno luogo le riunioni del venerdì, anche se ne ho mantenuto l'ubicazione reale nel Barrio de las Letras. Se qualcuno avesse curiosità di saperne di più sul Mensa, può visitare la pagina web (in Italia: www.mensa.it). Quanto al *Test orientativo* svolto da Daniel nel suo primo contatto con il Mensa, lo si può svolgere in spagnolo al seguente indirizzo: www.mensa.es/test/test.html.

Sono reali, reali in modo inquietante, anche i metodi di spionaggio attraverso Internet. Al giorno d'oggi, la maggior parte di noi passa buona parte del tempo davanti a una webcam e a un microfono. Per qualunque hacker – per non parlare di un'agenzia statale – è molto facile introdursi in un dispositivo altrui e registrare quello che captano il microfono o la telecamera. Non basta disattivarli, perché possono essere attivati a nostra insaputa. Io tengo sempre un foglietto di carta appiccicato sulla webcam del portatile su cui scrivo, e il mio consiglio è che chiunque non voglia essere osservato o registrato faccia la stessa cosa. Agli albori di Internet e della posta elettronica la cosa più prudente era non scrivere mai niente che non si sarebbe voluto rendere pubblico. Al giorno d'oggi, è prudente non dire né fare davanti all'occhio di una webcam – che non sia coperta – niente che non ci piacerebbe che vedesse un estraneo.

Il lavoro di Daniel, il programma che stimola in modo preciso il funzionamento del cervello e della mente, non è ancora una realtà. Dico bene, 'non ancora', perché ottenere qualcosa di simile è l'obiettivo di molte ricerche attualmente in corso. Quando Daniel e Irina si conoscono alla riunione del Mensa, Daniel parla del progetto Human Brain Project. Tutti i dati citati al riguardo sono reali: si tratta di un progetto internazionale che durerà fino al 2023, con un budget di un miliardo e duecento milioni di euro, finalizzato alla simulazione dettagliata di un cervello umano grazie a un insieme di supercomputer. Il progetto, tra le altre cose, intende integrare le conoscenze sviluppate dalle neuroscienze negli ultimi decenni e riunire le forze della ricerca sul cervello per il futuro, in modo da accelerare i progressi delle neuroscienze. Se sortirà risultati positivi, saranno a portata di mano la diagnosi precoce e un migliore trattamento di malattie come il Parkinson e l'Alzheimer. Inoltre, ci avvicineremo a capire il funzionamento della mente, della coscienza, di quello che ci rende specificamente umani.

Lo Human Brain Project e tutto quello che circonda lo studio del cervello e della mente è un mondo davvero appassionante. Al contempo, i progressi in questo campo ci propongono una serie di possibilità e questioni a volte delicate, spesso complesse, quasi sempre sorprendenti. Parlarne qui allungherebbe troppo questa lettera; per questo, come ho fatto per *L'assassinio di Pitagora*, ho girato un video in cui espongo alcuni di questi temi affascinanti. Se qualcuno è interessato, può trovare il video sulla mia pagina web (www.marcoschicot.com), nella sezione dedicata al *Teorema delle menti*.

Vorrei aggiungere un commento sulla possibilità che altre persone influiscano su di noi. Khaos ha raggiunto il dominio perfetto sulla capacità di manipolare le persone, ma non è l'unico a esercitare abilmente questa capacità. Come abbiamo visto nel caso di Jim Jones, la manipolazione è il principale strumento delle sette e dei vari movimenti radicali. Si utilizza anche molto nella pubblicità e in politica. Il cervello è così malleabile che ogni stimolo che riceviamo e ogni pensiero ci cambiano un po', trasformandoci in qualcuno un po' diverso. *Diventiamo quello che pensiamo* è un principio potente su cui si basano molti libri e correnti di pensiero. Un principio potente che conviene tener presente e usare per diventare la persona che vogliamo essere, e non quella che altri pretendono che siamo.

Nella trama del *Teorema delle menti* ambientata nel passato, ho cercato di ricreare il contesto storico in modo rigoroso, nonostante le scarse fonti disponibili. Non bisogna dimenticare che Cartagine appartiene al gruppo dei vinti, e la storia la scrivono i vincitori. Cartagine fu sconfitta da Roma, che per vendicarsi dei patimenti che le aveva causato la città fenicia si prodigò con particolare impegno nel cancellarne il ricordo dalla storia.

Sappiamo che Cartagine disponeva di grandi biblioteche che custodivano trattati di materie diverse; tuttavia, dopo la caduta della città i libri furono distrutti, o passarono in mano ai re mauritani e numidi e poi se ne persero le tracce. Sono giunti fino a noi solo tre trattati scritti da autori cartaginesi, il resto delle informazioni su Cartagine proviene da riferimenti indiretti, soprattutto di autori greci. Questo, se non altro, ci permette di avere un'idea della sua organizzazione politica, delle sue credenze religiose e di usi e costumi che illustro nel romanzo. Il fatto che i cani facessero parte della loro alimentazione o che in determinate circostanze organizzassero sacrifici di neonati come quello a cui assiste Akenon è testimoniato da diversi autori. Sappiamo anche che il timore di Drogo che il senato ordinasse la sua crocifissione pubblica era un timore fondato, perché i cartaginesi attuavano questo tipo di esecuzione prima dei romani, a volte per punire i generali responsabili di pesanti sconfitte.

Quanto al trattato tra Roma e Cartagine, che nel romanzo conferisce a Eshdek il prestigio sufficiente a essere nominato sufeta, è citato dallo storico greco Polibio nelle sue *Storie*. Come si narra nel romanzo, il trattato venne firmato nell'anno 509 a.C. e sanciva l'accettazione da parte di entrambi gli stati delle rispettive zone di influenza. Vale a dire che Cartagine controllava la maggior parte del Mediterraneo occidentale e poteva concentrarsi sui conflitti che occasionalmente nascevano con i greci. Non bisogna dimenticare che in quegli anni Roma era solo una città che dominava una ridotta area circostante.

A parte la Persia, Cartagine all'epoca era il maggior impero del Mediterraneo. Quella situazione di egemonia non solo si mantenne, ma si rafforzò per due secoli e mezzo, finché Roma conquistò la gran parte della penisola italica e mise piede in Sicilia. A quel punto si ruppero gli accordi tra Cartagine e Roma e cominciarono le guerre puniche – i romani chiamavano punici i cartaginesi –, che culminarono con la distruzione della città di Cartagine fino alle fondamenta, con l'esecuzione di quasi tutti i suoi abitanti e la riduzione in schiavitù dei pochi sopravvissuti.

Cartagine venne distrutta, ma grazie all'abilità del generale cartaginese Annibale, che attraversò le Alpi con il suo esercito e i suoi elefanti, arrivando fino alle porte della città di Roma, la guerra avrebbe potuto anche essere vinta dai cartaginesi. Se così fosse stato, probabilmente a scuola non studieremmo l'impero romano che per tanti secoli ha dominato il Mediterraneo, ma l'impero cartaginese. Le radici culturali di molti paesi attuali non sarebbero grecolatine ma cartaginesi. Non per niente si dice che le guerre puniche furono il conflitto più importante dell'antichità.

Cartagine fu rasa al suolo, ma un secolo dopo fu ricostruita dai romani. Per questo, la maggior parte dei resti archeologici che possiamo visitare a Tunisi è di origine romana, anche se si trova ancora qualche rovina di origine cartaginese. Si sa dov'erano situati il quartiere aristocratico, l'impressionante porto che ospitava le temute triremi e l'edificio in cui avevano luogo i sacrifici di neonati. Nondimeno, vedendo le rovine è difficile immaginare che appartengano a una città popolosissima che più di due millenni fa aveva palazzi di sei piani, scuole di filosofia e di scienza e ricchezze quasi inconcepibili. In definitiva, è difficile pensare che su quei pochi resti, in mezzo alla città di Tunisi, sorgesse la capitale di un impero.

La guerra cominciata da Arianna e Akenon contro Khaos si conclude con Elena e Daniel. Se volete immergervi in una storia diversa, ma dove comunque la vita dei protagonisti è sconvolta dalle profonde radici che il presente affonda nel passato, vi invito a leggere il mio prossimo romanzo, *Regreso a la muerte*, la cui pubblicazione in Spagna è prevista per il 2015.

Ho concepito *L'assassinio di Pitagora* e *Il teorema delle menti* come due romanzi collegati, il cui naturale ordine di lettura è prima *L'assassinio* e poi *Il teorema*, ma entrambi sono a sé stanti – tutti i fili della trama si concludono all'interno di ogni romanzo –, pertanto se ne può leggere soltanto uno oppure leggerli in ordine inverso. Se non avete ancora letto il primo romanzo e volete sapere come si sono conosciuti Arianna e Akenon, essere testimoni dei fatti che scatenano gli eventi narrati nel *Teorema delle menti*, e conoscere l'identità di Khaos prima che Pitagora decretasse che venisse privato del nome umano, vi suggerisco di leggere *L'assassinio di Pitagora*.

Infine, permettetemi di concludere questa lettera con una nota personale.

Forse avete già visitato il mio sito web e sapete che ho una figlia affetta da sindrome di Down. In ogni caso, mi piacerebbe chiedervi di guardare il video che ho girato sull'argomento, perché una società più informata su questa sindrome sarà una società più accogliente verso le persone che ne sono affette.

Il video si trova nella sezione sulla sindrome di Down nella mia pagina web: www.marcoschicot.com.

Molte grazie per la vostra attenzione.

Un saluto affettuoso,

Marcos Chicot

P.S. Potete seguirmi su Twitter e su Facebook, ma se volete essere informati sulle mie prossime pubblicazioni vi suggerisco di iscrivervi alla newsletter sul mio sito web.

Vorrei anche ricordarvi che il 10% del ricavato dei miei romanzi è destinato a ONG che aiutano persone con disabilità. Questo contributo non sarebbe possibile senza i miei lettori; pertanto, a nome mio e delle persone che aiutiamo, vi esprimo il nostro profondo ringraziamento.

Ringraziamenti

Innanzitutto a mia moglie, Lara, per il tempo che passi con i nostri bambini mentre scrivo. E a Lucía e Daniel, perché i vostri sorrisi sono la mia fonte d'energia.

I miei romanzi migliorano sempre notevolmente grazie alle persone che leggono e commentano i primi manoscritti. In questa occasione sono stati: Milagros Álvarez, José Manuel Chicot, Lara Díaz, Arturo Esteban, Natalia García de Soto, Paco González, Máximo Garrido, Julián Lirio, Antonio Martín, Eva Chicot, Fernando Rossique, Tatiana Zaragoza, Laia Salvat, Àngels Balaguer e Aurora Cuito. Grazie per il vostro sostegno e per aver sopportato i tempi stretti e a volte caotici che mi impongo.

Voglio anche ringraziare pubblicamente Alberto Antón, del Cuerpo Nacional de Policía, per aver risposto pazientemente a tutte le mie domande sulle procedure della polizia.

A Hugo Álvarez, che ha messo le sue nozioni di informatica al servizio di questo romanzo.

A UDL in España, a Océano in America latina e ai miei distributori nel resto del mondo, perché il vostro impegno fa la differenza.

Ai librai, che in svariate occasioni hanno dimostrato per *L'assassinio di Pitagora* (e spero adesso anche per *Il teorema delle menti*) un sostegno che mi ha commosso e di cui non smetterò mai di essere grato.

Ai blog letterari, per la vostra devozione alla letteratura, e perché spesso avete letto e sostenuto i miei romanzi con una passione che è il sogno di ogni scrittore.

E ai team di Mauri Spagnol e Duomo ediciones, in particolare a Laia Salvat, Àngels Balaguer, Aurora Cuito, Gianluca Mazzitelli e Luigi Spagnol. Per la vostra professionalità, il vostro impegno e l'entusiasmo fin dal primo giorno che avete scommesso sui miei romanzi, per l'atmosfera di calore umano e di amore per i libri che si respira durante le nostre riunioni e chiacchierate, e perché è davvero piacevole sentire che siamo un equipaggio di rematori che mandano avanti la nave.

A tutti, grazie per i porti visitati e per quelli che si intravedono all'orizzonte.

Fotocomposizione: Alessio Scordamaglia

Finito di stampare
nel mese di aprile 2015
per conto della Adriano Salani Editore s.u.r.l.
da Grafica Veneta S.p.A. di Trebaseleghe (PD)
Printed in Italy